高等学校经济管理类主干课程教材

管理科学与工程系列

陕西省高等教育优秀教材二等奖

项目管理

（第3版）

陈关聚 编著

PROJECT
MANAGEMENT

中国人民大学出版社
· 北京 ·

图书在版编目（CIP）数据

项目管理/陈关聚编著. --3版. --北京：中国人民大学出版社，2021.8

高等学校经济管理类主干课程教材. 管理科学与工程系列

ISBN 978-7-300-29517-6

Ⅰ.①项… Ⅱ.①陈… Ⅲ.①项目管理-高等学校-教材 Ⅳ.①F224.5

中国版本图书馆CIP数据核字（2021）第120319号

陕西省高等教育优秀教材二等奖

高等学校经济管理类主干课程教材·管理科学与工程系列

项目管理（第3版）

陈关聚　编著

Xiangmu Guanli

出版发行	中国人民大学出版社		
社　　址	北京中关村大街31号	**邮政编码**	100080
电　　话	010－62511242（总编室）		010－62511770（质管部）
	010－82501766（邮购部）		010－62514148（门市部）
	010－62515195（发行公司）		010－62515275（盗版举报）
网　　址	http://www.crup.com.cn		
经　　销	新华书店		
印　　刷	北京溢漾印刷有限公司	**版　　次**	2011年9月第1版
开　　本	787 mm×1092 mm　1/16		2021年8月第3版
印　　张	17 插页1	**印　　次**	2024年12月第6次印刷
字　　数	384 000	**定　　价**	42.00元

前言 FOREWORD

随着市场需求变化和科学技术发展，项目管理的实践日益丰富，项目管理能力正在成为企业的核心能力之一。虽然我国企业的整体项目管理水平已经取得了长足进步，但不可否认，项目管理领域仍然存在很多问题：项目决策失误造成投资损失、项目执行效率低下导致贻误商机、项目工期拖延并非少数、项目投资超出成本预算、质量问题屡见不鲜等。因此，持续提升企业和非营利机构的项目管理水平和政府部门的项目审查与监管水平任重道远。在大众创业、万众创新的环境下，项目管理是创新创业者成功的必备技能之一，也是富有挑战精神的职业经理人的理想职业。

对项目管理知识的旺盛需求推动了高校项目管理专业的发展，项目管理已经成为高校管理类专业的核心课程。随着项目实践的发展和变化，项目管理教材的内容也应与时俱进。我曾在企业从事项目管理实践与咨询工作，深知编写一本理论与实践相结合的教材颇为不易。本书是在总结近年来教学经验的基础上推出的第 3 版。它具有以下几个特色：

- 内容实用。我国的项目管理实践具有鲜明的特色，项目决策、项目审查、项目融资和项目风险控制对项目成功举足轻重；“一带一路”倡议下大量中资企业走出国门实施项目，跨国企业合作日益寻常，提升跨文化项目管理能力成为项目管理人员的基本技能。本书既考虑了项目管理知识体系（PMBOK）的框架，又在内容上做了适当取舍，增加了项目可行性研究、项目融资、项目招投标、国际项目等内容。

- 注重课程之间的衔接，精简重复内容。项目管理涉及人力资源管理、沟通管理、运筹学、财务管理、质量管理、风险管理等多门课程的知识，为了突出重点内容，本书压缩和精简了非核心模块的内容，如项目沟通管理、项目人力资源管理等。

- 案例丰富，语言生动。减少了枯燥的理论叙述，穿插大量案例，用生动活泼的语言讲述专业知识，用案例阐释深刻道理。本书案例的来源有三个：一是研究团队到项目单位调研撰写；二是根据校友提供的案例资料加以编写，我指导的 MBA 学员提供了大量的项目实践素材；三是根据媒体公开的资料编写。

- 课后习题丰富。为便于读者巩固基本概念、培养分析与解决实际问题的能力，各章末附了选择、判断、简答和案例分析题等。

- 便于教师组织教学。为了配合教学，本书附有配套 PPT，教师可以在中国人民大学出版社网站（www. crup. com. cn）下载。本书还配有期末试卷及参考答案，请教师联系出版社获取。

感谢在本书编写过程中给予帮助的各界人士。书中使用了不少文献资料，已经尽可能详细地标注了来源，但有些内容是根据多方面资料整合而成，注明资料来源确有困难，同样感谢资料原作者对本书的贡献。感谢中国人民大学出版社编辑付出的努力，也感谢家人对我编写工作的支持。

因本人对项目管理知识体系的领悟粗浅，部分内容可能存在争议或不妥，衷心希望读者提出宝贵意见，请致函 chenguanju@nwu. edu. cn，以便进一步修改完善。

陈关聚

目　录 CONTENTS

第7章 项目成本管理

第8章 项目质量管理

01
Chapter

第 1 章

项目管理概论

本章主要内容

- 项目
- 项目干系人
- 项目群与项目组合
- 国际项目
- 项目管理
- 项目管理知识体系
- 项目运行环境

引入案例　命运多舛的银峰陶瓷项目

银峰陶瓷项目位于晋陕蒙交界的陕北能源化工基地。2009 年，银峰陶瓷公司宣告成立，注册资金 3.5 亿元人民币，发起单位为银峰煤业公司、金辉运销公司和兴盛煤炭公司。项目目标是建设年产 3 600 万平方米的瓷砖生产线、60 万吨籽煤干馏制气车间，项目占地面积 1 980 亩，工期 5 年，总投资约 15 亿元。

该项目以煤矿采空区废弃高岭土为主要原料，以兰炭生产时排空尾气为燃料，符合发展循环经济的要求。陶瓷生产成本中原料占 30%～40%，燃料占 30%～40%，银峰陶瓷的大股东就是煤炭企业，大部分原料可以就地采购。在以厂址为中心 100 公里半径范围内，能够得到陶瓷墙地砖生产 60%的所需原料；250 公里半径范围内，能够得到 95%以上的所需原料。项目投产后预计年销售收入达 20 亿元，提供 5 000 多个就业岗位，成为西部地区最大的建筑陶瓷基地。

2010 年 1 月，银峰陶瓷项目举办了盛大的奠基仪式，计划 2013 年一期工程建成 2 条生产线。由于公司缺乏陶瓷行业管理经验，未掌握陶瓷研发与生产核心技术，投资者决定先聘请一个专业化的管理团队，再继续实施该项目。因此，剪彩活动结束不久，工地陷入长期的沉寂。投资者通过各种渠道物色到了广东佛山陶瓷行业的一个管理团队，以李某为核心，包括研发、生产和销售业务的精英。佛山的人工和原料成本上升很快，陶瓷行业利润不高，李某等人有出走创业的想法。李某一行到陕北考察项目后，认为这是一个很好的投资机会。但是陕北自然环境恶劣，生活条件远不如发达的广东，李某团队提出必须拥有项目公司的股份，不能以职业经理人的身份来打工。公司股东多次开会讨论股权出让方案，与李某团队反复协商，决定出让10%的股份给李某等人，并办理了股权变更手续。2012年2月，管理团队到位后，着手安排项目施工。此时，距奠基仪式已两年，项目周围环境变化很大，几个危机开始爆发。

一是当地群众极力反对。项目选址距离县城不到2公里，在陶瓷项目沉寂两年多的时间里，因煤炭产业暴富驱动房地产业快速发展，在项目与县城之间新开了几个楼盘，最近的一个楼盘距项目只有500米。购房者原来没有意识到附近有一个荒废的工地，当巨大的生产车间拔地而起后，购房者才意识到空气污染问题，惊恐与愤怒之下集体去政府请愿，要求陶瓷厂搬迁。银峰公司两年前就走完了项目审查、规划、用地等审批手续，是一个合法的项目，公司当然拒绝搬迁。政府为此提出一个折中方案，即陶瓷生产车间保留原址，把兰炭项目搬迁到10公里外，埋设地下管道把生产兰炭排放的燃气输送到陶瓷车间，政府承担管道建设费用。在群众阻挠和政府施压下，银峰公司无奈接受了这个方案，对项目设计做出重大调整，并估算新增地下管道建设需投资1.5亿元。新增预算报送政府之后，主管领导认为预算超出了财政可承担的预期，仅同意提供40%的资金，其余由企业负担。

第二个问题是征地环节出现波折。在2009年项目启动时，企业仅征用了部分土地，其余土地待项目铺开后再征用，以免占用大量资金。在停工两年间，村民在这些半沙漠土地上播种了农作物，要求以耕地价格征用。而公司拒绝提高价格，否则，必然会引起前期已征地村民的不满。村民多次集体到项目现场阻挠施工，一个老年村民在工地争吵后，次日心脏病发作去世，家属以项目公司气死人为由，索要巨额赔偿，项目部极为被动。

压垮骆驼的最后一根稻草是股东公司的资金链断裂，项目建设被迫停工。2013年，全国煤炭行情急转直下，煤炭企业大面积陷入亏损，银峰陶瓷项目的大股东也未能幸免。项目建设步伐骤然减速，总投资被压缩为8.9亿元。直到2015年6月，才建成了一条墙砖生产线，籽煤干馏制气及输气管道也才完成。2018年底，才建成地砖生产线。此时，该项目年产值4.5亿元，实际就业1 025人。

1.1 项　目

我们已经步入项目化的社会，项目无处不在，很多项目与我们的生活息息相关：智能手机研发、手机应用软件App开发、人脸识别技术开发与应用、公共场所的监控系统建设、企业信息化系统、智慧城市、城市轨道交通、地下排水管网建设、新冠肺炎疫苗研制……这些活动所在行业差别极大，投资规模悬殊，开发时间长短不一，但它们均具有项目的基本特征，可以采用专门的方法和工具进行管理。

现代企业面临巨大的市场竞争压力，产品生命周期加速缩短，产品的复杂性和技术含量提高，网络技术推动全球市场逐步实现了一体化。企业能对市场需求迅速做出反应并抓住商业机会吗？能及时开发出客户需要的产品或服务并保持较低的成本吗？面对一个临时性的重大活动能够高效地完成吗？要解决这些问题就离不开卓越的项目管理。项目管理正在成为企业的核心能力之一。项目管理已经成为最受组织推崇的工具（Gray，2002），运用项目管理可以快速响应外部需求，取得技术突破，改进产品开发，从而更好地把握商业环境中稍纵即逝的机遇。《财富》杂志曾这样描述："项目经理的位置越来越重要，项目经理比企业中层主管更加灵活、更有适应力、更善于发挥自己的才智。"

1.1.1　项目定义

项目的定义有很多种版本，有代表性的有以下几种。

美国项目管理协会（Project Management Institute ，PMI）于 1969 年在宾夕法尼亚州注册成立，是全球最大的非营利项目管理专业权威机构。PMI 定义项目是为创造独特的产品、服务或成果而进行的临时性工作。项目创造的产品可以是手机、电脑、汽车、房屋、高铁等一个完整的产品，也可以是其他产品的某个组成部分，如无人驾驶汽车、5G 手机、手机芯片、电脑芯片、汽车发动机、高铁信号系统等，还可以是某个产品的升级版或修正版。服务可以是一项管理咨询、会计师事务所为客户完成一次年度审计、实施企业资源计划（ERP）系统，也可以是提供服务的能力。成果可以是某个结果或文件，如为客户完成的一份咨询报告、申请的专利、发表的学术论文等。很多项目的产出是产品、服务和成果的组合。

项目的临时性是指项目有明确的起止时间，当项目目标达成、失败中止或项目需求不复存在时，项目就结束了。临时性并不意味着持续时间短，如三峡项目实施周期超过 15 年。项目创造的产品、服务或成果一般不具有临时性，如三峡大坝就是一个永久性建筑。

项目的独特性是指虽然项目可交付成果或活动中可能存在一些重复的元素，但不会改变项目工作本质上的独特性。如一个团队采用同样的图纸和材料建造两栋楼房，但依然存在地理位置、地下环境、干系人等的差异而使项目具有独特性。

克利福德·格雷认为，项目就是以一套独特而相互联系的任务为前提，有效地利用资源，为实现一个特定的目标所做的一次性的努力，它受时间、预算和资源的限制。

萨尼和贝克（2000）认为项目是一系列有开始和结束的工作，并受到时间、资源和期望结果的限制。

哈罗德·克茨纳（1997）认为，项目可以被视为满足下列条件的一系列活动和工作：具有一个明确的要完成的目标，定义了开始和结束时间，有经费限制，消耗资源（资金、人员、设备等）。

中国项目管理协会认为，项目是由一组有起止时间的、相互协调的受控制的活动所组成的特定过程，该过程要达到符合规定要求的目标，包括时间、成本和资源约束条件。

归纳上述定义，项目有以下几层含义。

（1）项目具有复杂性和一次性。项目是一次性的有限的任务，如神舟飞船航天项目就是独一无二的，宇宙飞船和火箭均为新研制的。埃隆·马斯克（Elon Musk）的太空探索技术公司（Space X）实施的载人航天项目，在 2015 年实现了猎鹰号一级助推火箭的回收再利用，创造了人类太空史的奇迹，卫星发射正在转变为重复性的运营活动。而有些项目如开发一种新产品、建一幢房屋，也因其特定的需求和时空而独一无二。

（2）项目是一项有待完成的任务，有特定的环境和要求。项目是一个完成任务的过程，而不是过程终结时形成的成果。可以把一座大桥的建设过程称为一个项目，在这个过程中有一系列要完成的工作，只有按照计划完成各项工作，这座大桥才能完工。无论是盖一座房子还是开发一款新手机，实施过程都需要一个良好的开发环境，如基础设施到位、制度环境健全、人力资源充足等。

（3）项目是在一定的组织机构内，利用有限的资源（人力、物力、财力等）在规定的时间内完成的任务。任何项目的实施都要受到一定条件的约束，包括环境、资源和项目管理方法等。项目受到时间的严格约束，延误意味着经济处罚和市场声誉损失。

（4）项目产品、服务或成果须满足一定的性能、质量技术指标。如华为 P40 手机有 4 个摄像头，其照相和录像功能大大超过了荣耀系列产品，受到了市场欢迎。

（5）项目以客户为中心。任何项目的根本目标都是满足用户需求。接受客户委托开发的项目，必须完成合同约定的各项任务才能交付。无明确客户的产品研发项目，只有产品的性能和质量满足市场的需要，才能在竞争激烈的市场上取得成功。项目团队不能僵化地执行项目计划，也不能简单地认为只要项目达到了技术、预算和进度计划的要求就能视为成功。客户和市场的需求是不断变化的，项目决策阶段获得的客户需求可能在一段时间后发生变化，如果不能及时调整项目方案，产品投放市场后就可能无人问津，导致商业环节失败。如在 ERP 实施过程中客户对某些业务流程进行了再造，必然要求按照新的流程实施 ERP，如果项目组对客户意见置之不理，必然遭到强烈反对甚至拒绝。

按照上面的定义，项目是一个非常宽泛的概念。组织一次春游、参加一次大学生创新创业项目大赛、举办一场婚礼都可作为项目来对待。本书中，项目是作为投资的主要载体而存在的，如无特别说明，项目主要指投资形成固定资产的项目。

按投资使用方向和投资主体的活动范围，项目分为竞争性项目、基础性项目和公益性项目。竞争性项目是指投资收益比较高、市场调节灵敏、具有市场竞争能力的项目，涉及工业、建筑业、商业、服务业、咨询业及金融保险业等。这类项目由企业自主决策，自担风险，通过市场筹资建设及经营。

基础性项目指具有一定自然垄断、建设周期长、投资大而收益较低的基础产业和基础设施项目。主要涉及农、林、牧、渔、水利、交通及公用设施等。这些项目还可以分为两类：一类属于在一定时期具备市场竞争条件的项目，如城市供水、供热、垃圾无害化处理、地铁等，其投融资应在政府引导下由企业承担；另一类不具备市场条件，如乡村公路、市政项目，其投融资应由各级政府承担。

公益性项目是指非营利性和具有社会效益的项目，包括教育、文化、卫生、体育、环保等设施，公、检、法、司、政府、国防设施等。这些项目除少数具有一定营利性外（如文化宫、体育馆等），多数项目不能产生经济效益。其投融资应由政府承担，政府可以运用财政性资金采取无偿或追加拨款的方式进行投资建设。

1.1.2　项目特点

（1）项目实质上是一系列的工作。项目目标要通过完成一系列相互关联的任务来实现，这些任务以一定的顺序完成。无论多大规模的项目，其在实施时都要被分解为具体的工作包，指派一个人或小组完成。当每一个工作包都完成后，由它们组成的可交付物才能完成，可交付物进一步集成为项目最终产出物。如一部智能手机的研发项目，可以分解为几个功能模块：外壳组件、电路板、显示屏、天线、按键、电池、操作系统、应用软件 App 等，每一个模块进一步分解下去，最终可以分解为一个个工作包。当每个工作包都完成后，这部手机才能问世。

（2）项目管理需要跨越职能和组织边界。项目成员来自不同部门或组织外部，项目组织关系与人员非常复杂，需要大量的协调工作。如某公司为实施 ERP 项目，从采购、生产、营销、财务、人力资源和信息中心及子公司抽调了 20 多人，组成了一个项目工作小组。软件商派出了十余人的项目实施队伍，包括需求分析师、设计师、编码工程师、测试人员、管理人员等。双方人员在一起工作，经常为工作方案和计划争论不休，协调工作量很大。

（3）项目为组织战略的设计和执行奠定了基础。项目是支撑企业战略的手段和工具，如英特尔公司实施以更新、更快、更小的 CPU 向市场渗透的战略，该战略通过一系列研发项目来实现，研发项目推动公司不断获得技术和商业的发展。

（4）项目都有一个特定的目标。项目目标通常依照工作范围、进度计划和成本来定义。项目中的工作任务要围绕项目目标来安排，对项目目标没有贡献的工作应取消，防止其耗费有限的项目资源。如某半导体项目的目标是建成一个年产 60 万片 8 英寸晶圆的生产基地，投资 30 亿元，建设期为 3 年，从第 3 年开始试生产，第 4 年达到 100%产能，产品性能追赶国际先进水平。

（5）项目受到多重约束。所有项目在实施过程中都会受到资源、时间或资金等的约束。专注于软件产业的咨询机构斯坦迪什集团（Standish Group）的统计表明：30%的项目能在工期、预算和质量标准内实现项目目标。随着项目管理水平的提升，项目在资源约束下的成功率也会提升。进度、范围和成本被称为三大约束要素，其中每一项要素的变化都会引起另外两项变化。质量被称为第四约束要素，因为质量可能因范围扩大而妥协，或因成本和时间的压缩而下降。

（6）每个项目都有客户。客户是提供必要资金以实现项目目标的组织或个人。项目团队必须使客户满意。当一个建筑商为管理学院建造一座办公楼时，管理学院既是为大楼建造提供资金的客户，也是办公楼建成后的用户。当一位教授从政府获得资金开展科学研究时，客户就是政府机构。有时提供资金的不是项目产品的用户，如汽车公司开发一款新型电动汽车，项目资金的提供者是该公司而非购车用户，只有在产品成功开发并上市后，才能知道哪些人是买家。

（7）项目具有不确定性。项目以一套独特的任务、任务所需的时间估计、各种资源和这些资源的有效性及性能为假定条件，并以资源的成本估计为基础。这种假定和预算具有一定的不确定性。如可能最初低估了某些资源的成本，导致最终成本高于预计成本。在项目进行中，一些不确定性因素将会变成确定性事件，如概念设计定型后，详细设计需要的时间和精力也会确定。

项目与运营（operation）具有不同的特性。运营是公司或某一部门持续进行的活动，生产某种产品或提供某类服务，这些活动没有明确的结束时间。如快递公司每天要处理成千上万的包裹，热电厂每天燃烧煤炭发电，这些工作重复进行。表 1－1 归纳了项目与运营的关键区别。

表 1－1　项目与运营的关键区别

	项目	运营
目标	特定的	常规的
组织机构	项目组织	业务/职能部门
组织的持续性	临时性	长期性
负责人	项目经理	部门经理
时间	有限时间	周而复始，相对无限
持续性	一次性	重复性
管理方法	风险型	确定型
资源需求	不定性	固定性
任务特性	独特性	普遍性
计划性	计划性强	计划无终点
考核指标	以目标为导向	效率和有效性

资料来源：中国（双法）项目管理研究委员会．中国项目管理知识体系．北京：电子工业出版社，2008.

1.1.3　项目生命周期

某汽车公司正在研发一款混合动力轿车，投入了大量的人力和资金。这个项目并非决策者心血来潮，而是大致经历了这样一个过程：首先，公司研究市场需求和国家关于汽车产业的政策，分析混合动力汽车的发展前景、进行技术论证、预测市场需求、估算投资回报情况，在全面的可行性研究基础上，经过严格的项目评估才慎重做出了决策。其次，任命项目经理，组建项目团队，制定项目计划，包括项目成本预算、进度安排、人员需求和质量计划等。再次，项目团队执行项目计划，突破关键技术障碍，研发出汽车新品，进行各项性能和质量的测试。最后，组织专家对产品进行验收，达到国家各项强制性标准并获得批准后，才进入批量生产阶段。这是一个产品研发项目生命周期的主要过程。

项目生命周期是按顺序排列又相互交叉的各阶段的集合，生命周期体现了项目管理的逻辑性。典型的项目生命周期分为四个阶段：定义阶段、规划阶段、执行阶段和收尾阶段，各阶段的工作任务、资源需求和管理重点不同，项目管理各阶段的主要内容见表 1－2。

表1-2　项目生命周期各阶段的主要内容

定义阶段	规划阶段	执行阶段	收尾阶段
明确需求、策划项目 调查研究、收集数据 项目建议书 项目可行性研究 明确合作关系 风险等级 战略方案 资源估算	项目主要成员 项目产品范围 实施方案 质量标准 资源保证 环境保证 项目预算 项目程序 风险评估	项目组织 项目沟通渠道 项目激励机制 项目工作包 项目信息控制系统 完成工作分解结构（WBS） 采购物品及服务 项目控制 赶工计划	完成项目产品 评价与验收 项目评价 文档总结 资源关闭 解散项目组

定义阶段。进行项目策划及确定项目目标。项目策划是指把项目建设意图转换成目标明确且具有运作方案的活动。如软件公司要开发一套教务管理系统，定义阶段要对功能需求、问题或机会进行确认，提出项目建议书，组织可行性研究，识别项目干系人等。为便于实现需求或解决问题，有些项目需要向承包商征询需求建议，客户要求承包商提交如何在成本约束和进度计划下解决问题的报告。如一对购置了新房的夫妇写下了房屋面积、样式、风格、房间数、地点、造价以及入住日期，邀请几个装修公司分别提供装修方案和价格。又如某公司计划实施客户关系管理系统（CRM），以项目建议书的形式把概要需求确定下来，要求几家软件公司提交详细的方案。

规划阶段。制定详细的项目规范和项目计划等，指派工作任务，制定完成任务的流程，组织招投标工作，项目管理的主要输出是项目计划。如学生活动中心的建设项目获得批准后进行整体方案设计、招标选择设计院完成施工图、组织施工单位招标、让中标单位编制施工计划等。

执行阶段。项目团队按照计划开发出可交付成果，执行阶段是消耗项目资源最多的时期，主要输出是验收合格的可交付成果。如学生活动中心的建设项目，学校与建筑公司签订合同后，进入项目执行阶段，建筑公司完成材料采购、工程主体建设、内外装修、音响、灯光安装调试等工作。

收尾阶段。项目产品移交客户，解散项目组，项目资源重新配置。学生活动中心建成后经过验收合格，施工单位向学校办理移交手续，包括移交各类文档资料。项目结束时某些后续活动仍需执行，如确认项目是否达到了客户期望、是否已经结清所有款项、有无遗留问题、项目售后服务安排、总结项目经验教训等。

需要指出的是，项目生命周期阶段划分的数量和名称不是固定的，美国项目管理协会认为应根据项目本身的特点、项目管理与控制的需要以及项目所在领域加以适当的划分。IBM提出的集成产品开发（IPD）模式把产品开发项目划分为从概念、计划、开发、验证、发布到生命周期管理的六个环节。大唐公司产品开发流程划分为五个阶段，即项目论证、总体设计与规划、开发、验证与发布、维护与收尾。美国波士顿大隧道项目划分为八个阶段：计划、概念设计、初步设计、最终设计、公共招标、签署合同、实施、检测运营和维护（Virginia，2013）。

亚洲开发银行把项目分为项目鉴别、技术援助及贷款准备、贷款谈判、项目实施与项目竣工五个阶段；欧盟把项目分为规划、识别、评估、融资、实施和后评价六个阶段；世界银行把项目分为项目筛选、准备、项目评估、谈判及申报、执行监督和项目后评价六个阶段。

案例 1－1

普洛斯工业地产项目的生命周期

普洛斯（Global Logistic Properties）是全球领先的物流、不动产和基础设施等领域的投资管理与商业创新公司，在全球不动产及私募基金领域的资产规模达 890 亿美元。在中国境内外募集并运行 6 只专门投资于中国的私募基金，规模超过 1 300 亿元。在中国投资、开发和管理着近 400 处物流、制造、数据中心、科创办公设施。公司运营手册对项目开发流程做出了规范的要求，具体如下：

合作意向阶段。地区总经理或大区总经理与地方政府达成土地出让意向，或者与潜在客户达成初步合作意向。

项目投资决策。地区总经理向投资委员会提交项目开发计划，包含项目方案、投资估算、项目工期、投资回报等，投资委员会评估该项目是否具备投资价值。

项目批准。项目获投资委员会批准并取得土地合同后，地区总经理和其项目团队即可启动该工程项目。按照经投资委员会批准的投资估算和项目方案实施。

设计阶段。在取得土地合同和投资委员会的批准之后，区域总经理授权区域项目经理启动设计。

区域项目经理安排地质详勘并取得相关报告。设计院根据普洛斯通用型仓库的建造标准或者定制仓库的具体需求，以及批准的项目总平面方案，进行初步设计和施工图设计。设计经项目经理初审之后，提交给总部工程部审核。同时，区域项目团队完成该项目报建手续，如土地证的取得、环境评价批准、工程规划手续等。

招投标与合同签订阶段。地区总经理和项目团队（包括项目经理和预算员）组织进行招标。项目经理应编制详细的标段划分表和招标计划，预算员和项目团队无异议后方可启动招标工作。工程发包方式以施工图招标为主，主要分为总包招标、钢构招标、消防招标等。

工程建设阶段。地区总经理和项目团队对整个工程建设过程负责，包括获得政府许可、协调政府关系、承包商管理、项目建设过程监管、市政配套设施接驳、保证工程质量/进度/成本目标实现等。

向物业管理部门和客户移交。项目完工时，项目经理应向当地的物业经理提交物业移交的书面申请，并与物业经理协商确定移交的时间安排和相关事宜。由于往往存在项目刚刚竣工时客户就要入驻的情况，此时，项目经理应同时向物业经理和客户双方移交竣工项目。

在项目生命周期内，客户兴趣、项目投资、资源数量、创造性和不确定性等因素呈现规律性变化趋势，利用这些规律可以预测项目中需要完成的工作以及面临的挑战。

客户兴趣。即客户对项目的热情和关注程度。客户兴趣曲线呈现 U 形，在项目启动时，客户对项目前景充满了期待而情绪高涨，随着项目规划与执行阶段展开，枯燥的工作令人疲倦，兴奋情绪逐渐下降。在项目即将结束时，项目成果初步完成，辛勤工作的汗水变成了令人振奋的成果，兴趣再次上升。如在企业实施 ERP 项目启动会上，项目经理描绘了 ERP 对改善管理的诸多优势，大家充满了期待。在漫长的执行阶段，业务流程梳理、数据收集与整理和软件定制开发等工作异常烦琐，人们逐渐疲惫。而到项目试运行阶段，看到 ERP 能够高效地处理各项业务，人们的情绪就再次高涨起来。

项目投资。随着项目工作一个接一个地实施与完成，消耗的资金自然越来越多，包括材料采购、设备租赁、人员工资等，所以，项目投资呈持续上升趋势。

资源数量。定义阶段和规划阶段不是完成项目产出物的阶段，不需要消耗大量的人力和物力。项目执行阶段是消耗资金、原材料、设备和人力的关键阶段，达到资源需求峰值，随着主体任务的完成，项目收尾阶段的资源消耗量持续下降，直到项目终止。

创造性。每个项目都有独特性，在规划阶段需要开动脑筋创造性地思考，结合项目实际情况制定针对性的方案。在项目过程中总会出现一些技术或管理难点，项目人员应创造性地开展工作，不能机械地执行计划，也不能照搬其他项目的经验。

不确定性。项目中总是存在很多未知因素，如客户需求发生变化、资金出现困难、技术障碍难以突破、骨干人员流失以及政策变化等。这些不确定性因素或挑战出现后，一旦引起项目损失则变成项目风险。项目初期的不确定性较高，这是由于对项目信息把握不全面、潜在的风险尚未识别、人员磨合不到位等，随着项目推进，不确定性逐渐下降。如为了扶持新能源汽车产业，政府对企业和购车者实施财政补贴政策，刺激了众多汽车企业投资新能源汽车项目。2019 年下半年起，国家补贴标准降低了大约 50%，地方补贴取消，这对企业造成了很大冲击。

1.1.4　项目与组织战略的关系

企业或非企业组织经常通过实施项目来实现战略目标，批准实施一个项目通常出于以下考虑：

市场需求。新冠肺炎疫情使得各个学校封闭，教学及考试转移到线上进行，促使软件企业迅速开发云课堂、网上会议系统等，满足了教育市场需求。一些企业投资建立普通医疗口罩、N95 口罩、呼吸机等医疗物资生产线。某医疗设备供应商的主要产品是医院重症监护室使用的呼吸机，价格较为昂贵。在新冠肺炎疫情期间，很多患者有在家治疗的需求，于是该公司投资生产小型家用呼吸机，扩大了呼吸机市场的份额。

业务需求或战略需求。如企业为了提升内部运作效率实施各类信息化项目；为了克服国外供应商中断供货的风险，投资开发拥有自主知识产权的硬件和软件项目，如华为鸿蒙操作系统。

社会需要。如某市政部门在主要街道规划建设一批公共卫生间，满足行人需求；对交通信号系统进行整体改造，满足行人和车辆安全出行的需要。

环境考虑。如为了应对雾霾，满足人们呼吸干净空气的需求，某企业研发大功率的家用空气净化器和过滤 PM2.5 口罩。

客户需求。如为解决某大型住宅区儿童就学问题，开发商在住宅区配套建设了一个幼儿园，政府在周边规划了一所小学。再如，软件企业为客户实施信息化项目时，客户提出个性化的资金管理服务需求，项目团队为客户开发出专用模块。

技术进步。如随着 5G 通信技术逐步成熟，商业化组网建设快速推进，某公司开发 5G 手机及应用软件 App。

法律要求。如龙门钢铁公司为了控制超标废气的排放，花费 1.85 亿元安装了一套废气处理装置，项目投入使用后，废气中的硫化物、粉尘和二氧化碳含量达到了国家排放标准。

1.1.5 国际项目

随着全球经济一体化进程加快，国际项目越来越多。中国提出共建“一带一路”倡议以后，中资企业在国外开展了大规模的投资，在非洲、中亚很多国家承担了建筑、通信、公路、铁路等建设任务，公司派出项目团队到东道国为客户实施这些项目。也有许多中国企业在国外投资建厂，如中国石油公司在哈萨克斯坦、苏丹、伊朗等国投资勘探、开发石油项目，房地产开发商在柬埔寨的西哈努克港市大规模建造中国城，在俄罗斯贝加尔湖周围建造度假村和酒店。当然，也有企业在发达国家投资，如福耀玻璃公司收购了美国俄亥俄州一家工厂用以投资生产车用玻璃。

按照服务对象和参与者，国际项目可细分为三类。一是海外项目，指在外国为本国客户实施的项目，项目业主与实施方之间不存在文化差异。如为本国企业的海外分支机构承担的项目。二是外国项目，指为东道国客户实施的项目。如中国公司为某国建设通信项目。三是全球项目，指项目团队由多个国家的专业人员组成，如跨国企业实施产品研发项目，需要分布于各个国家的专家参与，他们的技术、文化、管理方式、价值观和宗教信仰等差异很大，项目协调与组织较为困难。全球项目是职能、工作场所、市场、文化和产品的集成。

国际项目受到复杂多变的因素影响，充满更大的不确定性，项目投资者与实施团队在国内积累的经验受到挑战。项目经理和团队成员远离家人和亲朋，可能面临不同语言、文化和法律的冲击，或者当地气候环境条件恶劣，承受着极大的压力与困难，并且可能会错失一些职业机会。但是，参与国际项目也有积极的一面，项目人员可以获得较高的外派津贴，也增加了国外职业经验和旅行经历。

1. 法律因素

项目团队必须在东道国的法律范围内开展工作，通常东道国的法律倾向于保护本国的员工、供应商和环境。政府可能对项目进行一些干预或支持，工会对聘用当地员工有影响。许多国家制定了控制外籍人员务工的法令，如秘鲁限制外籍员工的薪资数量不得超过总薪资的 30%，墨西哥规定外籍员工比例不得超过总人数的 10%，项目公司不能自主派出或从第三国招募足够的人员。2020 年哈萨克斯坦颁布新的外国劳动力准入政策，使得外国劳动力引入数量骤减，外派人员办理签证困难，对于土建以及管道等技术含量较高的工种，当地基本无合适的人力资源，现场技能型工人严重短缺。国际项目涉及的主体较多，需要相应的法律、法规对建设过程进行指导和约束，经济相对落后国家的法规不健全，部分法规和国际法规相抵触，发生纠纷时承包商可能要承担不应有的损失。肯尼亚政府禁止夜间作业，要求操作手、修理工及其他半熟练工必须在当地选用，这就打乱了我方企业的人员安排，带来了施工风险。

2. 制度因素

关于项目设计、采购和实施等方面的国家规范和技术标准差异极大。中国某设计院承担了赤道几内亚警察学校的设计任务，东道国缺乏设计标准，很多当地项目参考了西班牙设计规范，多数项目所需设备从欧洲进口，设备选型采用了欧洲标准；设计院采用了中国标准，如墙体设计对暖通设备的规格和暖通设计不一样，导致安装时空间不足，改变安装方案会增加施工成本和工作量。华陆科技公司在哈萨克斯坦 EPC 总包项目涉及美、欧、俄罗斯以及哈萨克斯坦等多个标准，与我国化工行业标准差异较大，存在严重的标准冲突、标准串用、标准无法执行等情况。

3. 政治因素

东道国政局不稳、内乱、政变、党派轮替等因素会导致项目终止、毁约或延误。尽管国际咨询工程师联合会（FIDIC）条款中规定，这种风险发生后，承包商可以向业主要求支付一定数额的补偿费用，但实际上很难获得。

4. 安全因素

某些国家恐怖活动频发，一些贫穷国家犯罪率很高，安全因素是国际项目不容回避的问题。中国企业在中东和非洲等曾遭遇多起员工遭绑架事件，利比亚政变对中国劳务人员的生命安全造成威胁，中国政府通过陆海空各种途径撤回 4 万多人。受经济形势恶化影响，委内瑞拉境内聚众哄抢、武装抢劫、绑架、谋杀等恶性治安事件频发，对油田设施进行蓄意破坏的事件增多。面对不安全因素，不仅项目公司需要增加安保资金，更重要的是项目成员会产生极大的心理压力。

5. 经济因素

通货膨胀、汇率、关税、人口增长、市场大小等都会影响项目选择和实施。在非洲国家，通货膨胀使得材料价格不断上涨，工程造价大幅度提高。如果国际承包项目采取固定价格合同，将给承包商带来极大风险。2018 年夏天开始的中美贸易摩擦，导致人民币对美元、英镑等主要币种的汇率大幅贬值，虽然有利于增加出口，但对外投资项目成本上升。

6. 东道国人员的技能、教育水平和劳动力供给状况

这些因素可能决定投资项目地点的选择。如劳动密集型项目选择到工资低、劳动力丰富的国家。随着中国劳动力成本上升，沿海地区劳动密集型产业如服装鞋帽等低端制造业正在向越南、印度尼西亚、巴基斯坦、印度等低收入国家转移。一些高科技公司愿意把项目选址在人工成本高、人才丰富的美国硅谷，中国企业在美国硅谷投资建立及收购控股了大量高科技企业，利用当地的高水平人才队伍实施研发项目。

7. 自然环境因素

在异国开始项目之前，投资者和项目经理必须认真研究当地的地理特征，把气候、季节、海拔和地貌等考虑在内，这些因素会影响施工进度和成本。比如中国铁建公司承建沙特麦加轻轨项目，没有考虑到当地的沙漠和高温等不利因素，项目实际投资大大超过预算，亏损巨大。赤道几内亚没有水文地质资料及历史数据，给项目设计、项目计划编制及实施带来很多不确定因素。肯尼亚 EO 工程项目施工区域气候干燥，土壤的天然含水量低，地下水源难寻，附近地表径流已干涸，很难满足工程用水的需要。EO 项目所在地为强风化火山岩，不是理想的土方填筑材料，而项目对土方及底基层材料需求量很大，因而路基土石方施工成为制约进度的主要因素。

8. 基础设施

基础设施指一个国家为项目提供服务的能力，包括交通、通信、电力、技术、教育系统。交通基础设施决定了物流能力，影响供应商送货到现场的时间，对项目采购和进度有极大影响。中国企业在中亚国家的能源、矿产合作项目很多，铁路运输扮演着重要角色，中国铁路采用的是国际标准轨距，中亚几个国家采用的是苏联标准轨距，列车无法驶入对方铁路，必须在新疆阿拉山口口岸更换车轮，物流时间和成本增加很多。另外，长期在国外项目工作的人士，其家庭成员可能要随同生活，项目所在地是否有供孩子上学的学校也很重要。

9. 文化因素

外派的项目人员必须接受并尊重当地的习惯、价值观、宗教和社会标准。多数项目成员面临文化因素的挑战，来自不同国家的雇员要彼此适应。文化差异对项目有深刻影响。几乎每一个国家都有特殊的文化习惯，阿拉伯人不喜欢限定最后期限，美国人恰恰相反。项目文化、东道国文化和第三国文化相互交织，文化差异越大，人们在一些基本问题上的认识和态度差异也越大，忽视文化差异将带来严重后果。如某国家招标时，美国公司投标方案出色但落选，原因是美国人总是力求以正式的方式进行谈判，而东道国习惯将一些微妙的合同谈判以非正式的渠道进行。

霍夫斯泰德（Hofstede）说："除非受到允许，在德国什么事也不能做；除非受到禁止，在英国什么事都可以做；即使受到禁止，在法国也是什么事都可以做。"他利用文化维度模型比较了中美两国文化，发现两国在长期/短期导向、权力距离、个人主义/集体主义三个维度差别较大，而在不确定性规避、阳性/阴性气质两个方面比较接近。

案例 1-2

中国交通建设集团圆满建成肯尼亚铁路

2017 年 5 月 31 日，由中国交通建设集团 EPC 承建的肯尼亚的蒙巴萨-内罗毕铁路（蒙内铁路）通车，全长约 480 公里、投资 38 亿美元，90%的资金来自中国进出口银行，这笔贷款相当于肯尼亚年度 GDP 的 6%。从肯尼亚首都内罗毕到全国最大的港口蒙巴萨，原来的小火车需要 16 小时，大巴需要 12 小时，现在 4.5 小时就够了，大大方便了当地人的旅行。长约 120 公里的内罗毕-奈瓦沙铁路是蒙内铁路的延长线，合同工期为 54 个月，

2019年10月16日开通运营。

当列车穿过察沃国家公园时，旅客可以看见草原上野生的大象、角马、犀牛和斑马。1963年，当肯尼亚刚刚独立时，其70%的国土面积都是自然保护区。内罗毕是世界上唯一拥有自然保护区的首都，因此工程建设的环境要求更加严格。蒙内铁路开建之前，中国公司耗巨资建设了14个可供大型野生动物甚至长颈鹿穿越的通道。在察沃国家公园内，有6个可供动物横穿铁路的通道，在季节性河流和原铁路上方也为野生动物架设了穿越的桥梁。但由于缺乏对动物迁徙路线的调研，这些通道没有与动物的迁徙路线完全重合。

动物保护问题影响了铁路建设进程。2016年10月19日，在卡加多郡恩贡山隧道口举行开工仪式，肯尼亚总统肯雅塔宣布工程开工。不久，当地律师和野生动物保护组织组成的联盟将肯尼亚环境管理署、土地管理委员会等相关部门告上法庭。理由是政府选择了距离最短、投资最少的建设方案，铁路将横穿自然保护区内的内罗毕国家公园，将动物赖以生存的家园切分为两半。在多方压力下，环境法庭下达停工令，本已取得施工许可的项目不得不停工。

2017年，内罗毕-马拉巴铁路一期正式开工，为保证野生动物自由通行，采用了长达6.5公里的大桥全程穿越内罗毕国家公园的方案，并设置声音屏障减少噪声。同时，在公园内的作业面宽度仅为40米，将施工对环境的影响减到最小。项目开建后雇佣的当地员工超过2.6万人，与当地400余家材料供应商以及百余家公司开展了合作，对当地经济增长发挥了巨大的作用。

1.2 项目群与项目组合

企业同时实施多个项目时，为确保各个项目目标均能实现，必须有效分配和利用资源。多项目管理就是站在企业层面对所有项目进行筛选、评估、计划执行与控制的管理方式。有效进行多项目管理的基础是实现多个项目间的资源共享和信息共享。

项目群（program）也称为大项目，是指为一个共同的目标而开展的一组相互关联且被协调管理的项目。项目群管理是指对项目群进行统一协调管理，以实现项目群的战略目标和利益，获得按单个项目管理无法获得的效益。项目群可以设立项目群经理（program manager）负责多个项目的管理工作。项目群管理的重点是关注项目之间的依赖关系，解决影响多个项目的资源制约及冲突，调整对项目群目标有影响的组织或战略，处理同一个治理结构内的相关问题与变更管理。

例如，大型运动会场馆建设是一个项目群，射击场、跳水馆、羽毛球馆、游泳池等是整个项目的组成部分，任何场馆未竣工都意味着场馆建设没有结束。如果项目间的关系仅限于共享客户、供应商、技术或资源，这些项目应作为一个项目组合而非项目群。

项目组合（project portfolio）是指为了实现组织目标而集合在一起管理的项目、项目群。项目组合中的项目在战略上是一致的，帮助组织实现目标，为项目干系人创造价值。

项目组合管理要求企业不能把这些项目简单地作为独立的个体看待，而应作为一个整体进行管理。例如，某通信设备制造商研发生产多个款式的手机，同时也研发制造基站设备，还承担着多个通信项目的实施，这些项目之间既相互独立又共同支撑公司的总体战略，可以视为项目组合来管理，其中的若干手机研发项目可视为一个项目群。

项目组合管理的主要目的是指导组织的投资决策，最大化项目组合的价值，以达成组织的战略目标。无论是营利性组织还是非营利组织或政府机构，项目干系人总希望把组织资源投入正确的项目以实现最佳价值，也希望把资源投入正确的组合以平衡利润、成本和风险。项目组合管理需要在投资决策阶段评估、确定优先级和选择项目（Prasad，2014）。如果项目筛选时仅考虑财务价值创造的潜力，则干系人关心的其他兴趣点将被牺牲，组合管理有助于平衡财务价值和其他价值。没有组合管理时，项目管理者特别关注影响项目完工的短期风险，从投资多元化和组合平衡来说，可以创建一个项目风险矩阵，更有效地管理风险。项目组合管理提供项目投资决策的结构化流程，使决策过程又快又有效率，也有助于做出项目终止决策，减少公司风险与损失。

项目组合管理通常被认为是从企业层面或相对高层开始的一项复杂过程，事实上，企业的任何组织单元都可以从项目组合管理中受益。项目组合管理的核心是确定项目的优先级，优先级反映了项目对企业总体目标的重要程度，决定了企业在项目资源分配方面的先后次序，在资源紧张时应优先满足重要项目的需求，消除或减少资源冗余。当组合管理在企业里是标准化时，项目变得公开透明、有充足的检查，可以提前察觉冗余。当企业有多个项目时，如果没有划分明确的优先级，资源分配可能异常复杂，在多个项目竞争某些关键资源时将很难合理分配。

项目组合管理涉及三个工作（Bodil，2007），一是项目建议的初步筛选、选择和优先级确定；二是项目组合中优先级的重新评价；三是根据优先级对项目资源进行分配与再分配。每个项目经理都应具有管理项目组合的能力，而不是只有企业高层才需要具备这种能力。传统观点认为项目管理与项目组合成功有关，但米亚（Miia，2007）调查了 279 个企业后发现，实现项目目的与项目组合管理效率之间没有关系。

根据项目的商业潜力和技术难度两个因素，有下面的项目组合矩阵（见图 1-1）。

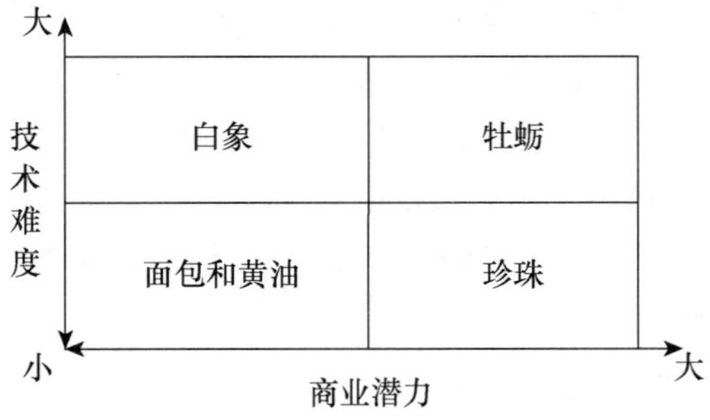

图 1-1　项目组合矩阵

● 珍珠项目：技术难度小且商业潜力很大的项目。如某精细化工企业开发了一种活性水护肤产品，该产品可保持皮肤白皙润泽，满足女性美容的需求，投放市场后大受欢迎。

由于掌握了核心技术，该项目为企业带来高额利润。

● 牡蛎项目：具有很大商业潜力但开发技术难度也大的项目。如开发治疗癌症、艾滋病的药物，航空发动机，手机芯片等，需要做长期的研发投入，项目失败风险很高，一旦项目成功将产生巨大的经济回报。

● 面包和黄油项目：技术难度小商业潜力也小的项目。现有产品和服务的改进多属于此类项目，如软件版本升级、产品功能的一般改进。

● 白象项目：商业潜力小且技术难度大的项目。因企业对市场需求和技术发展趋势预测错误，项目建成后发现产品没有市场，技术已被逐步淘汰。

格雷（Gary）将项目组合分为三类，一是必需与紧急的项目，如地震灾后重建项目、为抗击新冠肺炎疫情各国大力投资研发疫苗，这类项目必须优先安排资源，经济回报不是首先考虑的问题。二是现有运营系统的支持性项目，实施该项目可以提高运营效率、降低成本或提高业绩，如实施企业管理计划、流程再造项目等。这类项目需要企业具备一定的管理基础和资金，在资源不充足时可以暂缓实施。三是战略类项目，这类项目对企业长远发展有重要影响甚至决定企业兴衰，如技术创新项目，企业应积极做出项目规划并筹集资源实施。当企业存在多个项目组合时，根据所属类型可以初步判断出项目的优先级。

1.3　项目干系人

干系人也称利益相关者（stakeholders），是指能够影响项目决策、活动或结果的个人、群体和组织，以及会受到或自认为会受项目决策、活动或结果影响的个人、群体和组织。不同干系人可能存在相互竞争的需求，会在项目中引发冲突。为了实现战略业务目标或其他需求，干系人可能对项目、可交付成果和项目团队施加影响。如城中村拆迁改造项目中，村民关心安置与补偿条件，开发商关心项目投资及收益，政府关心改造后的城市形象与社会稳定，银行关心贷款安全与回报，购房者关心房屋质量与价格等，还有村委会、城改办、规划局、国土局、建设局、设计院、建筑公司、监理公司和供应商等，这些组织都在该项目中有利益关系。

项目干系人包括项目团队成员、组织内部和外部与项目有利益关系的实体。干系人在项目中的责任和权力差别很大，并且随着项目生命周期而变化。有的偶尔参与项目调查，有的为项目提供全方位资助和支持，还有的会主动或被动地干扰项目。为了明确项目参与方的期望，项目团队需要识别内外部、正反面、执行工作和提供建议的干系人。识别干系人在项目中是一个持续的过程，要了解他们对项目的影响力、平衡他们的要求和期望，这些工作不做好，可能影响项目工期和成本并带来其他不利后果，甚至导致项目失败。

1.3.1　内部干系人

1. 项目发起人

发起人是为项目提供资源的个人或团队，负责为项目成功创造条件。在项目构思时，发起人为项目提供支持，包括游说更高层的管理人员，宣传项目将给组织带来的利益以获得组织支持；在项目启动过程中，发起人始终领导着项目，直到项目被正式批准。发起人对制定项目初步范围与项目章程起着重要作用。发起人可能是一位高层主管或中低层经理，可以担任项目与正常决策过程的联系者。但是，并非所有项目都需要高层发起人，在项目管理成熟度高的企业，越来越多的中层和低层管理者成为发起人，中层管理者与工作进展关系密切，能够提出具体的管理建议，容易被员工接纳。

发起人的主要任务是帮助项目团队取得成功，可以在制定目标、设定优先级、确定项目组织架构、制定项目方针和程序、制定项目主计划、化解冲突、监测执行情况等方面，给予项目经理和团队一定的指导。许多项目需要跨越不同的部门和团队，要在短期内召集员工（项目完毕后解散），从公司内的不同群体筹集资金，项目经理的职权不足以应付这些问题，但发起人往往可以帮助解决这些问题。

强势的发起人是项目成功的关键，发起人对项目的主要作用体现在以下几个方面：

- 通过发布项目章程大力支持项目经理。项目章程可以通过纸质文件发布，也可以电子邮件形式发送给与项目有关的人，引起大家对新项目和项目经理的关注。
- 协助开发项目工作责任矩阵，明确项目中不同利益相关者之间的责任和权力。
- 评审并通过项目工作说明书。
- 评审并通过项目计划，有关成本、进度和质量平衡的要求必须得到发起人的认可。
- 与项目经理讨论项目状况并提供建议。
- 监控和维持项目的优先次序，监控项目团队的规模和预算。
- 协助项目经理克服组织障碍。

2. 项目经理

项目经理是组织委派实现项目目标的人，他必须让项目中各自独立的主体协调一致地工作，无论是编制项目计划、协调项目利益相关者、控制成本预算还是解决冲突，项目经理都担任着关键角色。项目经理如同一个交响乐队的指挥，没有他的卓越指挥，无法演奏出华美的乐章。项目经理的领导能力和工作态度对项目推进的效率和效果起着重要作用。项目经理应该经常问自己这样的问题：“我的职权是什么”“我向谁汇报工作”“我的期望是什么”。

3. 项目团队

项目是由谁来做的？当然是项目团队。项目团队由项目经理、管理人员、技术人员和其他执行项目任务的人员组成，他们为实现项目目标贡献了时间、技能和劳动。项目成员来自不同部门、团体，分别掌握项目所需的不同专业知识或技能。项目经理对一般成员与核心人员的沟通策略是不同的。有些团队成员担任的工作很重要，在项目中的角色却很微小，参与项目的时间也许只有几个星期，但在他们参与进来之前就要沟通项目进度计划，他们不一定要参加每周工作例会。

确定项目成员的工作始于项目规划阶段，当人们同意参加项目并确定承担一定的责任和角色时，其团队成员身份就确定了。这项工作可以分为以下若干步骤：

- 项目任务分解，确定每项工作对人员素质和技能的要求。
- 项目经理和发起人开始招募合适的人员。

- 项目经理与团队成员进行沟通。
- 项目经理向成员说明项目计划内容，并确保大家都了解该计划。
- 在项目工作说明和项目计划中确认团队成员职责。

4. 直线部门经理

直线部门经理控制着员工和其他资源，他们参与制定公司的政策，他们的配合有利于项目获得必要的资源和支持，帮助识别项目利益相关者。直线经理包括职能经理与运营经理，其中，职能经理是行政、人力资源、财务、采购等部门的负责人；运营经理是研发、设计、制造、供应、测试或维护等部门的管理者。项目完成时要把技术文件和各种记录移交给运营部门，纳入日常运营并提供长期支持。为了获得适当人选，项目经理必须与部门经理密切合作，协调部门经理分派员工参与项目。科兹纳认为项目经理、高层经理和部门经理像一条三足凳，缺少任何一条腿，凳子都会倒。

有几种部门经理需要特别关注：一是项目结果将会影响他们工作的职能经理，如实施财务管理信息系统，财务经理必然密切关注。二是代表其他利益相关者的经理，如销售经理代表客户关注产品研发进程及新产品的功能。三是项目经理向其汇报的高级经理。项目经理要识别高级经理为什么对项目感兴趣以及将会影响哪些决策，还要识别出不明显的决策者，特别是拥有否决权的人。

1.3.2 外部干系人

1. 客户

项目客户是直接的购买者、最终用户、产品和服务提供的对象，是最终为项目付费的人或组织。客户在产品描述、预算和衡量成功的标准上具有发言权，客户满意度对项目成功极其重要。尤其是组织客户，其内部人员构成复杂，在项目中的利益和关注重点差异很大，获得客户满意并不是简单的事情。如软件商以 1 000 万元承担了某烟草公司 ERP 项目，烟草公司领导关心 ERP 能否按期上线，用户关注 ERP 功能是否满足工作要求，技术人员希望业务能力获得提高，合同管理部门希望软件商严格履行合同，知识老化的员工对信息化有恐惧心理，某些岗位人员在 ERP 实施后将被裁减因而抵触项目。项目经理必须分析各干系人的具体特点与利益诉求，采取有针对性的措施使各方满意。

尽管客户是付费的人，但确定客户的工作并不简单。例如，为公司电脑安装一套新版的办公自动化系统时，谁决定安装哪些功能？是电脑使用者还是总经理做决定？这种情况下，项目经理必须跳出“谁是客户”的问题，改为询问“在安装需求方面我应该采取什么过程，谁会参与成本效益平衡的决策”。在大型和复杂的项目中，判断谁具有代表这个群体的权力并不容易，针对不同客户群可以采取以下措施：

（1）项目经理必须区分出对产品需求有最终权力的人，在确定需求时必须咨询这些人，这些人只需要告知他们的需求是什么。

（2）产品无明确客户的情况下，项目经理必须确定哪个部门是利益相关者，如新产品研发项目中，产品需求通常是营销部门通过市场调查取得的，因而营销部门可以担任客户角色。

（3）对于公用事业项目，如有几十万市民使用的市政设施建设项目，项目经理难道能倾听每一个利益相关者的要求吗？显然不可取，故只能向市政管理机构或市民代表调查需求。

2. 竞争对手

竞争对手的参与可能不利于己方，也可能有利于己方。如 A 手机制造商研发一款 5G 手机，竞争对手抢先推出了性能接近的产品，迅速占领了市场，A 公司就丧失了最佳商业机会，面临商业推广压力增加的风险。而在房产项目中，如果抢先开盘的竞争对手抬高了销售价格，则后开盘的开发商就可以较高的价格销售，获得更多的利润。

3. 供应商

供应商是根据合同为项目提供原料、设备或服务的外部公司。供应商按时提供项目所需资源是保证项目进度计划的基本条件，供应商提出的价格影响项目成本，提供的原材料的质量影响项目最终产品质量。如预警机研制生产企业中航工业陕飞公司，合作方包括军工企业、民企、电子系统的研究所、大学、地方政府等。其中，关键部件机载雷达由中国电子系统的 M 研究院负责研制，M 研究院承担了多个军品研发项目，机载雷达项目的优先级不是最高的，没有配置优势的项目资源。雷达产量不足导致预警机产量受限，影响了向客户的交付。

4. 分包商

承包商与客户签订项目总承包合同后，可能把非核心业务分包给专业公司。通常，分包能节约成本和提高效率，因而有些企业把 IT 系统开发与维护业务外包给专业的服务商。分包商完成任务的进度和质量会影响项目的整体状态，某些情况下会产生颠覆性的影响。例如，S 公司承担了某型号无人机研发项目，并将组合导航器研制任务分包给一家电子公司，但在无人机试飞时，组合导航器发生故障导致坠机。

5. 融资银行

资金需求量大的项目离不开金融机构的支持。如房地产开发项目，开发商需要银行支持，多数购房者也需要借助贷款才能圆买房梦，银行中断贷款可能导致工程停工及烂尾楼。

除此以外，政府部门以及项目涉及的市民、社区、社团等也可以成为项目干系人。

按照与项目关系的密切程度，干系人可以分为直接干系人和间接干系人。直接干系人是参与项目计划和执行活动的人和组织，包括客户、项目发起人、项目经理、项目团队、技术提供者、金融机构、顾问、供应商、次级合同方、最终使用者等，他们参与项目的全程或局部。间接干系人是与项目没有直接关系的组织和个人，如不直接负责项目的高管人员、部门经理，也可能包括政府部门、工会等。

正是由于项目干系人影响的复杂性，必须重视干系人的管理问题。研究项目方案时不仅要从技术和经济方面进行比较，还要从干系人的潜在影响方面进行考察，分析干系人的影响及可能的反应，采取适当措施减少利益受损者对项目的阻力。干系人的态度和影响是动态变化的，在项目周期的不同阶段，应持续进行干系人分析。布洛克（Block，1983）提出了干系人管理的 6 个步骤：

（1）评价环境：项目是否受限制？是否有市场需求？

（2）识别主要参与者的目标：了解各干系人的要求。

（3）评价组织的能力：团队的优势与劣势有哪些？

（4）定义问题：干系人问题主要有哪些？

（5）提出解决方案：针对不同干系人的需求制定行动计划。

（6）测试并改进干系人解决方案。

克莱兰（Cleland，1998）提出了项目干系人管理模型，见图 1－2。首先是识别项目干系人，接下来收集相关信息，识别他们在项目中承担的任务或角色，分析干系人的优势与劣势，预测他们拟采取的战略和行动，确定并实施干系人管理策略。干系人管理策略包括使干系人对项目支持最大化策略和对项目干扰最小化策略。

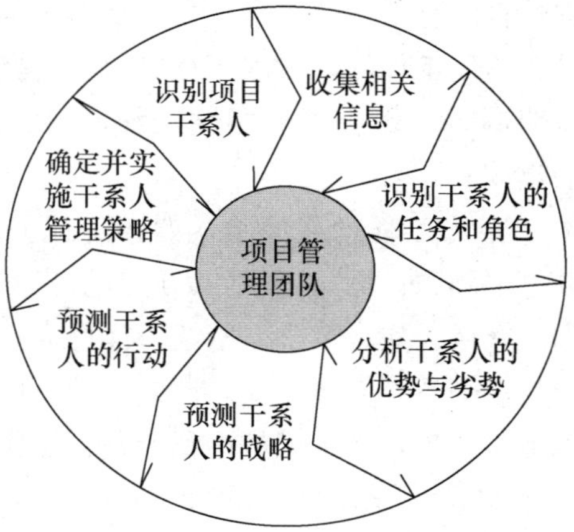

图 1－2 克莱兰干系人管理模型

埃斯科罗德和杰普森（Eskerod & Jepsen，2013）提出了项目生命周期中各阶段干系人的管理重点。在项目定义阶段，就要开始分析项目干系人，尤其是要与关键干系人建立联系，与他们分享知识，就利润、范围和约束等进行谈判，谈判结果形成文档。在项目规划阶段，进一步识别需要管理其注意力的干系人，与新发现的干系人建立联系，谈判了解干系人的期望，让他们建立起项目意识。在项目执行阶段，要努力保持与干系人的联系，此时可能新识别出部分干系人。在项目收尾阶段，解除所有这些联系，干系人的角色消失。

1.4 项目管理

项目管理的思想不是哪个人或哪个组织单独发明创造的，而是随着人类社会的项目实践逐步发展成熟的。我国历史上即实施过大规模的工程建设项目，如万里长城、秦始皇陵、佛教石窟、京杭大运河、圆明园等。秦始皇统一六国后，派蒙恬率领 30 万大军北击匈奴，收复了黄河以南地区，从全国征调大量的民夫和资源，就地驻扎修长城。秦长城西起临洮（今甘肃岷县）、东至辽东（今辽宁省的东部和南部及吉林省的东南部地区），绵延万余里。秦始皇陵和阿房宫施工高峰期工匠达到 70 万人，还有六国宫殿在咸阳的复制工程（《史记·秦始皇本纪》记载："秦每破诸侯，写放其宫室，作之咸阳北阪上……"），劳动力和物资投入难以计数。实施如此庞大的项目必然需要高超的计划、组织和协调能力以及技术，如人员组织、物资运输、质量控制等，否则，这些工程是无法完成的。

早在春秋时期，古人就设置了管理机构，《周礼》中记载了有关建筑工程的官职，如封人（主管建造城邑）、遂人（主管城市规划和道路建设）、司险（主管道路工程）、冢人（主管陵墓工程）、量人（主管都城和城邑规划以及军营建设）、土方氏（主管测量）等。秦朝设将作少府管理土木建筑。汉朝设将作大匠掌修建宗庙、陵寝、宫室及其他土木工程。隋朝开始设工部，主管制定有关建筑工程的法令规范。唐朝设立将作监，监下设四署，分管木工、土工、舟车工和砖石材料。宋朝的将作监规模更大，下属五案、二十七所、十场库。元朝管理工程的官府有将作院、缮工司、修内司、祗应司等。明朝工部设营缮所，内府又有营造司，另有总理工程处，仅内府营造司即掌握土作、木作、石作等十作及多处材料场库。清朝沿袭明制，工部主管全国性工程，制定工程法规；内务府设营造司，主管帝王宫殿、园林的建设。

漫长历史岁月里积累了丰富的工程管理经验，如在砖瓦上刻上烧制砖窑和工匠的名字，一旦出现质量问题可以追根溯源；堤防工程如因质量低劣被洪水冲垮，负责人要被严厉处罚。遗憾的是项目管理没有像天文、数学、医学那样形成一门学科。

一般认为，项目管理作为一个系统的方法论，形成于 20 世纪 40 年代美国原子弹研制项目曼哈顿工程，这个项目历时 3 年，参与人员达到十万。现代项目管理诞生的标志是关键路径法（CPM）与项目评审技术（PERT）的问世。1958 年，美国海军北极星项目采用了 PERT，杜邦化学公司开发了 CPM。20 世纪 60 年代，今天项目管理所使用的特殊计划、控制技术和项目过程，在军事和航天项目领域基本开发完成，包括 PERT、CPM、矩阵组织结构、范围管理、配置管理和挣值法。矩阵组织是为管理跨学科项目而开发的。美国航空航天和国防工业将项目管理用于所有项目中。大多数其他行业的公司采用了非正式的方法管理项目，多数项目由部门经理来管理，只涉及 1～2 条职能链，以非正式的沟通为主，人们不把项目管理作为职业。

20 世纪 70 年代，项目生命周期的重点从执行阶段（资源消耗最多的阶段）转移到前端定义和规划阶段，此阶段增加价值的潜力最大，变更的代价最小。

20 世纪 80 年代，计算机的发展和项目管理软件变革了计划编制和控制算法，数据库的应用促使职能部门共享信息，这是一个显著的变化，把多个部门集成起来，并把计划制定和信息控制职能转移到项目办公室。项目规模和复杂性不断提高，许多公司放弃了非正式的项目管理，采用正式的项目管理流程，美国航空航天局和国防部要求分包商采用项目管理技术，一些行业的企业也很快跟随。

进入 90 年代，大企业开始通过项目管理办公室（PMO）采用项目管理技术，项目管理办公室扮演了项目管理领导层的卓越中心角色。

21 世纪后，项目管理被各个行业采纳，最佳实践也不断积累，对项目管理技能的需求逐步增长。科兹纳统计出不同行业的最佳实践产生的时间是：航天航空、国防工业和建筑业为 1969—1985 年；汽车业为 1986—1993 年；电信业为 1994—1999 年；信息技术业为 2000—2003 年；医疗保健业为 2004 年以后。

1.4.1　项目管理的特点

美国项目管理协会认为项目管理就是在项目活动中运用知识、技能、工具和技术，以满足项目的需要。项目管理是通过合理运用与整合定义、规划、执行与收尾四个过程来实现的。在规划和执行项目时，要处理项目干系人的各种需求与期望，平衡范围、质量、进度、预算、资源和风险等制约因素。项目管理的特点如下：

（1）项目管理是一种管理模式，而不是一次任意的管理过程。项目管理是以项目为对象的系统管理方法，通过各方利益相关者的合作，建立一个临时性项目组织，把各种资源应用于项目，进行高效率的计划、组织、协调和控制，使项目利益相关者的需求得到不同程度的满足。项目管理强调运用专门的知识、技能、工具和方法，如工作分解结构、关键路径法、项目评审技术、挣值法等。经验管理不意味着项目失败，如普通居民装修房屋，凭自己的经验和感觉来组织实施也可以装修得很美观；历史上很多规模浩大的工程采用的也是经验式的、军事的或暴力的方法，而不是我们现在讨论的项目管理方法。当然，采用项目管理的方法意味着那些经典工程的投资和时间可能更节约、质量更好。

（2）项目管理的目的是使项目实现或超过项目干系人的需要。项目干系人利益不同，需求差异很大甚至存在冲突，项目管理者应设法满足他们的需要或期望。如城中村改造项目中拆迁居民与开发商的利益是冲突的，居民希望得到最高的补偿，开发商希望得到最高的投资回报，业主希望购买到价格适中的新房，项目管理者应尽可能在开发成本不增加的情况下，合理界定项目范围并提高产品质量，争取满足每个项目干系人的需求。

（3）项目管理过程中要保持时间、成本和质量之间的平衡。项目管理的理想结果是达到最短的工期、最低的成本和最高的质量。进度、成本和质量三大目标之间存在相互制约的关系，任何一个方面出现问题都会影响三者的平衡。为了达到高质量就必须增加质量保证和质量控制投入，进度与成本会受影响；严格控制质量可以减少或避免返工，减少项目使用阶段的维护费用；加快进度需要增加人力和物力的投入，施工条件的限制可能会带来浪费，引起费用增加。如某市政工程原计划年底竣工，管理者为了向国庆节献礼加快施工，虽然提前完工但项目成本严重超支，工程投入使用后不久就出现了质量问题。

（4）项目管理过程中要取得显性需求与隐性需求的平衡。所谓显性需求是指项目范围说明书或合同中明确列出的必须满足的各种需求，这些需求也是项目评价的主要内容。隐性需求是指项目范围说明书没有明示的其他需求，不作为评价项目成败的依据，但又对项目有着一定的影响。如某工程师参加新产品研发项目，其显性需求是获得一份薪水，隐性需求可能是学习新技术，如果不让他参与核心技术开发，他可能退出该项目而选择参加另外的项目。

（5）项目管理需要专门的组织结构、新型的人际关系以及独特的项目文化等。

1）项目组织结构是根据项目特点设计的，经常打破以下传统规则：

- 组织具有层级结构。

- 职权必须以上下级概念为基础。
- 下属只能有唯一的直属上级。
- 在工作专业化的基础上对人员清晰地分工。
- 明确限定管理人员控制的范围。
- 把人员分成团队并进行线性管理。
- 管理人员的责权必须相当。

2）项目中的人际关系很复杂，项目经理必须迅速组建团队或者建立一种合作关系，能够处理项目中经常出现的冲突现象，项目经理经常要管理那些没有隶属关系的人员和结构。

3）项目团队具有自身的文化，包括以下核心内容：

- 全局性思考。项目中的每个人都必须学会从项目组织全局出发来思考问题。客户、顾问、设计组织、采购部门、施工部门、次级承包商、供应商等都必须把自己看作项目组织的一部分。所有人都应当承担起对项目的责任，全身心投入工作，把部门利益放在项目需求和任务之后。
- 服从目标。项目目标必须分解成每个小组和个人的工作任务，使每个人对时间和成本都很敏感，必须以目标为导向而不能以业务为导向。
- 把变化作为项目存在的一种方式来接受。项目中任何事情都不能保持静止状态，每个人的生活都充满了不确定性和复杂性，必须灵活处理遇到的每件事。
- 需要处理灵活性、不确定性、复杂性和权力不充分之间的关系。项目是一个动态的、不断变化的实体，无论任务还是人际关系都是如此。项目经理经常在不清晰的上下级关系中实施管理，其权力是不确定的，并且不足以和责任相匹配，这种权力部分基于合同安排，项目经理必须学会通过所有可能的方式获得更多权力，而不能仅仅依靠职位。

1.4.2 项目成功的关键因素

判断项目成功的标准没有得到一致认可，事实上，不同评价者对一个项目的评价结果往往很难取得一致。传统观点认为，进度、成本和质量是项目成功的三个关键因素，强调项目成功的短期绩效。现在，越来越多的观点认为客户满意是判断项目成功不可缺少的重要因素。

- 项目进度。项目必须在规定时间内完成或提前完成，而不能无限期地进行下去。如悉尼歌剧院开工于 1959 年，拟耗资 1 200 万澳元，原本预计 1964 年 8 月到 1965 年 3 月完工，但实际于 1973 年 10 月正式投入使用，总花费为 1.02 亿澳元。按照传统标准，这是一个失败的案例。但该歌剧院不仅是悉尼文化艺术的殿堂，更是悉尼的灵魂，是公认的 20 世纪世界十大奇迹之一。
- 项目成本。项目成本是客户同意为项目交付物所付的款额，包括人员的薪水、原材料、设备租金，分包费用及咨询费用等，没有哪个客户喜欢成本预算超支。
- 项目质量。项目范围内的工作与最终产品必须达到技术规范的要求。例如，房屋建造项目涉及主体建造、内外装修和环境美化等，客户总是希望项目能高质量地完成。

● 客户满意。项目最终目标是开发出满足客户需求的产品或服务，向客户顺利交付，或者实现项目产品的批量生产以获取商业价值。例如，新装修房子的门窗难以开关、暖气漏水、油漆粉刷不均匀等，客户肯定不会满意。项目团队应始终把客户满意作为首要目标，如果客户拒绝接受项目产品或项目产品市场表现极差，即使达到了进度、成本目标，项目也是失败的。

申哈（Shenhar，1997）提出完成设计目标、适合客户、商业成功和未来潜力是判断项目成功的标准，这四个维度的重要性不一定等同，如在客户与承包商合作的项目中，适合客户是最重要的。其中，设计目标与适合客户与上文的项目进度和客户满意含义较为接近，此处不再赘述，仅着重介绍商业成功和未来潜力这两个因素。

● 商业成功。商业成功就是项目产出物获得了市场认可，为企业创造了商业价值。如企业研发出一款新产品，如果上市后得到消费者的青睐，则有望顺利收回研发投资并创造利润；如果产品滞销，则意味着投资失败。对于公益性项目，要分析项目建成后是否达到了预期的社会效益。如污水处理厂建成后，是否为保护环境发挥了预期作用。

● 未来潜力。未来潜力就是该项目是否使企业掌握了核心技术，是否有利于占领未来的市场，以获得更大的发展。

项目能否成功受到很多因素的影响，项目失败的原因各不相同，但成功的项目在以下几个方面是相似的，如果具备这些要素，项目则容易成功走到终点。

- 项目与客户战略一致；
- 项目目标定义清楚；
- 良好的项目计划与进度管理方法；
- 准确的时间控制和反馈系统；
- 严格的绩效监督与控制系统；
- 充足的资源供应；
- 最高管理层和发起人的充分支持；
- 拥有胜任能力的项目经理；
- 严格的资金控制；
- 全面的质量控制程序；
- 受到激励和整合良好的团队；
- 良好的合同文档管理；
- 有效的内外部沟通；
- 和谐的客户关系；
- 开发技术说明书。

1.4.3 项目管理知识体系

20 世纪中期，项目经理开始致力于将项目管理确立为一种职业，其中一个方面就是对知识体系的内容达成一致意见，这一知识体系后来成为项目管理知识体系（project management body of knowledge，PMBOK）。项目管理知识体系是描述项目管理专业知识的术语、图表和词汇基准，包括已被验证并广泛应用的传统做法及新近的创新做法。

国际上存在多个版本的项目管理知识体系，具有代表性的是美国项目管理协会开发的《项目管理知识体系指南》。美国项目管理协会在全球推广项目管理资质等级认证考试，共有 8 种证书，如 PMP（Project Management Professional）；PgMP（Program Management Professional）；PfMP（Portfolio Management Professional）等。《项目管理知识体系指南（第 6 版）》将项目管理知识体系分为 10 个模块。

项目整合管理：指识别、定义、组合、统一和协调各项管理过程组的各个过程和活动，包括制定项目章程，制定项目管理计划，指导与管理项目执行，监控项目工作，实施整体变更控制，结束项目或阶段。

项目范围管理：确保项目做且只做所需的全部工作以成功完成项目的各个过程。包括范围计划编制、范围定义、范围核实、范围变更控制等。

项目时间管理：包括为使项目按时完成所需的各个过程，如定义活动、排列活动顺序、估算活动资源、估算活动持续时间、制定进度计划、控制进度。

项目成本管理：为使项目在批准的预算内完成而对成本进行规划、估算、预算、融资、筹资、管理和控制的各个过程。

项目质量管理：把组织的质量政策应用于规划、管理、控制项目和产品质量要求，以满足相关方的期望。

项目资源管理：识别、获取和管理所需的资源以完成项目。

项目沟通管理：为确保项目信息及时且恰当地规划、收集、生成、发布、存储、检索、管理、控制、监督和最终处置所需的各个过程。

项目风险管理：包括规划风险管理、识别风险、风险分析、规划风险应对、实施风险应对和监控风险的各个过程。

项目采购管理：从项目团队外部采购或获取所需产品、服务或成果的各个过程。

项目干系人管理：识别影响或受项目影响的人员、团队或组织，分析干系人对项目的期望和影响，制定合适的管理策略，有效调动相关方参与项目决策与执行。

国际项目管理协会（International Project Management Association，IPMA）的前身是 1965 年在瑞士注册的国际管理系统协会（International Management Systems Association，IMSA），1996 年更名并使用至今，秘书处设在荷兰的阿姆斯特丹。其愿景是提升全社会的能力，使世界上所有的项目都能成功。《IPMA 专业资质标准》对项目管理者的素质要求有 40 个方面，允许各成员组织变更核心要素之外的其他要求的 20%，以兼顾不同民族、不同文化以及职业发展的需求。IPMA 的资格证书分为四个等级：D 级（项目助理）针对初学者，C 级（项目经理）针对有 3～5 年项目工作经验的人，B 级（高级项目经理）和 A 级（项目总监）针对富有经验和能力的项目经理、项目群经理和项目组合经理。

什么情况下需要使用项目管理技术呢？克莱兰和金提出了五个标准。

（1）工作的熟悉性。每个业务部门或职能部门都有职责定位和目标，有些临时性任务对每个部门来说都可能是陌生的或超越了部门的职责权限。如实施 ERP 系统需要开发软件、改造硬件、培训用户、流程再造等，工作量超出了任何一个部门的能力，而组织一个跨部门的项目团队，用项目管理的方法来计划和协调这些一次性的任务，完成的效率与成功概率都会提高。

(2) 所需资源量大小。当一项工作需要比通常的一个部门或者组织使用的资源（人、资金、设备等）多得多时，就可能需要项目管理技术。如上面提到的 ERP 项目看起来属于信息管理部门的职责范围，但在实施过程中几乎会涉及所有部门的工作和资源，许多人被卷进去，所需要的协调和整合工作超出了任何单一职能领域的能力和资源。

(3) 变化的环境。许多组织正处于迅速变化的环境中，特别是电子、通信、生物医药、人工智能、新材料等行业技术创新程度高、产品更新快、市场和消费行为变化快，变化的环境孕育着新的机会，企业为了生存和成功必须要有创造力、灵活性和快速反应能力，项目管理提高了企业应对变化和抓住机遇的能力。

(4) 相互协调。每个职能和业务部门均有目标和部门利益，一项复杂的综合性任务需要几个部门联合工作时，每个部门都可能是自私的。项目管理的模式有助于打通各个部门之间的壁垒，调和部门之间的矛盾，将部门、承包商、客户等连接在一起，统一协调和控制，有利于项目成功。

(5) 组织的声誉。完成一次性任务存在较大风险，如果项目不能顺利完成将导致财务损失、市场份额下降、声誉受损或者与将来的合同失之交臂，这种情况下就需要项目管理。尽管项目管理不能保证不发生损失，但它提供了更好的计划和控制技术，有助于减少大型复杂活动的风险。

与以上任务特点相反的情况不适合采用项目管理技术，任务越熟悉、所需资源越少、环境越稳定、最终产品越缺乏独特性，这种活动或任务越不需要项目管理。如生产 1 万辆 SUV 汽车，这是标准化的、重复性的操作，生产工艺是固定的，适合采用标准化的生产方法而不是项目管理技术。

1.5 项目运行环境

项目所处环境可能对项目产生有利或不利的影响，影响的主要来源是事业环境因素（enterprise environmental factors）与组织过程资产（organizational process assets）。事业环境因素往往源于项目团队外部，而组织过程资产源于组织内部。

1.5.1 事业环境因素

事业环境因素是指对项目产生影响、限制或指令作用的各种条件。环境因素可能提高或降低项目管理的灵活性，对项目结果产生积极或消极的影响。项目团队通常无法直接控制，只能适应、利用这些环境因素。

1. 组织内部环境因素

● 组织文化、结构和治理。包括组织的愿景、使命、价值观、信念、领导风格、等级制度和职权关系、组织风格、道德和行为规范等。一般来说，在等级森严的企业里，项目决策流程复杂、周期长，部门间沟通较为困难，很多事务需要层层审批，往往依靠公文、领导批示推动工作。而在市场化运作的企业中，内部决策流程简单，组织扁平化，提升了跨部门沟通效率，项目决策和实施速度相对快一些。

- 设施和资源的地理分布。一个跨地区的大型企业，在多个城市有分、子公司，多方人员组成一个新产品开发项目团队，通过网络实现信息共享和合作。虚拟团队的运作方式为擅长面对面管理的项目经理带来很大挑战。如某跨国银行实施信息化项目，涉及各个国家的分行、供应商和项目人员，由于时区不同、工作风格各异、语言差异等，项目经理要在多个团队之间协调，这增加了项目交付风险。
- 基础设施。包括现有设施设备、通信系统、信息技术硬件等。
- 信息技术软件。如进度计划软件、其他自动化系统。
- 资源可用性。如合同与采购制约因素、经批准的供应商和分包商及合作协议。
- 员工能力。员工的专业知识、技能、胜任力等。

2. 组织外部环境因素

- 市场条件。包括竞争对手、市场份额、品牌认知度和商标等。
- 社会和文化影响。包括政治氛围、行为规范、道德观念等。
- 法律限制。包括安全、数据保护、商业行为、人员招募和物资采购等方面的法律。例如，华陆公司在哈萨克斯坦 EPC 总承包的聚丙烯建设项目，合同规定当地采购不得低于合同总价的 10%，否则应向业主支付合同总价 5%的违约金，再按照每下降 1%支付 0.15%的违约金。由于东道国资源供应有限，当地采购仅占 5.2%，存在遭受罚款的风险。合同总价是基于当地劳工比例的 70%估算的，但是当地人综合能力低下，无法招募到足够数量的技术工人，不能满足项目进度和质量需求。
- 商业数据库。包括标杆对照成果、标准化的成本估算数据、行业风险研究数据。
- 政府和行业标准。包括与生产、产品、环境、质量和工艺有关的监管条例和标准。
- 财务因素。包括汇率、利率、通货膨胀率、关税和地理位置。在国际采购数量较大的项目中，汇率变化影响着采购成本。国际采购周期较长，订购大型设备后，对方生产、运输、到岸等可能需要几个月甚至更长时间，最终支付货款时汇率波动影响项目采购支出。
- 物理环境。工作环境、天气和制约因素。在哈萨克斯坦聚丙烯项目中，关键工艺设备要国际采购，供货周期及物流运距长，能否如期到货严重影响项目进度。例如，设备先经过海上运输到邻近国家港口卸船，再转为内河航道运输，受冬季封冻及航运管制影响极大。河流每年 10 月至次年 4 月大件驳船不能通行。10 月份以后，项目所在地进入采暖季，供热管线无法拆障。运输窗口期仅为 5 月 1 日到 9 月 30 日，且当地政府只允许每周日早上进行大件运输。所以，海运的操作难度极大，运输中途受限将会产生巨额的港口滞期费。

1.5.2 组织过程资产

组织过程资产是指组织特有的计划、流程、政策、程序和知识库等影响具体项目的管理。包括来自项目参与组织的、用于执行或治理项目的任何产物、实践或知识，如项目的经验教训和历史信息、完成的进度计划、风险数据和挣值。组织过程资产分为两种，一种是流程、程序和政策，此类资产由项目管理办公室或其他部门负责更新，项目生命周期各阶段对这类过程资产的要求不同。另一种是共享知识库，即组织用来存取信息的知识库，如财务指标、测量指标、绩效指标、经验教训、项目档案等，此类资产项目团队可以进行更新和增补。

1. 定义和规划阶段

指南和标准。用于确定组织标准流程和程序以满足项目要求。

特定的组织标准。如人力资源政策、健康与安全政策、保密政策、质量政策和采购政策等；产品和项目生命周期以及方法和程序；项目管理方法、评估指标、过程审计、改进目标、核对单等。

项目模板。如项目管理计划、项目文件、项目风险登记表、报告格式、合同模板、风险分类、风险描述模板、概率与影响定义等。

预先批准的供应商清单、各种合同协议类型（如总价合同、成本补偿合同和工料合同）。

2. 执行阶段

变更控制流程，包括修改组织标准、政策、计划和程序所遵循的步骤，以及如何批准和确认变更。

财务控制程序，如定期报告、费用审查、会计编码、标准合同条款。

问题与缺陷程序，包括定义问题和缺陷控制，识别与解决问题和缺陷，跟踪行动方案等。

组织对沟通的要求，如沟通技术、许可的媒体、视频会议、记录保存政策等。

确定工作优先顺序、批准工作与签发工作授权的程序。

标准化的指南、工作指示、建议书评价准则和绩效测量准则。

产品、服务或成果的核实和确认程序。

3. 收尾阶段

项目收尾指南或要求，如项目审计、项目评价、可交付成果验收、合同收尾、资源分配、向生产/运营部门转移知识。

思考题

一、单项选择题

1. 项目的临时性是指（　　）。

A. 项目持续的时间很短　　B. 项目在实施过程中可以临时取消

C. 项目有明确的起止时间　　D. 项目结束时间不确定

2. 在项目过程中，一部分人和组织对项目结果感兴趣，受到项目结果的影响，而且他们的行为也会影响到项目，这些人和组织称为（　　）。

A. 项目团队　　B. 项目发起人

C. 项目经理　　D. 项目干系人

3. 在项目生命周期内，项目资源投入数量的变化趋势是（　　）。

A. 逐渐增加　　B. 先增加后减少

C. 先减少后增加　　D. 总体稳定

4. 项目管理追求的目标是（　　）。

A. 进度最快　　B. 成本最低

C. 质量最好　　D. 进度、成本与质量的平衡

5. 国际项目管理协会（IPMA）的前身是成立于 1965 年的国际管理系统协会（IMSA），1996 年更名并使用至今，秘书处设在（　　）。

A. 瑞士洛桑　　B. 荷兰阿姆斯特丹

C. 法国巴黎　　D. 德国柏林

6. 项目团队由多个国家的专业人员组成，如跨国企业实施产品研发项目，需要分布于各个国家的专家参与，他们的技术、文化、管理方式、价值观和宗教信仰等差异很大，项目协调与组织较为困难。这种项目称为（　　）。

A. 全球项目　　B. 外国项目

C. 中外合作项目　　D. 海外项目

7. 项目组合管理的主要目的是（　　）。

A. 确保关键项目成功　　B. 协调项目资源

C. 最大化项目组合价值　　D. 规范项目管理

8. 项目组合管理的核心工作是（　　）。

A. 确定项目的优先级　　B. 项目组织架构设计

C. 项目管理制度建设　　D. 平衡项目资源分配

二、多项选择题

1. 项目具有多种特性，包括（　　）。

A. 一次性　　B. 临时性　　C. 复杂性　　D. 周期性

2. 国际项目受东道国以下哪些因素的影响？（　　）

A. 政治因素　　B. 法律因素　　C. 制度因素　　D. 文化因素

3. 以下哪些属于项目管理知识体系的内容？（　　）

A. 项目范围管理　　B. 项目成本管理

C. 项目采购管理　　D. 项目安全管理

4. 项目管理强调在项目活动中运用专门的知识、技能、工具和方法，以下属于项目管理的专用方法或工具的是（　　）。

A. 项目工作分解结构　　B. 挣值法

C. 关键路径法　　D. PDCA 质量循环

5. 项目经理的主要职责包括（　　）。

A. 筹集项目资金　　B. 制定项目计划

C. 实施项目计划　　D. 组织竣工验收

三、判断题

1. 项目组合中的项目或项目群之间必然存在依赖或直接关系。（　　）

2. 项目组合管理要明确各项目的优先顺序，使最有利于组织战略目标的项目优先获得所需资源。（　　）

3. 项目生命周期应严格划分为项目定义、项目规划、项目执行和项目收尾四个阶段。（　　）

4. 项目群管理是指对项目群进行统一协调管理，以获得按单个项目管理无法获得的效益。（　　）

5. 项目的事业环境因素是指对项目产生影响、限制或指令作用的各种条件，这些因素受项目团队控制。（　　）

6. 由于东道国政局不稳、内乱、政变、党派轮替等，项目可能被终止、毁约或延误。FIDIC 条款中规定，这种风险发生后，承包商可以向业主要求支付一定数额的补偿费用。（　　）

7. 有效进行多项目管理的基础是实现多个项目间的资源共享和信息共享。（　　）

8. 项目经理对一般成员与核心人员的沟通策略是相同的，体现出一视同仁的平等关系。（　　）

9. 承包商与客户签订项目总承包合同后，把部分非核心业务交给分包商完成，因此，分包商的进度和完成质量不会对项目整体状态产生较大的影响。（　　）

四、简答题

1. 项目生命周期可以分为哪些阶段？各阶段的工作重点和资源需求有什么不同？

2. 项目管理与企业的职能管理有什么区别？

3. 请比较项目、项目群和项目组合的管理重点的差异。

4. 哪些因素影响项目成功？请你谈谈如何才能促使项目获得成功。

五、应用分析题

1. 请选择你身边的一个项目，列出可能的内部和外部项目干系人名单，分析他们在项目中的利益得失，并提出如何提高他们满意度的建议。

2. 请查阅 PMI 和 IPMA 官网，比较项目管理资质证书的等级设置、任职资格、考核及考试情况存在哪些差异。

02

Chapter

第2章

项目可行性研究

本章主要内容

- 项目机会研究
- 项目可行性研究
- 财务评价方法
- 项目评估
- 项目审查
- 项目章程
- 项目后评价

引入案例　遍地开花的半导体产业项目

当前，各地正在掀起一股轰轰烈烈的全民造“芯”浪潮，包括动辄千亿元的集成电路产业规划、遍地开花的半导体产业园区、各地政府设立的产业投资基金、纷纷上马的半导体项目、名目繁多的补贴与奖励。2019年新设半导体企业超过了10 000家；截至2020年9月1日，当年全国已新设半导体企业7 021家。

据不完全统计，十余个省市制定了集成电路产业规划或行动计划，2020年的规划目标达14 200亿元。据中国半导体行业协会统计，2019年，中国集成电路产业销售整体收入为7 562.3亿元。截至2019年5月，全国已建成、在建和规划中的半导体产业园区有67个，百亿元级别投资规模的园区占37%。其中，由政府作为园区建设主体的占64%，由政府加企业作为建设主体的占24%，园区对企业在资金、土地、税收等方面提供一系列优惠。2020年上半年，21个省份落地半导体项目超140个，总投资额超3 070亿元。

工信部赛迪研究院相关负责人指出，各地上马半导体项目与国产化替代预期高涨相关，国产化替代被放到了更迫切的位置。中国半导体行业协会副理事长指出，从底线思维出发来考虑产业链的安全问题是必需的，但应理性地看待芯片的国产化替代问题，要遵循产业发展的规律。半导体行业历经60年和数十万亿美元的投入，已经形成全球化布局最为彻底的供应链。不要尝试什么都自己做，不要以落后来替代先进，更不能把自己封闭起来。同时，各地禀赋条件并不都适合半导体，不能一讲芯片受制于人就一窝蜂地大搞芯片。

清科研究中心的数据显示，截至2020年第一季度，中国已设立政府引导基金1 729只，目标规模10.75万亿元，已到位4.67万亿元。但是，地方政府是否应成为风险投资者备受争议。支持者认为，半导体行业投资大、周期长、行业壁垒高，社会资本规避高风险项目，政府要承担起引导责任，通过直接投资与企业形成利益共同体，这是后发地区追赶的一条捷径。反对者认为市场风险很高，如果引资失败，地方政府投资能否持续，用纳税人的钱来埋单是否合适，都是值得考虑的。

2.1　项目机会研究

项目机会研究是对各种投资机会和设想做出评估，经过分析后形成明确的项目意向。“先评估论证，再决策是否上马”是项目决策的基本要求，错误的项目不仅浪费投资，甚至危及企业生存。机会研究的主要任务是提出投资方向和设想，找出可供投资的项目。项目投资者要收集大量信息，经过比较分析，明确项目发展方向或投资领域，进一步调查研究和筛选方案后，将项目发展方向转变为项目建议。

项目产生方式通常有以下几种：

- 企业寻找项目机会，经过论证后决定实施。
- 从外界引入项目。初步可行性研究完成后，项目提出者与投资者在详细研究后实施。
- 项目提出者做完了所有的论证工作，引入风险投资，实施项目。
- 外部环境变化引发了一个项目。

企业寻找项目机会可以通过两种方式。一种是企业有组织地开展项目机会研究。项目选择是董事会及高层管理者的任务，他们通常组建一个项目机会研究小组，以发现潜在的项目机会，普通员工被排除在决策行为之外。例如，榆树煤业公司项目选择小组经过3个月的调研分析，提出实施煤层气开发项目建议，计划产能为年产量30万吨煤层气，投资估算为15亿元，该产品市场前景广阔，整体处于供不应求局面，项目所需的开采技术和工艺成熟，项目风险不大。这种做法的不足是项目来源范围很小，很可能与好的项目失之交臂。

项目机会研究一般从三个方面入手：

- 地区研究。通过分析地理位置、自然特征、民族特征、人文习俗、地区经济结构、经济发展水平等因素来选择投资方向。随着沿海地区土地、劳动力价格持续上升，许多企业考虑向中西部地区投资，如成渝经济圈、关中经济圈有充足的人力资源和土地供应，企业运营成本相对沿海城市低很多。

● 行业研究。通过分析行业特征，以及经营者或投资者在行业中的位置、地位与作用，增长情况等进行项目的方向性选择。例如，温州某制鞋企业发现鞋业污染高、附加值低，出口频频受到欧盟和美国的反倾销制裁，行业前景不容乐观。后来该企业发现节能灯具市场广阔，便跨业进军节能灯具行业，实施了若干产品研发项目，获得了良好的收益。

● 资源研究。通过分析资源分布状况、资源储量、可利用程度、利用条件及经营者或投资者的资源占有情况等寻找项目机会。例如，在内蒙古煤炭资源富集区实施煤化工项目，在新疆博尔塔拉州光照充足的戈壁滩实施光伏电力开发项目，三峡集团在金沙江梯次建设了乌东德、白鹤滩、溪洛渡和向家坝四个水电项目。

另一种是在企业内广泛征集项目建议。在互联网、通信、快消品等行业，产品生命周期很短，技术更新换代很快，企业要持续实施新技术和新品研发项目。市场需求决定了投资方向，项目的选择不能局限于决策层范围，面向整个企业征集项目建议可以获得更多项目机会信息。企业可以采用结构化的项目建议征询表，员工可在内部网站或办公自动化（OA）系统下载填报。

例如，某制药企业通过公司网站向员工征集项目建议，经过以下几个步骤：申请人提出立项需求后报所在部门审查；所在部门进行初步论证，通过后报所在事业部审查；事业部论证通过后报公司项目管理办公室；公司年度项目论证会讨论是否审批。拟任项目经理汇报立项意义、项目目标（包括交付物及其性能描述、预计工期和费用）、项目计划、项目风险与应对措施等；专家评审后投票表决，赞成票超过半数的项目可正式立项。

不管项目从哪里来及由谁提出，前期都需要做大量的工作，在分析机遇和条件以后，还需要进一步分析项目能够在多大程度上解决组织所面临的问题。例如，一个企业发现其资源利用率很低、管理头绪太多，准备启动 ERP 项目。面对这个意向，要分析当前问题的严重程度，提出项目需求报告，初步界定项目范围、技术标准、质量要求及其他重要的要求，供决策层判断是否要上马这个项目。从项目团队角度而言，一旦确定了相关问题和需求，并证实项目会获得很大的收益，就可以开始准备项目建议书了。

通常，项目建议书由投资者或企业投资管理部门撰写，也可以由项目承担者完成。例如，客户有实施 ERP 的想法，软件公司对客户进行调研和沟通，掌握了客户的基本问题和业务需求及拟投资额、员工信息化水平等以后，为客户撰写项目建议书，供客户进一步决策使用。

项目建议书可以包含以下内容：

（1）项目建设的必要性和依据。

● 拟建项目背景和地点，提出与项目有关的长远规划、行业和地区规划资料等。

● 改扩建项目要说明现有企业状况。

● 引进技术和设备的项目，要说明国内外技术差异，对工艺流程和生产条件进行概要描述。

（2）产品方案、拟建规模和建设地点的初步设想。

● 产品市场预测，包括市场上现有生产能力、销售情况分析与预测、价格预测等。

● 初步确定产能规模，一次建成规模和分期建设设想、拟建规模的经济合理性分析。

- 产品方案设想，包括主副产品的规模、质量标准。
- 分析拟建地点的自然条件和社会经济条件。

（3）资源、运输条件和协作关系的初步分析。

- 资源供应的可靠性。
- 水、电供应及其他公用设施状况。

（4）主要工艺技术方案和设备情况。

（5）关于投资估算和资金筹措的设想。

（6）关于项目建设进度的安排。

- 建设前期工作的安排，包括询价、考察、谈判、设计等。
- 项目建设需要的时间和生产经营时间。

（7）经济效益和社会效益初步估计。

（8）初步结论和建议。

2.2 项目可行性研究基本内容

案例 2-1

中兴杀入新能源汽车领域

2016 年 7 月，中兴通讯收购了珠海广通客车 70%的股份，组建了中兴智能汽车有限公司，获得了进入汽车市场的牌照。公司定位是投资于新能源商用客车领域，围绕新能源汽车研发、设计、生产制造，以及车联网应用、大数据、自动驾驶云、计算中心的系统研发与建设运营，打造全新产业。为此，公司投入 146 亿元资金，在珠海金湾区拿下 1 200 亩土地，分两期建设新能源汽车基地，一期设计生产新能源客车 1 万辆，物流用车 2 万辆，希望 5 年内在商用车市场做到业内前五名。该公司采用先进的无线充电技术，充电过程无须人工干预，充电设备总投资大幅减少，具有极低的运营成本。

为什么做了近 30 年的通信突然杀进了汽车领域？中兴智能汽车副总经理解释说："中兴不是在跟风。"未来的汽车趋势是电动化、智能化，未来的汽车就是带着四个轮子的智能手机，运输系统会融入智慧城市、智慧交通、物联网，包括大数据、云计算都会进行无缝融合。这是中兴通讯的优势。新能源汽车是中国制造业升级的重要方向，也是超越欧美的战略机会。

但是，一辆汽车从上市到投产，要经过漫长的研发和测试环节，比如特斯拉的首款汽车上市就花了 10 年。跨界的企业纷纷下水，很难分清裸泳者与弄潮儿，但浪潮迟早有退去的一天。

资料来源：做了 30 年通信的中兴，为什么突然杀进汽车领域?.（2016-12-21）. https://www.sohu.com/a/122191290_534683.

项目可行性研究是对与该项目相关的技术、经济、社会、环境等方面进行调查研究，对各种可能的拟建方案进行分析，研究技术上的先进适用性、经济上的合理有利性和建设上的可能性，对项目建成后的经济效益、社会效益、环境效益等进行预测和评价，提出是否应该投资建设以及选择最佳投资建设方案等结论性意见，为项目投资决策提供依据。

2.2.1 项目必要性

项目主体的组织目标和资源条件不同，对项目必要性的认识就可能不同，是否选择某一项目取决于项目主体的目标。如某乡镇地处偏远山区，政府为了改善交通落后面貌投资建设一条公路，然而如果该公路由企业融资建设，考虑到车流量不足则会放弃该项目；我国航空发动机高度依赖俄罗斯和美国产品，研发大功率航空发动机具有现实必要性；我国移动通信产业规模庞大，但芯片技术一度基本上由美国和韩国企业垄断，所以集中力量研制拥有自主知识产权的芯片极为必要；面对环境污染，企业实施污染物减排项目是必要的。对于应急类项目，必须马上实施而不需要考虑财务回报。例如，2020 年 2 月，武汉爆发新冠肺炎疫情，大量患者急需住院隔离治疗，政府紧急启动了火神山医院建设项目，在很短时间内就提供了千张病床，缓解了住院难问题。

对于市场化运作的项目，可从以下几个方面分析项目必要性。

1. 项目主体的发展战略

由于资源的有限性，项目必须符合项目主体发展战略。如近年来房地产价格持续上升，一些主营业务非房地产的中央直属企业涉足房地产，尽管项目盈利可观，但最终被国有资产管理部门勒令退出该领域。

2. 项目产品的市场潜力

项目产品的市场潜力决定了项目建成后的收益，市场潜力取决于它的市场需求。产品研发部门必须与市场营销部门密切配合，确定市场需求和产品功能后才能开展研发活动。市场需求分为潜在需求和有效需求，有效需求是项目必要性的依据。受实际购买力、使用产品所需条件和生活环境的制约，客户的潜在需求往往不能转化为有效需求。

3. 资源的有效利用

项目要充分利用现有资源、节约能源，实现资源的循环利用。如北苑公司聚氯乙烯化工项目，设计新建化工厂、发电厂和水泥厂，化工厂产生的热能用于发电，排放的工业废渣加工成水泥，实现工业“三废”的零排放，循环利用了各种资源。再如，风力发电项目技术成熟，符合国家的产业政策，在国际碳交易市场上受到欢迎，我国已有多个项目成功申请了清洁发展机制（CDM）温室气体减排量认证，一些原本在财务上不可行的项目通过 CDM 增加了盈利。

4. 对国家和当地经济与社会的贡献

项目不仅要为本企业创造效益，还要对国家和当地经济与社会有积极贡献。项目应符合国家和区域经济发展规划及产业布局。例如，海南省实施国际旅游岛战略，旅游、娱乐、餐饮、购物中心、宾馆等开发项目是必要的，而重污染的造纸厂或化工厂不符合产业规划。

案例2-2

8英寸晶圆项目的必要性

功率半导体是系统应用的核心部件，得益于工业、新能源汽车、5G通信和消费电子领域新兴应用市场的发展，功率半导体市场规模不断扩大。我国是全球最大的功率半导体消费国，2019年市场份额占全球市场的43%。欧美日企业是中高端金氧半场效晶体管(MOSFET)和绝缘栅双级型晶体管(IGBT)的主要制造商，占据全球70%的市场份额，中国以二极管、低端MOSFET、晶闸管等为主，仅占全球10%的市场份额，供需缺口很大，国产化替代迫在眉睫。

半导体产业链包含生产材料、工艺设备、器件/集成电路设计、晶圆制造、封装测试和系统应用等。8英寸晶圆项目具有强大的产业链牵引带动作用。我国某开发区先后引进三星、美光等世界级半导体制造龙头企业，带动了美国空气化工、日本住友、韩国东进世美肯、韩松电子材料等70多家配套企业入驻。该开发区以微晶公司为主体，建成了国内较为先进的6寸功率器件生产线，形成了国内一流的技术和管理运营团队。

开发区企业已经形成了材料、设计、制造、封装完整的产业链，建设8英寸功率器件晶圆项目符合国家掌握核心技术及国产化替代的要求，可以进一步聚集人才、技术、项目、资金，延伸功率器件设计、封测、材料等产业链，对加快开发区电子信息产业发展具有重要支撑作用，对全国功率半导体产业加速升级起到重要的带动和辐射作用。

2.2.2 市场研究

市场研究的主要目的是通过市场调查和市场预测搞清楚项目产品的市场状况，包括：市场容量、市场特征、需求变化趋势、竞争程度、销售策略等。市场研究是解决项目必要性问题的关键，也是决定项目产品的生产规模、选择工艺技术和厂址的重要基础。

1. 市场调查

(1) 产品现状、规格和性能的调查。调查国内外生产项目产品的工艺技术状况。研究项目产品在市场竞争中的优势，确定产品质量标准、规格及性能。

(2) 生产能力调查。调查国内现有生产能力及地区分布，估算未来某一时间国内生产能力总量。区域性消费的产品应调查项目所在地区的生产能力情况。

(3) 产品产量调查。调查某一时点（通常为某年）某产品的全社会拥有总量，及其在地区间和不同人口群体中的分布。分别调查各等级各类型产品的社会拥有量及所占比例。分析产品的更新周期以及产品更新可能引起的社会拥有量的变化。

(4) 消费情况调查。分析一段时期内的产品总量变化情况。如果项目产品是工业基本原料，应调查其在各主要行业的用途及消耗量。

2. 市场预测

(1) 市场需求预测。分析主要客户或消耗者的消费量及变化趋势、可能出现的替代产品、可能产生的新用途等。运用趋势外推法、简单平均法、移动平均法等预测产品需求量。

（2）价格预测。产品价格预测要考虑产品产量、质量、同类产品目前价格水平，分析市场价格变化趋势、降低生产成本的措施和可能性、为扩大市场采用的价格策略等，综合做出判断。

（3）项目需求量的预测。预测项目产品在未来一段时间的销售量及增长率。首先预测项目产品的总需求量，再预测未来该产品的供应量的变化，计算出该产品的需求量。

2.2.3 建设规模

决定项目规模的主要因素包括：项目产品的市场需求，投资者资金实力与融资能力，项目所用技术及工艺路线，各种生产投入物及能源的供应量和可靠性，经济规模，项目风险及项目主体的风险承受能力等。

分析项目规模时，首先考察项目产品的需求量和可能的销售量，销售量必须大于最小经济规模，否则就应放弃该项目。如果产品销售和投入物都有供应保障，项目规模由项目主体的资金实力和融资能力决定。在资金不足时可按经济规模建设项目，当资金充裕时再续建若干个具有最佳规模的项目。如房产开发项目经常分期施工，一期工程边施工边销售，获得资金后再开工二期工程。

案例2－3

8英寸晶圆项目的建设规模

集成电路产品种类繁多，应用极其广泛。主要包括存储器芯片（主要包括内存DRAM和闪存NAND等）、数字逻辑芯片（主要以手机/计算机/服务器应用中的AP、BP、GPU、NPU、CPU芯片为代表）以及模拟集成电路芯片（包含放大器、数据转换器、锁相环、电源管理等芯片）。

功率器件和模拟集成电路产品的生产制造对工艺技术特别是线宽尺寸和集成度的要求较为适度（0.13～0.35um），且工艺技术及相关产品的生命周期较长，一般在5～10年，产品的迭代效应非常慢，制程工艺稳定后可长期持续生产，工艺设备硬件的投资总体可控。8英寸晶圆项目以功率器件（主要包括MOSFET和IGBT产品）和模拟集成电路为主要产品。本项目也开发生产碳化硅材料。以碳化硅为代表的第三代半导体材料，具备禁带宽度大、击穿电场高、热导率大、电子饱和漂移速率高、抗辐射能力强等优越性能，成为固态光源和电力电子、微波射频器件的“核芯”，应用前景广阔，对节能减排、产业转型升级、催生新的经济增长点发挥重要作用。

本项目一期产品主要为功率器件和模拟集成电路产品，一期产能规划10万片/月。二期产品包括高压IGBT器件以及第三代宽禁带半导体功率器件产品，规划产能5万片/月。

2.2.4 项目选址及建设条件

项目选址是指在一定范围内选择拟建项目的地点和区域并确定项目位置。项目选址应满足投产后生产的基本要求和城镇总体规划。项目选址受地质条件、电力、水资源、营商环境、土地价格、原材料、基础设施等因素影响。原料消耗多且运输不便的项目适合靠近原料产地选址，如煤电厂。成品运输不便或损耗大的项目则应靠近消费市场选址，如家具厂、水泥厂。耗电量大的项目应选择在动力基地附近建设，技术密集型的项目应靠近科技中心城市建设，如移动通信设备研发项目、生物医药项目落地在人才密集城市。

项目建设条件主要包括以下内容：

（1）工程地质。根据地质勘察报告，选择合理的地质环境，避开地震强度大、断层和严重流沙地段，以延长项目使用寿命。

（2）原材料、燃料条件。原材料供应数量应满足项目生产能力的要求，质量要适应生产工艺的要求，并考虑材料储存设施的建设。

（3）电力条件。分析项目所在地电网对项目用电的保证程度。研究供电方式、供电质量与安全、项目总用电量及电力保证程度。

（4）供水条件。供水数量和质量符合环保及工艺要求。

（5）交通运输条件。研究生产区内外的运输方式和运输设备，装卸、运输和储存等能力要满足项目需要，分析各种运输方式的协调和经济上的合理性。

（6）协作条件。分析在设备维修、公用工程、交通运输、仓储等方面与所在城镇或相邻企业展开协作的可能性。在商业、服务、教育、消防、安全等方面能够利用当地现有条件。

（7）对安全防护条件的要求。易燃、易爆、有毒产品的项目应远离居民区。

（8）对排污的要求。厂址的方位和地形应有利于污染物的排放和扩散。

2.2.5 总图运输及布置

在工艺流程、技术参数和主要设备选择确定以后，应就设备的外形、前后位置、上下位差以及各种物料的输入和流向、操作要求等开展全面研究，选择车间布置方案。对主要生产车间提出布置简图、主要标准尺寸和技术说明。非主要车间布置方案要求提出建筑面积、平面尺寸、层高等估算和建筑物特征。

正确合理的总体建设方案可以大大减少建筑工程量，节约建设用地，节省建设投资，降低工程造价和生产后的使用成本，加快建设速度，并为企业创造良好的生产组织、经营条件和生产环境以及企业形象，还可以增添优美的艺术装饰。

总平面布置应根据项目各单项工程、工艺流程、物料投入与产出、废弃物排出以及原材料储存、防火安全距离、厂内运输等情况，结合厂区的地形、地质、气象及外部运输等自然条件，按行业、专业的设计规范，把各种建筑物、构筑物或设施在厂区立体空间有机组合、合理安排，达到工艺流程顺畅、物料运送线路最短、货流人流分道、生产调度方便、节约用地等要求。

案例 2－4

8 英寸晶圆项目的平面布置

总平面规划布置以满足生产、物流为前提，以流畅的道路系统、集中式和点式布置相结合的绿化景观衬托简洁大方的建筑形象为手段，合理布局，综合规划，创造美观现代的工业企业园区形象、高效舒适的生产研发环境。厂区人流、货流分开，各设出入口；设环状道路系统满足运输和消防要求，厂内主要道路宽度为 12 米，次要道路宽度为 8 米，采用城市型混凝土路面，道路横坡为 2%。

厂区为长方形，东西长约 390 米，南北长约 250 米。按功能分为生产区、辅助配套区、办公生活区等。厂区设置三个出入口，东侧为人员出入口，北侧及西侧为物流运输出入口。生产区布置于厂区中部，建有一座厂房，用于生产 8 英寸晶圆。办公生活区布置在厂区东部，包括一栋研发大厦和一栋倒班宿舍。辅助配套区布置有综合动力站、甲类库、乙类库、废水站、大宗气站、氢气站、硅烷站、废品库、事故水池、罐区等。变电站位于厂区西北角。

2.2.6 技术评价

项目技术评价的对象是技术要素，如各种工艺图纸、设备、厂房等。技术方案应适合当地的资源条件和环境因素，如对技术的接受和吸收能力、相应的生产协作条件及地方环境保护的要求等。项目技术评价是从先进性、适用性、经济性、可靠性和符合国家技术标准等方面，对生产工艺方案、设备选型方案、工程设计方案和施工组织设计进行分析与评价。

1. 生产工艺方案

生产工艺指利用生产工具对原材料、半成品进行加工或处理，使之成为产品的方法。项目采用的生产工艺决定着项目需要的生产设备，影响着项目投资额和建设期、未来的产品数量和质量、投资经济效益。如晶圆生产线项目的工艺流程由硅片清洗、热氧化、扩散、化学气相沉积（CVD）、光刻、离子注入、刻蚀、金属沉积等工序反复交叉，包括检测和测试在内的 100 多个步骤组成，同时使用多种化学试剂和特殊气体。

生产工艺方案评估内容包括：

(1) 可靠性分析。项目采用的生产工艺必须是成熟的，不能是实验阶段的技术。

(2) 产品质量保证程度分析。产品质量在很大程度上由生产工艺决定，要分析工艺对产品使用价值的影响，检验产品的技术参数是否符合要求。

(3) 经济性分析。一般采用工艺成本对比法，将备选工艺方案的各种成本汇总，工艺成本最低或单位产品成本最低的方案即为经济性工艺方案。工艺成本包括原材料消耗成本、能源消耗成本、设备运转维护费用、人工成本、设备及厂房的折旧费。

(4) 生产工艺对原材料的适应性分析。不同工艺对原材料的要求不同，应选择适应性强的生产工艺方案，以获取更为合理的经济效益。

（5）生产工艺流程的均衡性分析。注意前后工序的均衡与协调，保证项目整个工艺流程的合理性。

2. 设备选型方案

项目设备包括生产工艺设备、辅助设备和服务设备。项目设备应与生产能力吻合，适应项目产品品种和质量的要求。设备方案选择通常包括以下工作：确定设备生产能力；主要设备选型，列出主要设备方案清单，标明所用设备的类型、规格、数量；编制设备投资费用估算表；测算主要设备负荷均衡情况。如晶圆生产线项目拟收购一条工艺能力匹配度高，且相对完整的闲置8英寸晶圆生产线，结合产品类型及产量进行必要的调整补充。

3. 工程设计方案

工程设计方案一般包括地基工程、土建工程、设备基础工程、管道工程、卫生工程、电气及照明工程等。评估内容主要有以下方面：

（1）项目总平面布置方案评价。主要是分析总图的合理性，保证满足生产工艺的要求，保证工艺流程顺畅，适应运输要求以及节约用地和节约投资等。

（2）土建工程设计方案论证。按照经济合理的原则，选用合适的建筑结构方案和建筑标准。生产厂房平面和空间设计必须满足生产工艺要求，流程合理、方便操作、利于设备安装维修。车间要满足生产、采光、通风、运输等要求，力求经济合理，降低建筑工程造价和维修费用。

4. 施工组织设计

施工组织设计是对施工准备、工程施工、设备安装及试生产整个过程的规划与组织安排。主要内容有：

（1）施工方案分析。分析主要单项工程、公用设施、配套工程的工程量和施工方法，重点分析影响进度和质量的关键工程部位的施工方法。

（2）施工顺序分析。项目可划分为多个单项工程，单项工程可以划分为多个分部、分项工程，应合理安排施工顺序和时间。施工顺序安排的原则是：先准备后施工、先地下后地上、先主体后装修、给排水工程先场外后场内等。

（3）施工进度分析。分析各工序之间的时间安排和衔接是否合理均衡。

（4）资源供应分析。根据施工进度计划确定建筑材料、构配件、施工机械、设备、生产工艺设备及劳动力供应调配计划。

2.2.7 财务评价

财务评价是在国家财税制度和市场价格体系下，在确定的建设方案、投资估算和融资方案的基础上，分析预测项目的财务效益与费用，计算财务评价指标，考察拟建项目的盈利能力、偿债能力，据此判断项目的财务可行性。

1. 投资利润率

投资利润率是项目在正常年度的净利润总额与项目总投资之比，计算公式为：

$$投资利润率=\frac{年净利润总额}{项目总投资}\times 100\%$$

计算出的投资利润率如果大于或等于行业基准投资利润率（如果有的话）或行业平均投资利润率，则认为项目可以投资。如果有多个项目建议，则选择投资利润率最大的项目。由于很多项目各个年度利润变动较大，投资利润率法有其局限性，适用于项目初选阶段。

2. 投资回收期

投资回收期是不考虑资金的时间价值时，用生产经营期回收投资项目的净现金流量抵偿原始总投资所需要的全部时间，一般用年来表示。计算出的回收期如果小于行业规定的投资回收期或平均回收期，则认为项目是可以接受的。静态投资回收期计算公式为：

$$投资回收期=\frac{累计净现金流量}{开始为正值的年份数}-1+\frac{上年累计净现金流量的绝对值}{当年净现金流量}$$

投资回收期法易于理解，在一定程度上考虑了投资的风险，通常投资回收期越长意味着投资风险越高，反之，投资风险越低。投资回收期方法的缺点也很明显，包括未考虑资金的时间价值，仅考虑了投资回收期之前的现金流量对投资收益的贡献，而未考虑回收期之后的效果；同时，确定投资回收期的标准期具有较大的主观性。

3. 财务净现值

净现值（net present value，NPV）是在项目计算期内，按行业基准折现率或给定的折现率，计算各年净现金流量的现值之和。净现值法是考察项目在计算期内盈利能力的动态指标。其表达式为：

$$NPV=\sum_{t=1}^{n}(CI-CO)_t\times(1+i_c)^{-t}$$

式中，CI 为项目的现金流入量；CO 为项目的现金流出量；i_c 为基准投资收益率或设定的折现率（discount rate）；$(1+i_c)^{-t}$ 为第 t 年的折现系数；n 为项目的计算期。

NPV 可根据项目的财务现金流量表计算求得，即用计算期内各年的净现金流量乘以其折现系数，然后汇总求得。当 $NPV>0$ 时，表明该项目净效益抵付了相当于用折现率计算的利息之后还有盈余，在财务上是可行的；当 $NPV<0$ 时，该项目在财务上是不可行的；当 $NPV=0$，要分析所选用的折现率，若选择的折现率小于或等于银行的长期贷款利率，一般判断项目不可行，若折现率大于银行长期贷款利率，项目是可以接受的。

例如，某两个项目的净现金流量情况如表 2-1 所示，可分别计算出折现率为 10%的净现值。

表 2-1　项目 A 与项目 B 的净现金流量表　　单位：万元

年份	0	1	2	3	4	5	6
项目 A	−5 000	1 620.5	1 601.58	1 580.77	1 557.88	1 532.70	1 505
项目 B	−5 000	1 505	1 505	1 505	1 505	1 505	1 505

项目A的净现值为：

$$NPV_A = 0.909\,1 \times 1\,620.5 + 0.826\,4 \times 1\,601.58 + 0.751\,3 \times 1\,580.77 + 0.683\,0 \times 1\,557.88 + 0.620\,9 \times 1\,532.70 + 0.564\,5 \times 1\,505 - 5\,000 = 1\,849.63(\text{万元})$$

项目B的净现值为：

$$NPV_B = 1\,505 \times 4.355\,3 - 5\,000 = 1\,554.73(\text{万元})$$

如果项目要求的折现率≤10%，则上述两个拟建项目的财务净现值都大于零，说明在财务上都是可行的。

4. 财务内部收益率

财务内部收益率（FIRR）是项目投资实际可望达到的报酬率，即当项目计算期内各年净现值之和等于零时的折现率，内部收益率也称内部报酬率，可视为项目存续期间投资者可获得的平均回报。项目财务内部收益率大于国家规定的收益率或投资者的目标收益率，则项目是可取的。内部收益率满足以下等式：

$$\sum_{t=1}^{n}(CI - CO)_t \times (1 + FIRR)^{-t} = 0$$

内部收益率的优点是直观简单，缺点是难以评价非常规投资项目和规模不等的项目。同时，内部收益率适用于单个项目方案评价，而不可直接将两个及以上项目的内部收益率进行比较。

5. 不确定性分析

项目经济评价中所采用的数据大部分是预测和估计的，存在较大的不确定性，数据变化影响项目评价结论，甚至导致项目决策失误。不确定性分析就是对影响项目投资效益的不确定性因素进行分析，以判断项目可能承担的风险，确定项目在经济上的可靠性。基本方法包括盈亏平衡分析和敏感性分析等，盈亏平衡分析只用于财务效益分析，敏感性分析可以同时用于国民经济效益分析。

(1) 盈亏平衡分析。盈亏平衡是指项目某年的收支相抵后利润为零、不盈不亏的状态，保本点就是盈亏平衡点（break even point，BEP）。通过计算达到盈亏平衡点的产销量或生产能力利用率，分析拟建项目成本与收益的平衡关系。盈亏平衡点是根据正常生产年份的产量、变动成本、固定成本、产品销售收入和税金等数据计算出来的，保本生产量越低，项目抗风险能力越强。

用产量表示盈亏平衡点时，计算公式如下：

$$Q_{BEP} = \frac{F}{P - V - T} \times 100\%$$

式中，Q_{BEP} 为盈亏平衡点产销量；F 为固定成本；P 为产品单价；V 为单位产品变动成本；T 为税金与附加固定成本。

以生产能力利用率表示盈亏平衡点时，计算公式如下：

$$R_{BEP}=\frac{Q_{BEP}}{Q}\times100\%$$

式中，R_{BEP} 为以生产能力利用率表示的盈亏平衡点；Q 为年生产能力。

例如，某加湿器制造公司进行生产线改造后，年产量 50 万台，固定成本总额 1 500 万元，产品售价每台 180 元，单位变动成本每台 90 元，销售税率 12%。计算其保本点为：

$$Q_{BEP}=\frac{15\,000\,000}{[180(1-0.12)-90]}=219\,298(\text{台})$$

$$R_{BEP}=\frac{219\,298}{500\,000}=0.439$$

即该企业的保本产量为 219 298 台，保本生产能力利用率为 43.9%。

（2）敏感性分析。敏感性分析是考察与项目有关的一个或多个主要因素发生变化时对项目经济效益指标影响程度的分析方法，其目的是对外部条件发生不利变化时投资方案的承受能力做出判断。理论上讲，所有评价效益的指标都可以作为敏感性分析的指标，如产品销量、售价、折现率、投资额、汇率等，在实际工作中一般选择一种或若干种指标进行敏感性分析。机会研究阶段常用投资回收期，详细可行性研究阶段采用内部收益率和净现值。如在火力发电项目中，煤价受市场调节，是影响经济效益的重要不确定性因素。

敏感性分析的过程是：在确定分析指标和不确定性因素的基础上，将设定的因素从确定性分析所采用的数值开始变动，且每次变动幅度相同，计算每次变动对评价指标的影响程度，比较变化大小即可找出最敏感的因素。

例如，某新建水泥项目，计算财务内部收益率为 11.62%。把售价、经营费用和投资额三个因素设定为不确定性因素，并分别按±10%和±20%变动，计算内部收益率的变化幅度。从表 2-2 可以看出，财务内部收益率对售价变化最敏感，对经营费用和投资额的变化不太敏感。

表 2-2　不确定性因素对财务内部收益率的影响（%）

	售价变动				经营费用变动				投资额变动			
FIRR	−20	−10	+10	+20	−20	−10	+10	+20	−20	−10	+10	+20
	6.7	9.3	13.7	15.6	13.4	12.5	10.68	9.7	14.5	12.9	10.4	9.4
	−4.92	−2.32	2.08	3.98	1.78	0.88	−0.94	−1.92	2.88	1.28	−1.22	−2.22

2.2.8　环境评价

环境评价是指对项目实施后可能造成的环境影响进行分析、预测和评估，提出预防或者减轻不良环境影响的对策和措施，进行跟踪监测。环境评价有严格的法律规范和审查程序。环境评价的内容涉及很多方面，主要包括以下几个：

（1）环境条件调查。调查项目所在地的大气、水体、地貌、土壤等自然环境状况；森林、草地、湿地、动物栖息、水土保持等生态环境状况；城乡分布及人口数量与密度、居民生活、文化教育卫生、名胜古迹、风俗习惯等社会环境状况。

（2）项目对环境可能造成的影响分析、预测和评估。分析项目建设过程中破坏环境、生产运营过程中污染环境，从而导致环境质量恶化的主要因素；计算各种污染物数量及其对环境的污染程度，找出主要影响因素，并进行环境影响程度分析；项目对环境影响的经济损益分析。

（3）预防或者减轻不良环境影响的对策和措施。如项目环境保护措施及经济、技术论证，根据项目的污染源和排放污染物的性质提出环境治理方案，对项目实施环境监测的建议。

案例2－5

西湾煤炭资源综合利用项目环境保护措施

延长石油集团在陕北投资西湾煤炭资源综合利用项目，建设80万吨/年费托合成及油品加工装置、40万吨/年乙醇装置、30万吨/年乙二醇装置和10万吨/年低碳混合醇装置，总投资约230亿元。项目采用煤的分质分级利用，秉持“减量化、再利用、资源化”的循环经济理念。为了有效降低污染物和温室气体的排放，实现环保、节能、绿色发展，项目采取了以下环保措施。

1. 废气处理

（1）工艺废气处理。项目各个装置排放的废气中有COx、CmHn、NOx等工艺废气、烟气，尽可能回收至工艺装置或用作燃料。不能回收时，高浓度含烃气体排入火炬系统燃烧后排空；不能排入火炬系统的低浓度含烃气体和烟气在满足排放标准的情况下高空排放。

（2）废气除尘措施。项目BGL气化炉排放废气、热电联产锅炉排放废气中均含有固体颗粒物，采用布袋式除尘器除尘后达标排放。在带式输送机衔接点、振动筛、原煤库、筒仓等处均设有带式除尘器，各工艺设施、工艺设备均采用密闭或密封加设除尘器措施，栈桥、地面都设有冲洗水系统，工艺布置时尽可能减少高差，减小固体颗粒物的产生和飞扬。

（3）废气脱硫措施。循环流化床锅炉采用内脱硫方法。向锅炉内加入脱硫剂石灰石粉，使燃料和脱硫剂多次循环，反复进行低温燃烧和脱硫反应，最终使烟气中的二氧化硫排放量大大减少。低温甲醇洗排出的酸性气体经过硫回收装置。甲烷转化燃烧炉的烟气脱硫采用氨水洗淋法，最大限度除去烟气中所含的二氧化硫，达到排放标准。

（4）火炬系统。项目设置3套火炬系统，开车、停车及正常生产时排放的可燃易燃气体排入事故火炬系统；事故、紧急情况下排放的工艺废气及烟气排入全厂事故火炬系统；含有H_2S等酸性气体的废气排入酸性火炬系统。通过3套火炬系统，使最后排放的废气符合国家标准。

2. 废水处理

（1）废水系统的划分。项目按照清污分流的原则，将污水排放划分为五个系统，即生活污水排水系统、生产污水排水系统、初期雨水及消防排水系统、清洁废水排水系统、清洁雨水排水系统，分别收集不同性质的污水集中处理排放。

(2) 污水处理场。污水处理场包括污水处理站、回用水站及必要的附属设施。

污水处理流程：生活污水、生产废水均依靠重力流至调节池。初期雨水收集池及消防废水池中的污水，由各自的污水提升泵送至调节池。经过水质水量的调节后提升进入 SBR 反应池，SBR 反应池出水进入回用水处理站，作为回用水处理的部分水源。

回用水处理工艺流程：污水处理场出水、脱盐装置排污以及循环水系统排污一起进入调节池后，进入混凝沉淀池，在混凝沉淀池中投加混凝剂，再通过絮凝沉降去除水中部分 COD 及大部分悬浮物，混凝沉淀池出水进入流砂过滤器，进一步除去水中悬浮物，降低后续活性炭处理工艺的负荷。活性炭吸附后的废水，其物理指标、生物指标达到回用水水质标准要求，但 TDS、总硬度、总碱度等化学指标严重超标，需经过超滤和反渗透来进一步处理，分离出浓盐水后进入反渗透成品水罐，由泵输送至循环冷却水站作为补水。浓盐水排到园区污水管网。

3. 废渣处理

项目所产生的固体废物均按照减量化、资源化、无害化的原则，在各装置尽量减少排放量。排出的废渣优先考虑综合利用，无利用价值的进行焚烧或填埋等无害化处理。对于热电联产装置排放的锅炉灰，可再利用生产水泥。其他一些废渣送有资质的单位统一处理。

4. 噪声污染治理

项目中使用的压缩机、机泵等装置在运行过程中会产生噪声。在设备选型时优先选择低噪声设备、低噪声电机，并配备防护用品，预计治理后噪声低于 85dB。对于各类调节阀、安全阀等阀门可能产生的空气动力噪声等问题，通过选择合理阀门、改变节流孔形状等措施进行治理，将声音控制在 85dB 以下。在各个放空口处安装消声器，以减少对环境的噪声影响。此外，在主厂房控制室及内墙采用吸声材料设置隔音罩、隔音门以及通过厂房的合理布局等方式，进一步降低噪声污染。

5. 绿化

厂区绿化不仅能有效组织空间、美化环境，而且能有效消除和减少化工生产中产生的有害气体、粉尘和噪声对环境的污染，进一步改善生产和生活环境质量。在工厂的行政管理区、服务区、道路两侧、围墙内外都设立重点绿化带，按绿化系统 15%进行，绿化面积约 35.3 公顷。

2.2.9 社会影响评价

社会影响评价（social impact assessment）是分析、监测和管理一个项目有意和无意带来的积极和消极的社会后果，以及引起的所有社会变化的过程。社会影响评价的目标是促成在生态、社会文化和环境上的可持续和公平。社会影响评价承认社会、经济和自然的影响不可避免地相互关联，其中任何一个领域的变化都将波及其他领域。因此，必须了解社会影响产生的路径，考虑一个领域的变化对次级以及更多层次的影响和累积影响。社会影响评价关注的焦点是开发前的预警和更好的开发结果，而不仅仅是识别或者改善不利或者预期之外的结果。1980年，国际影响评价协会成立，并于2003年发布《国际社会影响评价的原则与指南》。

项目的社会影响评价旨在系统调查和预测拟建项目的建设和运营产生的社会影响与社会效益，分析项目涉及的各种社会因素，促使项目规避社会风险顺利实施。社会评价适用于社会因素较为复杂、社会影响深远、社会效益显著、社会矛盾突出、社会风险较大的投资项目，如高速铁路项目、移民搬迁工程、江河水利枢纽工程等。如一项高速铁路项目建成后对当地社会生活方式、人员流动、文化教育和风俗习惯等产生多方面影响，分析影响的范围及程度、预测可能产生的后果，提出拟采取的措施和建议。

在详细研究上述各个方面的基础上，撰写项目可行性研究报告，提出项目是否可行的结论性建议。以企业决策者使用为主的可行性研究报告，研究内容的广度和深度能够满足项目决策需要即可，以合理控制人力和财力；必须申报政府部门审批的可行性研究报告，必须遵循规范来撰写。

案例2-6

8英寸晶圆项目可行性研究结论

8英寸晶圆半导体项目符合国家产业导向，是《国家重点支持的高新技术领域目录(2016)》和《中国制造2025》重点支持产业。预计2021年中国功率半导体市场需求规模将进一步扩大，占全球市场35.9%。本项目具有良好的产业发展环境以及人才、政策支持。“十三五”期间，陕西省政府打造区域战略性新兴产业基地，为半导体产业的发展提供肥沃的土壤。该省高校有半导体方面国家重点实验室10余个，省级集成电路工程技术中心3个，半导体领域的院士4人，千人计划专家15位。

本项目生产工艺先进，工艺技术成熟，主要原材料来源及供应有保障；生产过程符合相关环保、消防、节能、劳动职业卫生安全标准。项目公司拥有强大的技术力量和雄厚的资金，可以保证项目的顺利实施。

2.3 项目评估

项目评估是由专门机构（项目投资决策部门或项目贷款机构）对项目可行性研究报告进行全面的审核和再评价工作，即对拟实施项目的必要性、可行性、合理性及效益进行审核和评价。项目评估的主要工作是审核可行性研究报告中各项情况是否属实，分析各种参数、基础数据、定额费率的选择是否正确，综合分析项目的经济效益和社会效果，最终做出投资决策。项目评估应回答三个问题：一是该项目投资是否有必要，规模应该多大；二是项目应采用何种工艺、设备、设计方案和技术方案；三是项目的财务效益与社会效益如何。

项目评估与可行性研究的主要区别如下：一是目的和任务不同。可行性研究是一项复杂的技术经济工作，需要有较多的专业人员参加，经历较长的时间，有时会超过 1 年或者更长，但它不能为项目投资决策提供最终依据。项目评估则是项目投资决策的必备条件，其主要任务是对项目可行性研究报告进行系统的审查、核实，并做出评价和提出合理建议，客观地对项目及其实施方案进行评审和估价，独立地提出决策性建议，为决策者提供直接的、最终的依据，项目评估比可行性研究更具有权威性。二是承担主体不同。项目可行性研究通常是由项目的投资者或项目的主管部门主持，可以自行组织力量实施，也可以委托专业设计单位或咨询机构实施。项目评估一般是由项目投资的决策机构或项目贷款机构主持和负责。三是研究视角和重点不同。项目可行性研究侧重于考察项目的技术方案和财务效益，贷款银行重点评估项目的财务效益及偿还能力，政府投资部门主持的项目评估侧重于项目的宏观影响和外部性。四是实施时间不同。项目可行性研究处于项目选择与评价阶段，项目评估处于项目审批决策阶段，可行性研究早于项目评估。

项目评估一般分为五个步骤：

（1）组建评估小组。简单项目可以指定专人负责评估，复杂项目必须成立专门的结构合理的评估小组，小组内部分工明确，有步骤地开展工作。

（2）制定评估计划。根据项目性质、特点，明确项目评估要解决的问题和达到的目标。根据不同决策者的要求明确项目评估的内容，确定评估方法，制定项目评估的时间进度。

（3）收集项目评估资料。项目评估的资料来源主要有两个，一是可行性研究报告，其中的数据需要核实。二是进一步搜集数据和资料，对与评估对象有密切关系的单位和部门进行调查，搜集有关项目产品的市场、工艺技术、设备选型、原材料供应、价格和成本等方面资料。

（4）审查分析。分析项目的基本情况，评价项目的技术可行性，评估项目规模和市场预测，项目基础数据的预测和分析，进行财务评价和社会效益评价，进行项目风险评估。

（5）编写项目评估报告。项目评估报告是向决策部门报告项目情况和评估结论的书面文件，是项目评估工作成果的集中表现，报告的质量是检验项目评估工作的重要标志。

对于 IT 项目而言，可行性研究报告通过同行评议和管理层评估后，应提交给组织的投资委员会进行以下方面的评估：评估竞争性的项目并从中做出选择，可能采取 ROI、NPV、回收期等财务评价方法，确保批准最正确的投资项目；考虑被拒绝项目的机会成本，保证获批项目能弥补机会成本；考虑备选方案，推荐的备选方案能够最好地服务于组织利益；确保建议的花费是最初成本、运营成本和维护成本的优化（Chemuturi，2013）。

2.4 项目审查

2004 年，《国务院关于投资体制改革的决定》提出改革项目审批制度，落实企业投资自主权。改革原来不分投资主体、资金来源及项目性质，一律按投资规模大小分别由各级政府及有关部门审批的办法。对于政府直接投资和资本金注入的项目实行审批制，政府投资管理部门对项目建议书、可行性研究报告召开专家评审会，随后审批初步设计概算，实际投资额严禁超出初步设计概算投资额10%。对于企业不使用政府投资建设的项目，不再实行审批制，区别不同情况实行核准制和备案制。其中，政府仅对重大项目和限制类项目从维护社会公共利益角度进行核准。若投资项目在《政府核准的投资项目目录》内，则实行核准制，其余项目实行备案管理。对于企业使用政府补助、转贷、贴息投资建设的项目，政府只审批资金申请报告。

进行核准制改革后，政府对企业投资项目的审查重点发生了变化：一是从内部性向外部性的转变。政府不审查企业自主投资决策的内部事务，如厂址选择、技术方案、产品方案、市场前景、盈利能力等，而是从投资项目引发的外部性、公共性等方面进行审查。二是从微观事务审核向宏观公共事项审核转变。政府关注涉及社会公共利益的宏观问题，如维护国家经济安全、优化重大产业布局、环境可持续发展等。三是从技术经济论证向经济、社会、资源、环境等综合论证转变。

企业向政府投资管理机构提交的项目申请报告，一般包括如下内容：(1) 项目单位情况，包括项目单位名称、所属行业、性质、地址及法人代表等；(2) 拟建项目情况，包括项目名称、建设地点、建设规模、建设内容、总投资及资金来源等；(3) 项目资源利用情况分析以及对生态环境的影响分析；(4) 项目对经济和社会的影响分析。项目单位要附送国土资源主管部门的用地预审意见和城乡规划行政主管部门的选址意见书。

项目核准机关对项目审查的内容包括：是否危害经济安全、社会安全、生态安全等；是否符合相关发展建设规划、产业政策和技术标准；是否合理开发并有效利用资源；是否对重大公共利益产生不利影响。项目核准机关做出的决定通报行业管理、城乡规划、国土资源、水行政管理、环境保护、节能审查等部门和下级机关。

对于实行备案管理的项目，项目的市场前景、经济效益、资金来源和产品技术方案等均由企业自主决策、自担风险。除国家法律法规、政府明确禁止建设的项目外，实行备案管理。除国家明确规定由省政府投资主管部门备案的项目外，其余项目由市、县级政府投资主管部门备案。按照属地原则实行分级备案，跨县、跨市项目由上一级投资主管部门备案。提交备案的信息包括：项目单位基本情况、项目名称、建设地点、建设规模、建设内容及总投资额等。

项目审查分类管理的目的在于归还企业决策自主权，减少政府对微观经济生活的干预。2004年的《政府核准的投资项目目录》范围过于宽泛，地方政府权限不足。政府管理经济生活的思维方式和作风转变不足，为核准或备案的项目设置了很多前置条件和复杂的要求，企业在办理核准或备案手续时很麻烦，增加了企业项目投资的成本和工期。从企业角度来看，政府对项目的审查程序仍然繁多，成本巨大。如贺兰山风电项目，从注册、选址、立项、设计、建设到运行过程中，国家电网公司进行输电审查，文物、军队、气象、消防、建设、规划、国土、环保、发改委等要对项目核准。项目竣工时，要接受气象、建设、军队、环保、规划和消防等部门的验收。项目申报审查和验收工作流程烦琐，收取费用高，时间冗长，程序互为前置等，增加了项目企业的负担。

2015年，我国实施市场准入负面清单制度，列出了禁止和限制投资经营的行业、领域和业务等，各类市场主体皆可依法平等进入清单以外的行业、领域和业务等。

2.5 项目章程

项目章程是由项目启动者或发起人发布，正式批准项目成立，并授权项目经理使用组织资源开展项目活动的文件。项目章程记录了关于项目及预期交付的产品、服务和成果的高层级信息，如项目目的、可测量的项目目标和成功标准、高层级需求、整体项目风险、里程碑计划、关键干系人名单、项目审批要求、项目退出标准、项目经理职权、发起人或批准人的姓名及职权。项目章程陈述实施项目的理由、确定应达到的总体目标、界定控制性的项目范围、运营假设条件与制约因素以及其他原则性要求。编写项目章程要综合考虑项目工作说明书、项目商业论证结果、项目内外环境因素等。

项目章程一经颁布，应在项目实施期间保持不变。项目计划和其他文件都不得违反项目章程，项目章程一般起到以下作用：

（1）确立项目的合法地位，正式确认项目的启动。

（2）任命项目经理，授权其动用组织资源来开展项目活动。

（3）明确项目目标及主要可交付成果。

（4）明确项目实施理由，将项目与整个组织的战略或日常运营联系起来。

表 2-3　项目章程模板

项目名称：客户管理系统开发
项目经理：张吉姆　邮箱：zhangjimu@abc.com　电话：1201101199
项目时间安排：2021 年 2 月 8 日开始，2021 年 6 月 7 日结束
项目目的 运用客户关系管理（CRM）理论，结合行业最佳实践经验，在 4 个月内完成软件系统的开发，使之具备客户管理、市场管理、销售管理、服务管理、系统管理和呼叫中心六大功能。投入 150 万元。
立项依据 市场上具有多个品牌的 CRM 系统，在功能设计、系统稳定性、界面友好性等方面存在较多不足，难以满足高端客户的需求。本公司拥有丰富的软件开发经验，对客户关系管理有着深刻的理解，公司决定开发一个功能强大的 CRM 系统，为公司发展创造新的增长点。
项目干系人

姓名	职务	项目中的职责
李戴维	CEO、项目发起人	提供指导和资金
陈格瑞	CIO	监控项目，提供员工
张吉姆	项目经理	项目计划，实施项目
王琼斯	采购部经理	为项目采购软硬件
刘汤姆	市场部经理	提供客户需求
赵南希	人力资源部经理	提供项目成员

签名： （上面六位项目干系人签名）

2.6 项目后评价

项目后评价是指项目建成并运行一段时间后对其开展的一次全面评价，综合分析项目取得的经济效益、社会效益和环境效益，是检验项目目标成果的一种办法。通过对项目决策、实施过程和项目效果的调查研究和系统回顾，对比分析项目决策时确定的目标及技术、经济、环境、社会指标，找出差距和变化，分析原因及经验教训，提出改进项目管理或运营水平的对策建议。

项目后评价是出资人对投资活动进行监管的重要手段之一。世界银行和欧盟非常重视项目后评价工作。世界银行有一个独立的后评价组织，对借款国的项目执行机构、项目人员在实施中的作用、表现以及项目的实际效果进行客观评价，对项目中的经验教训进行总结。通常，项目竣工后的六个月内，项目主管人员撰写项目完成报告，提交借款人的代表机构审查并提出修改意见；在竣工九个月内，开始进行项目后评价工作。

项目后评价具有多方面的积极作用：有助于提高项目决策科学化水平，促使项目评估阶段增强责任心，提高可行性研究、项目评估和项目决策的科学性。及时发现投资决策中存在的问题与失误，总结教训引以为鉴。为政府制定和调整有关经济政策提供参考，调整投资规模与投资流向，修正不合理的宏观经济、技术经济政策和指标参数等。为分析贷款成功与失败的原因，为银行调整贷款投向与信贷政策提供依据。

项目后评价常采取逻辑框架法、对比法、调查法或专家打分法。逻辑框架法是一种综合、系统地研究和分析问题的思维框架模式。用一张简单的框架图将与项目的内容相关、必须同步考虑的动态因素组合起来，按层次分析其内涵，得出项目目标和达到目标所需手段之间的因果逻辑关系，用以确定工作范围和任务，指导、管理和评价一项活动。通常，对项目的投入、产出、直接目的、宏观影响四个层面进行分析总结，了解其间的关系。核心概念是事物层次间的因果逻辑关系，即如果提供了某种条件，就会产生某种结果；这些条件包括事物的内在因素和外部条件。

对比法是将项目前期的可行性研究和评估的预测结论，以及初步设计时的技术经济指标，与项目的实际运行结果及在评价时所做的新的预测相比较，用以发现变化和分析原因。采用对比法时应注意数据的可比性，更多地与其他项目进行对比，可以是同行业对比、同规模对比、同地区对比等。

对比法分为前后对比和有无对比两种具体形式，项目后评价更强调有无对比，将项目实际发生的情况与若无项目可能发生的情况进行对比，以度量项目的真实效益、影响和作用。对比的重点是要分清项目的作用和影响与项目以外因素的作用和影响。通过将项目实施所付出的资源代价，与项目实施后所产生的效果进行对比，得出项目评价结论。有无对比的关键是要求投入的代价与产出的效果口径一致，所度量的效果要真正归因于项目。

调查法常采取问卷调查方式，根据项目的实际情况设定一套问卷，交由项目单位填写。专家打分法是按照项目的相关因素，设计评价指标或问题，请专家打分。

思考题

一、单项选择题

1. 项目可行性研究是在（　　）完成。

A. 定义阶段　　B. 规划阶段　　C. 执行阶段　　D. 收尾阶段

2. 地方政府负责项目核准的部门是（　　）。

A. 规划局　　B. 发展与改革委员会（局）

C. 商务局　　D. 工商局

3. 采取净现值 NPV 进行项目财务评价，当符合下面哪个条件时项目是可以接受的？（　　）

A. NPV＞0　　B. NPV＝0

C. NPV＜0　　D. NPV≠0

4. 对于实行（　　）管理的项目，项目的市场前景、经济效益、资金来源和产品技术方案等，均由企业自主决策、自担风险。

A. 备案　　B. 核准　　C. 审批　　D. 特许

5. 项目评估是由专门机构对下面哪个文件进行全面的审核和再评价工作，即对拟实施项目的必要性、可行性、合理性及效益进行的审核和评价？（　　）

A. 项目可行性研究报告　　B. 项目建议书

C. 项目计划　　D. 项目范围说明书

6. （　　）通常是根据正常年份的产量、变动成本、固定成本、产品销售收入和税金等数据计算出来的。

A. 盈亏平衡点　　B. 项目亏损　　C. 企业净利润　　D. 项目投资

二、多项选择题

1. 政府对项目审查的方式包括（　　）。

A. 备案　　B. 核准　　C. 审批　　D. 特许

2. 项目评估的主体可能包括（　　）。

A. 投资方董事会　　B. 政府部门　　C. 融资机构　　D. 项目供应商

3. 可行性研究与项目评估的主要区别是（　　）。

A. 目的和任务不同　　B. 承担主体不同

C. 研究视角和重点不同　　D. 实施时间不同

4. 政府对项目的审查方式从审批制改革为核准制后，意味着政府对企业投资项目的审查重点发生了哪些变化？（　　）

A. 从内部性向外部性转变

B. 从微观事务审核向宏观公共事项审核转变

C. 从技术经济论证向经济、社会、资源和环境等综合论证转变

D. 审查部门从中央政府向地方政府转变

5. 投资回收期方法的缺点是明显的，包括（　　）。

A. 未考虑资金的时间价值　　B. 未考虑回收期之后的效果

C. 标准期的确定具有较大的主观性　　D. 年度现金流入数量的测算缺乏标准

三、判断题

1. 项目机会研究是对各种投资机会和设想做出评估，经过分析后形成明确的投资意向。（　）

2. 项目可行性研究是对技术、经济、社会、环境等方面进行调查研究，对拟建方案进行分析，提出是否投资的建设以及选择最佳方案等结论性意见，为项目投资决策提供依据。（　）

3. 项目后评价是指项目竣工验收时开展的一次综合性评价。（　）

4. 项目审查分类管理的目的是加强政府部门对企业投资项目的监管力度。（　）

5. 项目可行性研究与项目评估是同期进行的，在项目审批决策阶段完成。（　）

6. 净现值可以用计算期内各年的净现金流量乘以其利率，然后汇总求得。（　）

7. 盈亏平衡点越高，项目抗风险能力越强。（　）

8. 敏感性分析是考察与项目有关的一个或多个主要因素发生变化时对项目经济效益指标影响程度的分析方法，其目的是对内部条件发生不利变化时投资方案的承受能力做出判断。（　）

9. 当企业面对多个项目建议时，应比较各个项目的内部收益率，选择内部收益率高的项目立项。（　）

四、应用分析题

1. 认真阅读一份已经完成的某项目可行性研究报告，分析项目投产或运营后，可行性报告中预测的主要数据是否实现，如果存在偏差，分析造成偏差的原因。

2. 选择一个项目就要承受一定的风险，放弃一个项目就可能与机会失之交臂，你觉得选择项目更多的是依赖领导人的第六感，还是依赖系统科学的工具？

3. 随着汽车的普及，洗车生意逐渐兴旺起来。王辉手里有些钱，觉得投资房产和股市风险很大，想投资一个洗车店。你认为应如何选址，请为他做一个初步的可行性研究报告。

4. 网上查询《政府核准的投资项目目录》，了解企业投资哪些项目需要经过政府核准。

03
Chapter

第3章
项目融资管理

本章主要内容

- 项目融资特点
- 项目融资结构
- BOT 模式与 PPP 模式
- 股权性融资
- 项目融资的审查

引入案例　港珠澳大桥的融资

港珠澳大桥是连接香港大屿山、澳门和珠海的大型跨海通道，2009 年 12 月 15 日动工，2018 年 2 月 6 日完成主体工程验收，总投资约 1 269 亿元，大桥全长 55 千米，主桥约 29.6 千米，是世界最长的沉管隧道以及跨海距离最长的桥隧组合公路，包括一条 6.7 千米长的海底隧道及两个人工岛。设计寿命为 120 年。

大桥主体工程由粤港澳三地政府共同组建的大桥管理局负责建设、运营、管理和维护，桥隧主体工程（粤港分界线至珠海和澳门口岸段）由三地共同出资建设；桥隧工程香港段（起自香港国际机场人工岛，止于粤港分界线）由香港方面建设；三地口岸及连接线由各地政府分别建设和运营。

2007 年 1 月，国家发改委牵头成立的港珠澳大桥专责小组第一次会议在广州召开。会议明确提出口岸查验采用“三地三检”模式，建议了三地口岸的选址，提出了投融资的基本方案，即三地政府分别负责口岸和连接线的投资，大桥主体以企业和社会投资为基本模式（即 BOT 模式）。大桥主体工程造价预计 762 亿元，差额由三地政府按以下比例补贴：香港占 50.2%、内地占 35.1%、澳门占 14.7%，实际补贴金额视招标结果而定。私人财团可营运大桥 50 年，其间收取过桥费用，预计 36.5 年可以收回投资。此会议后不久，

BOT 融资模式被放弃，改以三地政府全资兴建。

2008 年 8 月 5 日，粤港合作联席会议第十一次会议提出，大桥海中桥隧主体工程采用政府全额出资本金方式。大桥主体工程资本金总额为 157.3 亿元，其中内地出资 70 亿元，香港出资 67.5 亿元，澳门出资 19.8 亿元；资本金以外部分由粤港澳三方共同组建的项目管理机构通过贷款来筹集。大桥建成后实行收费还贷。港粤澳三地分别负责口岸及连接线的投资。

2009 年 5 月 22 日，香港立法会通过决议：拨款 90.465 亿港元（按付款当日价格计算）进行主桥的详细设计和建造工程，分 7 年支付。2009 年 10 月 28 日，国务院常务会议正式批准港珠澳大桥工程可行性研究报告，标志着港珠澳大桥前期工作顺利完成，工程正式进入实施阶段。2009 年 12 月 15 日，时任副总理李克强亲临珠海宣布港珠澳大桥正式开工。

2011 年 10 月，香港运输及房屋局表示，受到环保评估官司影响，香港段的工程受阻，为了追上进度需要压缩工程，保守估计造价将上升 65 亿港元。11 月 18 日，立法会财务委员会通过了建造大桥香港段的 485 亿港元拨款，12 月 14 日项目开工。截至 2016 年立法会通过追加拨款决议时，港府已就港珠澳大桥、屯门至赤鱲角连接工程“斩件式”拨款合计 1 177 亿港元，当中不少属超支拨款。

2018 年 10 月 24 日，港珠澳大桥正式通车。收费标准为：小型客车（私家车、出租车）150 元/车次；大型客车（过境巴士）200 元/车次；大型客车（穿梭巴士）300 元/车次；普通货车 60 元/车次；货柜车 115 元/车次。

2019 年 10 月 23 日，珠海出入境边防检查总站统计，截至当日 8 时，港珠澳大桥珠海公路口岸共验放出入境旅客超过 1 400 万人次，日均客流量已经达到 4 万人次；出入境车辆超过 70 万辆次。港珠澳大桥正在产生显著的社会效益。

3.1 项目融资特点

能否筹集到项目所需资金是制约项目开展的关键因素。对于中小型企业来说，融资渠道狭窄、融资结构不合理和融资成本高是广泛存在的问题。如某科技型小企业研发货车超限超载检测系统、便携式称重仪和高速预检系统，由于公司可抵押资产有限，法人代表向银行抵押了个人房产和汽车。银行贷款数量有限且审批周期很长，项目经常面临资金断流问题，企业被迫采取了民间借贷，高额利息大大增加了项目开发成本。

早在 17 世纪，英国私人业主向政府租用土地建造灯塔，在特许期内管理灯塔并向过往的船只收取过路费，特许期满后由政府收回灯塔，私人业主退出对灯塔的管理，这种投资建设模式长期以来没有引起人们的重视。20 世纪 70 年代以后，许多国家先后出现了大规模基础设施建设与资金短缺的矛盾，资源开发和基础设施项目需要巨额的投资，往往超过了投资者能够和愿意承受的限度，如果采取公司资产抵押贷款方式，一旦项目失败，将把企业拖入泥沼。1984 年，时任土耳其总理奥热扎尔提出了建设—运营—移交（BOT）的概念，利用项目本身的资产价值和现金流量安排有限追索贷款，减轻了投资者的风险压力，采用这种方法建设了火力发电厂、机场和大桥。随后，BOT 融资方式在基础设施领域被广泛接受。

1985 年 7 月，深圳沙角 B 电厂开工建设，成为我国首个引进项目融资模式的项目。1987 年 4 月，第一台机组并网发电。1999 年 9 月，沙角 B 电厂将权益正式移交深圳市广深沙角 B 电力有限公司。1987 年广深高速公路采取类似的 BOT 模式，首次利用港资修建高速公路。之后，重庆地铁、广西来宾电厂、北京京通高速等项目纷纷采取 BOT 融资模式。

项目融资是为一个特定经济实体所安排的融资，贷款人在最初考虑安排贷款时，满足于使用该经济实体的现金流量和收益作为偿还贷款的资金来源，并且满足于使用该经济实体的资产作为贷款的安全保障（Nevitt，1989）。

项目融资是以项目公司为主体的融资，贷款偿还的首要来源被限制在项目本身的经济效益，包括项目未来的可用于偿还贷款的净现金流量和项目本身的资产价值。在为一个项目安排融资时，项目借款人对项目所承担的责任与其本身所拥有的其他资产和所承担的其他义务在一定程度上是分离的，项目的经济效益、项目投资者和其他有关方面对项目所做出的有限承诺，构成了项目融资的基础。银行安排贷款的数额、融资成本的高低以及融资结构都是与项目的预期现金流量联系在一起的。项目融资是一种负债比率较高的融资，通过贷款、租赁、出口信贷等方式，可以得到 60%～70%的资本需求量。项目融资的贷款期限更长，如 2001 年 1 月，西安咸阳国际机场扩建项目融资获得日本银行 30.91 亿日元（折合 3 000 万美元）的贷款额度，综合利率为 0.95%，还款期为 40 年。

项目融资有以下几个特点。

1. 无追索权或有限追索权

贷款人可以在贷款的某个特定阶段（如项目的建设期和试生产期）或者在一个规定的范围内（包括金额和形式的限制）对项目借款人实行追索，除此之外，无论项目出现任何问题，贷款人均不能追索到项目借款人除该项目资产、现金流量以及所承担的义务之外的任何形式的财产。但这不意味着贷款人不要求项目发起人大量的股权投资，相反，项目融资通常要求发起人投入大量资金，对项目承担起应有的责任。

有限追索的实质是由于项目本身的经济强度还不足以支撑一个无追索的结构，需要借款人在项目的特定阶段提供一定形式的信用支持。追索程度是根据项目的性质、现金流量和可预测性、借款人信誉以及管理能力、借贷双方对未来风险的分担方式等多方面的因素，通过谈判来确定。例如，通常会要求借款人承担项目建设期的全部或者大部分风险，而在项目进入正常生产阶段之后，可以将追索权限于项目资产及项目的现金流量。

例如，香江房地产集团投资建设一个高档住宅项目水岸花城，出资 1 亿元注册成立了项目公司水岸花城地产有限公司，水岸花城公司向银行申请贷款 5 亿元，还款来源是房屋销售收入。如果项目失败，银行只能从清理项目公司资产中收回一部分，而不能要求香江地产集团用别的资金来源归还贷款，这时称贷款方对香江集团无追索权。如果香江集团把一部分资产作为贷款担保，这种情况就是有限追索权。

2. 风险分担

为了实现项目融资的有限追索，以严格的法律合同，把责任和风险在项目投资者、贷款人、工程承包商、供应商、项目产品的购买者和保险公司等之间进行分担，而不由少数方面担起全部项目债务的风险责任，从而保证项目融资的顺利实施。

3. 非公司负债型融资

非公司负债型融资是指项目的债务不表现在借款人的公司资产负债表。项目的债务追索权主要被限制在项目公司的资产和现金流量中，借款人所承担的责任是有限的。如果项目贷款全部反映在公司的资产负债表，可能造成公司的资产负债比超出银行可以接受的安全警戒线，公司将无法筹集到新资金，影响未来的发展能力。非公司负债型融资安排使公司能够以有限的财力进行更多的投资，同时分散风险投资。

4. 信用结构多样化

项目融资中用于支持贷款的信用结构是灵活多样的，可以将贷款的信用支持分配到与项目有关的各个关键方面。如项目产品的购买者签订一个长期购买合同作为融资的信用支持，发挥的作用取决于合同的形式和购买者的资信。资源性项目的开发受国际市场需求、价格变动影响很大，能否获得一个稳定的、合乎贷款银行要求的项目产品长期销售合同，往往成为项目融资能否成功的关键。如某煤矿建设项目产品的主要销售对象是该市火力发电厂，发电厂提供的购煤合同是煤矿建成后现金流的一个重要保证。为了减少工程建设方面的风险，要求承包商签订交钥匙工程合同，项目设计者提供工程技术保证等；在原材料和能源供应的问题上，要求供应商保证供应和合理的价格设计。或者政府部门为项目提供信用支持，这些信用支持能够提高项目的债务承受能力，降低融资对借款人资信和其他资产的依赖程度。

5. 项目融资成本较高

项目融资成本包括前期费用和利息两部分，前期成本包括顾问费、法律费和评估费等，费用一般占贷款总量的0.5%～2%；项目贷款利率一般高出商业贷款利率0.3～1.5个百分点，增加的幅度与贷款银行在融资结构中承担的风险以及对投资者的追索程度有关。

表3-1从融资主体、融资基础、追索程度等方面对比了项目融资与通常的企业融资的区别。

表3-1　项目融资与企业融资的区别

内容	项目融资	企业融资
融资主体	项目公司	发起人
融资基础	项目未来收益和资产	发起人资产和担保人信誉
追索程度	有限追索权或无追索权	完全追索权或有限追索权
风险承担	项目参与各方	发起人、担保人
会计处理	不进入发起人资产负债表	进入发起人资产负债表
融资流程、周期、成本	流程复杂、周期长、成本高	流程简单、周期短、成本低
债务比例、贷款期限	负债率高、期限长	自有资金比例高、期限短

3.2　项目融资参与主体

项目融资的参与主体至少包含项目发起人、项目公司和贷款人。项目发起人以股东身份组建项目公司，项目公司从法律上与股东分离，贷款银行为项目公司提供贷款。项目融资过程异常复杂，参与主体还有其他很多机构或个人。

1. 发起人

发起人是项目实际投资者，是项目的股东，通过项目运作获取投资利润。项目实际投资者可以是一家公司，也可以是由多方组成的投资集团，可以是私人企业，也可以是政府机构，或者是两者的混合体，如由承包商、供应商、项目产品的购买方或使用方等构成的联合体。项目发起人通常仅限于发起项目，但不负责项目的建设和运营，这些工作由项目公司承担。

2. 项目公司

项目公司是直接参与项目投资和项目管理、承担项目债务责任和项目风险的法律实体。项目公司主要有两种组织形式，一种是股权式合资经营机构，由合作各方共同组成股份有限公司，共同经营、共负盈亏、共担风险，项目公司作为借款人，将合资企业的资产作为贷款的物权担保，以企业的收益作为偿还贷款的资金来源。项目发起人除向项目公司做出有限担保外，不承担项目公司的还款义务。

另一种是非公司型合资结构，也称契约式经营结构，是项目发起人根据合作经营协议结合在一起的一种投资结构，这是通过投资者之间的合资协议建立起来的合作关系，而不是一个法律实体。每一个投资者直接拥有全部项目资产中一个不可分割的部分，每个投资者都要投入相应比例的资金，直接拥有并有权独自处置其投资比例的项目最终产品。任何一个投资者都不能代表其他投资者决策和承担责任，投资者代表根据协议共同组成项目管理委员会，负责重大问题的决策，委员会指定项目经理负责项目的日常管理。项目经理可以由其中一个投资者担任，或者由一个共同合资组建的项目管理公司或独立的项目管理公司担任。

非公司型合资结构的优点是：投资者在合资结构中承担有限责任；属于资产负债表内融资，税务安排灵活；由于投资者直接掌握项目的产品、控制项目的现金流量，并可独立设计项目的税务结构，为投资者提供了一个相对独立的融资活动空间；投资结构设计灵活。缺点是：投资转让程序比较复杂，交易成本高，管理程序复杂，容易被理解为合伙制结构，在司法中承担无限责任。

选择这种投资结构的原因可能是投资者的融资能力有限，需要联合其他投资者共同融资，共同解决技术和管理问题，共同承担风险，但又不是对投资项目进行控制。或者投资者具有项目开发所需要的各种技术、经验及融资能力，但缺少当地政府授予的经营合同，与当地经营者联合起来共同投资就可以获得政府支持。

3. 借款人

借款人通常是项目公司，但也可能是项目的承建公司、经营公司、原材料供应商等。借款人与项目公司的关系受项目实施和融资结构等诸多因素影响，如税收制度、外汇制度、担保制度和法律诉讼等。有些项目的借款人不是一个，而是由各自独立的借款人分别筹集资金，参与到项目的实施中来，如建筑公司、运输公司、原材料供应商、设备制造商或产品购买方等。

4. 贷款银行

提供贷款者有商业银行、非银行金融机构（如租赁公司、财务公司、某种类型的投资基金等）及一些国家的出口信贷机构。资金需求量巨大的项目如基础设施建设项目，银行为了控制信贷结构和风险，往往不愿意提供全部贷款，而是由几家银行组成一个银团共同为项目提供贷款，既分散了风险也扩大了资金的供应量。对于国际项目而言，银团贷款可以分散东道国的政治风险，避免东道国政府对项目的征用和干涉，因为东道国政府一般不愿意因干预一个项目而破坏与这些国家的政治和经济关系。银团贷款的不足是贷款管理困难。

银团贷款的银行分为安排行、管理行、代理行、工程银行，它们都提供贷款但又承担不同的责任。安排行负责安排融资和银团贷款，通常在贷款条件和担保文件的谈判中起主导作用；管理行负责贷款项目的文件管理，管理行的身份反映了对项目的参与程度，但管理行通常不对借款人或贷款人承担任何特殊的责任；代理行负责协调用款，帮助各方交流融资文件，送达通知和传递信息，它们也不对贷款人的贷款决定负任何责任；工程银行监控项目技术实施和进程，并负责项目工程师和独立专家间的联络，工程银行可能是代理行或安排行的分支机构。

5. 财务顾问

财务顾问在项目融资中扮演极为重要的角色，甚至决定项目融资能否成功。在项目融资的谈判过程中，财务顾问周旋于有关利益主体之间，通过对融资方案的反复设计、分析、比较和谈判，形成一个既能保护项目投资者利益，又能为贷款银行接受的融资方案。项目发起人或项目公司为了顺利地获得资金，往往聘请金融公司、投资银行、财务公司或商业银行中的融资部门担任公司的财务顾问，负责项目融资的策划和操作。财务顾问精通金融市场的运行规则，了解项目所在地的情况，对项目技术发展趋势、成本结构、投资费用有清楚的认识，熟悉各种融资方法和手段，为项目融资结构提出参考意见，并且具有项目所需的专业知识。财务顾问的努力可使项目公司减少风险和降低成本，帮助项目公司向外界推荐项目。

聘请财务顾问需支付一定报酬，一是聘用费，一般按实际工作量收取；二是项目成功费或融资安排费，按项目规模的一定百分比收取，通常是项目越大比例越低；三是实际支出，包括差旅费、交通费等。如果财务顾问同时兼任贷款银团的经理人，在贷款期间还会按年度收取一定的管理费。由于财务顾问的主要收入来自项目成功费，为了促成融资方案，可能向贷款人做出有损借款人利益的妥协。

6. 技术专家

采用项目融资方式筹集资金的项目，一般工程量大、技术复杂，项目发起人、贷款银行和财务顾问等都要聘请一些专家，帮助进行可行性研究，对项目进行管理、监督和验收。特别是当项目发起人和贷款人对项目文件规定的竣工测试标准和方案有争议时，专家可作为仲裁人。

7. 项目承建商

项目承建商负责项目的设计和建设，其资金情况、工程技术水平、财务能力和经营历史记录，在很大程度上影响银行对项目建设风险的判断。由信誉卓著的公司承建项目，可以帮助项目投资者减少在项目建设期间所承担的义务和责任。项目承建商可以通过与项目公司签订固定价格的总承包合同，成为项目融资的重要信用保证者。

8. 项目产品购买商

购买商是项目产品的购买者或使用者，项目购买商通过与项目公司签订长期购买合同，特别是具有“无论提货与否均需付款”和“提货与付款”性质的合同，保证了项目的市场和现金流量，为投资者对项目的贷款提供重要的信用保证。购买商可以直接参与融资谈判，确定项目产品的最小承购数量和价格。

9. 项目供应商

项目供应商是指项目所需设备供应商和原材料供应商。供应商为了寻找长期的客户关系，在一定条件下愿意以长期优惠的价格为项目提供设备和原材料，减少了项目建设和运营期间的原材料供应风险，为项目融资提供了便利条件。供应商通过延期付款或者低息优惠出口信贷安排，构成项目资金的一个重要来源，为项目融资提供信用保证。

10. 保险公司

项目融资的资金数额巨大，项目中存在难以预料的风险，可能遭受各种各样的损失，保险公司是项目融资中必不可少的参与者，保险公司收取保险费后为项目分担风险，保险成为项目融资的一个重要方面。

11. 担保受托方

贷款银行为了防止项目公司违约或转移资产，一般都要求项目公司将资产及收益账户放在一家中立机构，这家机构称为担保受托方，担保受托方一般为一家资信等级较高的银行或独立的信托公司。

12. 国际金融机构

国际金融机构参与项目融资可降低融资成本，它们通常为发展中国家的项目提供长期低息的优惠贷款，世界银行的贷款通常不要求担保。很多发展中国家的项目是由世界银行及其商业贷款分支机构，即国际金融公司或区域发展银行（如亚洲开发银行）共同提供融资的。国际金融机构参与减轻了其他项目参与方对东道国政治风险的担心。国际金融机构对项目融资有其政策和标准，很多附加条件非常苛刻，这对项目结构具有十分重要的影响。

3.3 项目融资结构

项目融资结构是通过投资者之间，投资者与贷款银行、项目产品的消费者、生产设备的供应商、能源和原材料供应商以及政府部门等多方面之间的反复谈判，产生的最佳融资方案。由于项目所在行业、投资结构、投资者对项目的信用支持和融资战略是不同的，每一个融资结构都有独特性，很少有两个项目融资模式完全相同。

大型项目的融资结构往往十分复杂。如三峡建设项目资金采用多元化的方法筹集，包括三峡工程建设基金、葛洲坝电厂发电收入、三峡电站施工期发电收入、国家政策性银行贷款、商业银行贷款、企业债券、国外出口信贷及商贷和股份化集资等。

融资结构设计的基本原则是争取适当条件下的有限追索权，实现项目风险的合理分担，最大限度地降低融资成本，努力实现发起人对项目较少的股本投入，处理好项目融资与市场之间的关系，争取实现投资者非公司负债型融资要求，实现资金来源、融资方式、融资成本、融资期限、币种和利率等结构的最优化。

项目融资结构具有以下特征：

1. 贷款形式方面的特征

一是贷款方为借款方提供有限追索权或无追索权的贷款，贷款的偿还将主要依靠项目的现金流量；二是通过远期购买协议或产品支付协议，由贷款方预先支付一定的资金来购买项目的产品或一定的资源储量。

2. 信用担保方面的特征

贷款银行要求对项目资产拥有第一抵押权，对项目现金流量具有有效控制权。一般要求借款人将其与项目有关的一切契约性权益转让给贷款银行。项目公司根据“或付或取”合同取得项目收入的权利、项目承包工程公司向项目公司提供的各种担保的权益等都必须转让给贷款者。要求项目投资者成立一个单一业务的实体，把项目的经营活动与投资者的其他业务分开，除项目融资安排之外，限制该实体筹措其他债务资金。在非公司型合资结构中，需要巧妙地设计项目的投资结构和融资结构。在项目的开发建设阶段，要求项目发起人提供项目的完工担保。在项目经营阶段，要求项目提供类似“无论提货与否均需付款”或者“提货与付款”性质的销售安排，以保证项目生产稳定的现金流量。

3. 时间结构方面的特征

在项目开发建设阶段，贷款银行面临的风险最高，贷款往往具有完全追索权，并由项目发起人提供具有法律效力的担保。贷款银行还可以提高利率，同时要求提供承建合同的担保及相关的履约担保。建设阶段贷款随工程进度逐步划拨，贷款利息的偿还通常可以推迟，把贷款的利息先累积起来，等项目投产后有了净现金流量再分期偿还，也可以选择从银行贷出新款还旧债的方式。项目完工后，贷款方对项目发起人的追索权可能会被撤销或降格，贷款利率也可能会随之下调。

在项目投产经营阶段，项目的现金流入开始偿还贷款后，贷款可能被安排成有限追索的或无追索的，贷款人会进一步要求以项目产品销售收入和项目其他收入作担保。贷款利息和本金的偿还速度通常与预期产量、销售收入和其他应收款项相关联，项目净现金流量的一个固定比例会自动用于债务偿还。此外，贷款协议中一般还会规定，在某些特殊情况下，用于偿还贷款的比例可以增加到100%。例如，产品需求或产量明显低于预期，项目的前景以及项目所在国的政治、经济环境发生恶性逆转等。

3.3.1 投资者直接安排融资

项目投资者直接安排融资并承担相应的责任和义务，这是最简单的项目融资结构，适用于投资者本身公司财务结构不很复杂的情况，有利于投资者税务结构方面的安排。对于资信状况良好的投资者，直接安排融资模式成本较低，此方式常用在非公司型合资结构。

其操作方法有两种。

1. 共同贷款银行融资和市场销售模式

项目投资者直接安排融资，选择共同的贷款银行和市场。操作过程如下：

（1）由项目投资者根据合资协议成立非公司型合资结构，并按照投资比例合资组建一个项目管理公司，项目管理公司根据管理协议和销售代理协议，负责项目的建设和生产经营。

（2）根据合资协议的规定，投资者分别在项目中投入相应比例的自有资金，并统一安排项目融资，每个投资者独立与贷款银行签署协议。

（3）在项目建设期间，项目管理公司代表投资者与工程公司签订建设合同，监督项目的建设，支付项目建设费用。在生产期间，项目管理公司负责生产管理，作为投资者的代理人销售项目产品。

（4）项目的销售收入进入贷款银行监控下的账户，用于支付项目的生产费用和资本再投入，偿还贷款银行的到期债务，按照融资协议的规定将盈利资金返还给投资者。

2. 独立安排融资和承担市场销售模式

项目投资者组成非公司型合资结构，由投资者组织产品销售和债务偿还，该模式在安排融资时更具有灵活性。其操作过程如下：

（1）项目投资者根据合资协议组建项目管理公司，负责项目的建设和生产管理。

（2）投资者按照投资比例支付项目的建设费用和生产费用，根据自己的财务状况自行安排融资。

（3）项目管理公司代表投资者安排项目建设、生产，组织原材料供应，并根据投资比例将项目产品分配给投资者。

（4）投资者以“无论提货与否均需付款”协议的规定价格购买产品，根据与贷款银行之间的现金流量管理协议，其销售收入进入银行监控账户，并按照资金使用顺序进行分配。

这种融资结构的特点是投资者可以在多种融资模式、多种资金来源方案之间充分选择和组合，债务比例安排比较灵活。可以利用投资者的商业信誉得到优惠的贷款条件。利用项目的税务亏损（或优惠）条件组织债务，降低融资成本。直接安排项目融资的模式操作比较复杂，如合资结构中的投资者在信誉、财务状况、市场销售和生产管理能力等方面不一致，会增加以项目资产及现金流量作为融资担保抵押的复杂性。

3.3.2 项目公司融资

投资者共同投资组建项目公司，以项目公司的名义拥有、经营项目和安排融资。对于经济前景良好的项目，项目公司融资模式可以安排成无追索的形式。这种结构的操作过程如图 3－1 所示。

（1）项目投资者根据股东协议注册成立一个项目公司，并注入一定的股本资金。

（2）项目公司作为独立法人，签署一切与项目建设、生产和销售有关的合同，安排项目融资，建设经营并拥有项目。

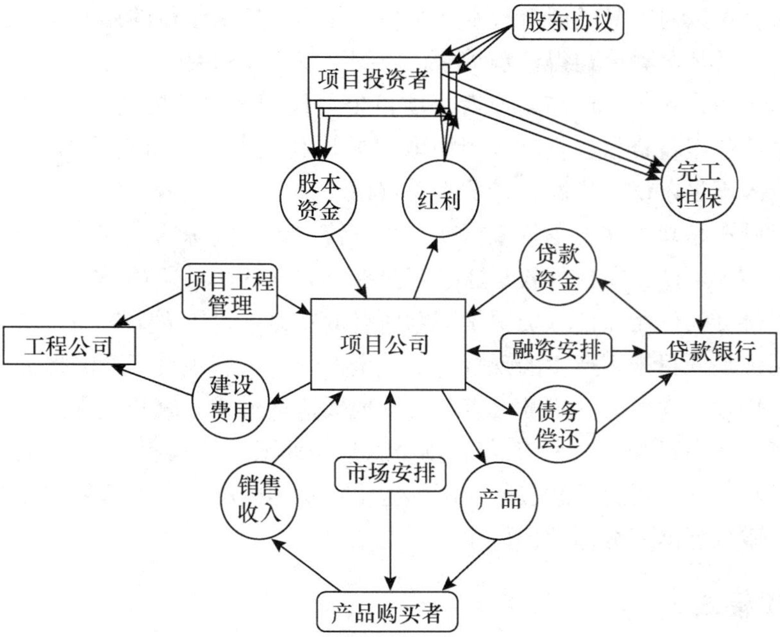

图3-1　项目公司融资的结构

资料来源：徐莉．项目融资．武汉：武汉大学出版社，2006.

（3）在项目建设期间，项目融资安排为有限追索，投资者为贷款银行提供完工担保。

（4）项目投入运营后，如果生产经营状况和现金流量达到预期标准，可以安排为无追索贷款。

项目公司融资结构的优点是：便于银行取得项目资产的抵押权、担保权以及对项目现金流量的控制；也便于项目公司在条件许可时进入资本市场，通过股票上市和发行债券等形式筹集资金；项目资产所有权比较集中，股东之间投资转让灵活。缺点是投资者缺乏对现金流量的直接控制，税务结构灵活性差，无法利用项目亏损冲抵其他项目的利润。

3.3.3　产品支付项目融资

产品支付项目融资是针对项目贷款的还款方式而言的，借款方在项目投产后不以项目产品销售收入来偿还债务，而是以项目经营期间的产品本身来还本付息。在贷款得到偿还前，贷款方拥有项目部分或全部产品的所有权。当然，产品支付是产权的转移而非产品本身的转移，贷款方可以要求项目公司购回或代理销售这些产品。产品支付融资适用于资源储量已经探明，项目产生的现金流量可以准确估算的石油、煤炭、金属等矿产资源开发项目。其主要操作过程如下：

（1）贷款银行成立一个特别目的的金融公司，负责从项目公司购买一定比例的资源产品作为融资的基础，金融公司一般由信托基金机构组成 。

（2）贷款银行把资金贷给金融公司，金融公司根据产品协议将资金注入项目公司，表示金融公司从项目公司购买一定量的产品，项目公司同意把产品卖给金融公司，产品定价要在市场价格基础上考虑利息因素。

（3）金融公司以对产品的所有权及购买合同作为对贷款银行的还款保证。

（4）项目公司从金融公司得到购货款，组织开发建设项目。

（5）金融公司直接销售产品，或者由项目公司代理销售，把销售收入付给金融公司，金融公司用来偿还银行贷款。贷款银行所取得的权利仅限于让与它的那一部分项目产品，如产品销售收入不足以偿还贷款，贷款人无权请求补偿。

产品支付融资是建立在由信贷银行购买某一特定矿产资源的全部或部分未来销售收入的权益的基础上的，产品支付模式是通过直接拥有项目的产品，而不是通过抵押或权益转让方式来实现融资的信用保证。资源是国家所有的项目，投资者只拥有资源开采权，产品支付的信用保证是项目未来产生的现金流量、资源开采权和项目资产的抵押。

如果偿还贷款非常可靠，贷款可以被安排成无追索形式。融资期限应短于项目预期的经济生命周期。如项目开采期为 15 年，则贷款最长期限可能只有 10 年。贷款银行一般只为项目的建设和资本费用提供融资，而不承担生产费用的融资，并且要求项目发起人提供最低生产量、质量标准等方面的担保等。

3.3.4 BOT 模式

BOT（build-operate-transfer），即建设-运营-移交，其融资模式的基本思路是：由政府机构对项目的建设和运营提供一种特许权协议作为项目融资的基础，项目公司作为投资者和运营者安排融资，开发建设项目并在有限的时间内负责运营，获取商业利润，最后，根据协议将该项目移交给政府机构。BOT 的优点是能减少政府财政负担和借款负债义务，有利于提高项目运行效率，提高技术和管理水平，也是国际项目融资的主要形式。在实际应用时，BOT 有多种具体表现形式。

BOOT（build-own-operate-transfer），即建设—拥有—运营—移交，由企业融资建设项目，在规定的期限内拥有项目的所有权并进行运营，运营期满后移交给政府部门。BOOT 模式中企业既有运营权也有所有权，而 BOT 方式下企业只拥有所建成项目的运营权，且一般不如 BOOT 特许经营时间长。

BOO（build-own-operate），即建设—拥有—运营。指企业根据政府赋予的特许权建设并运营某项基础设施，但不移交给政府部门。

BTO（build-transfer-operate），即建设—移交—运营。对于关系到国家安全的项目，项目建成后，开发商将所有权移交给政府，由政府授权企业进行运营。

BLT（build-lease-transfer），即建设—租赁—移交。政府出让项目建设权，在项目运营期内政府成为项目的租赁人，企业成为项目的承租人，租赁期满后，所有资产再移交给政府。

DBFO（design-build-finance-operate），即设计—建设—融资—运营，从项目设计开始，政府就将项目特许给某一企业，直到项目运营期满收回投资并获得投资收益。项目公司只有运营权，没有所有权。

FBOOT（finance-build-own-operate-transfer），即融资—建设—拥有—运营—移交。这种形式比 BOOT 多了一个融资环节，只有融到资金，政府才考虑授予特许经营权。

TOT (transfer-operate-transfer)，即移交—运营—移交，是指政府与企业签订特许权经营协议后，把已经投产运营的基础设施项目移交给企业经营，企业在未来若干年内获得项目运营的收益，政府一次性地从企业融得资金，用于建设新的基础设施项目。特许经营期满后，企业把该设施无偿移交给政府。例如，地方政府向一家企业移交京大高速公路（山西段59公里）的运营权。

BOT融资有四个阶段，即准备、建设、营运和移交。

（1）项目准备阶段。政府确定实施一个具体项目如发电厂、跨海大桥，分析采用BOT融资的可行性。有时也会由项目单位确定一个项目后向政府提出建议。如果决定采用BOT方式，接下来就要撰写邀请书，邀请投标者提交具体的设计、建设和融资方案。通过招标选择项目承办人，承办人选择合作伙伴，项目公司与政府就最后的特许权协议进行谈判，并就贷款协定、建筑合同、供应合同及实施项目所必需的其他附属合同进行谈判。项目公司提交项目融资与实施方案，政府授予项目公司特许权。项目公司与银行签订融资主合同，与项目建设、运营等参与方签订子合同，提出开工报告。经过谈判达成并签署上述协议后，项目开始进行财务交割，贷款人和股本投资者开始预交用于详细设计、建设、采购设备等的资金。

（2）项目建设。一旦进行财务交割，建设阶段即正式开始。有些情况下，一些现场组装或开发工作，甚至某些初步建设可能先于财务交割。但主要建筑工程和主要设备的交货一般是在财务交割后，那时才有资金支付这些费用。项目建成通过验收后，项目建设阶段即结束。

（3）项目营运。项目运营期从项目建成持续到特许协议期满，项目公司直接经营或与经营者签订合同，按照项目协定的标准和各项贷款协议及投资者协定的条件来组织运营。在项目运营期间，贷款人、投资者和政府等可以对运营情况进行检查。

（4）项目移交。特许经营权期满后，项目公司将项目资产移交给政府，保证项目产品处于良好状态，能够继续运营。项目移交给政府一般是无偿的，某些情况下，项目发起人可以象征性地得到一些补偿。

3.3.5　PPP模式

PPP (public private partnerships) 是指公共部门与私人部门建立伙伴关系，提供公共产品或服务的一种方式。联合国开发计划署（1998）提出的定义是：PPP是政府、营利性企业和非营利组织，基于某个项目形成的相互合作关系的形式，合作各方参与项目时共同承担责任与风险。国家发展与改革委员会（2014）提出：PPP是指政府为增强公共产品和服务供给能力、提高供给效率，通过特许经营、购买服务、股权合作等方式，与社会资本建立的利益共享、风险分担及长期合作关系。财政部（2014）的定义是：PPP是在基础设施及公共服务领域建立的一种长期合作关系，通常由社会资本承担设计、建设、运营、维护基础设施的大部分工作，并通过使用者付费及必要的政府付费获得合理投资回报。政府部门负责监管基础设施及公共服务的价格和质量，保证公共利益最大化。

按照项目资产权属，PPP模式分为三类：一是外包类。社会资本承担项目的建设、运营等过程中的一项或几项任务，政府购买其提供的产品或服务。社会资本不参与项目运营，不分享项目收益，项目投资和经营风险由政府承担。二是特许经营类。政府向社会授予特许经营权，社会资本参与项目的投资和运营，特许经营期满将项目移交给政府。该模式中政府和社会资本分担风险。从此意义上来讲，BOT 是 PPP 模式中常用的一种类型。三是私有化类。社会资本负责项目投资、建设和运营，承担全部风险，项目的所有权归社会资本所有，政府负责监督、引导和维护公共利益。

PPP 模式具有悠久的历史。1364 年，英格兰法律首次允许设立收费站。1663 年，议会批准建成第一条收费公路，这是横穿赫特福德希尔、亨廷顿和剑桥三个郡的大北方路的一段，设立了三座收费站，对过往车辆和牲畜收取规定的费用，收费期 21 年。1773 年，英国通过了《收费公路法案》，规定了详细的收费标准，依据轮胎宽度对车辆分类，轮胎越宽缴费越低，邮差和神职人员的车辆免费通行。1792 年，美国第一条收费公路开工建设，从费城至兰卡斯特，2 年后投入使用。到 19 世纪 40 年代，美国建成了 1 600 多家收费公路公司，当时的收费公路数量超过了公共公路。1782 年，法国授予皮埃尔兄弟巴黎部分地区的供水管网特许经营权。19 世纪后半叶，法国更广泛地使用特许经营模式，铁路、水、电和有轨电车线路都由私营企业和银行设计、建设、融资和运营。1854 年，统治埃及的土耳其总督授予私营部门苏伊士运河特许经营权 99 年，自 1869 年竣工开航之日起计算（1956 年，埃及政府将苏伊士运河公司国有化，特许经营权告终）。

PPP 模式具有多个方面的特征：该模式涉及两个以上主体，至少一方是公共机构，每一方都参与协商并签订合同，各方都必须为合作关系做出组织承诺；合作关系是持久且有关联的；每个参与者都必须给合作关系带来一些有价值的东西，贡献相关资源（如资金、财产、权力和声誉）；各方共同承担责任及风险（不管是财务、经济、环境还是社会方面的后果）；PPP 合约提供了合作关系的基本框架，制定了游戏规则，并为合作方提供某些确定性。

我国实施 PPP 模式，可以实现多种功能。(1) 提高公共服务质量。社会资本关心投资回报，必然关注市场需求，充分发挥技术和管理优势，提供满足市场需求的公共产品和服务。政府退出不擅长的专业领域，把重心放在项目协调、政策支持和安全监督方面，从而改善公共服务质量。(2) 分散风险、降低成本。政府将项目建设与运营风险转移给能以较低成本运营的社会资本，社会资本为了盈利，必然对项目可行性详细研究，将前期设计、建设、项目交付及收益来源的下游环节管理相结合，以降低项目建设、运营和维护成本。(3) 缓解财政压力，规范财政管理。引入 PPP 模式后，政府无须一次性支付巨额建设资金，可以在较长的时间内分摊建设成本，缓解了基础设施建设财政支付能力不足的矛盾。PPP 模式下，基建项目往往不列入政府财务报表，项目融资、运营、维护费用不再是政府的直接费用，不增加政府的长期债务。(4) 转变政府职能，提高国家治理能力。长期以来，政府过度干预微观经济领域，造成低效率、不计成本、GDP 竞赛、贪腐等问题。在基础设施和公共服务领域推广 PPP 模式，以市场化手段，实现政府授权、社会资本投入的机制，既能发挥社会资本的能动性和创造性，也能让政府回归管理职能。

仅将PPP模式视为一种融资工具是不恰当的，融资只是其中一个方面。PPP模式的本质在于公共部门不再是购买一项资产，而是按照规定条款和条件购买一整套服务。该模式提供了合理的经济激励机制，才使得合作方式得以立足（Grimsey，2004）。

我国在推广PPP模式的过程中，存在项目融资难、收益回报不稳定、信息不透明和社会资本退出渠道不畅的问题，也存在相关法规不健全的问题，现有法律文件多为政府各个部门颁布的规章，很多问题没有被清晰界定。比如，非经营性项目中社会资本如何获得合理的投资回报？政府和社会资本的合作关系是民事关系还是行政关系？国有企业能否代表政府作为项目实施机构，国企投资是否纳入财政支出的责任范围，项目风险是国企还是政府承担？国有企业能否作为社会资本？具有施工资质和施工能力的社会资本组建项目公司后，是否需要公开招标选择施工方？

3.3.6 融资租赁

融资租赁有直接租赁和杠杆租赁（leveraged lease）两种形式，直接租赁是指设备购置成本全部由出租人承担，杠杆租赁是设备购置成本的小部分由出租人承担，大部分由银行等金融机构提供贷款补足。杠杆租赁可以利用减免税收、加速折旧、低息贷款等优势，使出租方、承租方和贷款方获得更多利益。租赁对象可以是机械设备、其他资本品甚至整个项目。出租人可以是专业租赁公司、银行和财务公司或设备制造商，项目发起人及干系人也可以采取租赁形式将资金投入项目。

对项目发起人及项目公司来说，采用融资租赁解决项目所需资金，仍拥有对项目的控制权，拥有租赁资产的使用、维护和维修权等。采用融资租赁方式可实现全部融资，不需要再投入股本资金，由租赁公司的部分股本资金加上银行贷款就可解决项目所需全部资金或设备。融资租赁的成本低于银行贷款，租金可以当作费用直接计入项目成本，不需要纳税。如京东方集团融资租赁机器设备和青年公寓。

融资租赁在结构上较为复杂，参与者较多，操作步骤如下：

（1）项目公司签订项目资产购置和建造合同，购买开发建设所需的厂房和设备，合同中说明这些厂房和设备的所有权都转移给金融租赁公司，然后再从其手中将这些项目资产转租回来。

（2）由两个以上的专业租赁公司、银行及其他金融机构等组成一个合伙制的金融租赁公司。对于大工程，可以由多家租赁公司分别购置和出租，或由这些租赁公司组成一个新的合伙制结构来完成租赁业务。

（3）合伙制金融租赁公司向银行筹集购买租赁资产所需的资金，通常以无追索权的形式提供60%～80%的资金。金融租赁公司将项目公司签订的租赁协议和转让过来的资产抵押给贷款银行，贷款银行的债务在杠杆租赁中享有优先取得租赁费的权利。

（4）合伙制金融租赁公司根据项目公司转让过来的资产购置合同购买厂房和设备，然后把它们出租给项目公司。项目公司要为杠杆租赁提供项目完工担保、长期市场销售保证及其他形式的信用担保等。

（5）项目开发建设阶段，项目公司根据租赁协议获得设备的使用权，并向租赁公司支付租金。

（6）生产经营阶段，项目公司根据产品承购协议将产品出售给项目发起人或其他用户，向租赁公司补交在建设期内没有付清的租金，租赁公司通过担保信托支付银行贷款的本息。

（7）租赁公司监督或直接管理项目公司的现金流量，保证项目现金流量的分配和使用按以下顺序进行：生产费用，项目的资本性开支，租赁公司经理人的管理费，相当于贷款银行利息的租金支付，相当于租赁公司股本投入的投资收益的租金支付，作为项目发起人投资收益的盈余资金。

（8）租赁公司的成本收回并且获得了相应的回报后，杠杆租赁即进入新阶段，项目公司只需交纳很少的租金。租赁期满时，项目公司以事先商定的价格将资产买回去或者卖掉，销售收入大部分作为代销手续费由租赁公司返还给项目公司。

3.4 股权性项目融资

案例 3－1

中兴通讯 5G 项目股权融资

为了继续保持高强度研发投入，坚持技术领先，打造有核心竞争力的主营产品和业务，提高主流市场、主流产品的市场占有率，不断提升客户满意度，从而提升本公司的盈利能力，中兴通讯采取非公开发行 A 股股票方式募集资金，投入面向 5G 网络演进的技术研究和产品开发项目及补充流动资金。为此，中兴通讯发布如下公告：

协议签订日期：2020 年 1 月 15 日

协议签署方：中兴通讯、10 名认购对象（认购对象不包括本公司的控股股东，董事、监事、高级管理人员，主承销商，及上述机构及人员的关联方）

发行 A 股的股份总数：381 098 968 股

发行价格：30.21 元/A 股。根据《上市公司非公开发行股票实施细则》，发行价格不低于定价基准日前 20 个交易日股票交易均价的 90%。按照价格优先、金额优先和时间优先的原则，确定认购对象并进行配售，以全部有效申购的投资者的报价为依据。

募集资金总额：人民币 11 512 999 823 元

募集资金净额：人民币 11 459 418 724 元

限售期：通过本次发行认购的 A 股，自新增股份上市之日起 12 个月内不得转让。限售期结束后，如要转让，按中国证监会及深圳证券交易所的规定进行。募集资金净额低于上述项目拟投入募集资金总额的部分，将由公司自筹资金解决。公司将根据项目实际进度以自有资金先行投入，并在募集资金到位后予以置换。

资料来源：中兴通讯股份有限公司关于确定非公开发行 A 股股票发行价格及签订认购协议的公告.（2020－01－17）. https://finance.sina.com.cn/roll/2020-01-17/doc-iihnzahk4617043.shtml.

3.4.1　股权众筹

众筹融资是指项目发起人通过众筹平台或社交媒体向公众募集资金的行为，这种方式不仅能够筹集资金，而且能够筹集人脉、智力和社会资源。依据实现方式，众筹分为线下众筹和线上众筹。线下众筹是由不超过200名股东每人出一份资金，共同投资一个项目。如众筹咖啡馆，股东以此为平台聚集在一起，通过发掘和激活各自拥有的社会资源，可以获取咖啡馆项目外的其他价值。根据项目融资方给予投资者的回报不同，线上众筹分为股权众筹、产品众筹、公益众筹和经营权众筹。

(1) 股权众筹：项目发起人给予投资者的回报是公司股份，可以是已成立公司的股份，也可以是未来设立公司的股份。

(2) 产品众筹：项目发起人给予投资者的回报是某项产品，产品众筹具有提前锁定消费者、发布广告、募集生产资金、检验产品的市场价值等多种功能。

(3) 公益众筹：公益性组织通过网络平台筹措公益项目资金，项目发起人不给支持者经济回报，而是给予精神层面的鼓励。公益众筹提高了资金使用的透明度，既满足了支持者的捐赠意愿，也降低了资金管理费用。

(4) 经营权众筹：项目发起人将标的物或标的公司的项目经营权作为回报。

股权众筹为项目发起人和投资者搭建了投融资渠道，能够帮助创业者找到更多的投资人，为投资者提供了更多项目信息。互联网众筹平台有效解决了双方信息不对称问题，降低了寻找项目以及寻求投资的成本。股权众筹将天使投资小额化，普通人也可以尝试做天使投资，拓宽了投融资渠道，提高了投融资匹配的效率，是解决创业企业资金不足问题的新途径。

股权众筹适合创业初期的项目，公司尚未注册成立，项目的不确定性极大，难以受到机构投资者关注，融资极为困难。众多小额投资者参与进来，可以大大分散投资风险。如果一个好的创意和创业方案能够通过股权众筹资金启动，必将极大地推动万众创业。当公司成立后，相关产品进入研发阶段或初步运行时，需要进行第一轮融资，适合寻找天使投资人。实施到中后期的项目一般估值比较高，融资额度较大，需要进行B轮融资，适合寻找若干战略投资者。

股权众筹的成功取决于几个关键因素。一是融资者拥有良好的项目，项目具有良好的发展前景，商业模式有创新且可行，有一支良好的创业团队，项目估值合理等。二是建立投资者权益保障机制，提供完善的合格投资人的认证与审核服务、安全的投资人资金保障与服务。众筹平台应设立合格投资人注册及认证门槛，防止不具有早期项目股权投资经验与能力的人或机构成为合格投资人，进而影响投资活动的质量和效率。建立投资后的管理及权益保障机制，众筹平台保证网络系统的安全性，防止因安全漏洞引起资金丢失、挪用及处置的风险。三是提高投资方和融资方的合作意向与匹配速度。由于股权众筹项目参与人很多，为了便于操作并降低交易成本可以采取合投方式，即由一个或几个投资主体进行投资。

发达国家的股权众筹行为已经较为规范。2012年4月，美国颁布的《初创期企业推动法案》规定，股权众筹平台可以向合格投资者公开私募发行。如经由美国证券交易委员会（SEC）注册的经纪人充当中介，私人公司即可向众多小投资者筹集少量资本，可在12个月内发行受限证券（如转让限制），筹集不超过100万美元的资金；融资的私人企业不需要向SEC注册。该法案提高了私人公司股东人数上限，从原来的500人提高到2 000人（其中，非合格投资者不超过499人），超过上限的私人公司应在SEC注册登记。

我国《证券法》规定，未依法报经国务院证券监督管理机构或者国务院授权的部门注册，任何单位和个人不得公开发行证券。向不特定对象发行证券；或向特定对象发行证券累计超过二百人，但依法实施员工持股计划的员工人数不计算在内；法律、行政法规规定的其他发行行为，属于公开发行证券。非公开发行证券不得采用广告、公开劝诱和变相公开方式。股权众筹在操作过程中存在法律制约，需要从法律层面加以改革。

3.4.2 天使投资

天使投资（angel invest）是指具有一定资本金的合格投资者，包括个人或机构，对于极具发展潜力的初创项目进行权益资本投资的一种资本运作模式。天使投资人具有丰富的管理经验、广泛的商业关系和人脉，能够对投资的项目开发与运营提供有益的帮助。知名的天使投资机构有创新工场、真格基金、联想之星等。

美国联邦证券法对合格投资者提出了八项标准。深圳市于2009年建立了天使投资者备案制度，制定了针对个人和机构两种天使投资者的登记条件。经备案登记的天使投资者进行天使投资时，可以获得政府创业投资引导资金配股参股的支持，该资金主要用于种子期和起步期的创业企业。

天使投资的特点：一是投资期限早，在项目概念阶段或开发初期介入，投资的标的刚刚成立，没有完整的团队和原型产品，承受极高的风险。二是投资额度小，可能几十万元到几百万元不等。以小型项目为投资对象，对项目的考察、判断和决策相对简单。因此，天使投资人常采取共同投资的方式规避风险。三是投资成本较低。天使投资介入时间早，有利于获得目标企业更多股份，同时，天使资金是投资者自有资金，资金管理成本极低。另外，部分天使投资人会给项目一些指导和帮助，如创新工场的天使投资业务。

天使投资的目的不是长期经营企业而是获得投资回报，成功的退出方式是项目公司上市、财务型并购、战略型并购、管理层回购等。失败的退出方式是企业破产清算。最头疼的是企业业绩平平，天使投资人进退两难。

缺乏资金的科技型项目寻求天使投资是一个很好的选择。天使投资人青睐的项目通常要具有独特的技术优势或成本优势，具有创造新市场的潜力，能够迅速占领市场，项目具有创造利润的财务要素，项目预期的财务状况稳定，投资者预期获得5～10倍的回报，拥有一支良好的创业团队，有明确的天使资金退出渠道等。要想获得天使投资，项目发起人必须准备一份能够打动天使投资人的商业策划书。

3.4.3 风险投资

风险投资（venture capital，VC）是把资本投向蕴藏着失败风险的高新技术及其产品的研究开发领域，旨在促使高新技术成果尽快商品化、产业化，以取得高资本收益的一种投资过程。从运作方式来看，是指投资中介向具有潜能的高新技术企业投入风险资本的过程，也是协调风险投资人、技术专家和投资者的关系，利益共享、风险共担的投资方式。根据接受风险投资的企业的发展阶段，一般可将风险投资分为种子资本、导入资本、发展资本和风险并购资本四种类型。通常在项目开发出较为成熟的产品或已经有了销售时，前期天使投资已经花完，企业后续资金不足时，寻求风险投资就是最佳选择。风险投资数量比天使投资大得多，从数百万元到数千万元，甚至上亿元不等。风险投资的目的不是取得企业控制权，而是通过资金支持和增值服务推动企业高速增长，通过上市或并购方式退出企业，在产权流动中实现资金的高回报。风险投资青睐有机会股票上市的项目。知名的投资机构有红杉资本、IDG、达晨创投、深创投、毅达资本等。

通常认为，风险投资起源于美国20世纪70年代，一些愿意以高风险换取高回报的投资人发明了此种投资方式。风险投资不需要抵押，也不需要偿还。如果投资成功，投资人将获得几倍、几十倍甚至更高的回报；如果投资失败，投进去的钱就付诸东流了。对创业者来讲，使用风险投资不会背上债务，使得资金匮乏但有良好创意的年轻人创业成为可能。近年来，这种投资方式在中国取得了成功，催化了一大批中小企业的成长。

风险投资机构以投资换取股权，积极参与对新兴企业的投资。风险投资机构协助企业经营管理，参与企业的重大决策活动，追求投资的早日回收，而不以控制被投资公司所有权为目的。风险投资公司与创业者的关系是建立在相互信任与合作的基础之上的。

风险投资的项目运作过程，大体划分为四个阶段。

（1）融资阶段：解决钱从哪儿来的问题。风险资本的来源可能是保险公司、商业银行、投资银行、大公司、大学捐赠基金、富有的个人及家族等。在融资阶段，要解决投资者和管理人的权利义务及利益分配关系。

（2）投资阶段：解决钱往哪儿投的问题。风险投资机构通过项目初步筛选、估值、谈判、条款设计、投资结构安排等一系列程序，把风险资本投向那些具有巨大增长潜力的创业项目。

（3）管理阶段：解决价值增值的问题。风险投资机构主要通过监管和服务两种手段帮助被投资企业实现价值增值。监管手段是在企业董事会获得席位、在业绩达不到预期目标时更换管理团队成员等；服务手段主要是帮助企业完善商业计划、优化公司治理结构以及帮助获得后续融资等。

（4）退出阶段：解决收益如何实现的问题。风险投资机构主要通过首次公开募股（IPO）、股权转让和破产清算三种方式退出所投资的企业，实现投资收益。

3.4.4 私募基金

私募基金（private equity，PE）是私下向特定群体募集的资金。私募机构选择投资的项目大多到了后期，已经形成较大规模，项目企业为了获取更多的资源，迅速占领市场，需要投入大笔资金，寻求私募基金合作。私募基金融资方式分为股权融资和债务融资。私募股权融资是指融资人通过协商、招标等方式，向特定投资人出售股权进行融资，包括股票发行以外的各种组建企业时的股权筹资和随后的增资扩股。在交易实施过程中附带考虑了将来的退出机制，即通过上市、并购或管理层回购等方式出售持股获利。私募债务融资是指融资人向特定投资人出售债权进行的融资，包括债券发行以外的各种借款。私募机构可以向项目企业提供数千万元到数亿元的资金，换取一般不超过20%的股份。有较大上市潜力的公司容易获得私募基金。

严格来讲，风险投资也是私募基金的一种形式，只是双方在投资阶段、投资规模、投资理念和投资特点等方面存在不同。

案例3-2

长安权·碧桂园高尔夫花园股权投资集合资金信托计划

碧桂园高尔夫花园项目位于湖南省浏阳市。作为城市休闲功能的补缺者，该项目旨在打造高尔夫主题社区，集商业设施、休闲运动设施、教育设施、医疗设施和交通设施为一体。项目建设内容包括14万平方米别墅、38万平方米高层、2.5万平方米公寓、1.5万平方米商业、5 000平方米幼儿园及配套。预计实现销售收入45.21亿元，净利润约11.40亿元。

项目公司是湘烽华城置业有限公司，采用信托资金，总规模10亿元，信托计划采用优先次级的分层设计（见图3-2）。优先级信托资金5亿元，由长安信托公司向合格投资者募集，信托期限为12个月，预期收益率为8.5%。分配时间为自然年度6月20日、12月20日及项目到期日。认购起点为100万元。在5亿元优先级信托资金中，1%即500万元用于缴纳信托业保障基金，1 000万用于向项目公司增资进入注册资本，剩余4.85亿元全部计入项目公司资本公积。

次级信托单位5亿元，由碧恒置业有限公司以5亿元对湘烽华城置业有限公司的股东借款债权认购。长安信托、项目公司与碧恒置业三方签署债务重组协议，约定长安信托作为新的债权人，项目公司为债务人，对债务的利率和期限等要素进行重组。

信托产品的还款来源是项目销售回款，根据浏阳市房地产市场情况，本项目别墅总体货值12亿元，精装高层总体货值25亿元。增信措施包括：一是以标的项目的8宗土地作抵押，土地价值评估为8.23亿元，对应5亿元信托本金的抵押率为60.7%。二是碧桂园地产集团为债务人还本付息提供流动性支持。作为行业龙头，碧桂园地产集团2017年末货币资金达898亿元，流动性支持能力强。

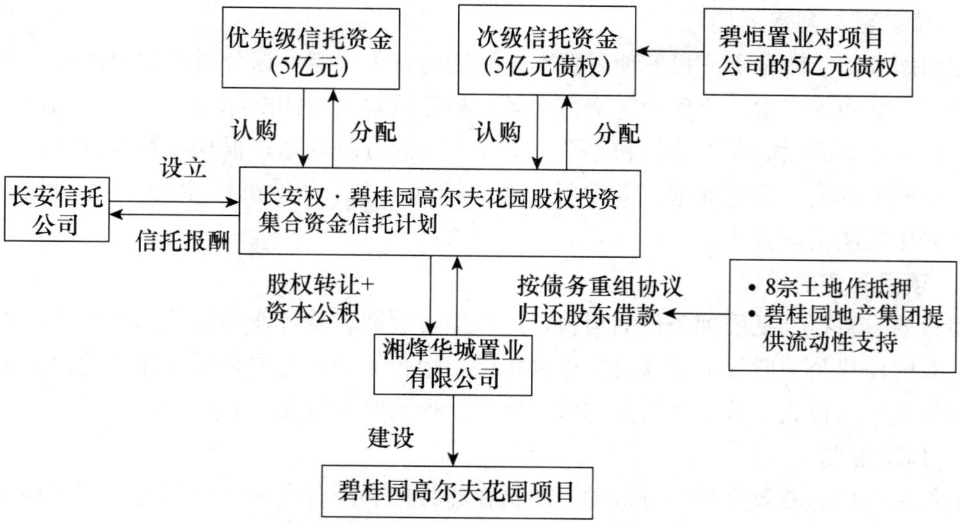

图3-2 碧桂园高尔夫花园项目信托融资交易结构

3.5 项目融资的审查

项目融资贷款数量大、贷期长、风险高，银行对项目融资的审查与放款过程极为严格，操作过程中主要环节如下：

1. 项目融资对象审查

审查项目发起人、贷款用途和还款来源。借款人通常是为建设、经营某项目或为某项目融资而专门组建的企事业法人，包括主要从事该项目建设、经营或融资的既有企事业法人。法人应信用状况良好，新设项目法人的控股股东应有良好的信用状况。法人符合国家对拟投资项目的投资主体资格和经营资质要求。贷款用途明确，通常用于建造一个或一组大型生产装置、基础设施、房地产项目或其他项目，包括对在建或已建项目的再融资。项目符合国家产业、土地、环保和投资管理等相关政策，按规定履行了固定资产投资项目管理程序。贷款人应与借款人约定明确、合法的贷款用途，并按照约定检查、监督贷款的使用情况，防止贷款被挪用。

2. 风险审查

银行设置风险审查责任部门和岗位，根据定量或定性的指标和标准，识别和评估融资项目中的建设期风险和经营期风险。以偿债能力分析为核心，重点从项目技术可行性、财务可行性和还款来源可靠性等方面评估项目风险，分析政策变化和市场波动等不确定因素的影响，预测项目的未来收益和现金流量。从借款人、项目发起人、项目合规性、产品市场、技术和财务可行性、融资方案、还款来源可靠性、担保、保险等角度进行风险评价。最终，银行风险审查责任部门形成风险评价报告。

3. 贷款额与利率的确定

按照国家关于固定资产投资项目资本金制度的有关规定，综合考虑项目风险水平和自身风险承受能力等因素，合理确定贷款金额。根据风险收益匹配原则确定贷款利率。根据项目融资在不同阶段的风险特征和水平，采用不同的贷款利率。根据项目预测现金流量和投资回收期等因素，合理确定贷款期限和还款计划。多家金融机构参与一个项目融资时，原则上采用银团贷款方式。

4. 项目融资的担保

银行要求将符合抵质押条件的项目资产和项目预期收益等作为贷款担保，依据项目发起人持有的项目公司股权为贷款设定质押担保。银行应当成为项目所投保商业保险的第一顺位保险金请求权人，或采取其他措施有效控制保险赔款权益。

5. 风险控制

银行采取措施有效降低和分散融资项目在建设期和经营期的各类风险。要求项目相关方签订总承包合同、投保商业保险、建立完工保证金、提供完工担保和履约保函等，最大限度降低建设期风险。可以要求借款人签订长期供销合同、使用金融衍生工具或者发起人提供资金缺口担保等方式，有效分散经营期风险。通过提供财务顾问服务，为项目设计综合金融服务方案，组合运用各种融资工具，拓宽项目资金来源渠道，有效分散风险。

银行按照《固定资产贷款管理暂行办法》设计账户管理、贷款资金支付、借款人承诺、财务指标控制、重大违约事项等项目融资合同条款，促进项目正常建设和运营，有效控制项目融资风险。

6. 贷款的支付

银行根据项目的实际进度和资金需求，按照合同约定的条件发放贷款。贷款发放前应确认与拟发放贷款同比例的项目资本金足额到位，并与贷款配套使用。对贷款资金的支付实施管理和控制，必要时可以与借款人在借款合同中约定专门的贷款发放账户。单笔金额超过项目总投资 5%的贷款资金支付，采用银行受托支付方式，即根据借款人的提款申请和支付委托，银行将贷款通过借款人账户支付给符合合同约定用途的借款人交易对象。必要时可以要求借款人、独立中介机构和承包商等共同检查设备建造或者工程建设进度，根据符合合同约定条件的共同签证单拨付贷款。

贷款发放并支付后，银行对借款人和项目定期进行贷后检查，重点检查借款人和项目发起人的履约情况及信用状况、项目建设情况、运营情况、资金运用和回笼情况、担保的变动情况等。借款人若信用状况下降、不按合同约定支付贷款资金、项目进度落后于资金使用进度、违反合同约定，以化整为零方式规避银行受托支付、贷款资金挪用等，影响了贷款安全，银行将根据合同约定停止贷款的发放，并采取针对性措施，包括提前收回部分或全部贷款、追加担保、提高管理要求，直至解除贷款合同。

7. 贷款归还

银行与借款人约定专门的项目收入账户，要求所有项目收入进入约定账户，按照事先约定的条件和方式对外支付，对项目收入账户进行动态监测，当账户资金流动出现异常时，查明原因并采取相应措施。合同约定专门还款准备金账户的，贷款人对项目或借款人的收入现金流进入该账户的比例和账户内的资金平均存量提出要求。贷款存续期间，银行持续监测项目的建设和经营情况，根据贷款担保、市场环境、宏观经济变动等因素，定期对项目风险进行评价，建立贷款质量监控制度和风险预警体系，出现可能影响贷款安全情况时采取相应措施。

思考题

一、单项选择题

1. BOT 融资的主体是（　　）。

A. 政府　　B. 项目公司　　C. 贷款银行　　D. 项目承建商

2. 在 BOT 模式中，政府要向项目公司提供（　　）。

A. 财政资金　　B. 特许权协议　　C. 贴息贷款　　D. 项目建议书

3. 产品支付项目融资模式中，借款人的还款来源是（　　）。

A. 项目公司的销售收入　　B. 项目公司生产的产品

C. 项目公司的固定资产　　D. 母公司的资产

4. 项目融资的成本通常（　　）企业融资的成本。

A. 高于　　B. 低于　　C. 等于

二、多项选择题

1. BOT 模式包括以下哪些阶段？（　　）

A. 建设　　B. 运营　　C. 验收　　D. 移交

2. 按照项目资产权属，PPP 模式可以分为（　　）。

A. 外包类　　B. 特许经营类　　C. 代建制类　　D. 私有化类

3. 我国 PPP 模式推广过程中存在以下哪些问题？（　　）

A. 项目融资难　　B. 信息不透明

C. 相关法规不健全　　D. 项目实施力量薄弱

4. 杠杆租赁的好处是（　　），使出租方、承租方和贷款方获得更多利益。

A. 减免税收　　B. 加速折旧　　C. 低息贷款　　D. 加快项目进度

5. 适合项目创业期的融资方式是（　　）。

A. 股权众筹　　B. 风险投资　　C. 天使投资　　D. 银行贷款

6. 根据接受风险投资的企业的发展阶段，一般可将风险投资分为几个类型？（　　）

A. 种子资本　　B. 导入资本　　C. 发展资本　　D. 风险并购资本

三、判断题

1. 项目融资的主体是项目公司，贷款偿还的首要来源被限制在项目本身的经济效益，包括项目本身的资产和未来可用于偿还贷款的净现金流量。（　　）

2. 无追索权是指贷款人可以在某个特定阶段或在一个规定的范围内对项目借款人实行追索，除此之外，当项目出现其他重大问题时，贷款人也能追索到项目借款人其他形式的财产。（　　）

3. 非公司负债型融资是指项目的债务出现在借款人的公司资产负债表，借款人承担有限责任。（　　）

4. 项目投资者直接安排项目融资并承担相应的责任和义务，这是最复杂的项目融资结构，适用于投资者本身公司财务结构复杂的情况。（　）

5. 投资者直接安排融资有利于投资者税务结构方面的安排，对于资信状况良好的投资者，直接安排融资模式成本较低，此方式常用在公司型合资结构。（　）

6. 项目公司融资是指投资者组建项目公司，以项目公司的名义安排融资。（　）

7. 杠杆租赁是设备购置成本的小部分由出租人承担，大部分由银行等金融机构提供贷款补足。（　）

8. 股权众筹适合创业初期的项目，项目的不确定性极大，公司尚未注册成立，难以受到机构投资者的关注，融资极为困难。（　）

9. 风险投资的目的是取得企业控制权，通过资金支持和增值服务推动企业高速增长，在产权流动中实现资金的高回报。（　）

四、综合分析题

1. 某城市自来水公司计划投资 2 亿元建设一个新水厂，可以采取企业融资方式，也可以选择项目融资方式，你认为确定融资方式前要综合分析哪些因素？你建议采取何种融资方式？

2. 某房地产开发商计划拿下一个城中村改造项目，需要大量资金投入，公司计划进行项目融资，请你分析影响融资成功的主要因素有哪些，采取什么措施有利于融资成功，并尽可能降低融资成本。

3. 请你分析股权众筹融资面临哪些机遇和挑战。如何破解当前存在的制度障碍？

五、应用分析题

1. 调研一家商业银行，研究其对融资项目的评估、审查和贷后管理的流程。

2. 各地建设了很多众创空间，请你选择一家众创空间，调研入驻企业的项目融资方式，分析存在的问题，提出解决方案，完成一份调研报告。

04
Chapter

第 4 章

项目组织管理

本章主要内容

- 职能型组织
- 矩阵型组织
- 项目型组织
- 项目经理的职责
- 项目的人力资源计划
- 项目团队的成长

引入案例　汉源化工项目的组织设计

汉源化工公司成立于 2003 年，依托当地丰富的盐和电石资源优势生产聚氯乙烯，产能为 10 万吨/年。2008 年 4 月，汉源化工公司引入战略投资者，注册成立汉源化工集团公司，开工建设 100 万吨/年聚氯乙烯项目工业园。项目拟投资 80 亿元，占地面积 2 000 亩，建设内容包括：100 万吨/年聚氯乙烯、80 万吨/年离子膜烧碱装置，4×60MW 抽背式发电装置，240 万吨/年工业废渣水泥装置，办公楼、宾馆、职工住宅、餐厅等生活设施。计划于 2010 年第三季度一期 50 万吨/年聚氯乙烯项目及配套热电、水泥装置建成投产，2011 年全部装置建成投产，届时汉源化工集团将成为全国最大的聚氯乙烯生产企业。

汉源化工集团是按照生产经营要求设计的组织架构，现有综合管理部、党群工作部、审计监察部、规划发展部、企业管理部、人力资源部、财务管理部、生产技术部和安全环保部 9 个职能部门，营销中心、采购中心、物流中心、科研中心、信息中心和服务中心 6 个中心。汉源化工集团没有设立项目管理部门，也没有任命项目经理，与项目管理相关的工作分散在各个部门或分公司。如规划发展部负责项目计划的编制、采购中心负责项目资源和设备的采购。另成立聚氯乙烯分公司、热电分公司和水泥分公司，分别负责对接施工单位及投产后的生产运营。

在5年多的项目建设过程中，由于缺乏专业项目管理机构和流程，汉源化工集团频频出现各个层面的管理问题，突出表现为人力资源能力不足、各项业务流程和制度不健全、部门间协调难度大，对项目中出现的问题疲于应付，加班成为常态。2013年初，项目建设工作拖延了近2年才告结束，项目决算超支83亿元。项目投产以后，市场供需态势已经江河日下，相比可行性研究阶段的预测价格，聚氯乙烯每吨下降了千元左右，开工就意味着亏损，不开工就是严重亏损。此外，多次出现生产事故，如发电厂意外停机导致化工车间和水泥厂生产中断，损失巨大。

4.1 项目组织设计

项目组织设计分两个层面，一是界定项目团队与所在母体组织（一般是企业或事业单位）或直接上级部门之间的责权利关系，明确项目团队在整个母体组织架构图中的位置。组织设计影响着项目团队的资源可用性、决策权限和管理流程等。常见的项目组织设计有职能型组织、矩阵型组织和项目型组织。二是项目团队内部的组织结构设计，根据项目工作的特点、项目范围和工作分解结构等因素，合理划分项目团队内的部门和业务小组，界定岗位之间纵向和横向的关系。

项目组织管理存在两个趋势：一是自组织团队越来越普遍。自组织团队无须集中管控，它们能够不断适应变化的环境并采纳建设性意见。尤其是IT行业的自组织团队日益广泛。二是分布式团队与虚拟团队。全球化项目推动了对虚拟团队的需求，团队成员分布在不同地区，电子邮件、社交媒体、网络会议、视频会议等沟通技术，把项目成员联系起来。虚拟团队有独特的优势，既可以将各地专家纳入项目团队，又可以把行动不便者或残疾人纳入团队。

项目组织设计必须考虑多方面的因素：

（1）项目工作的特点如何？对项目工作进行分解，根据专业或技术特点，将工作归到不同的部门和子部门，并给各个部门合理设置岗位。

（2）如何把所有成员有效地组织起来，并合理配置在不同的岗位？如何把若干人组成一个个工作小组？如何把小组集中起来形成大的群体，比如职能部门和组织单元？这些小组、部门和单元如何形成一个完整的项目组织？

（3）如何对成员的工作进行整合？包括工作协调、信息沟通、团队建设和冲突管理等，项目组织设计要有利于上述工作的整合。

（4）权力如何分配？权力是集中掌握在项目经理手中还是分解到不同岗位？项目组织决策采取集权形式还是分权形式？有多少管理层级？

4.1.1 职能型组织

职能型组织是指企业不为项目成立专门的项目团队，而是把项目任务分解到现有的各个职能部门和业务部门来完成，各个部门相互独立地完成各自工作。不设置项目经理，主导部门的经理往往被指定为项目协调人，项目沟通一般通过企业正式的渠道进行。如某冰箱生产企业的售后部门经常接到用户抱怨冷冻室太小，经过调查发现很多消费者偏好大空间冷冻室，企业决定对冰箱进行改进。企业高管将该项目进行了布置，市场部门负责确定需求，设计部门拿出设计方案，采购部门负责采购原材料和器件，生产部门负责样机的试制。市场部门代表了客户利益，关心产品的质量和交付时间，被指定为项目协调人，但没有命令其他部门的权力，正式的要求只能由高管通过指挥系统来下达。

职能型组织的优点：

（1）不用对母体组织重新设计或对运营流程进行改造，企业组织受到的冲击较小。

（2）使用员工的弹性很大。部门经理可以自主安排员工担任项目任务，员工在项目任务与本职工作之间转换方便。

（3）各部门能集中专业力量完成承担的任务。

（4）员工职业发展路径可以持续，不会因为参加项目而改变个人职业发展路径。

职能型组织的缺点：

（1）项目任务被分散到各个部门，无法保证每个部门集中力量实施，当各部门对所承担任务的优先级认识不同时更明显。

（2）部门间业务集成弱，大家都关注自己负责的任务而忽视项目总体目标。

（3）因为信息与决策需要通过正式的组织流程处理，决策与执行速度慢，项目历时比较长。

（4）人员参与项目的动机不强，项目被视为本职工作外的负担，尤其在考核与薪酬制度不健全的情况下，参与人员没有积极性。

4.1.2　矩阵型组织

矩阵型组织是一种混合形式，项目组织覆盖在企业正常的职能层级上，主要依靠各部门的资源完成项目任务。如某企业有 A、B、C 三个项目，分别任命了项目经理，参加项目工作的成员不脱离所在部门的岗位，利用部分时间和精力完成分配的项目任务，员工可以参加多个项目的工作，又能够履行部门的岗位职责，项目经理手下可能没有专职的项目成员（见图 4-1）。每个项目参与者有两个直接上级，同时向项目经理与部门经理汇报工作，即矩阵系统里存在两个指令链。如果一个员工参与多个项目，直接上级就更多了。

矩阵型组织的优点是可以充分利用组织现有资源。当项目数量较多而资源相对稀缺时，难以为每个项目配置充足的资源，矩阵型组织能够在现有资源条件下同时实施尽可能多的项目。矩阵型组织促进了职能、业务部门间的信息交换与协调，由于资源可以在多个项目间共享，专业知识不会由少数人控制，而是在整个企业中扩散。

根据项目经理与部门经理权力不同，矩阵分为三种形式：一是弱矩阵，即部门经理控制所属资源，项目经理对资源缺乏控制权，只负责准备进度计划，更新项目状态，充当项目的协调人。如项目经理由一般员工或业务主管担任，受制于部门经理的管辖。二是平衡

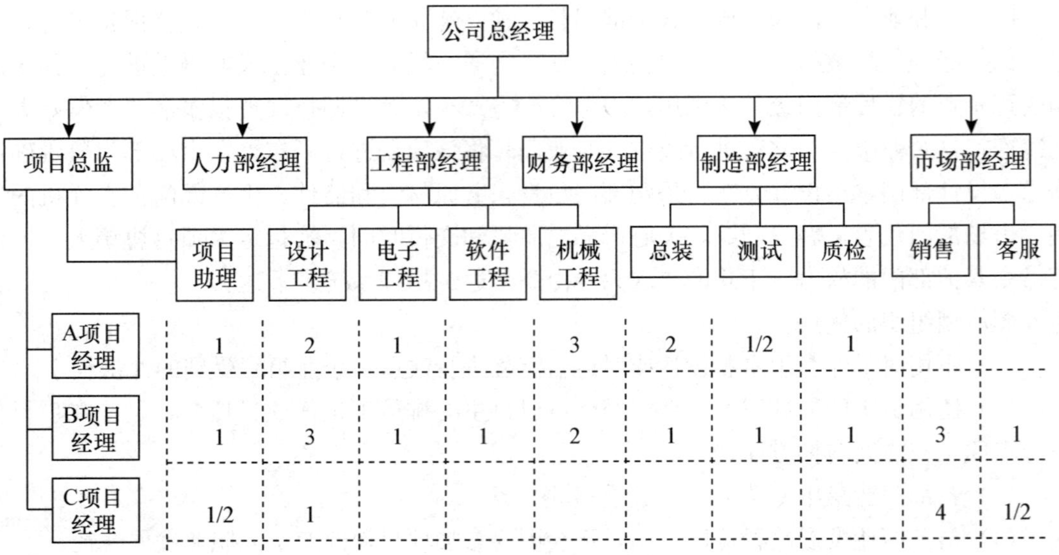

图 4-1　矩阵型组织

型矩阵，项目经理与部门经理地位和权力平等，多数项目决策和资源安排由双方协商确定，如一个部门经理兼任某项目经理。三是强矩阵，项目经理拥有高于部门经理的权力，对项目成员和资源具有控制权。如企业在任命项目经理时明确其地位高于部门经理，涉及项目的决策由项目经理负责，部门经理负责配合。

如果企业没有正式明确两个经理的权力，可从以下几个维度判断：

（1）直接上级权力。比较项目经理与部门经理的上级权力大小。如果项目经理汇报的上级权力更大，可以获得更高领导的支持，此时的矩阵为强矩阵。例如，某企业 ERP 项目是“一把手工程”，项目团队是从各部门抽调人员组建的，既承担一些部门工作也肩负 ERP 项目的任务。信息中心主任担任项目经理，直接向总裁负责，该矩阵就是强矩阵。

（2）项目工作完成的地点。有的企业为项目团队安排一个固定场所工作，如为一个新产品研发项目安排一间研发工作室，主要项目工作在这里完成，项目经理可以有效地观察和监督项目成员的工作状态，可视化地随时了解各项工作的进度和质量等，该矩阵为强矩阵。如果项目团队没有统一的工作场地，大部分任务由项目成员带回所在部门完成，项目经理对工作进度无法有效监督，这时的矩阵为弱矩阵。

（3）员工在项目与部门工作上的时间分配比例。如果员工多数时间和精力花在项目上，意味着项目任务高于部门工作，此时为强矩阵。

（4）项目经理对成员有多少直接管理权限，谁负责成员的绩效评估结果和决定报酬。员工的日常管理和绩效管理是以项目经理为主还是以部门经理为主，如果项目经理对员工的考核成绩占有更多的权重，则是强矩阵。

矩阵型组织需要在人力资源协调上花费大量时间。部门经理与项目经理的目标和任务不同，当出现部门业务滞后与资源冲突时，部门经理将会从项目中抽回资源或减少投入强度，这将使项目延期的可能性增加。项目经理投入很多时间用于开会和协调资源问题，寻找与部门经理共享权力的方法。抱怨最多的就是要花费大量时间进行权力争夺及讨价还价，以求得到所需的资源和支持。项目经理必须具备卓越的谈判技巧、政治头脑以及关系网。

为了克服矩阵型组织不可避免的指挥冲突，应为项目经理和部门经理界定“势力范围”，把可以清晰界定的事务和需要协商的事务加以明确。每个经理对于职责内的事务和资源安排，直接行使管理决策权而不需要征求对方意见，任何一方均不得干涉对方职权范围的事务。需要协商的事务由两个经理沟通确定操作办法（见表 4－1）。

表 4－1 项目经理与部门经理的职责范围

项目经理职责	共同协商事务	部门经理职责
必须做哪些工作 任务应何时完成 完成任务花费多少 项目质量要做到多好	谁承担任务 任务在何处完成 任务完成得满意吗	工作如何做 项目对职能部门的影响 职能部门输入被集成的程度

案例 4－1

南核公司的矩阵管理

南方核电工程有限公司（简称南核公司）是一家专业从事核电建设工程的企业，先后承担了大亚湾、岭澳核岛安装工程，积累了丰富的施工管理经验。2005 年以前，我国核电事业发展缓慢，项目数量少，从事核电安装的企业很少。由于核电工程技术的特殊性，很难对外进行工程分包或劳务分包，南核公司承建的每个项目都是由公司员工承担。核电建设项目技术复杂、资源需求量大、建设周期长。以岭澳二期为例，高峰期投入 3 500 人，总人工量达到 11 万人月；每个核电项目筹备和准备 3～5 年，安装建设 3 年多，调试保运 3 年。多个项目同时建设时需要重复配置资源，如果沿用单项目管理模式，公司最多只能同时承担 2 个核电项目，这种管理模式极大地限制了公司的发展。

2005 年后，核电建设进入快速发展期，2010 年有 18 台机组投入建设，“十二五”期间有 30 多台核电机组开工。随着行业发展，南核公司面对的竞争者增多，南核公司计划在 2011 年达到承担 12 台机组建设的能力，按照单项目管理模式，需要 2 500 名管理人员和 1.2 万名技术工人。然而，公司面临着人力资源流失、成熟技术人员和工人缺乏的问题，尽管每年招聘大批高校毕业生，但总体来看，人员培养速度远低于业务扩张速度，必须进行项目管理模式的转变。

2008 年，南核公司提出建立矩阵型的项目组织。公司负责核电项目前期准备，机构组建，关键岗位人员的培训、选派，项目施工期间的跟踪、指导与管理。公司下设多个项目部、专业化施工公司和职能部门，采取强矩阵组织形式。公司与项目部、专业化施工公司签署年度经营考核责任书，项目部负责本项目的实施，专业化施工公司派驻项目的施工队服从项目部的指挥。图 4－2 是南核公司核电项目的三维矩阵管理结构。

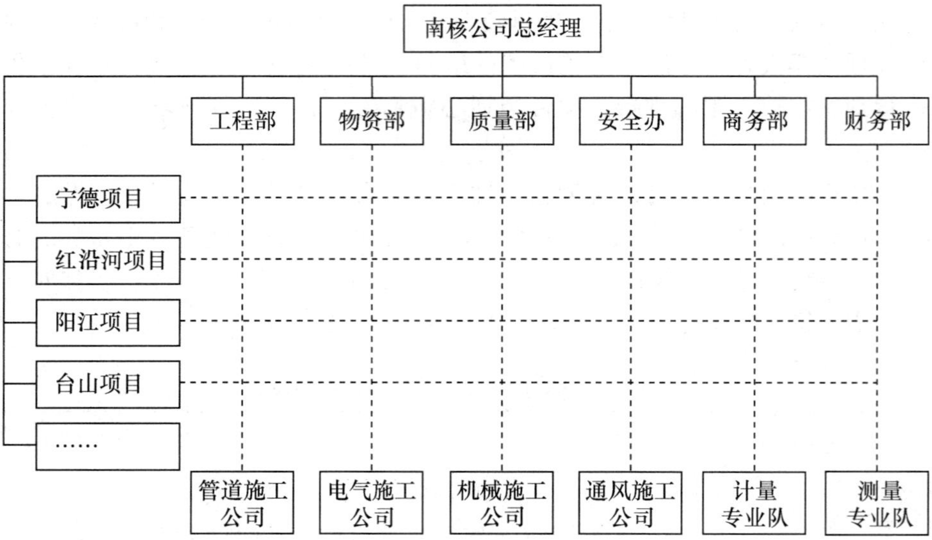

图 4－2　南核公司核电项目的三维矩阵管理结构

在每个项目部内建立标准化组织结构，见图 4－3。

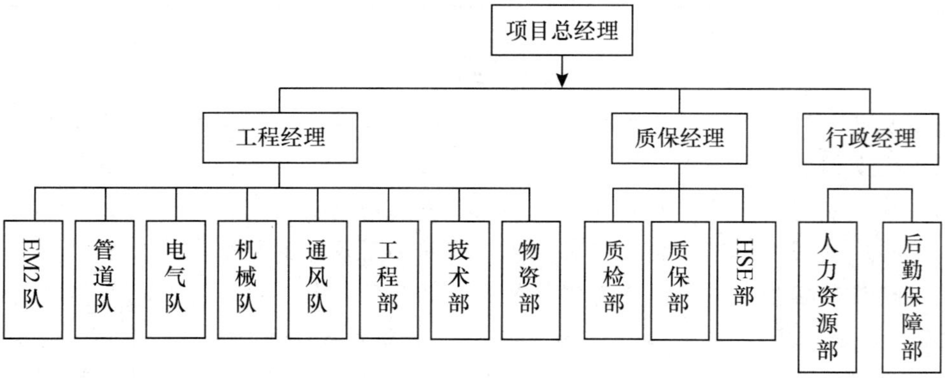

图 4－3　南核公司核电项目部标准化组织结构

南核公司负责建立多项目管控工作平台，包括协调工作制度和经验反馈系统，为项目提供全面的管理与支持。进行多项目资源管理，包括人力资源规划、动员、培养、选拔、调配及物质资源的统筹与调配等。负责建立标准化体系，重点是核电安装标准体系、标准化管理制度和标准化配套设施，编制标准化文件；受核电项目部委托进行大宗材料采购、技术工人培训；核电场外预制工作的进度、质量监控与技术支持等。

项目部是履行核岛安装施工合同的主体，在多项目监控工作平台的管理与支持下，对项目合同全面履行，承担现场施工的质量、安全、进度、成本控制责任。负责协调本项目的各方资源，包括专业化施工公司、合作伙伴等，按照多项目管理的需要，配合平台进行资源的总体调配，做好信息、经验、成果等资源的共享和反馈。

专业化施工公司与项目部签订施工协议，承担协议范围内的核岛预制、安装及调试服务。负责组建并管理专业施工队，同时接受项目工程指挥与协调。统筹考虑及实施项目专业施工人员及其他资源的组织、调配和转移，必要时报平台或项目部批准。

为支持多项目管理模式的实施，建立了多项目集中管理与支持信息平台，包括办公自动化、项目管理软件P3、语音视频系统、远程监控系统等，实现人、财、物和信息资源的有效共享及其在多项目间的高效流动，形成核电建设管理快速复制的能力并实现项目滚动发展的目标。经过2年多的多项目管理模式运作与完善，南核公司从2007年的3 400人扩张到2010年的12 000人，承包能力从2台机组提高到18台机组，公司业绩和行业声誉大幅度提高。

4.1.3　项目型组织

项目型组织是企业为每个项目配备专门的项目团队，团队成员集中在一起工作，它是企业中一个独立的团队，企业从直线部门中调配必要的资源，项目经理具有很大的自主权和对资源的控制权。项目团队可以根据项目特点制定内部管理制度，也可以使用母公司的管理与财务控制程序。在建筑、软件和咨询业，项目型组织是主要组织形式，甚至整个企业的设计就是为了支持一系列的项目团队。

项目型组织的成员可能来自企业内部调配或者外部招募，项目经理决定项目成员的工作安排与去留。如某汽车公司决定投资研发一款高能量密度锂离子电池，它能够让电动汽车的续航里程延长2倍。从研发中心和相关部门抽调结构工程师、材料工程师、工艺工程师、设计师、质量工程师等技术骨干成立了项目团队。项目经理负责编制项目计划，项目成员和其他资源由项目经理集中管理，其组织模式见图4-4。

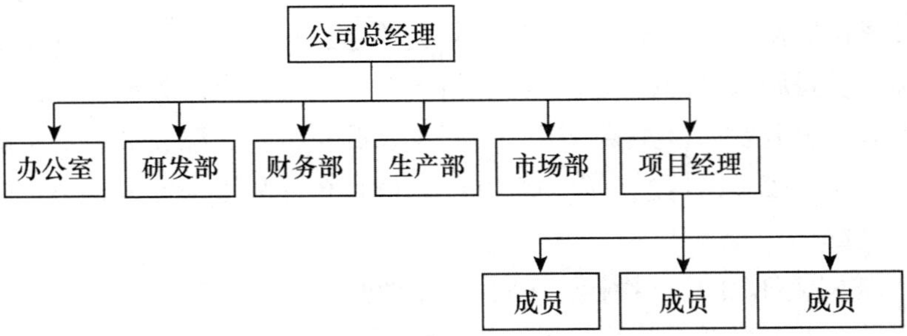

图4-4　项目型组织

项目型组织有以下几个优点：

(1) 有利于保证项目计划有效实施又不影响组织正常运营。项目团队的唯一使命是实现项目目标，每个人都了解项目并为同一个目标努力，把全部精力和时间投放在项目上，不需要考虑原来所在部门的事务。确保了项目组织拥有充足的项目资源，项目经理可以自主支配项目预算和专用资源，项目内部决策不受其他部门干扰。项目团队独立于其他部门，没有人员和业务的交叉及双重管理问题，不会对其他部门的正常运作产生影响或冲击企业的各种流程和制度，项目经理一般不会遭到部门经理的抵制。这种组织设计也有利于培养专门的项目管理人才，项目目标更容易实现。

（2）项目经理对项目全权负责。项目经理负责制定项目计划及组织实施，在大型复杂项目中，可能配备副经理和总工程师，根据项目经理授权承担一定的管理职能。项目执行中，如果需要做出人员调整、资源配置、采购决策和质量措施决策等，项目经理可以在分析各种信息的基础上，快速做出决定并执行。复杂项目中不确定因素很多，实施过程中需要应对的问题也很多，项目经理的权力到位很重要，如果每件事情都要请示企业高管，工期将受到极大影响。有些企业表面成立项目型组织，但项目经理的职权不到位，比如财务权受企业财务部门控制、资源配置权受直线部门控制。

（3）项目团队跨职能领域的集成水平很高，各专业之间合作紧密。参与项目的人员由项目经理安排工作，不同专业人员之间的沟通非常方便。比如新产品研发项目中，设计师为一个部件设计方案时，采购工程师和加工人员参与讨论，如果加工条件不足或原材料价格太高，设计师可以合理调整设计方案。实施管理信息系统时，数据采集是一项基础工作，采集人员必须与实施顾问沟通配合，根据业务流程和统计分析的需要，确定合理的数据采集模板及实施步骤，争取一次性采集就可以满足项目实施的要求。

（4）团队目标单一，项目推进速度快。对于每一名项目参与者来说，实现项目目标是大家共同的使命，尽管原来所在部门和分工有所不同，但当前都是为项目目标做贡献，他们不再承担项目组织外的任务。便于项目经理组织团队建设活动，增强员工参与项目的动机和凝聚力，促进项目计划有效执行。

项目型组织也有一些不足之处：

（1）成本较高，资源重复配置及规模经济丧失。组建与维持一定数量的项目团队需要花费较大成本。由于项目成员和其他资源固定在一个项目上，资源不能被多个项目共享，当类似的其他项目实施时，必须为项目团队配置同样的资源，企业需要雇用大量人员。比如，某工业鼓风机制造商与多家钢铁厂签订了交钥匙工程合同，每个合同都需要派出一个项目团队，岗位设置和人员配备大同小异。由于客户分布在全国各地，无法实现项目团队之间的人员共享，企业要为这些项目组分别配置人员和物质资源。员工数量随着项目数量增加而膨胀，在项目较多的情况下人力资源可以得到充分利用，当项目不足时就会出现人浮于事的巨大浪费。

（2）维持技术或知识的积累困难。项目的专业知识掌握在员工手中，一个项目完成后他们可能转到另一个项目或者流失。有些项目团队成员可能将项目而非企业看作服务对象，当项目完成时，部分成员不愿意在企业里工作而离职，带走了他们的专业知识，企业难以积累知识库。

（3）项目人员与母体组织的技术交流受到限制。从直线部门抽调的人员成为项目成员后就不再是原部门成员了，原部门没有义务对调出人员进行技术交流或指导。遇到技术困难时，只能凭借私人关系向原来的同事寻求帮助。

（4）项目结束时团队成员的工作安排问题。如果没有新项目需要他们，这些人的工作就成了问题。如果没有解决方案，会影响员工的积极性，他们会私下寻找工作机会，当被新单位录用时就会提出离职。

对于一个专业的项目团队，如何界定内部的职能、岗位、职权、责任、工作关系和汇报关系等，即项目组织内部设计，是一项重要的工作。在人员数量较少的项目中，如不到 10 人的小型软件开发项目，项目经理可以直接管理到每个人，为每个成员安排任务，检查工作进展状态，与每个人的关系都非常密切，容易开展团队建设，个人之间的非正式联系很灵活，小组冲突减少到最少，成员对项目团队的归属感和忠诚度很高。随着人员数量增加，项目经理无法管理到每个人，要成立多个业务小组或职能小组，组长负责为下属布置任务及检查落实情况，呈现出等级金字塔结构。当组织规模不大时，项目经理和各岗位的联系依然较为紧密，团队建设和个人激励水平较高。在大型项目中，可以根据团队人员数量、专业复杂性、项目目标等实际情况，在项目团队设计职能型组织、矩阵型组织或专业团队。

1. 内部职能型组织

在不确定性因素较少的大型项目中，可以设计若干职能型组织。如图 4－5 所示，该项目组织划分为三个部门，各包括若干业务小组，呈典型的金字塔形。项目经理离第一线较远，发生冲突的可能性增加，协作和整合在很大程度上依赖于项目成员之间的相互调整和非正式的水平小组。组织结构的复杂性和管理层级的数量受到以下因素的影响：组织单元的数量和规模、职能化的程度大小、每一层的控制范围、集权和分权的程度。随着项目规模逐渐变大，这种模式高效运作的困难越来越大。

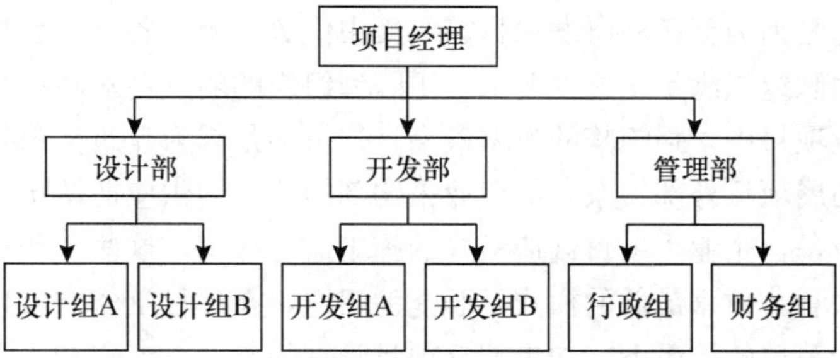

图 4－5　大型项目内部职能型设计

2. 内部矩阵型组织

图 4－6 是在图 4－5 职能型组织中加入了矩阵关系，项目被分成多个子项目，子项目

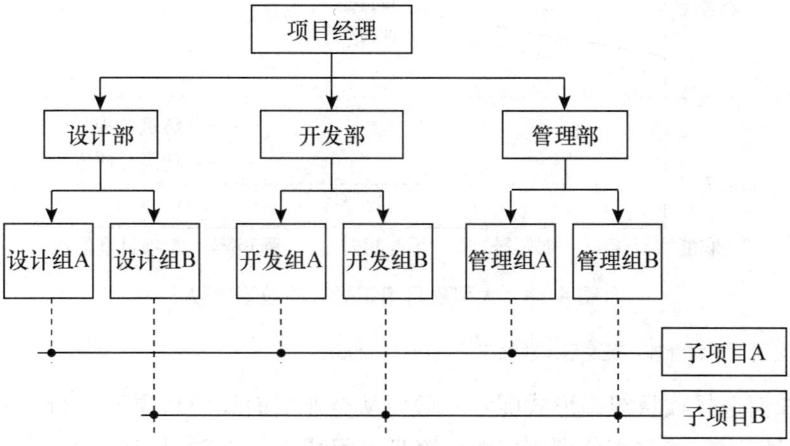

图 4－6　大型项目内部矩阵型设计

负责人整合来自各个业务小组的成员，协调他们完成子项目的工作。这样做可能会造成权力分散，但由于项目经理具有总体计划、行政和财务权力，项目不会失去控制。

3. 内部专业团队

大型项目组织为若干子项目配备经理和专业团队，即项目团队成员配置到每个子项目内，见图 4－7。为了保证项目目标的实现，应强化项目经理对子项目的总体管控能力，不因分权而导致项目实施效率下降。

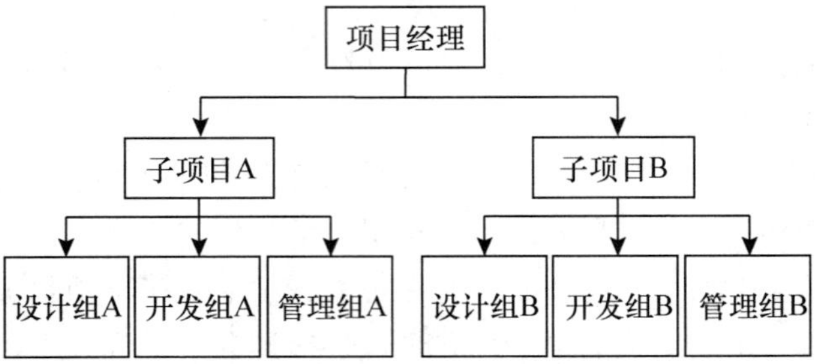

图 4－7　大规模项目内部专业团队型设计

如图 4－8 所示，不同项目管理结构的效率是有差异的，在新产品项目中，项目型组织的效率最高，这是因为新产品研发项目需要集中优势资源，各专业密切沟通，技术人员通力配合，项目团队组织满足了这些要求。矩阵型组织的弱点会对新产品研发项目产生极大威胁。在建筑业项目中，强矩阵的效率最高，这可能是因为建筑类项目需要借助于企业职能部门平台和拓展项目外部关系，如企业采购部门建立的供应商队伍，为项目部提供优势价格的材料和设备，企业为项目创造良好的施工监管环境，这些工作仅在项目层面做投入会很大。整体来看，效率最低的模式是职能型组织，在项目工作占整体业务比例较小的企业，或项目比较简单的情况下，如果缺乏项目管理的制度、流程和人员，可以采取职能型组织或把项目外包出去。

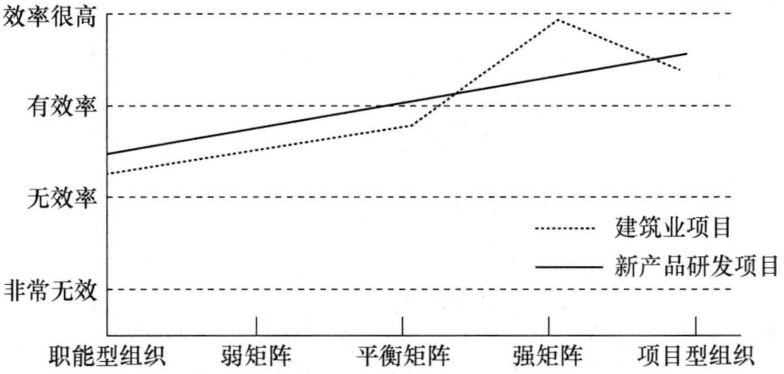

图 4－8　大型项目组织形式的效率比较

资料来源：宾图．项目管理：英文版．机械工业出版社，2007.

企业应如何选择项目组织形式呢？一般要从企业层面和项目层面进行分析，组织形式既要保证项目完成，也要充分利用资源，降低项目成本。在项目启动时应正式宣布，明确各个岗位的职责与汇报关系。

从企业组织层面来看，首先，判断项目管理对于组织成功的重要性，企业核心工作多大比例涉及项目。如通信产品制造商，由于产品升级换代频繁，不断地实施新产品研发项目。建筑企业通过承包项目获得收入，如果不能很好地为客户实现项目目标，企业就得不到发展，项目管理对于这些项目驱动型的企业极为重要。这些企业项目管理流程比较完善，形成了适应项目管理的企业文化，应首选项目型组织或强矩阵形式。有些行业项目甚少，企业竞争能力体现在运营管理而非项目管理方面，缺乏项目管理的制度体系和能力，如果实施少量的项目可以外包。一般而言，如果企业75%以上的核心工作涉及项目，应采取项目型组织形式；如果组织既有标准产品又有项目，矩阵型组织可能更合适；如果组织很少有项目，最好采取非正式的项目结构或者外包。

其次，分析企业资源的数量、有效性和可用性。项目型组织存在资源重复配置和浪费的现象，如果企业没有足够的资源和关键人员，采取矩阵型组织比较合适。或者建立专业的项目团队，将缺乏内部资源的任务外包，充分利用外部的专业力量。

最后，分析组织要做出多大程度的变革及面临多大的阻力。如果企业是一个生产型的组织，缺乏项目管理的文化、制度、流程和人员，矩阵型组织可能会引起极大的冲击，既冲击了各个部门正常的业务，也无法保证项目的完成。项目型组织对现有的部门不会造成冲击，可以考虑采纳。应指出的是，建立项目团队的运行规则不是一蹴而就的，如果可能因制度缺乏导致项目受到重大影响，则应该采取项目外包的做法，而不是自己盲目实施。

从项目层面来看，为了顺利完成项目，项目团队需要拥有多大的权力和自主性？如果必须具备独立运作的权力，应选择项目型组织。如企业实施业务流程再造项目，需要各个部门参与和配合，可以采取矩阵型组织。而研发一款无人驾驶汽车，最好建立一个项目型组织。

霍布斯（Hobbs）提出建立项目管理结构需考虑的七个因素：项目规模大小、项目对企业战略的重要性、项目的新颖程度与创新要求、项目在多个部门或专业之间进行集成的要求大小、环境复杂性（多个外部界面）、预算和时间的紧张程度、项目所需各类资源的稳定性。每个因素的程度越高，表明项目团队需要拥有的自主性和权力越大，应采用专业的项目团队或强矩阵组织。

4.1.4 项目管理办公室

项目管理办公室（project management office，PMO）是负责对所辖项目进行集中协调管理的部门，是一个促进资源、方法论、工具和技术共享的组织部门。其职责范围可大可小，从提供项目管理支持到直接管理一个或多个项目。在许多企业中，项目管理办公室是协助项目经理完成项目目标的独立组织实体或部门，在重大的项目管理事务方面提供专业知识，如进度计划编制、资源分配、过程监控等。很多企业高级经理逐渐认识到，项目管理办公室对高级经理及基层都是无价之宝。

项目管理办公室可以设置在不同层次，其具体形式、职能和结构取决于组织的需要。设置在企业层，可以对整个企业的项目提供支持，实现项目管理经验在企业各个项目间的共享，最优化企业资源配置，建立企业项目管理信息库。在大型项目或者缺乏企业级 PMO 时，可以在项目层设置 PMO，为该项目经理提供直接的支持，承担部分管理职责，使项目经理将更多精力投入决策、领导和协调工作。

项目管理办公室有以下三种定位：

1. 指令型

指令型 PMO 直接管理和控制项目，是项目跟踪和监督工具，对项目的现状给予密切关注，并直接影响或者控制项目。比如：项目的进展如何？项目进度偏离原计划多少？完成了哪些关键里程碑事件？到目前为止对项目投入了多少资金？有没有出现预算预警信号？项目主要风险情况如何？是否已根据需要更新了应急计划？PMO 根据分析结果向项目团队下达命令。为了发挥指令作用，组织应给予 PMO 足够的地位，赋予 PMO 控制项目经理及为他们指派任务的权力。

2. 控制型

控制型 PMO 不仅提供支持，而且通过各种手段要求项目服从。如要求使用特定的模板、工具和格式。控制型 PMO 有以下几个功能：一是建立管理项目的标准，为所有项目管理活动建立统一的方法体系，包括历时估算、预算、风险管理、范围建立等。二是引导项目管理者遵循标准，在整个项目生命周期内提供内部咨询专家和项目专家，帮助项目经理满足这些标准。三是执行标准。PMO 可以运用奖惩权力推行这些标准。四是改进现有项目管理流程和标准。当项目绩效提高到新水平时，PMO 也应该开始对新标准进行摸索。

3. 支持型

支持型 PMO 担任顾问角色，向项目提供模板、培训、其他项目的信息和经验教训等，就是一个项目资源库。启动新项目后，如果项目经理及其团队拥有的实际知识与期望值有很大差距，PMO 可以进行相关培训。PMO 充当知识库，储存所有获取的经验、项目文档以及相关项目的跟踪记录，使所有项目经理能迅速获得这些资料，而无须在整个组织中盲目寻找。PMO 是项目管理流程改进的中心，它将改进后的流程传播给其他部门。

使用 PMO 的优点是：

- 企业运作更加标准化。
- 企业不再是个人决策主义，减少企业的独裁者。
- 更好的企业能力计划（如资源配置）。
- 更有效率和效益地运作。
- 减少会议，节约执行者的时间。
- 更注重项目任务之间的优先级。

PMO 与项目经理的目标和任务不同。项目经理关注特定的项目目标；PMO 管理项目群范围变更以促进业务目标的实现。项目经理控制分配给本项目的资源，以更好地实现项目目标；PMO 负责优化利用所有项目共享的全部组织资源。项目经理管理单个项目的制约因素（范围、进度、成本和质量等）；PMO 从企业层面管理方法论、标准、整体风险/机会、测量指标和项目间依赖关系。

虽然 PMO 概念被许多企业接受，但也有人对它进行批评。一种观点认为将所有项目管理专业知识都集中到 PMO 是错误的，如同将所有鸡蛋都放在一个篮子里，PMO 阻碍了技能在组织各部门间自然地非正式地传播。另一种观点认为 PMO 很容易成为一个官僚部门，不仅没有支持项目团队，反而因为追求更多的控制职能而阻碍项目，成为跨组织沟通流程的瓶颈，特别是母公司和项目客户之间的沟通。

发达国家在使用 PMO 方面积累了比较成熟的经验，在职能定位和内部岗位设计方面的规范化和标准化程度较高，表 4－2 是一种典型的 PMO 组织结构与各个岗位的职责安排。PMO 的主要职责包括以下几个方面：建立和管理公司统一的项目管理体系和技术规范，为项目团队提供项目管理和技术规范的培训和咨询，在项目管理技术和工具方面提供帮助（如创建 WBS、风险识别和分析），项目立项和收尾时出具项目绩效数据，组织新产品外部鉴定，建立和管理项目资源数据库。

表 4－2 某 PMO 的岗位职责

岗位	主要职责
主任	向业务单位领导和管理委员会负责，是经营管理层与 PMO 的主要接口，负责建立项目管理策略，保证加快项目进度和增加按时完工项目的数量
综合管理经理	负责控制项目进度，分析可交付物的进展，负责项目进展报告
交付顾问	在项目经理遇到难题时，传授经验、理论知识，施救处于困境的项目
工具顾问	当项目需要使用某些管理工具时，及时提供支持
数据管理员	从项目管理团队采集所有正在实施的项目的数据和报告，提供项目有关报告的信息支持
资源分析师	项目资源的分配与使用，对资源利用率和分配情况进行审核，为项目和资源数据建立信息库
财务分析师	提供年度、季度、月、日的项目费用信息报告，发现已经超额的项目预算，进行预算管理
方法论专家	为项目成员提供指导和建议，降低项目交付的风险

4.2 项目经理

项目经理是组织委派率领项目团队实现项目目标的负责人，在企业实施的项目中，项目经理的称谓较为通用。有些项目负责人没有项目经理头衔，但实际上扮演着项目经理角色，如高校和科研院所承担科技攻关项目的负责人，一般称为课题组长。

4.2.1 项目经理的职责

项目往往在充满不确定性的环境中实施，项目经理要努力创造良好的环境、做出正确的决策、整合各种资源、调动各种因素和干系人的力量，项目经理的能力和责任心影响着项目成败。在专业项目团队中，项目经理扮演着微型 CEO 角色，既要管理技术也要管理人员，既要负责编制详细的实施计划，又要协调复杂的干系人关系，担任着计划者、组织者、领导者、控制者和利益协调者多种角色。

项目经理的任命形式有多种：通过项目章程授予项目经理使用企业资源的权力；通过

正式任命文件、签订项目合同书等方式确定项目经理的职责与权限。例如，大唐电信的产品决策委员会通过产品开发项目决策后，将项目任务书下达给开发团队负责人，明确项目目标、产品主要需求、目标客户群、竞争对手情况、产品质量目标，任命产品开发团队负责人和核心成员。开发团队负责人接受任务书，即代表承诺接受新产品要求及全面负责该项目，对项目成败负责。

项目经理接受任命后，就要承担起率领全体成员实现项目目标的全部责任，一般包含以下内容：

- 在资源、时间、成本及技术约束下实现项目目标。
- 实现项目利润目标。
- 做出必需的决策。
- 进行有效的计划管理。
- 协调各方项目干系人的关系。
- 防范与控制项目风险。
- 保持项目团队相对稳定。
- 尽可能解决所有冲突。
- 为完成必需的工作进行各种谈判。

根据职责与权力对等的原则，公司必须授予项目经理相应的权力，包括项目成员管理、项目计划制定、技术质量管理、设备和物资采购、项目资源配置等，拥有这些权力才能保证履行职责。项目经理要尽快明确自己的权力和责任，了解项目过程中会受到哪些约束。

项目经理应该明白权力的使用应非常慎重。项目经理通常可以使用影响力和权力两种力量。影响力让项目成员感到做某事是对的，应该去做。权力让项目成员感到做某事是没有选择余地的，必须去做。权力的使用对项目成员的影响要强烈些，可以取得立竿见影的效果，但也容易让项目成员产生逆反心理，扼杀项目成员创新的积极性。

科兹纳认为项目经理的授权范围应该大于承担的职责，实际授权大小要与项目经理承担的风险大小相关，风险越大授权就越大。甘愿冒风险意味着愿意追寻机会，机会越大所需要的授权也越大。权力不足是不合理的，有些企业为项目经理赋予了重大责任和义务，但没有给予相应的权力。如工程项目采购成本占项目总成本的比重很大，公司为了统一使用或控制资金流，往往采取集中采购方式，主要材料与设备的采购权控制在公司采购部门，只把辅助材料采购权下放给项目团队，容易造成采购与实施之间的脱节。

案例 4-2

M 公司项目经理的责权利

项目经理是由 M 公司授权的工程总承包项目负责人，对项目实施计划、组织领导、控制以及项目的质量、工程技术、防火防盗、施工安全、工程进度、成本费用和项目利润全权负责。

项目经理的具体职责包括：代表公司负责工程总承包项目管理的组织实施并实现所规

定的项目目标；完成《项目管理目标责任书》规定的任务，负责编制项目管理总体工作计划和实施规划；组织、策划、协调、控制项目实施的全过程；负责项目的行政办公、生活保障和综合治理工作；负责项目的合同收尾和管理收尾的组织工作；严格执行国家施工质量验收评定标准，根据设计图纸、施工组织设计、施工规范和专项施工方案组织项目的施工，有效控制项目的施工进度、工期、成本费用支出、质量等。

项目经理的具体权限有：参加项目的投标、招标以及合同的签订；在授权范围内行使管理权；根据授权筹建项目部；设立相关组织机构，确定项目部成员及相应职责；参与对合作单位的选择；在权限范围内使用公司的有关资源；主持项目部的工作，组织制定项目的各项管理制度；制定项目部内部计酬和惩罚方法；根据企业法人授权，协调处理与项目有关的各项事宜；等等。

项目经理的利益是按照公司的相关薪酬制度获得保底工资，按《项目目标责任承包协议》和《项目管理目标责任书》规定获得奖励，评优表彰等。

在任何项目中，项目经理上任后都必须尽快完成以下几项工作。

一是了解项目背景信息，建立客户关系。识别哪些个体和组织是项目干系人、对项目有哪些影响，查阅公司是否有类似项目的记录，尽快组织项目团队全面挖掘和收集项目信息。对于从客户那里投标获得的项目，项目经理应与销售部门充分沟通，了解销售人员给客户做了哪些书面的或口头的承诺，认真研究与客户签订的合同。评估工期要求和付款条件对项目进度、人力投入和成本可能产生哪些风险或影响。掌握合同中关于产品的技术质量要求，使最终交付产品必须达到这些要求。项目经理迅速与客户建立联系，借助市场人员尽可能地掌握客户信息，做到知己知彼，百战不殆。同时，向客户展示项目经理和团队的经验与能力，帮助他们树立项目成功的信心。

二是确定项目目标。目标不明确就像开车没有方向盘，轮船在暗礁区夜航没有灯塔。项目经理应尽快分析项目定义是否清晰，是否将目标传达给了必要的项目干系人，项目干系人对目标是否一致认同。围绕项目目标将项目分为若干阶段，设定每个阶段的目标和里程碑，以便在每一阶段结束时检查，进一步判断是继续实施还是采取什么补救措施，或者终止项目。

三是熟悉各种管理和技术规范。项目团队的运行受制于公司管理制度和规范，包括财务、人力资源管理、质量管理、项目管理和技术管理等规范。项目管理规范提供了方法和工具，指导如何管理和控制项目，如何发现、分析和解决问题；项目实施规范指导成员如何实施；技术规范提供项目实施中需要的技术。项目开始前就要清楚涉及哪些规范，并与项目考核者进行沟通。

四是评估团队的能力。项目经理要具有基本的管理知识与技能、分析和解决问题的能力，要懂得项目相关的技术，经历过项目管理训练。如果项目经理在这些方面有欠缺，应采取措施弥补不足，如在项目管理层配备专业互补的成员。了解团队成员的经验、技能及其在项目中可以工作多长时间。尽早为每个人界定任务和职责，确定谁做什么和谁决定什么。与团队成员进行必要的沟通，鼓舞士气。尽量利用客户可以提供的资源，如为项目试运行提供硬件环境和人员配合。

五是制定项目计划。充分考虑项目参与各方的实际情况，分析项目的约束条件和风险，对项目计划中的任务安排给予清晰的描述，保证项目计划的合理性与可执行性。一般来讲，项目早期很难制定出详细的全部计划，项目计划应滚动展开，先制定总体计划，根据由近而远的原则，始终保持当前阶段的计划是详细可行的。项目计划制定出来后，项目经理必须与各方沟通并取得共识，通过正式的评审环节进行适当的修改，以保证项目计划的可操作性并减少执行过程中的阻力。

为了履行项目经理的职责，无论项目规模大小，安排全职的项目经理有利于项目目标实现。以下情况中，项目经理是兼职的，可以看出兼职项目经理有其难以规避的弊端。

（1）直线经理兼任项目经理。有些企业根据项目时间长短或投资大小决定是否采取兼职项目经理形式，它们可能为小项目安排兼职项目经理，为大项目安排专职经理，其实，这是错误的做法。当直线经理兼任项目经理时，如果项目利益与部门利益产生冲突，项目往往会遭殃。如某集团实施人力资源信息系统，项目经理由人力资源部经理兼任，他大多数时间花在部门工作上，项目副经理由信息中心主任全职担任，从各个部门抽调的项目成员也是全职。当项目冲突尖锐或者实施方案争执不下时，项目经理才到现场做一下调解。

（2）一个项目经理管理多个项目。当几个项目相互联系或具有相似性时常常见到这样的安排，如果项目的优先级差异很大，排名靠后的项目就得不到重视，资源有可能被抽调到优先级高的项目上，造成项目之间的资源分配不均。如某工业鼓风机制造企业为客户实施工程总承包业务，项目经理负责若干个合同的履行，为设计部、制造部和实施部等安排任务，并负责业务协调、监督和检查。当实施部门资源紧张时，项目经理根据自己对管辖项目重要性的认识安排实施顺序。

（3）项目经理由部门经理代任。有些项目技术含量高，可以由一个部门来完成，此时，部门经理常常兼任项目经理。如设计院承担一项设计任务，交给设计一部完成，该部门经理兼任设计项目经理。这样的做法很普遍但问题也很多，项目经理与公司对项目优先级的认识可能存在偏差，项目经理可能向公司优先级差的某个项目投入充足的资源，而拖延了公司重要的项目。

（4）高层管理者担任项目经理。有些企业为了提高对项目的重视程度，便于调动资源，由高层管理者如总经理担任项目经理，这其实是最坏的情况。总经理有权把最好的资源安排到其主管的项目，但他不能全身心地投入到项目中，不一定能做出正确的项目决策。由于总经理高高在上的身份，他的观点和计划提出后，项目成员不便提出质疑和反驳，内部讨论变得无效或低效。

4.2.2 项目经理的胜任力

项目经理为了完成职责不仅需要组织正式赋予的权力，也需要具备良好的素质和过硬的技能。在大型项目中，项目经理面临更多挑战，需要具有多方面的技能，以调动内外部资源，整合各种影响项目组织的力量，建立一支高效的团队，创造项目实施的工作环境。

由于项目特点差异很大，项目经理应具备的素质与技能也不会完全相同，很难给出一个标准。拉塞尔（Russell，1976）曾提出一个项目经理能力素质模型：应变能力与适应能力，出色的创新能力和领导才能，有进取心，自信，有说服力，口头表达能力强，有抱负，积极主动，有威信，谈判及沟通能力强，沉着，有同情心、想象力和自觉性，兴趣广泛，善于平衡项目时间、成本和人力因素等技术问题，具备高度的组织性和纪律性，是通才而非专才，愿意在计划编制和控制上投入大量精力，能够及时发现问题，善于决策，能够平衡时间。科兹纳（Kerzner，2006）认为上述要求太理想化，具有上述品质和技能的七八成就不错了。

PMI 提出项目经理应在项目管理、战略与商务及领导力三种技能上取得平衡。

1. 项目管理技能

项目管理技能指有效运用项目管理知识实现项目预期成果的能力。项目管理离不开数字、模板、图表、计算机系统等方面的知识和工作，项目经理无须掌握项目所需全部专业技术知识，但他必须了解这些技术，否则无法预测项目决策的结果。项目经理经常依赖专家判断来有效开展工作。优秀的项目经理重点关注项目成功的关键要素、进度计划、财务报告和问题日志，为项目选择管理工具、技术和方法，制定完整的项目计划并谨慎排定优先顺序，管理项目进度、成本、资源和风险等要素。

大型项目所需要的专业技能和管理知识是多方面的，如三峡工程涉及航运、发电、坝体工程建筑、移民、文物搬迁、泥沙治理、地质灾害等专业领域，一座房子的建设涉及建筑、水暖、电气、通信等专业知识。新产品研发项目是智力密集型项目，如果项目经理是资深技术人员，有利于做出准确的决策，要是能够与团队成员有效地沟通，很容易树立起项目经理的权威。纯粹靠管理技巧或专业技术知识管理大型项目的时代已经结束了。

项目计划是项目整个过程中的指导性文件，是项目成功的基础。编制有效的项目计划需要项目经理具有沟通与信息处理技能，确定项目实际资源需求和必要的行政支持，在很少或缺乏正式权力的情况下，需要与企业核心人员如直线经理谈判取得必要的资源并获得他们的承诺。项目实施是动态变化的过程，项目范围可能会发生调整，项目计划必须及时做出修改，经过评审后发布执行。

当然，不同类型的项目在计划、协调与控制方面的工作量不是平均分配的，需要的项目经理的能力也不同。如企业新产品研发项目，主要工作是编制项目计划、给予成员技术指导和对项目实施控制，项目经理懂得专业技术很重要。工程项目涉及复杂的外部关系，如在市内建设一座立交桥，与政府部门、业务协作单位、周边干系人等协调工作量很大，项目经理大约50%～70%的精力花在协调工作上，以便创造宽松的项目工作环境，这类项目的负责人要具有高超的协调能力。

项目经理必须了解公司操作程序和可用的管理工具，熟练掌握计划编制、人员配置、预算控制、进度计划与控制技能。大项目的行政事务琐碎繁杂，项目经理很少能掌握全部的行政管理技能，也不能把大量精力花费在日常事务上，通常把一部分行政事务分派出去或者安排专职行政人员。项目经理常用的行政管理工具是会议、报告、评审、预算与进度控制，必须熟悉和有效使用这些方法和工具。

大项目所需要的资源种类、数量、质量和规格很复杂，能否按照进度要求及时到位不仅影响项目进度也影响成本。项目经理应在项目进度计划基础上，充分考虑资源约束性和其他项目的竞争性，编制出详细的资源配置计划。项目经理经常遇到资源供应变化的压力，如 A 项目原计划第 7 周使用某种设备，设备部门第 5 周通知可以发货到项目，如果不要的话将被调到 B 项目，且不能保证第 7 周还能调过来。此时，项目经理就要判断是提前接受设备并调整进度计划，还是坚持原来的计划冒设备缺位的风险。

2. 战略与商务技能

战略与商务技能是纵览组织目标，并协商和执行有利于战略调整和创新的决策和行动的能力，及发展和运用相关的产品和行业的专业知识。优秀的项目经理要树立大局观念，不仅追求项目的利润目标，更要站在全局高度，综合考虑客户满意度、市场声誉、竞争优势、对其他项目减少干扰等。主动考虑这些问题是普通项目经理与优秀项目经理的重要区别。项目经理应了解项目与组织间的关系，确定哪些战略和商业因素对项目造成影响。这些因素包括风险和问题、财务影响、成本效益分析、商业价值、效益预期实现情况和战略、范围、预算、进度和质量等。项目经理应掌握足够的业务知识，以便向其他人解释项目的商业信息、合作制定项目交付的最佳决策、以项目商业价值最大化的方式执行策略。这项技能可能涉及其他职能部门的工作知识。

3. 领导力技能

领导力技能是指导、激励和带领团队的能力，包括协商、抗压、沟通、解决问题、批判性思考和人际关系技能等。项目经理应具备在松散环境下领导团队的能力，在缺乏正式权力的情况下能够与直线经理有效交往，支持下属的工作；有效处理项目中的各类信息，获取决策所需的数据；整合个人需求、要求和限制条件，使决策有利于整个项目的实施；能够处理群体冲突。项目经理就像一个交响乐队的指挥，虽然不必掌握每种乐器，但应具备音乐知识、理解能力和经验，通过沟通，领导乐队并进行规划和协调，采用乐谱和排练计划作为书面沟通形式，并通过指挥棒和肢体语言与团队实时沟通。

领导力技能具体包括：

（1）团队组建技能。项目经理必须明白项目任务是由项目团队成员完成的，没有一支高效的项目团队，项目无法成功走到终点。项目经理必须设计一个适合本项目特点的内部结构，确定工作小组和岗位设置，并为之配备合适的人员。项目经理应对自己和团队的优势和不足有充分的了解，懂得如何使员工更有效率，知道自己权力的范围，清楚自己与他人的关系，明白什么有助于完成任务，了解自己的不足在什么情况下会发生，能够感觉到上司对他们的信任、欣赏及对成功的期待。项目所需人力资源分布在各个职能部门和业务部门，部门经理肯定不愿意优秀的下属调走，否则部门目标就无法实现了，因此，项目经理必须向部门经理游说，并请分管项目的高层经理出面协调，才可能组建起项目团队的核心。项目所需的基层员工可能要面向市场招募。很多技术专家缺乏沟通能力和人际能力，不适合放在项目经理位置上。

（2）解决冲突技能。项目中经常出现各类冲突，良性冲突能够激发创造性、发现新方法、形成新方案，恶性冲突常导致决策质量低下、问题拖延、互相拆台、工作产出下降。

项目经理必须判断冲突可能出现在哪个环节，带来的影响是积极的还是消极的，提出冲突化解方法，适时采取干预措施。项目经理要提升自我管理和自我意识等内在素质及外在能力，提高自己和团队的情商或情绪管理能力，这有助于提高团队效率，降低成员离职率。

可以从多个方面入手来减少冲突风险。一是建立成员参与决策机制，让成员参与不同层次的计划或流程的制定，减少他们在执行阶段的阻力。二是项目经理与各层面人员进行有效沟通，包括发布决策信息、工作授权、谈判、项目报告等，很多公司的项目经理把大量时间花在和团队成员的内部沟通上。正式沟通的成本可能很高，大多数项目经理喜欢口头的、非正式的沟通。如工期紧张的项目，每日下班前召开进度状态会议，及时发现问题并提出解决对策。三是根据冲突产生的原因启动应急计划，避免冲突的发生或解决冲突。

（3）组织技能。大型项目往往需要多个组织和来源的人员参与，项目经理必须懂得如何把他们有机整合起来。项目启动阶段，必须确定项目组织内的汇报关系、职能小组和岗位的职责、直线控制关系、所需信息、沟通渠道等，把项目的目标分解到每个职能组，并给予管理上的支持。

（4）获取支持技能。每一个项目都需要其他组织或部门的支持，有的组织是竞争对手，有的组织由于利益受损而成为项目的阻挠者。项目经理必须了解各个层面组织的立场和作用，争取它们的支持。项目组织可以说是一个由不同兴趣和做事风格的人员组成的分权体系，如果没有实力派高层领导为项目“撑腰”，有些组织的支持只会停留在口头上。项目经理能否取得高层领导的支持受多种因素影响，如项目经理是否被长期留任，临时性的项目经理不容易得到支持；还有项目的优先级，如果项目在企业里重要性排名第一，领导很难不支持。

一个人的项目管理能力不是一朝一夕形成的，需要经历一个培养过程，以下途径可供参考：

（1）通过参加项目获得直接的经验。“纸上得来终觉浅，绝知此事要躬行”，通过项目锻炼提升管理能力是广泛采用的有效方式。安排刚毕业的大学生到项目中工作，为后备项目管理人员在项目中安排适当的职位，让他们承担一定的责任，授予部分决策权，锻炼其协调和控制能力。让项目经理候选人在其他项目中担任副经理，承担更多责任和磨炼，为担任项目经理职务打下基础。

（2）接受在职培训，提高操作技能。培训是短期内补充、更新管理知识与技能的便捷途径，可以纠正自己片面的认识和做法，掌握科学的项目管理工具，提升管理水平。到大学里接受正式教育的机会越来越多，很多大学提供项目管理专业的工程硕士学位教育，不需要脱产就可以攻读。

（3）加入项目管理专业团体，如项目管理协会、研究会、沙龙等，这些机构中的人员多是项目管理的实践者或理论研究者，取长补短有助于提高管理技能。向优秀的项目经理请教也是好办法，他们身经百战，有丰富的经验和教训，虚心向他们请教可以少犯错误，少走弯路。尤其是在陌生领域实施项目时，有经验人士的点拨具有极其重要的作用。

（4）阅读是获取知识的一个永远有效的方式，阅读对象不限于纸质的书籍和杂志，也包括专业网站，当然，要对海量的项目管理知识加以取舍。

4.2.3 项目经理的选拔

每一个项目经理岗位都要有工作说明书和任职资格描述文件，选择项目经理应以满足岗位胜任条件为准，分析候选人是否具备所需的经验、素质、能力和综合条件，进而做出能否任命的判断。项目管理办公室掌握具有项目经理任职资格的内部人选，知道谁有项目管理的经验和所需的证书。但在确定人选前，必须与候选人做正式的沟通，了解他对担任项目经理的看法，同时要考虑身体健康状况和家庭负担。如某通信设备供应商在沙特阿拉伯中标了一个合同，必须考虑候选人是否存在家庭困难，如候选人正在筹备婚礼、孩子面临升学考试、老人需要照顾等，就不适合外派。

在选择项目经理时可能会犯以下错误：

（1）因为成熟而任命。一些企业认为头发花白是成熟的标志，但对项目管理者来说，只要在多个项目中担任过管理职位就算是成熟了。在互联网、通信、人工智能、大数据等行业，很多年轻人表现出了优秀的管理能力。而中老年人承受高强度工作压力的身体条件不足，学习能力下降，思想有些保守，他们可能要求使用传统管理方法和工具，往往排斥新的管理思想和模式。

（2）因有多个职能部门工作经历而任命。在多个部门工作过不能保证胜任项目经理岗位，如果在每个部门都没干出业绩，放到项目经理位置上会带来很多危害。也有人主张在任命一个人担任项目经理前，安排其在其他岗位上做一下轮岗培训，多接触一些相关业务，弄清楚项目与各个部门的联系，这是不错的建议，但最好的培训还是项目经历。

（3）迎合客户要求而任命。如项目承包商在投标过程中与客户多次沟通，张三经理表现出色，给客户留下良好印象，客户提出让张三担任项目经理。承包商也许有更合适的项目经理人选，但为了满足客户要求做出了妥协，这样做并不能保证项目成功。

（4）为了锻炼人而任命。为了让一名后备干部增加项目管理经验，或者为了提拔一个人而安排其担任项目经理，是很危险的事情，结果往往是成就了一个人而毁了整个项目。也有可能直线人员到项目中工作一段时间后，喜欢上了项目工作而不愿意返回原来的部门。

（5）因为有技术专长而任命。企业往往会提升技术经理为项目经理，但由于技术专家一般无法脱离技术专长成为真正意义上的项目经理，他们通常以专家的身份参与项目。当然，这不是否定技术专家出任项目经理的可能性，如果他们具有管理者的基本素质，也愿意接受管理培训，与同事关系良好，能促进团队合作，可以提拔为项目经理。

技术专家担任项目经理有很多局限性，李维斯（Lewis）统计发现，由技术专家走上管理岗位的人员中，70％仍然是技术人员心态，很多技术人员愿意成为管理者，但大多数并不愿意真正去做管理工作。技术人员要成为一个真正合格的项目经理，需要完成以下 6 个方面的转变。

- 从关注技术转向关注拥有技术的人。项目要依靠全体成员的努力来完成，而非项目经理单打独斗。项目经理一定要转变观念，把自己从一名战士转变为指挥员，从具体的技术工作中解脱出来，通过调动全体成员的积极性来完成项目。好的项目经理愿意且能够发现自己的不足，并知道该在什么时候去寻求别人的帮助。

- 从理性分析转向感性分析和理性分析相结合。技术工作是理性的、定量的、逻辑性强的工作，需要运用数量模型、公式、实验、测量、逻辑推导等工具和方法，每一个步骤都经过缜密分析，这样的工作使技术人员养成理性思考与解决问题的习惯。但是，管理工作是艺术性和科学性的统一，管理主要是与人打交道而非简单地与财、物打交道，项目干系人的利益与关系是复杂的，项目的冲突与风险多种多样，这些工作并非可以用某种公式、定理来解决，需要高超的管理艺术。
- 在最优决策与合理决策之间做出取舍。项目管理方案没有绝对的对错之别，只有是否合理有效之分。理论上，如果给予无限的时间和资源，或许能够寻找出最佳方案，但项目受工期约束，项目经理必须在短时间内做出决策，也许时过境迁发现还有其他更好的方案。或者面对最优方案和次优方案，受项目成本和时间等因素限制，只能选择次优方案，这与技术人员追求精益求精是不同的。
- 从做感兴趣的事转向做该做的事。威尔曼和西赛罗（Wilemon & Cicero，1970）认为项目经理的专业技术知识越多，就越可能卷入项目的技术细节中去；项目经理分配技术任务的困难越大，就越可能过多地卷入技术细节中去；项目经理对技术细节兴趣越大，就越可能将自己看作技术专家；项目经理的专业技术知识越少，就越可能强调非技术的管理职能。技术人员担任项目经理后，首先要认识到岗位职责是什么，然后摆正自己的位置，调整工作重心，把技术工作安排给技术副经理或总工程师，把自己的精力放在管理工作上。
- 由着眼于项目工作转向着眼于项目的商业价值。项目以目标为导向而非以过程、技术或活动为导向，这里的目标包括质量、进度和成本，项目经理应在几个目标之间取得平衡，企业投资项目开发与实施是一个商业行为，必须关注项目为组织带来的商业价值。比尔·盖茨曾说，“技术的唯一目的是赚钱”，如果没有利益驱动，微软公司不会纯粹为了技术领先而投入重金研发更先进的操作系统。
- 由技术权威转变为管理能手。高效的管理依赖于严谨的计划、完善的管理制度和工作流程，以及协调与控制工作等，单靠技术权威来管理项目是很危险的。项目经理应使用企业的或自建符合项目特点的各项制度，带领核心成员编制项目计划，这些工作恰恰是技术出身的项目经理所不擅长的。技术人员应明白一个道理，专业分工越来越细的今天，在多领域专业技术合作的大项目中，没有包打天下的“全能冠军”。项目经理不要因自己是某一个专业领域的能手就介入该专业领域的技术细节，而要善于从项目管理的角度出发做自己该做的事情，也就是做正确的事情。

因此，如果项目经理是某一方面的技术专家，不一定是件值得庆幸的事，他一旦混淆了项目经理和技术专家的角色，越位到技术方面，将会顾此失彼，为项目埋下失败的种子。应记住，他在项目中的身份是管理者，而不是技术实现者。

4.3　项目团队

团队成员指承担特定角色和职责的个人，他们具备不同的技能，可能是全职或兼职的，为实现项目目标而共同努力。在项目实施期间，人员数量随着项目进展不断地增加或减少。项目团队管理的主要工作有三个：一是确定项目需要什么人，需求数量和能力要求是什么。回答这个问题的输出是编制人力资源计划，界定项目团队的岗位、角色和职责，编制项目组织结构图以及人员配备计划。二是明确从哪里获得这些人员，知道哪里有项目所需的人员，并知道通过什么途径可以获得他们。三是采取措施激发项目成员的积极性和创造性，让他们勤奋地为项目工作，即建设高效的项目团队。

4.3.1 编制人力资源计划

项目人力资源计划一般包括角色和职责、项目组织结构图、人员配备计划三个部分。编制人力资源计划的核心工作是，根据项目工作分解结构及工作包描述确定项目所需的人员，包括岗位、数量以及时间。一般而言，项目范围确定后，经过项目工作分解，项目所需岗位的数量就可以确定了。项目人力资源计划受制于项目进度计划，进度计划制定完毕后，所需人员的到位时间也就随之确定了。

人力资源计划应描述项目团队中每个角色和职责，建立每个岗位的工作说明书和任职资格描述文件，确定岗位目标、职责、权限与任职资格要求，便于为每个岗位配置合适的人员，如表 4－3 所示。项目组织结构图要画出层级结构，明确组织结构的各个节点之间的配合与汇报关系，如它们是否存在隶属、汇报或支持关系，确定项目中沟通的渠道和方式。

人员配备计划包括如何满足人力资源需求的信息，包括招募、遣散、资源日历、培训需求、奖惩、规则、标准和政策、安全等内容。接下来要做的是制定人员招募计划，快速有效地获取所需人员，如从企业职能部门抽调、外部市场招聘、劳务派遣或兼职等方式。

人力资源计划在项目团队创建阶段被执行，按照既定的计划招聘或调配适当的人员，这个阶段通常需要公司人力部门的支持，尤其是从多个部门抽调人员时，没有人力部门的协助很困难。如软件公司为某客户实施 ERP 系统时，需要一批开发工程师，项目经理报请人力资源部协调研发部门解决。应注意的是，人力资源计划制定后不能静态地执行，而要根据实际情况做出动态调整。对于异地进行的项目或在国外承担的项目，应按照劳动法规合理安排派驻人员休假，这可能对人员需求数量或项目进度产生一定的影响。

表 4－3 项目人力资源计划

项目名称：________________ 编制日期：________________

1. 角色和职责		
角色名称	职责	权力
(1)	(1)	(1)
(2)	(2)	(2)
(3)	(3)	(3)
(4)	(4)	(4)
2. 项目组织结构图 插入项目组织结构图，也可附上企业组织图，说明项目如何与企业职能部门配合。		

3. 人员配备计划 （1）人员招募计划：内部调配与外部招募。 （2）人员遣散计划：人员如何安置与遣散，知识如何转移。 （3）资源日历：显示所有不正常的资源日历，如被压缩的工作周、假期、其他时间约束。 （4）培训需求：描述需要掌握的设备、技术或公司所需要的培训。 （5）奖惩：项目中制定或采用公司的奖励与处罚办法。 （6）规则、标准和政策：所有被使用的规则、标准和政策。 （7）安全：描述安全规则、设备、培训和流程。

工作责任矩阵是清晰界定工作与个人关系的常用工具，项目经理可以用来确定项目中要完成的工作及谁负责什么任务。在复杂项目中，不仅要识别个人的责任，还要明确各个合作单位和个人之间的关键界面。在建立工作责任矩阵过程中，项目经理应考虑项目团队内部、项目团队与企业其他人员的关系。项目组织内部与外部、项目经理与直线经理都会对成员的工作完成情况产生影响。表 4-4 是一个产品研发项目的工作责任矩阵，清晰地描述了权力、责任和沟通渠道，可以与表 4-3 结合起来使用。

表 4-4　项目工作责任矩阵

交付物	设计	开发	文档	集成	测试	采购	质保	制造
总体设计	●	★			★		▲	▲
硬件需求	★	●				★	▲	
功能说明	★	●			▲			
硬件设计	●			▲		▲		▲
硬盘驱动	▲	●	★					
存储管理	●	▲			▲			
操作文档	★	★	●					▲
样机	□		■	●	▲	▲	▲	■
集成测试	□	★	★		●		□	□

● 负责　★支持　▲咨询　■通知　□批准

4.3.2　项目团队的成长

项目团队从成立到完成任务后解散，一般要经过组建、磨合、规范、执行和终止五个阶段，每个阶段的管理重点是不同的。项目经理应积极培养团队技能，提高并保持团队的满意度和积极性，确保成员按照职业要求和道德开展工作。为此，应关注影响团队的各个因素，如团队环境、团队成员的地理位置、干系人之间的沟通、组织变更管理、内外部政治氛围、文化问题和组织的独特性等。

1. 组建阶段

任何一个项目团队都要经历一个从无到有的创建过程，当项目任务下达及项目经理任命后，根据项目人力资源计划和企业的资源状况，从企业各个直线部门调配所需的人员，当内部人力资源不能满足项目需求时，还要从外部人力资源市场招聘。如软件商决定研发一套新系统，指派研发部某主管担任项目经理，项目所需的人员分布在产品规划部、市场部、开发部等。项目经理提出人员名单后与各部门经理协调，这是个讨价还价的过程，毕竟每个部门都有自己的目标和任务，培养一名成熟的员工不容易，部门利益使得部门经理本能地拒绝，特别是在部门人员紧张时很难积极地为项目提供人员支持。当项目经理与部门经理协商不下人员安排时，应寻求公司人力资源部帮助，折中的解决方案可能是把直线部门的老员工派到项目组，公司重新为直线部门补充新员工。当公司不能提供某些人员时，从外部招聘，由于招聘过程和新员工上岗的时间不确定，项目团队组建的时间要延长。

在团队组建阶段，由于成员来自多个部门或机构，可能彼此不认识，没有合作共事的经历，对项目中承担的任务也缺乏了解，项目经理应尽快把项目目标和工作任务向每个成员传达，将每个成员的职责加以明确，界定每个人在组织结构中的位置与汇报关系，使他们尽快进入角色，尽早熟悉自己的任务。

案例 4－3

小米公司的创业团队组建

十年前，我和一群小伙伴创办了小米。当时国内的手机市场，一类是诺基亚、摩托罗拉和三星这样的国际巨头，一类是国产手机“中华酷联”，还有铺天盖地的山寨手机。中国市场主要被国际巨头把持，产品贵得离谱，国产手机做得非常一般。作为一个创业者，我有点不服气。我的梦想是：“做全球最好的手机，只卖进口手机一半的价钱，让每个人都能买得起。”

如何实现这个看起来不靠谱的目标？我有一个“脑洞大开”的想法：这些巨头都是硬件公司，假如我们用互联网模式来做手机呢？把软件、硬件和互联网融为一体，就可以另辟蹊径，实现“降维打击”。当时硬件最好的是摩托罗拉，软件最好的是微软，互联网最厉害的是谷歌，假如我能把这三家公司的精英凑在一起，就有机会炼成“铁人三项”！

我找的第一个人是谷歌中国研究院的副院长林斌。他正在考虑出来创业，做个在线音乐公司。我说别做了，跟我一起干点大事。我在餐巾纸上画了这么一张图（“铁人三项”），他很快就答应了。就这样，他成为小米第 2 号员工。

接着我连续找了 10 个谷歌工程师，一个都没有搞定，真让人绝望，直到第 11 个。他就是洪锋，谷歌非常出色的工程师。他问了我三个问题。第一个问题：“你做过手机吗？”“没做过。”第二个问题：“你认识中移动老总王建宙吗？”“不认识。”第三个问题：“你认识郭台铭吗？”“郭台铭？我认识他，他不认识我。”这三个问题下来，我估计没戏了，但出于礼貌，我还是坚持“尬聊”了很久。最后他做了一个决定：“这事听起来不靠谱……不过，可以试试。”

一瞬间，我长舒了一口气，终于搞定了！就像中了彩票。

一个外行来做手机，大家凭什么相信你？我在面试牛人的时候，牛人也在面试我。在小米创办的第一年，我花了 80%的时间招人。印象最深的是，有一个人我两个月和他聊了十多次，甚至有几次一聊就是十个小时。有很多企业家和创业者请教我，如何找人。我也总听到有人抱怨找不到人。这是一个非常普遍的问题。找人肯定不是一件容易的事情，如果找不到人，其实只有一个原因，就是没有花足够的时间！

我的建议是：找人不是“三顾茅庐”，而是“三十顾茅庐”！只要有足够的决心，花足够的时间，就可以组成一个很好的团队。

资料来源：雷军十年的演讲：吾志所向，一往无前.（2020－08－13）. https://www.sohu.com/a/412999826_120756142? _trans_=000014_bdss_dkhkzj.

2. 磨合阶段

项目团队成员从四面八方汇集在一起，由于人员来源复杂、任务尚未清晰界定、资源分配不合理、制度和流程不熟悉等，成员互相之间要经过一个适应过程。在此期间，由于项目工作环境超出了个人预期、任务安排不满意、个性特征差异、项目压力大等，项目成员有可能遭受挫折，情绪低落，各类冲突频发。某些资深人士性格孤僻，对年轻的项目经理态度傲慢，项目经理如果处理不好关系，可能引发争执，影响团队的和谐。虚拟团队的管理挑战是孤独感、成员之间难以分享知识和经验、难以跟进进度、存在时区和文化差异等。

磨合阶段是每个项目团队成长中必经的一个阶段，只是磨合时间长短不同而已。项目经理应理解员工的情绪变化和抱怨，及时调查引起磨合的原因并积极进行疏导，通过制度流程的完善与有效沟通等措施，来降低冲突的激烈程度或缩短磨合阶段的持续时间。

3. 规范阶段

项目团队成员经过磨合阶段后，基本熟悉了工作程序和标准，大家对各项制度逐步熟悉和适应，新的行为规范得到确立并为团队成员所遵守。团队中逐渐培养起相互理解和友谊，大家对团队的归属感逐步形成。如果说在项目团队组建阶段，各个成员还带着原来部门的烙印，存在各种“帮派”现象，经过一段时间的员工关系重建和工作配合，“帮派”意识逐渐淡化，新的团队意识增强，大家都变成了项目的人，而不再过分强调出身于哪个部门。规范阶段是磨合后的理性回归，项目经理应给予成员更多的支持和帮助，培育相互协作的团队文化，鼓励成员的个性发挥，倡导争取项目荣誉。

4. 执行阶段

执行阶段是团队规范后的正常工作阶段，项目成员之间能够坦诚、及时地进行沟通，共同努力解决各项困难。执行阶段是项目大部分任务被开发与实施的阶段，项目经理与团队成员一起讨论工作计划，帮助他们在技术和管理上取得发展，并对其进行绩效评价和激励。项目经理应更多地授权，为团队成员赋予工作职责内的自主权，充分发挥成员的潜力。执行阶段在项目生命周期中占的比例越高，说明更多的精力被投放到项目任务上，对完成项目目标越有利；如果该比例较低，说明团队时间浪费大，项目经理应采取一系列改善团队建设的措施。

5. 终止阶段

天下没有不散的筵席，项目目标实现后或项目合同履行完毕，项目团队即进入尾声，每个成员要各奔东西，回到原来所在的部门或者调到其他项目，项目组招聘的部分人员按照合同离职，合作伙伴的人员回到自己的单位。某些项目成员离开项目团队不是在项目结束时，而是早一些，他们承担的项目任务是短期的，任务完成后就离开团队。在项目主要任务实施完毕后，大批人马也就撤走，到项目宣告结束或竣工验收时，一般只剩下少量留守人员。

案例 4-4

西安大唐电信有限公司项目团队的摩擦

西安大唐电信有限公司是典型的研发式企业，产品研发与市场脱节严重。尽管在项目立项之初有市场分析、前景预测、竞争对手优劣势对比分析等，但是由于市场环节的团队建设能力有限，对项目组的投入和支撑薄弱，也就是项目立项之初，就输在了起点，以至于项目组从一开始就出现了错误而没把事情做对。导致某些产品的市场定位和客户定位一开始就出现了偏差，耗费大量研发成本之后没有满足客户需求。

尽管项目开发团队中包括了市场人员，但在项目过程中，矩阵型组织较为松散，一方面，研发人员自以为是，按照自己的理解定义产品需求，不主动与市场人员沟通；另一方面，市场人员没有将产品需求的变化信息及时传递到项目组，导致产品进入测试末期快提交用户时，才发现用户的某些需求还没有导入研发。带有缺陷的产品给市场推广造成很大影响，影响了客户的满意度。

4.3.3 项目团队的绩效评价

项目成员的工作绩效是决定项目效率与质量的重要因素，绩效考核的结果是对项目成员奖励的依据。项目成员的工作与职能部门员工的工作特点不同，不能照搬职能部门员工的绩效评价方案。在设计项目成员绩效评价方案时要考虑以下几个问题：

如何确定考核周期？企业职能部门绩效考核一般以固定的周期进行。这是因为职能部门的工作是重复性的、以完成任务或过程为导向，可以在月（季度）初确定工作目标，月（季度）末对完成情况进行检查。项目以结果为导向而非以任务为导向，定期进行考核面临的主要问题有两个：一是在考核时项目活动正在进行中，无法对结果做出评价；二是可能前面几个考核周期完成很好但后面的环节失败，项目并不成功。

谁充当考核人？项目组织常采用矩阵型组织，项目经理与职能部门经理之间存在考核权力划分问题，如果处理不当，项目成员将无所适从。需要从组织层面对两个经理的考核权限做出规定。

如何确定考核标准？在项目目标导向原则下，以哪些指标来衡量项目成员的绩效？

针对以上问题，提出以下绩效考核原则。

（1）考核时间按主要里程碑设定。每一个里程碑代表一个关键事件，该阶段顺利完成后关键事件才能实现，所有里程碑完成后，项目才能成功地走到终点。客户或项目实施团队通常在里程碑进行项目评价，以里程碑作为项目成员绩效考核时间具有合理性。如果项目中的里程碑较多，时间跨度小，也可以选择若干主要的里程碑作为考核时间点，以减少项目考核占用的精力。

（2）以直接项目管理者与业务集成者作为考核人。项目成员的工作绩效应由下达任务的上级人员进行评价。同时，项目成员承担的工作包和产出结果，要与其他岗位的产出结果进行集成，双方能否实现集成有赖于各方工作完成的质量，上道工序完成情况对下道工序有重大影响。因此，项目成员工作产出的效率和质量，应由业务相关的集成者进行检验，以弥补上级考核的不足。在矩阵型组织架构下，职能经理负责企业的周期性考核，项目经理负责项目内部的考核，两种考核结果分开使用。

（3）以工作包为考核内容。项目成员承担着不同的工作包，工作包是有明确时间起点和终点的项目活动，工作包有明确的资源要求和产出质量标准等，工作包时间长度一般不超过一个汇报周期，满足考核的 SMART 原则，把工作包作为考核内容具有可操作性。

（4）以项目成败的关键因素作为考核标准。项目目标具有多重性，体现在进度、质量、成本等多个方面，可从这些方面对每个工作包进行全面的考核。

例如，某电动汽车研发项目正在进行，其中电池研发岗位的绩效考核表见表 4－5。

表 4－5　电池研发人员考核量表

考核时间：第 2 里程碑

考核内容	工作包分值	考核标准			合计	考核人
		进度	质量	成本		
		40%	30%	30%		
工作包 WP-1 CB	25					直接上级
工作包 WP-2 CB	25					直接上级
工作包 WP-3 CB	20					直接上级
工作包 WP-4 CB	15					直接上级
工作包 WP-5 CB	15					直接上级
总分	100					

思考题

一、单项选择题

1. 在新产品研发项目中，最有效的组织设计形式是（　　）。

A. 项目型　　B. 平衡矩阵　　C. 职能型　　D. 强矩阵

2. 以下哪一种类型的项目组织中，项目经理可以自主支配项目预算和专用资源，项目内部决策不受其他职能部门的干扰？（　　）

A. 项目型　　B. 平衡矩阵　　C. 职能型　　D. 强矩阵

3. 某企业在一个项目中采取了职能型组织形式，那么，实现此项目目标的负责人是（　　）。

A. 部门经理　　B. 项目协调人

C. 项目经理　　D. 企业总经理

4.（　　）是清晰界定工作与个人关系的常用工具，项目经理用来确定项目中要完成的工作及谁负责什么任务。

A. 工作责任矩阵　　B. 工作任务书
C. 项目范围说明书　　D. 工作分解结构

5. 在项目团队成长的（　　）阶段，项目成员之间能够坦诚、及时地进行沟通，共同努力解决各项困难，大部分项目任务在此阶段开发与实施。

A. 磨合阶段　　B. 执行阶段　　C. 规范阶段　　D. 组建阶段

6. 项目团队成员绩效考核时间应按照（　　）设定。

A. 每个月　　B. 每季度　　C. 每半年　　D. 项目里程碑

二、多项选择题

1. 常见的项目组织类型有（　　）。

A. 项目型　　B. 矩阵型　　C. 职能型　　D. 事业部型

2. 项目型组织的不足之处是（　　）。

A. 资源重复配置　　B. 与母体组织技术交流不畅
C. 项目结束后人员安置麻烦　　D. 项目容易发生工期延误

3. 根据项目经理与部门经理权力不同，矩阵分为以下几种形式？（　　）

A. 弱矩阵　　B. 中矩阵　　C. 强矩阵　　D. 平衡矩阵

4. 项目管理办公室的定位有以下几种？（　　）

A. 指令型　　B. 控制型　　C. 支持性　　D. 职能型

5. PMI 提出项目经理应在以下哪些技能中取得平衡？（　　）

A. 技术项目管理　　B. 战略和商务管理
C. 领导力　　D. 执行力

三、判断题

1. 矩阵型组织的优点是可以充分利用组织现有资源，同时实施尽可能多的项目。（　　）

2. 在强矩阵组织中，项目成员面临着严重的双重指挥问题。（　　）

3. 在项目型组织中，项目活动经常对其他部门的运作产生影响或冲击企业的各种流程和制度，项目经理容易遭到部门经理的抵制。（　　）

4. 为项目经理和部门经理分别界定职责权力范围，可以有效解决矩阵型组织的指挥冲突问题。（　　）

5. 项目团队可以根据项目特点制定内部管理制度，也可以使用母公司的管理与财务控制程序。（　　）

6. 项目管理技能指项目经理必须掌握项目采用的专业技术。（　　）

7. 公司总经理兼任项目经理体现了项目的重要性，是值得推广的一种做法。（　　）

8. 直线经理兼任项目经理，当项目利益与部门利益产生冲突时，必然在两者之间做取舍，部门业务往往会遭殃。（　　）

9. 企业项目管理办公室与项目经理的目标和任务是一致的。（　　）

四、简答题

1. 如何化解部门经理与项目经理之间的工作冲突?

2. 人力资源管理领域有很多种绩效考核方法，你认为哪些方法适用于项目团队及成员考核?

3. 请比较项目人力资源管理与企业人力资源管理的异同。

五、应用分析题

1. 以你熟悉的某个项目为例，分析其采用了什么项目组织设计，应用效果如何?

2. 找一份项目经理岗位说明书，评估你与岗位要求的匹配程度，思考从哪些方面提升自己的能力。

05
Chapter

第5章

项目范围管理

本章主要内容

- 项目范围
- 需求跟踪矩阵
- 项目范围说明书
- 项目工作分解结构
- 项目范围确认
- 项目范围变更

引入案例　港珠澳大桥的建设计划变更

1983年，香港合和集团董事局主席胡应湘及珠海市提出修建大桥连接香港及珠海的构想，时称伶仃洋大桥。香港合和集团是集投融资、工程履约担保、建筑工程托管和房地产开发等为一体的大型企业，1984年，曾采取BOT模式建设了深圳沙角电厂B厂。关于港珠澳大桥工程设计的内容，经过香港、珠海、澳门三地多轮谈判，反复修改，才达成一致。

大桥设想由香港新界屯门龙鼓滩发电厂起始，经过内伶仃岛及淇澳岛，到达珠海市金鼎。珠海已经兴建了大桥的一部分，即珠海北端的淇澳大桥。胡应湘构思的跨海大桥打通香港西部和珠海，再连接番禺、顺德、中山、南海等地，将珠江三角洲的海运、河运、陆运及空运集中，使香港成为珠三角的物流中心。但当时港英政府对兴建这条跨海大桥没有兴趣。后来，香港青屿干线通车，加上新的香港国际机场位于大屿山，胡应湘又提出香港应该善用青马大桥等新落成的基础建设；把大桥香港起点改为大屿山，原伶仃洋大桥计划搁置；并且逐步南移，加入澳门（单Y方案）和深圳（双Y方案）。

2002年11月，时任国务院总理朱镕基访港，表示支持兴建港珠澳大桥的计划。2003年开始，香港政府积极研究建设跨海大桥。在当年1月发表的施政报告中，时任行政长官董建华提出粤港和珠江三角洲特殊的地理和人文关系，历经二十多年发展实际上已经形成一个相互依存、功能齐全的大型经济区，单个城市的力量相对单薄，兴建港珠澳大桥可以加强区内城市的优势互补，提升香港在整个地区的竞争力和地位。

这项大型建设计划经过草拟与协商，最后在2005年选择了单Y方案，定名为"港珠澳大桥"。初期计划的大桥起点是香港大屿山散石湾，最终方案改为在香港国际机场东部海面建筑人工岛以设立口岸，经过大澳以北海面并横越珠江口，经过海底隧道抵达珠海及澳门口岸（珠澳口岸），分成两端连接珠海拱北、澳门东方明珠。连接深圳的路段则改由深港西部通道连接。

关于入境口岸问题，经过三地反复协商，2007年2月达成协议，各地政府设置自己的入境口岸，即"三地三检"，而非"一地三检"。无须兴建原来计划面积达2.62平方千米的人工岛，主桥工程总预算由500亿元大幅度减至约300亿元。经过多次协商与决策，2009年12月项目开工，时任副总理李克强现场宣布开工。经过艰苦奋战，2018年10月24日，习近平总书记出席通车典礼，宣布大桥正式通车运行。

资料来源：https://baike.sogou.com/v7462.htm?.

实施一个项目之前必须界定项目范围，项目范围是指项目可交付成果的总和，是为了完成具有特定功能的项目产品必须开展的工作，确定哪些工作属于项目应该做的，哪些不应该包括在项目之内，从而定义项目管理工作的边界。项目范围是制定项目计划的基础，是项目评价的基本标准，也是项目总结及验收的重要依据，项目范围所描述的内容都应完成。

在项目环境中，范围可以从两个层面理解：一是产品范围，即一个产品或服务应该包含哪些特征和功能，要确定项目的产出物是什么。如房产项目的产出物是符合设计图纸的房屋，手机研发项目的产出物是符合设计性能要求的手机，一条汽车生产线项目的产出物就是建设完成一条能够正常运转的汽车生产线。二是项目范围，即为了交付具有规定特征和功能的产品或服务必须完成的工作。确定为了实现项目目标该做什么，不该做什么，项目范围中不包括的工作不应该在项目中开展。

项目范围管理要确保项目只做所需的全部工作，以成功完成项目的各个过程。项目经理应制定范围管理计划和需求管理计划。范围管理计划描述如何定义、制定、监督、控制和确认项目范围，对下列活动做出规定：制定项目范围说明书，创建工作分解结构，确定如何审批和维护范围基准，正式验收已完成的项目可交付成果。

需求管理计划描述如何分析、记录和管理项目与产品需求，其主要内容包括：如何规划、跟踪和报告各种需求活动；如何启动变更，如何分析其影响，如何进行追溯、跟踪和报告，以及变更审批权限；需求优先级排序过程；测量指标及使用这些指标的理由；哪些需求将被列入跟踪矩阵。

5.1　收集需求

收集需求是为实现项目目标而确定、记录和管理相关方的需要和需求的过程。需求是指发起人、客户和其他干系人已确定的需要与期望，需求是创建工作分解结构的基础，也是成本、进度和质量规划的基础。项目开始后应详细地分析和描述需求，以便在项目过程中实现和检查。有些组织把需求分为业务需求、解决方案需求、项目需求和质量需求等。业务需求是整个组织的高层级需要（如解决业务问题或抓住业务机会），以及实施项目的原因。为满足业务需求，产品、服务和成果必须具备的特性、功能和特征，就是解决方案需求。解决方案需求分为功能需求和非功能需求，功能需求描述产品应具备的功能，如产品执行的行动、流程、数据和交互。非功能需求是产品运行所需环境条件或质量要求，如可靠性、安全性等。项目需求是项目需要满足的行动、过程或其他条件，如里程碑日期、合同责任、制约因素等。质量需求是确认项目可交付成果的成功完成或其他项目需求的实现的任何条件或标准，如测试、认证和确认等。

收集需求常用的工具和方法有专家判断、访谈、头脑风暴、焦点小组、问卷调查、观察、原型法等。其中，原型法是指在制造预期产品之前，先造出该产品的模型，并据此征求对需求的早期反馈。模型包括微缩产品，计算机生成的二维、三维模型，实体模型或模拟。经过多次反馈之后，可以获得足够的需求信息，从而进入设计或制造阶段。

收集需求活动结束时，应完成一份需求文件和需求跟踪矩阵。需求文件的格式多种多样，可以是仅列出需求的简单文件，也可以是包含细节描述和附件的详细文件。需求跟踪矩阵（见表 5－1）把每个需求与业务目标或项目目标联系起来，有助于确保每个需求都有商业价值并能完成。需求跟踪矩阵提供了在整个项目生命周期中跟踪需求的方法，为管理产品范围变更提供了框架。在需求跟踪矩阵中记录每个需求的相关属性，有助于明确每个需求的关键信息。典型的属性包括标识、需求的文字描述、收录需求的理由、优先级别、来源、所有者、版本、当前状态（如进行中、已取消、已推迟、已批准、被分配、已完成等）和状态日期。为确保相关方满意，可能需要补充一些属性，如稳定性、验收标准等。

表 5－1　需求跟踪矩阵

项目名称									
成本描述									
项目描述									
标识	关联标识	需求描述	业务需要、机会、目的和目标	项目目标	WBS 可交付成果	产品设计	产品开发	测试案例	
001	1.0								
	1.1								
	1.2								
002	2.0								
	2.1								
	2.2								

5.2　定义范围

定义范围是制定项目和产品详细描述的过程，其作用是描述产品、服务和成果的边界与验收标准。在收集需求阶段中识别出的全部需求，未必都包含在项目中，要从需求文件中选择最终的项目需求，然后制定出关于项目及其产品、服务和成果的详细描述。根据项目启动过程中记载的主要可交付物、假设条件和制约因素，编制详细的项目范围说明书。在项目规划过程中，随着对项目信息的更多了解，进一步完善。

项目范围定义不清楚，将会使项目计划制定及控制极为困难。拉尔森（Larson）调研了北美地区 1 400 位项目经理，发现项目计划方面的问题半数与项目范围定义不清楚有关，严重情况下可能导致项目失败。如某大型国有企业，在地方政府信息化专项资金支持政策的鼓励下，启动了制造资源计划（MRP）项目，政府出资一部分，企业自筹配套资金。项目计划比较粗糙，原计划仅把生产部门业务纳入系统，在实施过程中其他部门纷纷提出信息化要求。项目负责人缺乏项目管理经验，没有控制住新增需求，将大部分需求纳入项目计划，导致项目任务膨胀。原有的资金明显不足，政府不予增加资金，企业财务也有困难，在预算耗尽后被迫停工，MRP 系统项目彻底失败。其教训是项目范围没有严格界定且无变更审批流程，项目越做越大，导致后续资金短缺而失败。如果项目经理控制好需求并按照原定计划实施，更容易走到成功的终点。

定义项目范围的主要输出结果是项目范围说明书，它详细描述项目范围、主要可交付成果、假设条件和制约因素。它记录项目和产品范围，详细描述了项目的可交付成果，以及所有项目干系人对项目边界达成的共识。项目范围说明书为后续各项决策奠定了基础，使项目团队能够进一步编制详细的进度、成本和质量计划等，并可在执行过程中指导项目团队的工作，也是评价变更请求是否超出项目边界的基准。

项目范围说明书的详细程度影响项目团队控制整个项目范围的有效程度。通常包括以下内容：

（1）产品范围描述：初步细化项目章程和需求文件中描述的产品、服务或成果特征。

（2）可交付成果：产品、服务或成果，对可交付成果的描述可详可简。也包括辅助成果，如项目管理报告和文件。

（3）验收标准：产品、服务或成果验收前需达到的一系列条件。

（4）项目的除外责任：识别排除在项目之外的内容，明确指出哪些不属于项目范围，有助于管理相关方的期望及控制项目范围扩大。

5.3　创建工作分解结构

面对一个规模较大的项目，项目团队成员可能会感到无从下手。实际上，项目是一组独立进行的活动的集合，这些活动的产出物集成起来就形成了最终的可交付成果。工作分解结构（work breakdown structure，WBS）是进行项目活动分解的专门工具，创建 WBS

就是把可交付成果和项目工作分解成较小的、更易于管理的组件的过程，为所要交付的内容提供框架。WBS是项目团队为实现项目目标、提交可交付成果而实施的全部工作范围的层层分解，每分解一层意味着对项目工作更详细的定义。工作分解结构组织并定义了项目的总范围，代表着经过批准的项目范围说明书规定的工作。这里的工作是指作为活动结果的工作产品或可交付成果，而非活动本身。

创建WBS的过程是将项目最终交付物分解为若干主要交付物，逐级划分为更低层级的可交付物，WBS最底层的组成部分称为工作包，其中包括计划的工作。工作包对相关活动进行归类，对其成本和持续时间进行估算，以便对工作安排进度、估算、监督与控制。工作包是现实中不能再分的交付物，如具有一定功能的独立小零件，如果再分解就不成为一个完整的交付物。不是所有的可交付物都要分解到最低层级，分解的层级数量以满足项目管理需要为准，如果某一级交付物负责人能够有效地管理，就无须再分解。不同的可交付物分解的层级不同，某些可交付物只需分解一层即可达到工作包的层次。工作分解得越细越易于有效管理，但过细的分解会造成无效消耗、资源浪费、各层级汇总数据困难。在远期才交付的成果或组件，当前可能无法分解，项目团队通常需要达成一致意见才能制定出细节。

图5-1是地铁开发项目的工作分解结构。第1层级明确了项目目标和交付的最终结果，是当地政府和市民关注的对象。第2层级分为四个主要交付物——前期准备、土建施工、车站装修与系统设备安装调试、运营筹备，这是完成地铁工程必需的四个组成部分，也是地铁公司领导者关注的对象。在第3层，土建施工细分为盾构区间施工、车站土建施工、暗挖区间施工、运营中心和主变电站五个部分，这是地铁公司关注的对象。对于车站土建施工而言，可以按照全线的站点设计划分出各个车站。每一个车站继续分解出土方开挖、车站主体工程和车站附属工程。

一个项目可以应用多个基准进行工作分解。

（1）以项目生命周期各阶段作为第二层，把可交付成果放在第三层。这种分解结构称为项目过程分解结构（process breakdown structure，PBS）。管理信息化项目由多个阶段构成，实施过程不能跳过某个环节，必须按照顺序一步一步进行，图5-2是ERP实施项目的过程分解结构。

（2）以主要可交付成果作为分解的第二层。主要成果可以分别按照系统功能、物理分布等来划分。

工作分解结构对项目管理有以下重要作用：

● 工作分解结构明确了各项工作与整个项目产出结果的关系，基于工作包安排人员和资源，可以实现项目组织与工作的对接整合，也便于对项目工作加以监督。

● 项目管理者容易估算成本和时间，提高了估算的准确性，有利于制定可行的项目计划。

● 项目范围控制更为有效。WBS给出了最低层级交付物，基于详细信息制定工作计划更加可靠。

● 便于项目经理找到控制的最佳层次和监控重心。在较低层次上进行控制意味着所花

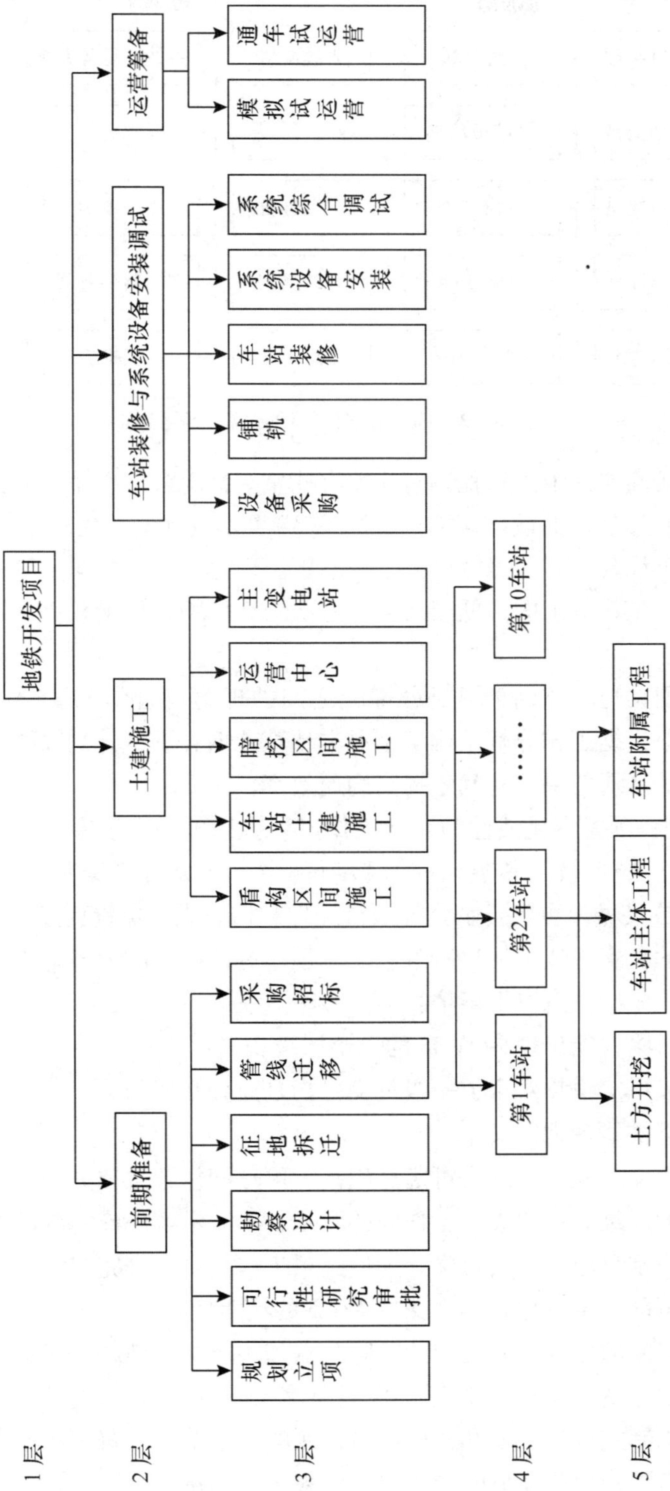

图 5-1　地铁开发项目的工作分解结构

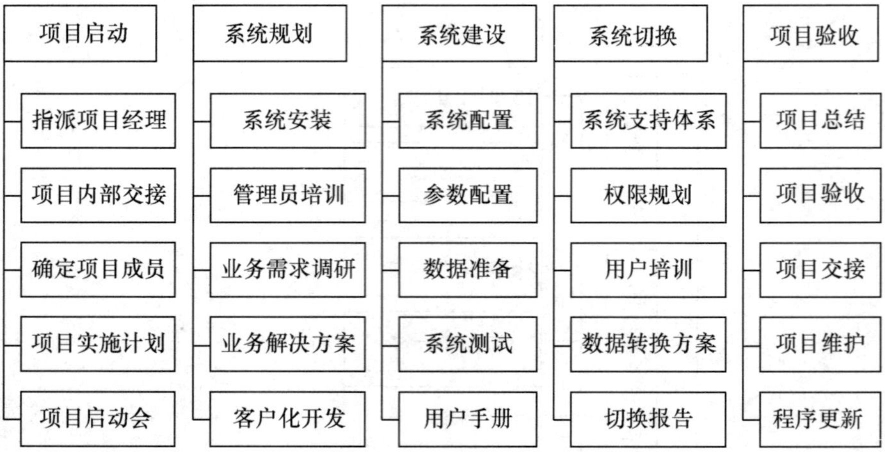

图 5－2　ERP 实施项目的过程分解结构

的时间较多，在较高层次上进行控制意味着有些重要情况可能在不经意间溜走，某些问题不能及时发现，错过处理的最佳时机，通过 WBS 可以找到最佳控制点，提高控制的效率。

● 有助于限定风险。WBS 分解层级不是固定不变的，可根据风险水平来确定。在风险较低的项目中，工作分解的最低层次可以是次级交付物，风险较高的项目应继续分解到每一个工作包。

● 定义了沟通渠道，有助于项目各部分之间的理解与合作。复杂项目涉及大量的资源，时间跨度长，根据工作分解结构编制成本预算计划、进度计划及指派责任人，项目干系人清楚各工作的从属关系，有利于提高沟通效率。

创建 WBS 是一项富有挑战性的复杂工作，项目经理和专家要反复讨论，丰富的项目经验和熟练的专业技术极为重要。在大型项目中，分级负责编制方法能够得到准确的 WBS，鼓励项目成员做出更多贡献。即项目经理和核心成员负责创建前两个层级，每一项主要可交付成果的负责人或具体执行者进一步创建更低层级的内容，直至列出工作包。

工作分解过程中应注意以下事项：

● 一项可交付物只能出现在 WBS 的一个层级。
● 各个下一级可交付物对于上一级可交付物是充分必要的。
● 每个活动都被清楚地定义。
● 分解后的活动应是可管理、可定量检查、可分配任务且独立的。
● 各个活动的层级和位置表示工作间的联系，不表示实施或完成的顺序。
● 每一项工作都只由一个人负责，即使这项工作由多人来完成。
● 项目范围可能发生变化，尽力保持 WBS 的灵活性。

工作包是短时间的任务，有确定的时间起点和终点，需消耗一定的资源和成本。每个工作包都应该是独立的，不能与其他工作包有交叉或从属关系，工作包也不能跨可交付物。工作包是用以制定项目计划和实施项目控制的基本单位，每个项目都是由数量不一的工作包构成，所有工作包都完成时项目也就结束了。交付物与工作包有时容易混淆，交付物一般是两个以上的工作包的产出，交付物没有自身的时间长度，不直接消耗资源，它需要的时间和成本是所属工作包的时间和成本的总和。

完整的工作包描述一般包括下面内容：

- 工作内容：如地铁站台安检系统工作包。
- 所需时间：根据工作量估算出该工作包的工时。
- 所需资源：估算工作包对人员、材料和设备的需求。
- 成本预算：估算工作包对资金的需求。
- 负责人：为工作包指派负责人。

表 5－2 是对电路板设计工作包的描述文档。

表 5－2　电路板设计的工作包描述

<table>
<tr><td colspan="6">工作包名称：电路板设计</td><td colspan="4">WBS 编号：1.2.2.2</td></tr>
<tr><td colspan="6">工作包负责人：李磊</td><td colspan="4">项目经理：张斌</td></tr>
<tr><td colspan="10">工作描述：做出详细设计方案，购买元器件，加工出样品并测试</td></tr>
<tr><td colspan="5">里程碑事件：
1. 完成需求分析
2. 完成详细设计
3. 加工出样品</td><td colspan="5">时间节点：
8月12日
8月25日
9月1日</td></tr>
<tr><td rowspan="2">编号</td><td rowspan="2">活动</td><td rowspan="2">资源</td><td colspan="3">人工</td><td colspan="3">物资</td><td rowspan="2">合计</td></tr>
<tr><td>天</td><td>单价</td><td>小计</td><td>数量</td><td>单价</td><td>小计</td></tr>
<tr><td>1</td><td>设计</td><td>设计师</td><td>8</td><td>300</td><td>2 400</td><td></td><td></td><td></td><td>2 400</td></tr>
<tr><td>2</td><td>采购</td><td>采购员</td><td>2</td><td>300</td><td>600</td><td>3</td><td>500</td><td>1 500</td><td>2 100</td></tr>
<tr><td>3</td><td>加工</td><td>工人</td><td>3</td><td>200</td><td>600</td><td>3</td><td>120</td><td>360</td><td>960</td></tr>
<tr><td>4</td><td>测试</td><td>仪器</td><td>2</td><td>250</td><td>500</td><td>2</td><td>140</td><td>280</td><td>780</td></tr>
<tr><td colspan="10">质量需求：</td></tr>
<tr><td colspan="10">验收标准：</td></tr>
<tr><td colspan="10">技术信息：</td></tr>
<tr><td colspan="10">可能的风险：</td></tr>
<tr><td colspan="4">项目经理签名：</td><td colspan="6">责任人签名：</td></tr>
</table>

工作包的详细程度因项目大小与复杂程度而异，通常有三个原则：

（1）8/80 原则。完成一项工作所需的时间介于 8～80 小时之间，即要求工作包控制在 1～10 个工作日，当然这不是严格的限制。

（2）报告期原则。如果每周召开一次项目状态分析会，那么所有工作的时间都不应超过一周。这个原则很有用，当报告进度状态时，你不用再去询问那些只完成了 30%、55% 或 76%的工作处于什么状态。

（3）有用原则。是否把一项工作细分有三个前提。一是工作容易估计。小型工作不确定性少，估算更准确。二是工作容易分配。小型工作分配给更少的人，在安排工作时间和资源方面灵活性大，大型工作分给许多人会使人失去责任心。三是工作容易追踪。如果分解一项工作后不容易进行工作分配和追踪，就不要分解它。

工作分解结构中只有每个工作的名称及编号，没有详细描述的 WBS 就无法发挥应有的作用。建立 WBS 后必须提供一份支持性文件，对这些工作进行详细解释，这个文件就是 WBS 词典，用于对工作结构组成部分进行详细的说明。按照《项目管理知识体系指南》要求，词典至少包括工作包编号、工作描述、责任人，还可包含成本估算、所需资源、质量要求、验收标准和采购信息等，还可以描述某些工作包与其他工作之间的关系、每个工作包所属的控制账户等。编制 WBS 词典需要项目团队集体讨论和专家判断，编制完成后提交相关项目干系人审议，修改确定后由项目经理批准。表 5－3 是多功能教室装修项目的 WBS 词典示例。

表 5－3　多功能教室装修项目的 WBS 词典示例

WBS 编号	可交付物	工作描述	负责人	质量要求
10DM	多功能会议室		张斌	
10DM-1.0.0	教室系统		李林	
10DM-1.1.0	装修好的教室	装修公司对教室进行设计、装修	李林	设计合理、工程质量达标
10DM-1.2.0	辅助设备	消防、监控、空调设备招标与安装调试	李林	设备性能良好、工作正常
10DM-2.0.0	教学系统		赵波	
10DM-2.1.0	教师系统	教师用机、控制台、中控购买及安装调试	赵波	达到招标要求
10DM-2.2.0	学生系统	电脑、桌椅	赵波	达到招标要求
10DM-3.0.0	软件系统	操作系统、专用软件	马文	达到招标要求
10DM-4.0.0	线路系统	包括强电、弱电设计与布线，网络公司布设网线	王俊	达到设计标准，满足设备共同运行的供电要求

资料来源：汪小金，雷晓凌．项目管理实验教程．中国人民大学出版社，2010.

5.4　确认范围

确认范围是正式验收已经完成的项目可交付成果的过程。发起人或客户一起检查已经完成的可交付成果，确保可交付成果已圆满完成，并通过客户或发起人的验收。确认范围的作用是使验收过程具有客观性，通过确认每个可交付成果来提高最终产品、服务和成果通过验收的可能性。本过程应根据需要在整个项目期间定期开展。确认范围关注可交付成果的验收，质量控制侧重于可交付成果的正确性及是否满足质量要求，质量控制早于确认范围，或二者同时进行。

通常采取项目范围检查表对每一项内容进行检查，确认项目范围是否恰当，最终做出接受或修改范围的决定。该表一般包括以下内容：项目产出物是否完整和准确？项目约束条件是否真实和符合实际情况？项目产出物是否为项目目标服务？项目工作包是否服务于项目产出物？项目工作包是否有合理和具体的度量指标？

下面是一个项目范围检查表的格式：

- 项目目标：确定满足客户需要的主要目标、做什么、何时做及花费多少。
- 主要交付物：在项目生命周期中的产出成果。

- 进度要求：确定项目总体进度计划和里程碑计划。
- 技术要求：产品或服务要达到的性能、功能及必须具备的技术要求。
- 限制和排除：明确哪些内容不包含在内，进一步定义项目的边界。
- 与客户共同检查。

确认范围的输出主要是验收的可交付成果、工作绩效信息和变更请求等。符合验收标准的可交付成果应由客户或发起人签字批准，以正式文件证明相关方对可交付成果的验收。工作绩效信息包括项目进展信息，如哪些可交付成果已经验收，哪些未通过验收及原因，把这些信息记录下来并传达相关方。对于未完成的可交付成果，可以提出变更请求及开展缺陷补救。

5.5　控制范围

控制范围是监督项目和产品的范围状态，管理范围基准变更的过程。其作用是在项目期间维护范围基准。项目很少完全按照计划一路进行下去，由于计划时的疏忽、新出现的机会或无法预见的风险，对最初计划或最终产品进行变更是无法避免的。一般说来，项目越复杂变更的次数就越多，包括产品修正、技术参数修改、项目计划调整等，实际成本和完工时间偏离最初目标越远，其破坏性越大。尤其是设计阶段完成后的变更需要重做的工作很多，是范围与成本管理的重要威胁。项目变更往往造成成本和工期增加、员工士气下降、项目经理与客户关系紧张。

项目范围变更通常由以下原因引起：

（1）最初技术或人力计划错误。许多项目涉及复杂的技术研发，要考虑到所有问题或技术障碍是不可能的。如青藏铁路格尔木至拉萨段曾经在20世纪50年代上马，因为高原冻土技术等未解决，加上资源匮乏和缺氧环境下的施工问题被迫下马。经过30多年的冻土技术攻关，解决了铁路施工的关键障碍，2001年项目重新启动，经过6年艰苦奋斗，项目取得成功。又如某工程项目在勘察阶段工作不深入，地形地貌特征勘测数据有误，设计图纸与现场条件存在较大差异，在施工中必须进行范围变更。

（2）客户需要。客户由于业务变化或领导层更换，推翻原来的需求报告和解决方案。如某单位装修办公楼，项目进行中继任总裁提出了新的装修意见，项目范围不得不进行变更。在软件项目中，客户对功能和特性的需求变化更频繁。

（3）项目或环境情况发生变化。如石油公司在沙漠地区进行油气勘探，尽管项目方案很详细，但进入沙漠后发现给水、风速、沙尘等信息变化很大，必须调整施工方案。

（4）政府法令、劳动合同、供应商等不可控的外部约束强加的变更。如政府提高了污水排放标准，污水处理厂建设项目原设计的处理指标达不到新标准，必须进行设计方案的修改。

（5）错误、疏忽、设计或预算的失误。如设计方案遗漏的内容在实施过程中被发现，或者原设计低估了工作量实施过程中必须增加。有时客户发现遗漏了部分需求或增加了新需求，向施工方提出变更设计的要求但价格不变。

（6）一些承包企业采用低价策略获得了项目合同，在施工过程中，往往创造条件提出变更要求，通过变更才能获得利润。“低价中标，变更赚钱”已成为经常发生的现象。

在项目实施过程中出现变更的原因还有很多，如项目规模或范围调整、设计粗糙导致项目的实际情况与图纸不符、材料规格不符合设计要求、施工条件变化、材料供应困难引起的材料更换、地质条件与原勘探报告不一致、原材料供应条件发生变化、工艺设计变更引发其他专业变更等。

项目范围是其他专项计划编制的基础，一旦项目范围发生变更，将引起其他计划的连锁调整，为项目目标带来威胁。因此，项目范围确定后应维护其严肃性，避免不合理的、任意的变更。特别是在为客户实施的项目中，客户提出需求后，实施方不能简单地拒绝或接纳，而应认真评估，分析变更实施的技术难度、对成本和进度等的影响，将信息反馈给客户，双方沟通做出决策。

项目范围变更管理的主要工具是变更控制流程，一般包括如下步骤：

（1）提议项目变更内容。申请项目变更的一方（如客户、实施方或其他干系人）正式提出要求。如 ERP 项目中客户提出开发“退货管理”功能模块。

（2）分析变更内容对进度和预算的影响。组织评估变更带来的各种影响，尤其是进度和预算方面将有什么变化，是否给总工期带来冲击。如“退货管理”功能模块的开发需要 20 个工作日，成本为 10 万元，需要增加 5 名顾问。

（3）决策是否批准变更。提出变更一方的负责人同意变更后提交实施方，如果客户资金有限，否决该提议，则项目范围不发生变更。

（4）谈判确定变更后计划。实施方接到客户通知后，从技术上评估是否存在难以突破的障碍，决定是否接受该建议。如果把项目规模做大对实施方增加利润有利，项目经理就有积极性合理调整原来计划。

（5）明确实施变更计划的责任。项目团队落实变更内容的责任人，组织资源去完成。

（6）分析项目范围变更的完成情况。根据实际执行情况采取适当的措施。

采用项目范围变更流程的优点是：过滤掉不合理的随意的变更内容，变更成本可以计量，预算分配使用情况可以跟踪，实施责任清晰，方便监控变更后内容的实施情况。实际操作时，可以使用表 5-4 提供的项目范围变更需求与审批表。

表 5-4　项目范围变更需求与审批表

项目名称：__________　日期：__________　变更编号：__________

第一部分（申请人填写） 申请人：　　　　　　　　申请日期： 变更问题：　　　　　　　　　建议优先级：高　　中　　低 1. 变更的原因： 2. 变更的影响 （1）范围： （2）质量： （3）需求： （4）成本： （5）进度： （6）项目文档： （7）其他影响：

第二部分（技术负责人填写） 技术领域： 预计影响： 意见（同意与否）：　　　　签名 第三部分 同意＿＿＿＿＿　日期＿＿＿＿＿ 否决＿＿＿＿＿　原因＿＿＿＿＿ 延期决策＿＿＿＿＿　还需要补充的信息： 确定的优先级：高　　中　　低 完成日期： 变更委员会签名：

若在项目实施过程中确实需要变更设计，应填写设计变更审批表并编制预算，经合同约定的建设单位现场代表、设计单位相关设计人员、监理单位专业工程师与承包商代表共同认可后，方可变更。建设单位指派造价管理专业人员常驻施工现场，控制项目成本变化，掌握因需求变更而增减的费用，并与预算或目标成本进行对比，以免越积越多以至于发展到不可控制的程度。在合同条款中约定设计变更的约束条件和流程。对于合同中已约定单价的应继续执行，未约定单价的应按照规定调整合同金额。

思考题

一、单项选择题

1. （　　）是创建项目工作分解结构的基础。

A. 需求　　B. 计划　　C. 资源　　D. 项目团队

2. 定义项目范围的主要输出结果是（　　）。

A. 项目需求报告　　B. 项目章程

C. 项目计划　　D. 项目范围说明书

3. 界定项目范围时经常使用的工具是（　　）。

A. 工作分解结构　　B. 项目章程

C. 需求分析　　D. 项目网络图

4. 在创建 WBS 时，应由（　　）负责完成较低层级的交付成果分解并列出工作包。

A. 项目经理　　B. 子项目经理

C. 可交付成果负责人和具体执行者　　D. 项目管理办公室

5. （　　）是项目团队与客户之间确定项目目标和主要交付成果而达成协议的基础。

A. 项目计划书　　B. 项目合同

C. 项目范围说明书　　D. 项目章程

6. 项目范围确认应在（　　）进行。

A. 项目竣工时　　B. 项目每个阶段验收时

C. 项目招标时　　D. 项目启动时

7. 项目范围确认通常采取（　　）方式，对每一项内容进行检查，确认项目范围是否恰当，最终做出接受或修改该范围的决定。

A. 项目范围检查表　　B. 问卷调查

C. 专家判断　　D. 头脑风暴

8. 项目范围变更管理的主要工具是（　　）。

A. 项目范围审查　　B. 变更控制流程

C. 项目需求调查　　D. 项目决策

9. 项目决策者收到项目范围变更申请后，需要与（　　）比较以判断范围变更的程度。

A. 项目章程　　B. 项目范围说明书

C. 工作分解结构　　D. 项目范围管理计划

10. 新上任的项目经理为了完成项目范围说明书，要为项目制定 WBS，他首先应（　　）。

A. 确定项目主要交付成果　　B. 明确主要任务

C. 确定主要交付物的构成　　D. 估计交付成果的成本

二、多项选择题

1. 创建工作分解结构的过程中，通常应注意以下哪些事项？（　　）

A. 各个下一级可交付物对于上一级交付物是充分必要的

B. 分解后的活动应是可管理、可定量检查、可分配任务且独立的

C. 每一项工作都可以由多人来完成

D. 各个活动的层级和位置表示工作间的联系、实施或完成的顺序

2. 工作分解可以采用以下哪些基准进行分解？（　　）

A. 以项目主要可交付成果进行分解

B. 以项目生命周期各阶段进行分解

C. 以项目包含的子项目进行分解

D. 按照项目工作量大小进行第一层分解

3. 工作包的详细程度因项目大小与复杂程度而异，通常遵循的原则是（　　）。

A. 8/80 原则　　B. 报告期原则

C. 有用原则　　D. 定量化原则

4. 项目范围说明书应包括以下哪些内容？（　　）

A. 产品范围描述　　B. 可交付成果

C. 产品验收标准　　D. 项目的除外责任

5. 项目范围变更的可能原因是（　　）。

A. 最初技术或人力计划错误　　B. 客户需要变化

C. 项目或环境情况变化　　D. 政府法令的变更

6. 采用项目范围变更流程的优点是（　　）。

A. 过滤掉不合理的变更需求　　B. 预算分配及使用可以跟踪

C. 实施责任清晰　　D. 加快变更决策速度

三、判断题

1. 工作分解结构明确了各项工作与整个项目产出结果的关系，基于工作包安排人员

和资源，实现了项目组织与工作的对接整合，也便于对项目工作加以监督。（　　）

2. 基于工作分解结构，项目管理者容易估算成本和时间，提高了估算的准确性，有利于制定合理的项目计划。（　　）

3. 对于复杂的大型项目，项目经理要保持工作分解结构的稳定性。（　　）

4. WBS 中各个活动的层级和位置表示工作间的联系，也表示实施或完成的顺序。（　　）

5. 确认范围侧重于检查可交付成果的正确性及是否满足质量要求，该过程早于质量控制过程，或二者同时进行。（　　）

四、简答题

1. 为什么说项目范围变更控制不力容易导致项目失败?

2. 界定项目范围对制定项目计划有什么影响?

五、应用分析题

某学校决定装修学生活动中心，总面积约 1 000 平方米，包含多功能厅、化妆室、音控室、舞台。由你担任项目经理，请为该项目创建工作分解结构，至少分解出四个层级。

06

Chapter

第6章

项目进度管理

本章主要内容

- 项目网络技术
- 关键路径法
- 项目网络计算技术
- 总时差与自由时差
- 项目赶工与成本的关系
- 进度计划的分级管理

引入案例　C919 雄关漫道蓝天路

C919 是我国第一个市场化的窄体干线客机项目，由中国商用飞机有限责任公司于 2008 年开始研制。C 是 China 的首字母，第一个“9”寓意天长地久，“19”代表最大载客量为 190 座，标准配置为 168 座，为短程到中程的航线设计，学名“中短程双发动机窄体民用运输机”。项目初期，公司制定了雄心勃勃的推进计划：2012 年底完成详细设计方案，开始全面试制；2013 年底至 2014 年上半年，整机组装下线；2014 年下半年实现首飞；2016 年完成适航取证并投放市场。

项目实行“主制造商-供应商”发展模式，国内 200 多家企业、36 所高校、数十万产业人员参与了研制，16 家材料和 54 家标准件制造商成为项目的供应商。霍尼韦尔、CFM 国际公司等跨国巨头成为机载系统供应商，与中国企业合资组建了航电、飞控、电源、燃油和起落架等 16 家公司。

C919 配备 CFM 国际公司生产的发动机 LEAP-1C，发动机吊舱和推力反向器来自 Nexcelle 公司。轮胎采用米其林 Air X 子午线轮胎，机头雷达由中航工业天津公司制造，机头由中航工业成都公司制造，机尾及垂尾由中航工业哈尔滨公司制造，中心翼盒、外翼盒、翼段、副翼由中航工业西安公司制造，前机身和中后机身由中航工业洪都公司制造，前缘襟翼与后缘襟翼由中航工业昌河公司制造。中航工业上海公司为第一生产线和总装厂，洪都公司为拟定的第二生产线和第二总装厂。飞机在上海完成设计和总装，国产化率约33%，估计首航时国产化率提升至约50%，2025年后超过90%。

2009年12月25日，机头工程样机主体结构在上海正式交付。2013年10月17日，首架机的前机身在南昌航空城开铆，中后机身部段装配研制工作陆续开始。2014年7月31日，机头部段在中航工业成飞公司装配下线。2014年9月19日，在上海浦东总装基地，前机身与中机身的机体对接成功。2015年7月22日，CFM国际公司交付首台LEAP-1C发动机。

2016年4月10日，首架机从浦东总装基地移转至中国飞机强度研究所上海分部，启动全机静力试验。全机静力试验即检测飞机主体结构够不够结实，使用静力试验机去压它、拉它，检测飞机的结构强度极限，是一种破坏性试验。2016年12月25日，首架机在系统集成试验、静力试验、机上试验、试飞准备等几条主线稳步推进，进入首飞前冲刺阶段的全机地面共振试验和模态耦合试验。

2017年3月，首架机在上海浦东国际机场完成第一次全过程低速、中速、高速滑行试验。低速是每小时55公里以内，高速指每小时170公里以上。2017年5月5日，C919在浦东国际机场成功首飞，在上海及江苏启东空域试飞70分钟。波音公司、空客公司发函祝贺。9月28日，第二次试飞2小时46分钟。11月10日，转飞西安阎良机场，初步验证性能满足设计要求，达到预期的稳定运行状态，将展开后续研发试飞与适航取证工作。

2017年12月17日，第二架C919飞机在浦东国际机场成功试飞2小时。2018年7月12日，从上海转飞到山东东营胜利机场。10月27日，从山东东营胜利机场转飞到南昌瑶湖机场。主要承担动力装置、燃油及惰化系统、电源系统、环控系统等地面试验验证和试飞科目。

2018年2月6日，中国商用飞机公司的市场营销部负责人在新加坡航空展期间对记者说，C919客机将在3～4年内获得中国认证，2021年向中国东方航空公司交付首架。

2018年12月28日，第三架C919飞机在浦东国际机场完成首飞，转场西安阎良，承担颤振、空速校准、载荷、操稳和性能等科目的试飞。

2019年8月1日，第四架C919飞机完成首次试验飞行。主要承担航电系统、起飞着陆性能、自动飞行系统和自然结冰等相关科目的试飞任务。

2019年10月24日，第五架C919飞机在浦东国际机场试飞，主要承担高温、高寒等特殊气象条件，以及环控、客舱系统、电源、全机排液等相关科目的试飞任务。

2020年2月23日，第六架C919飞机从上海浦东国际机场飞抵东营试飞基地，主要承担验证客舱、照明、外部噪声等相关科目的试飞任务。标志着迎来“6机4地”大强度全新试飞阶段。

2020年6月28日，C919飞机从山东东营胜利机场飞抵新疆吐鲁番市，开展为期一个月的高温专项飞行试验。

资料来源：https://baike.sogou.com/v827881.htm?fromTitle=C919.

在项目进度、质量和成本三个主要目标中，进度信息对每个项目利益相关者都是透明的，项目进度提前还是延误，项目干系人都能清楚地知道。关注项目进度信息有多方面的原因：一是合同交付期限的刚性约束。对于有明确客户的项目，项目合同规定了交付时间及违约责任。二是市场竞争压力的驱使。例如，竞争对手实施了同类型项目，潜在客户对项目产品需求时间有要求。三是资本市场的要求。对于上市公司而言，项目投资计划和进度信息要在公司年报中披露，按期完工是履行对投资者的承诺，重大项目的进度信息可能影响股票价格。四是普遍存在的各种献礼工程和庆典项目使抢进度成为习惯，项目经理面临的头等大事是实现进度目标。

管理的首要职能是制定计划，合理的进度计划是进度管理和控制的依据。有些项目在计划还不清晰时就热情高涨地开工，幻想破灭后一片混乱，寻找责任人，惩罚无辜者，再提拔一些非参与人，重新定义项目并制定详细计划，造成很大浪费。进度管理的主要内容是，采取适当的方法和工具制定进度计划，根据不同管理层和实施层控制进度的需要分级编制与管理进度计划，建立保证进度计划执行的奖惩制度，配置合理的项目资源（人员配置、材料采购和资金筹措等）。为项目创造良好的实施环境，实施过程中及时收集进度执行的信息，发现进度偏差后及时做出决策并采取纠偏措施。

项目进度计划在项目工作分解结构基础上定义了所有活动的逻辑关系，说明每一项工作必须在何时完成和每一项任务所需的时间。项目进度计划要为项目提供最佳的时间安排，以最小的成本和最少的资源完成项目，达到设计质量标准并减少项目风险。一个可行的进度计划应满足完工时间的约束，预测在不同时间所需的资金和资源，有助于项目任务按顺序进行，保证项目按时完工。制定进度计划是一个循序渐进的过程，包括定义活动、活动排序、估算活动时间等。

6.1 定义活动

定义活动是识别和记录为完成项目可交付成果而采取的具体行动的过程，主要作用是将工作包分解为进度活动，作为进度估算、规划、执行、监督和控制的基础。定义活动的主要依据是项目管理计划、组织过程资产和事业环境因素，主要工具和技术有专家判断、分解、滚动式计划和会议等，该过程要在整个项目期间开展。

定义活动的主要输出是活动清单、活动属性、里程碑清单和变更请求等。

活动清单包括每个活动的标识及工作范围详述，使项目团队成员知道需要完成什么工作。

活动属性是指每项活动所具有的多重属性，用来扩展对活动的描述，随时间而变化。在初始阶段，活动属性包括活动标识、WBS 标志、活动名称；在活动属性编制完成时，可能包括活动描述、紧前活动、紧后活动、逻辑关系、提前量和滞后量、资源需求、强制日期、制约因素和假设条件等。活动属性可用于识别开展工作的地点、编制项目日历及项目活动类型，还可用于编制进度计划。实践中，可利用项目活动属性表（见表 6－1）这一工具来记录活动属性的具体活动。

表6-1　项目活动属性表

项目名称：ERP实施项目　　　　准备日期：9月10日

编号	2.1.3	活动名称	人力资源基础数据收集		
工作描述：收集完整、准确的人员基础数据，包括个人信息、岗位信息、薪酬信息。					
紧前活动	逻辑关系	时间提前或滞后量	紧后活动	逻辑关系	时间提前或滞后量
数据采集模板	完成-开始	+1天	数据甄别	完成-开始	-3天
资源需求：人力资源人员和文秘		技能需求：熟练使用办公软件		其他需要的资源：	
人力投入的类型： 各部门文秘按照模板要求采集本部门员工数据，必要时寻求人力资源部协助。					
执行的地点： 各部门完成采集，汇总后报人力资源部审核。					
强制日期或其他约束： 各部门5日内完成采集，人力资源部10日内完成全部数据审核。					
假设： 审核资料时能够获得相关证明材料。					

里程碑是项目中的重要时点或事件，里程碑清单列出了项目的所有里程碑，并指明每个里程碑是强制性的（如合同要求）还是选择性的（如依据历史信息确定的）。里程碑本身不需要消耗时间，因此，里程碑持续时间为零。

定义项目基准后，在可交付成果细化过程中如发现原本不属于项目基准的工作，应修改交付日期或其他重要的进度里程碑，通过变更控制流程进行审查和处理。当然，在批准进度活动变更后，要对成本基准做出相应的修改。

6.2　活动排序

活动排序是识别和记录项目活动之间关系的过程，主要作用是定义工作之间的逻辑顺序，以便在既定的项目制约因素下获得最高效率。活动排序旨在将项目活动列表转化为图，作为创建进度基准的第一步。项目活动排序的输出结果是项目进度网络图，该过程要在整个项目期间开展。

1. 确定依赖关系

项目活动之间的依赖关系可能是强制的或选择的、内部的或外部的，这四种关系可以进行组合。

强制性依赖关系（mandatory dependency）是法律或合同要求的或工作内在性质决定的依赖关系，往往与客观限制有关。如产品需求分析完成后才能进行详细方案设计。强制性依赖关系是严格确定且不可调整的，又称硬逻辑关系。项目团队应明确哪些关系是强制性依赖关系，并注意不要将其与进度制约因素相混淆。

选择性依赖或自由依赖关系又称首选逻辑关系、优先逻辑关系或软逻辑关系，基于最佳实践或项目的特殊性对活动顺序的要求来创建。如装修一间会议室，给排水系统与电气系统没有依赖和制约关系，也不竞争同一种资源，但从普遍的实践来看，习惯于优先安排给排水系统施工。选择性依赖关系影响总时差，限制后续的进度安排，如果打算快速跟进则应审查相应的选择性依赖关系，决定是否调整或去除。

外部依赖关系是项目活动与非项目活动之间的依赖关系，这种关系往往超出项目团队的控制范围和能力。如供应商在材料配送环节出现失误，导致依赖这些资源的活动被推迟。

内部依赖关系指项目活动之间的紧前关系，通常在项目团队控制之下。如产品组装完毕才进行测试，这是一个内部的强制性依赖关系。

2. 紧前关系绘图法

紧前关系绘图法（precedence diagramming method，PDM）也称前导图法，是创建进度模型的一种技术，用节点表示活动，用一种或多种逻辑关系连接活动，以显示活动的实施顺序。在进度计划的逻辑路径中，紧前活动是排在某个活动之前的活动，紧后活动是排在某个活动之后的活动。PDM 包含下面四种逻辑关系。

- 完成-开始关系（finish-start，FS）：紧前活动完成，紧后活动才能开始，紧前活动未完成则后续活动不能开始。如电脑硬件装配（紧前活动）完成后，才能开始安装操作系统（紧后活动）。FS 是最常见的逻辑关系类型。
- 完成-完成关系（finish-finish，FF）：紧前活动结束，紧后活动才能完成。如设计审批（紧前活动）完成后，计划编制任务（紧后活动）才可以完成。
- 开始-开始关系（start-start，SS）：紧前活动开始，紧后活动才能开始。如开始道路沥青铺设（紧前活动）之后，才能开始压路机碾压（紧后活动）。
- 开始-完成关系（start-finish，SF）：紧前活动开始，紧后活动才可以完成。只有启用新版系统（紧前活动），才能关闭旧版系统（紧后活动），SF 是项目中最少见的逻辑关系。

节点活动法（activity-on-node，AON）是紧前活动法常用的一种展示方法。节点包含如下信息（见图 6－1）：活动编号（identification）、活动描述（activity description）、最早开始时间（earliest start date）、最早结束时间（earliest finish date）、最晚开始时间（latest start date）、最晚结束时间（latest finish date）、活动持续时间（activity duration）、时差（slack）。箭线表示活动间的逻辑关系，箭头表示活动流向，表明活动之间是如何相关的及完成的次序。AON 网络图绘制简单，没有虚线，产生逻辑错误的可能较小。更适合用计算机进行绘制、计算、优化和调整，主流项目管理软件采用了节点活动法。

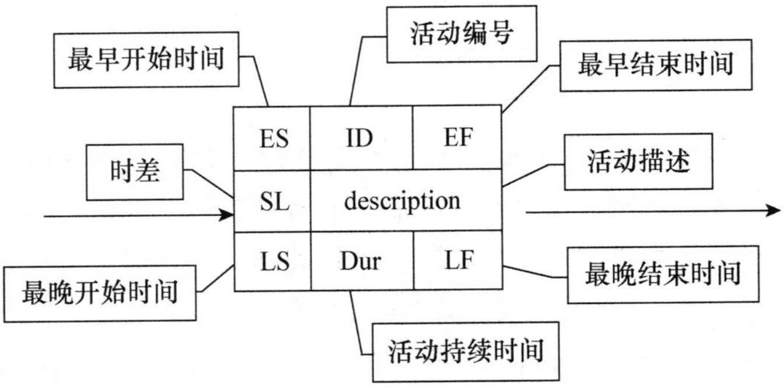

图 6－1　AON 网络图中节点包含的信息

3. 提前量（lead）和滞后量（lag）

提前量指相对于紧前活动，紧后活动可以提前的时间量。利用提前量来提前开始紧后活动，利用滞后量来推迟紧后活动。使用提前量和滞后量不改变活动的逻辑关系。项目经理应明确哪些依赖关系中需要加入时间提前量或滞后量，以便准确地表示活动之间的逻辑关系。如新建报告厅项目，绿化工作可以在尾工清单编制完成前 1 周开始，这就是带 1 周提前量的完成-开始关系。滞后量是相对于紧前活动，紧后活动需要推迟的时间量。如市政广场建设项目，绿化施工可在土地平整开始后 5 天内栽种植物。这就是带 5 天滞后量的开始-开始关系。

图 6-2 表示确定约束条件滞后的 5 种方式。图 6-2（A）是完成-开始关系，B 活动可以最早在活动 A 完成 n 天后开始。滞后可能是由于资源限制或者出于对风险的考虑。如粉刷完墙面后，需要观察油漆质量是否合格，如果采取补救措施则利用脚手架施工，因此，脚手架不急于拆除，3 天后如没有质量问题就可以拆除了。当 $n=0$ 时，滞后量就消失了，变成了一般网络关系。

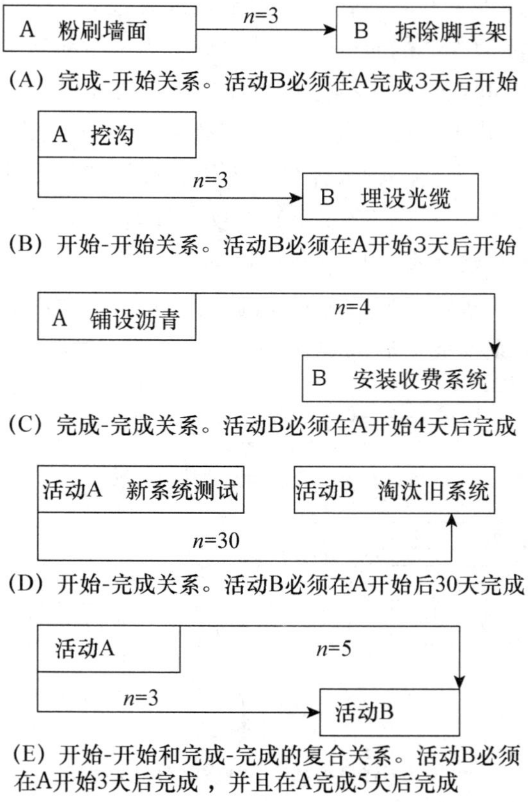

图 6-2　滞后的 5 种方式

滞后可能是由资源限制导致的，假设 A 活动的完成时间是 2 月 15 日，资源部门原来承诺 B 活动需要的设备 2 月 16 日送达，保证 B 活动正常实施。由于设备管理环节失误，设备将提前 6 天送到现场，如果不接受并投入使用，该设备将被调配到其他项目，2 月 16 日无法调回来。虽然从理论上说，A 活动不完成 B 活动不会开始，但多数项目经理会提前接受设备并尽可能地使用。这样就会造成 B 活动开始的时间是 2 月 10 日，此时的滞后量为−6。

图 6－2（B）是开始−开始关系。B 活动可以在 A 活动开始 n 天后开始。滞后的产生可能是由于前置任务时间较长，如在长距离的管道作业中，后继活动一般不需要紧前活动全部完工就可以开始。挖沟进行 3 天后就开始铺设光缆活动，这样就把原来连续进行的活动关系改变为某些时间内的平行关系（SS），有利于加速项目进程。

图 6－2（C）完成−完成关系。活动 B 最晚可以在活动 A 完成 n 天后完成，如某停车场建设项目，铺设沥青活动 A 完成后，开始安装收费系统活动 B，并最晚在 4 天后完成。

图 6－2（D）开始−完成关系。指 B 活动最晚可以在 A 开始 n 天后才能完成，如淘汰旧系统在新系统测试 30 天后才能完成。

图 6－2（E）是开始−开始和完成−完成的复合关系。B 活动在 A 活动开始 3 天后才可以开始，并于 A 活动完成 5 天后才能结束。如果 A、B 活动的工期都是 15 日，则 B 最早结束时间为 20 日（15＋5），最早开始时间为第 3 日，最晚开始时间为第 5 日（20－15），也就是存在 2 天时差。这也表示即使在活动内部可能存在时差，A、B 之间也存在 5 天的滞后时间。时差是测量活动内部的时间，而滞后则是测量活动与活动之间的时间。

如果前置任务完成时间很长，后续工作不需要前置工作全部完成就可以开始，实际工作中往往把前置活动分为若干阶段，使得后续工作可以尽早开始，这种做法称为阶梯化。如铺设 150 米自来水管道，主要工程大体分为挖沟、布管和恢复路面三项任务，它们之间存在逻辑关系，应依次完成，见图 6－3（A）。实际工作中不需要把壕沟全部挖完才开始布管，可以挖 50 米后就开始布管，接下来，挖沟和布管可以并行作业。恢复路面也不需要等到布管完成，布管 50 米后就可以掩埋壕沟，见图 6－3（B）所示。阶梯化作业方式把活动关系从完成−开始关系变成了局部的开始−开始关系，大大节约了时间。

(A) 自来水管道铺设的活动关系

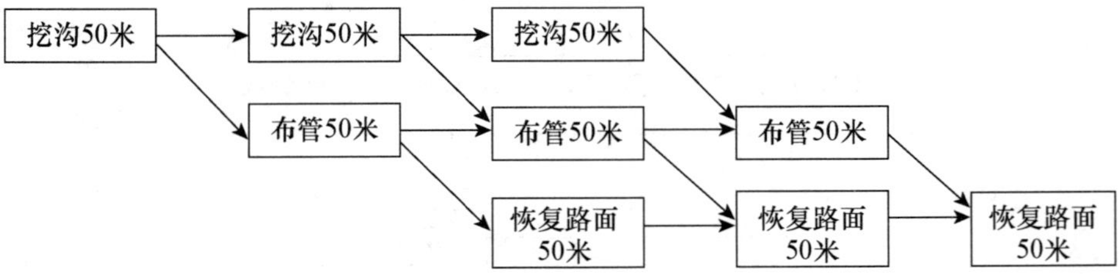

(B) 自来水管道铺设活动的阶梯化

图 6－3　自来水管道铺设活动的改进

6.3　估算活动时间

估算活动时间（estimate activity durations）是根据资源估算结果，估算完成单项活动所需工作时间的过程，要确定每项活动所需花费的时间量。估算时间依据的信息包括工作范围、所需资源类型和技能水平、估算的资源数量和资源日历。估算工作应由最熟悉具体活动的个人或小组提供所需的各种数据。

完成一项活动的时间与投入该活动的资源量（人工、设备和费用）有密切关系，也与工艺或技术进步因素有关。在估算时间前，必须确定投入的资源数量与质量。如教室墙面粉刷一遍所需时间，一个粉刷工人需 4 小时，2 个工人一起工作 2 个多小时就够了。然而，根据收益递减规律，资源增加未必使时间成比例地降下来，当工人增加到 4 人时，可能因分工和界面管理问题浪费时间，1 小时内一般完成不了。

增加人员对劳动密集型项目活动的完成时间影响明显，但对知识密集型的活动影响可能不大。如研发通信设备需要克服一个技术难题，现有的工程师已经研究了较长时间，增加人员数量无助于缩短工期，甚至因为要指导新人导致更多延误。

很多项目受场地限制只能容纳一定数量的人员和设备，无法依赖增加资源来缩短时间，此时可以考虑采用效率更高的设备。如工人粉刷墙面改用先进的喷涂设备，隧道挖掘作业采用盾构机比人工方式快得多。

人力资源是专职还是兼职对活动时间也有较大的影响。专职人员由于投入了全部精力，其产出效率更高，而兼职人员承担同样的工作所需时间更长。

工作时间受多种因素影响，估算结果的精确度是相对的，为了减少误差最好由承担该任务的人员参与估计，他们的经验有助于提高时间估算结果的准确性。在条件允许的情况下，最好采取多种活动时间估算方法，便于相互验证。常用的时间估算方法有如下几种。

1. 类比估算法

这种方法是根据以往类似活动或项目的历史数据，来估算当前活动或项目的持续时间或成本的技术。类比估算法以过去项目的持续时间、预算、规模、重量和复杂性等参数值为基础，来估算新项目的同类参数或指标。这种方法很粗略，误差较大，常在项目信息不足时使用。项目特点、估算人员的经验及项目活动的相似性是影响估算结果准确性的主要因素，项目环境的影响也很重要。工程项目采用类比估算法计算时间的误差可能不会太大，而技术创新型项目的时间估算很困难，实际完成时间可能与预测值差别很大。比如估算开发一款 5G 移动通信设备的历时，要比估算一座立交桥建设的历时困难多了。

2. 参数估算法

参数估算法是基于历史数据和项目参数，使用某种算法来计算成本或持续时间的估算技术。利用历史数据之间的统计关系和其他变量，来估算诸如成本、预算和历时等活动参数。估算结果的准确性取决于参数模型的成熟度和基础数据的可靠性。参数估算法可以针对整个项目或项目的某个部分，也可以与其他方法结合使用。

下面是一个工程项目的时间估算公式，根据劳动定额、预算定额、操作方法、活动的工作量、投入的资源量（工人数、机械台数和材料数量等）等来估算活动持续时间。

$$T=\frac{Q}{R\cdot S\cdot N}$$

式中，T 为活动持续时间；Q 为活动的工作量；R 为投入的资源量（工人数、机械台数和材料数量等)；S 为产量定额，即单位时间（工日或台班）完成的工程量，可按本单位的实际或查定额确定；N 为工作的班次（一天三班、二班还是一班）。

3. 三点时间估算法（three-point estimate）

在采用新工艺、新方法等缺乏经验且无定额可循的项目中，很难准确估计活动历时，需要确定乐观历时、悲观历时和最可能的历时。乐观历时假定一切工作按计划进行，只遇到最少困难；悲观历时假定一切全不按计划进行，且最大量的潜在困难都将发生，这两种情况发生概率都很低。最可能的历时是经理们认为最常发生的情况，假设前置活动正常完成的情况下后续活动的历时。

在现实生活中，悲观历时和乐观历时一般不呈正态分布，而是符合不对称的 β 分布，表明某一历时出现的可能性更高一些。一个活动的乐观历时可能在均值附近的一个标准差范围内，而悲观历时可能离均值有三四个标准差。比如完成一项玻璃幕墙安装任务，期望的正常历时是 5 天，如果天气良好、所需资源充足，可能 4 天就够了；恶劣天气、材料不配套和人员离职等因素会使工期延误，但最迟不会超过 12 天。即历时分布是 4～12 天，乐观历时和悲观历时并不对称。

为了将三个时间合并为一个时间期望值，必须做两个假设：一是在 99％置信区间内，活动历时的标准差 δ 等于历时范围的 1/6，观测值应在均值左右各 3 个标准差的范围内。二是活动所需时间的概率分布符合 β 分布。活动期望历时的计算公式如下：

$$Te=\frac{a+4m+b}{6}$$

式中，Te 为活动的期望历时；a 为活动历时的最短（乐观）估计；b 为活动历时的最长（悲观）估计；m 为活动历时的最可能（正常）估计。

构建 PERT 图时把 Te 作为活动时间，用这种方法获得的最佳估算时间有很大的不确定性，比较下面两种情况，后一种情况具有更多的不确定性，需要注意对时间期望值的风险评估。

需求分析 A：最可能的历时 5 天，乐观历时 4 天，悲观历时 6 天，期望历时 Te 为 5 天；

需求分析 B：最可能的历时 4 天，乐观历时 3 天，悲观历时 11 天，期望历时 Te 为 5 天。

项目活动历时估算结果受多种因素影响，如估算人员的经验、专业技术水平，项目不确定性和复杂性，采用的估算方法是否科学合理等。此外，还应考虑有效工作时间、自我保护心理、法定节假日等的影响。

（1）有效工作时间。在前面历时估算时，没有考虑时间的损失和浪费，而是基于理想状态进行的，即假设劳动力在工作时间内将全部精力都投入项目活动。事实上，员工心理波动和生理不适都会降低生产效率，增加实际时间的消耗，必须考虑有效工作时间和自然时间的差异。

时间浪费的可能原因有：一是非项目活动消耗时间，如员工接打私人电话、如厕、抽烟等；设备、机器保养等。二是兼职人员除了项目任务外还承担了部门工作，不能全身心投入项目。三是工作时产生的冲突和摩擦。四是必要的沟通占用一些时间，如会议、检查、审批等。五是员工技能熟练程度，不熟练的工人完成同样的工作量要花更多时间。工作中出现差错或突发事件等也会对项目时间产生影响。经验统计结果发现，工作效率通常在66%～75%之间。考虑到这些因素，应给予活动历时适度的富余量。

（2）自我保护心理。承担项目任务的员工为了避免时间紧张无法完成，可能在正常时间估算基础上增加一个比例，为自己留下弹性。如领导层认为员工总爱偷懒，往往会简单地把项目成员估算的工作时间一律减少一定比例，如20%。如果你估计编写一个软件需要花80小时，你将怎么做呢？加上20%，报100小时，老板砍掉20%后刚好够用。当时间估算虚假现象蔓延时，项目经理就无法判断完成项目的真实时间了。

（3）法定节假日。各国对法定工作时间和休息休假有着不同的规定，多数国家是周六、周日休息，实施每周40小时工作制，但一些发达国家规定每周工作35小时，这将使得项目工期延长。

案例6-1

普洛斯公司工期估算的特殊因素

工业地产商普洛斯公司投资建设的工程项目分布广泛，从深圳到哈尔滨，各地区气候差异极大，成为影响时间估算的重要因素。某项目经理总结出当地气候特点：冬季从10月底持续到次年3月底，1月的平均温度在−9℃，最冷时可达−33℃，冻土层厚度一般为1.2米，最深的地方可达1.4米，积冰积雪到4月底。夏天气温高达34℃，昼夜温差可达16℃，在季节转换时日内降温可达20℃。根据气候特点，当地项目施工期从当年4月初到10月底，仅7个月。如果工期紧张，4月开工有可能当年完工。如果工期不紧最好在5～6月开工，避免在9月份以后开工。10月到次年的4月，不宜进行土方回填、基础施工、道路施工。冬季室内机电安装、装修等工作，作业效率下降约30%，有效工作时间减少40%，并且施工成本大幅增加，施工安全风险同步放大。根据多年项目经验，普洛斯公司总结出，在确定天津、北京等区域的项目工期时，相对于公司通常的工期数据，应至少增加2个月；沈阳、哈尔滨、长春等地的项目工期应增加4个月。

在南方，雨季对进度的影响是预防的重点之一。土方回填、基础施工、道路施工等应当尽量避开雨季。如果不可避免在雨季施工，应在场地内规划排水设施，避免土壤长期浸泡，以便在天气晴朗之后复工。另外，应提前完成正式道路的碎石层路基，作为施工道路使用，保证施工机械通行和材料的及时供应。

春节或农忙季节，农民工返乡对工程进度的影响也不小。在春节前要保证工程款及时支付，对于工期比较紧的项目，通过额外经济手段鼓励承包商包车接送农民工回家和复工。

6.4 制定进度计划

制定进度计划是分析活动顺序、持续时间、资源需求和进度制约因素，创建具有计划日期的进度模型，从而落实项目执行和监控的过程。制定可行的进度计划是一个反复进行的过程。基于获取的准确信息，确定进度模型中各个活动的开始和完成日期，并在批准后作为基准用于跟踪项目进度。编制进度计划需要审查和修正时间估算、资源估算和进度储备。一旦活动的开始和完成日期确定，就把项目人员指派到各个活动，项目人员确认开始和完成日期是否与资源日历存在冲突、是否与其他项目或任务存在冲突，确认计划的有效性。然后分析进度计划，确定是否存在逻辑关系冲突及资源平衡需求，在整个项目期间需要不断修订和维护项目进度模型，确保进度计划一直具有可行性。

6.4.1 关键路径法

进度网络分析是创新进度模型的一种综合技术，采用了关键路径法、资源优化技术和建模技术等。进度网络分析是一个反复进行的过程，一直持续到创建出可行的进度模型。

进度网络是一种可视化的进度管理工具，能够揭示项目的关键路径并合理安排计划中的各项工作，常用的网络技术有项目评审技术（program evaluation and review technique，PERT）和关键路径法（critical path method，CPM）。1958 年，PERT 技术在美国北极星导弹项目中得到应用，该项目有 3 000 多个承包人和上万项活动，运用 PERT 技术使项目节约了两年时间。美国海军提出应用 PERT 的条件是：项目所有任务必须清晰可见，遵循工作分解结构，能够以一种明确的方式放在网络中。网络中可以包括 100 个以上的事件，但不能少于 10 个或 20 个。活动时间估算必须有三方面依据，即由最熟悉活动的人所做的乐观、悲观和最可能的历时估算。

在美国海军发展 PERT 时，美国杜邦公司开发了 CPM，在修建和维护化学工厂项目中首先使用，并取得了时间大大缩短的良好效果。在不考虑资源限制的情况下，沿进度网络路径使用顺推法和逆推法，计算出所有活动的最早开始、最早结束、最晚开始、最晚结束日期，时间最长的路径就是关键路径，它决定着项目完成的最短工期。由此得到的最早、最晚开始和结束日期不一定是项目进度计划，只是把既定参数（活动持续时间、逻辑关系、提前量、滞后量和其他制约因素）输入进度模型后得到的一种结果，表明活动可以在此阶段内实施。关键路径法用来计算进度模型中的关键路径、总时差、自由时差等。

进度网络技术的优点体现在以下几个方面：一是网络图能清晰地展示出所有任务的依赖关系，便于监控需要高度协调的活动，从而保证整个项目顺利进行。二是网络图便于项目成员沟通，项目成员可以根据网络图尽快了解工作环境和内容，在离开项目团队时，可以为接替人员做出安排。三是方便组织进行资源安排，对工作人员进行统一调度，避免一个人被分配过多活动而超出负荷。四是在每个节点添加时间信息后，网络图中各个任务开始和结束的时间被确定，可以识别出关键活动和关键路径，这些活动必须按时完工，否则项目将无法按期结束。

PERT 和 CPM 都用关键路径来计算项目工期、最早和最晚时间以及时差。二者的最大区别在于以下几个方面：

- PERT 是面向事件而非面向活动的，这些项目除非在已经完成的里程碑处，否则无法确认项目的完成百分比，所以，客户常为已经完成的里程碑（即事件）提供款项。CPM 是面向活动的，在诸如建筑项目中，可以沿着活动路线确定完成百分比，按照完成百分比实现客户的清单。

- CPM 是针对确定性活动的方法，每个活动只用到一种时间估算值，活动历时估算的偏差作为计划内偏差来考虑，而 PERT 采用三点时间估算方法，是一种预先假设的随机偏差。
- PERT 常用于时间估算风险高的研发项目；CPM 常用于估算时间准确、资源依赖性较强及范围定义良好的项目，其不确定性较小且在一个地理位置实施。

采用 PERT 和 CPM 编制进度计划，一般分为 6 个步骤：

（1）进行工作分解，确定项目任务和活动。

（2）判断各个活动之间的相互关系，按照顺序把活动排列到网络图中。

（3）项目经理与直线经理审查网络图，确认活动的数量既不多也无遗漏，并且活动关系安排准确。

（4）确定网络中每个活动的持续时间，时间估算基于无资源约束假设，因为资源日历尚未确定。

（5）对关键路径上的活动进行初步调整。如果关键路径不满足日历需求，项目经理要调整活动的关系或要求直线经理压缩历时估算值。

（6）项目经理将资源日历分配给图中的每个活动，项目进度计划变成了有限制条件的计划。如果直线经理不能保证在需要的时间提供足够的资源就不能按日历时间执行，必须重新修改计划。实际上，很多公司竞标时都是基于无资源约束假设编制进度计划，签订合同后，根据公司资源限制情况修改进度计划，向客户提交正式的进度计划表。

下面通过一个粉刷教室的例子简单介绍绘制网络图的过程。假设项目需要完成 6 项任务，根据任务之间的关系绘制出网络图 6-4。

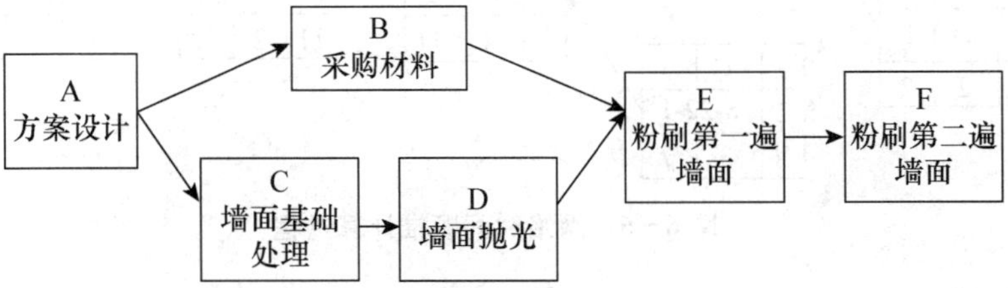

图 6-4　粉刷教室的活动网络图

这个简单的网络图包含 6 个节点和 2 条路径，每个节点表示一个需要完成的活动，节点之间按照逻辑关系通过箭头连接起来，路径分别是 A—B—E—F 和 A—C—D—E—F。从图中不难看出哪些活动是连续进行的，哪些是平行进行的。

串行活动。当两项活动存在前置和后继关系时称为串行活动或连续活动，如活动 A 方案设计完成后，开始活动 C 墙面基础处理，C 完成后开始活动 D 墙面抛光，串行活动是最简单的网络关系，它只需要连接按顺序发生的活动。

平行活动。两个以上活动如果可以同时进行称为平行活动。如 B、C 就是平行活动，项目中要有足够的资源保证 B、C 的需要。如资源无法同时满足多项活动，平行关系将被改变。

汇合活动。指有两个以上紧前活动的活动。如 E 活动必须等待 B、D 完成后才能开始，E 就是汇合活动。汇合活动的开始时间取决于紧前活动中历时最长的活动的完成时间。

发散活动。指有两个以上紧后活动的活动。如 B、C 都是 A 的紧后活动，A 就是发散活动。

6.4.2 时差

在网络路径上不延误项目完成时间或违反进度制约因素的前提下，进度活动可以从最早开始日期推迟或拖延的时间量，就是总时差（total slack）或总浮动时间（total float）。正常情况下，关键路径的总时差为零。在不延误紧后活动最早开始日期或不违反进度制约因素的前提下，某进度活动可以推迟的时间量，称为自由时差（free slack）或自由浮动时间（free float）。

1. 顺推计算

顺推计算的目的是确定每个活动的最早开始时间（ES）和最早结束时间（EF）。从项目网络中的第一个活动开始，以每项活动的最早开始时间为基础，顺着网络追踪每条路径，直到最后一个项目活动，将每个活动的所有前置活动的工期相加，可以推算出最早开始时间 ES。ES 加上活动历时就得出了最早完成时间 EF。网络时间顺推计算过程见图 6－5。

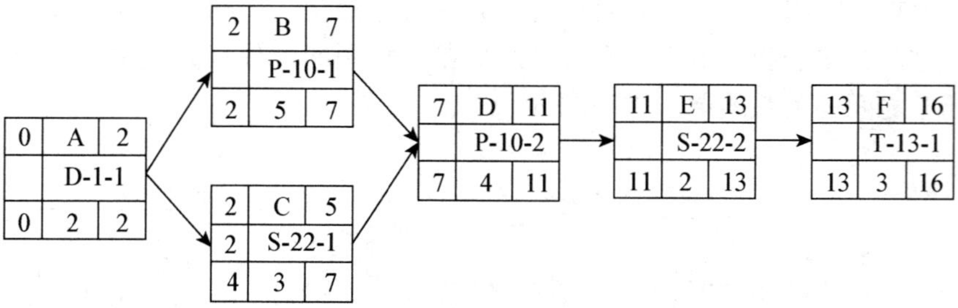

图 6－5 网络时间顺推计算过程

顺推计算的步骤：

（1）在网络的每条路径上加总时间，从第一个活动开始，确定最早开始时间后加上该活动历时，计算出最早结束时间，计算公式为 ES＋Dur＝EF。如项目启动时间为 0，A 活动的 ES 为 0，历时 Dur 为 2 天，则最早结束时间 EF 为第 2 日。

（2）将上个活动的 EF 带到紧后活动，作为它的最早开始时间。活动 A 的 EF 作为活动 B 和 C 的 ES，则 B 和 C 的 ES 为 2，计算出 B 的 EF 为 7，C 的 EF 为 5。

（3）如后继活动是汇合活动，则将紧前活动中数值最大的 EF 带到下个活动作为 ES。如 D 活动最早开始时间为 7。

图 6－5 网络中有两条路径：路径 A—B—D—E—F 长度为 16 日；路径 A—C—D—

E—F 长度为 14 日，前者为关键路径，其长度是完成项目的最短时间。

一个项目不一定只有一条关键路径，复杂的网络中可能有多条。如要缩短项目工期就需对每条关键路径压缩长度。实际工作中有些项目不是合理组织实施的，如某市地铁项目为了多获得投资，抢先完成非关键路径上的任务。

2. 逆推计算

非关键路径上的活动发生延误，不一定会造成项目工期延长，但它最多可以拖延多长时间而不威胁项目工期呢？回答这个问题需要用到逆推法，计算活动的最晚开始时间（LS）和最晚结束时间（LF）。逆推从项目目标完工日期（target completion date）开始，也就是网络中最后一个活动对应的完工日期。通常情况下选择的目标工期应与预计的项目工期相同，当项目不须在最早时间内完成时，也可以选择一个较大的数值。

逆推计算步骤如下：

（1）开始于项目终止活动，以最晚结束时间逆着路径减去活动历时，计算出最晚开始时间，公式为 LF－Dur＝LS。如活动 F 最晚结束时间为 16 日，活动历时为 3 日，则最晚开始时间为 13 日。

（2）将紧后活动的最晚开始时间作为紧前活动的最晚结束时间。将活动 F 的 LS（13 日）作为活动 E 的 LF。

（3）如紧前活动是分支活动，选择紧后活动中最小的 LS 作为它的 LF。活动 A 是发散活动，活动 B、C 最晚开始时间分别是 2、4 日，将 2 作为活动 A 的 LF。

3. 时差计算

完成了顺推和逆推计算后，图 6－6 中每个节点都标出了数值。活动 C 最早开始和最晚开始时间是不一致的，分别是 2、4 日，这意味着 C 的开始和结束日期有一个浮动范围，这个时间浮动就是时差。

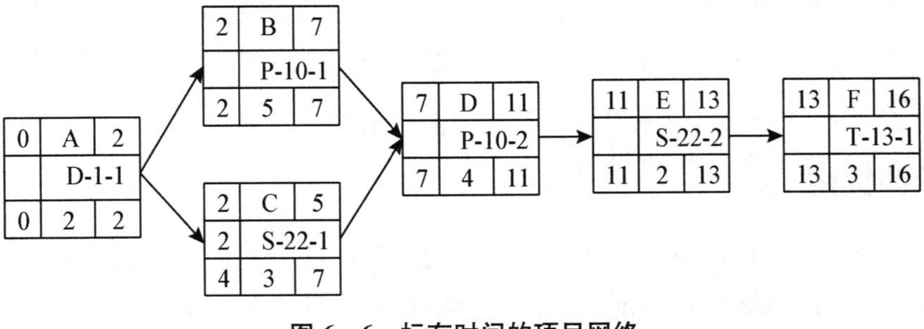

图 6－6　标有时间的项目网络

时差有两个计算公式：

SL＝LS－ES　或　SL＝LF－EF

活动 C 时差为 2 日（4－2＝2，7－5＝2）。

使用总时差不影响整个项目完工时间，但会影响后续活动的开工时间，总时差是由该路径上所有活动共有和共享的，如果使用了部分总时差，则后续活动的 ES 将相应推迟，这些活动的时差被压缩。关键路径上每个活动都没有时差，即总时差等于 0。一条路径上时差用完后就变成关键路径了。

时差使项目经理在安排稀缺资源（人员、设备）时有了弹性，是进行项目资源平衡的重要依据。由于关键路径缺乏时间弹性和浮动，要管理好关键路径上的活动资源。如果市场竞争压力或外来力量的干预促使项目必须提前完工，要判断关键路径上哪些活动的时间可压缩，争取在成本增加幅度最小的情况下缩短项目工期。

自由时差的计算公式：

自由时差＝紧后活动 ES－EF

使用自由时差不会引起紧后活动的最早开始时间变化，这是指向同一活动的各项活动总时差之间的相对差值。只有在两项或更多项活动指向同一活动时才存在自由时差，自由时差总为正值。活动 C 使用时差后不影响活动 D 的开始时间，所以，活动 C 的时差是自由时差。识别自由时差可以判断活动是否可以被推迟，如果没有自由时差，任何延误都会推迟紧后活动的开始时间，管理者必须通知紧后活动做出进度的调整。

有些情况下时差可能为负值：

- 项目进度计划太过于乐观，实际需要的时间延长了。
- 客户要求的结束日期提前。
- 项目执行过程中一个或多个活动向后推延了。
- 人力资源达不到技术水平要求。
- 项目所需的很多资源没有到位。

上述情况出现后可能导致时差为负值，意味着进度延误了，需要采取纠偏行动。

前面假定目标完工日期与最早预计完工日期相同，实际上两者会有不同，目标完工日期可以改为比较迟的日期，此时，时差就增加了。如将目标日期确定为晚于最早结束时间，各个活动的总时差都会增加同样的时间量（Ts-Te），关键路径上的活动也会增加等量的时差，其时差将不为零。但该路径上的时差数量在整个网络中最少，仍然是制约项目工期的关键路径。

6.4.3 资源优化

项目进度计划的执行需要一定数量和质量的资源，任何组织的资源都是有限的，编制进度计划时必须考虑资源条件，前面做出的进度计划假设不存在资源约束。这个进度计划可能会产生两个问题：一是项目所需资源不足，进度计划无法顺利实施；二是进度安排不合理，导致项目周期内多种资源负荷不平衡，资源闲置和浪费严重。

在编制初步的进度计划后，项目经理应根据实际资源状况加以适当调整，对于负荷不平衡的项目，通过调整项目活动的时间，使资源需求量维持在一个比较稳定的水平，降低资源使用成本；对于资源受限型项目，在不超过资源限度和不改变网络依赖关系的前提下，确定资源优先级并分配资源使项目延期最小。

1. 负荷不平衡的项目

一般而言，当项目中所需的资源数量比较稳定时，资源的利用率高，资源使用成本较小。反之，资源数量起伏变化大时，容易产生资源闲置与浪费，这种状况是大家不愿意看到的。在工期范围内适当调整进度计划，让每个时间段的资源利用水平尽可能平稳，可以降低资源使用成本。

进行资源平衡的思路是：利用项目活动的时差，调整非关键活动的开始时间，避免活动过度集中，以减少同一时间的资源消耗和使用量。操作步骤如下：

（1）在时差范围内，调整非关键路径上活动的开始和结束时间，使资源负荷达到平衡。

（2）减少非关键路径上活动的资源投入强度，即减少资源投入数量。

（3）修改活动之间的逻辑关系，重新安排施工，将资源投入强度高的活动错开。

（4）改变实施方案，采用高效率的措施，以减少资源需求数量。

（5）压缩关键路径上的资源投入，但这样做会影响总工期。

图 6-7 是某市政广场改造工程进度甘特图，主要任务有 6 项，关键路径是松土—修路—装灯—绿化，各个任务所需的工人数量标注在甘特图上。甘特图由甘特（Gantt）于 1917 年创建，它以横向线条表示一项活动，横向线条在带有时间坐标的表格中的位置表示各项活动的开始时间、结束时间，整个进度计划由一系列横向线条组成。利用项目管理软件绘制和修改甘特图很方便，如 MS Project 2016。

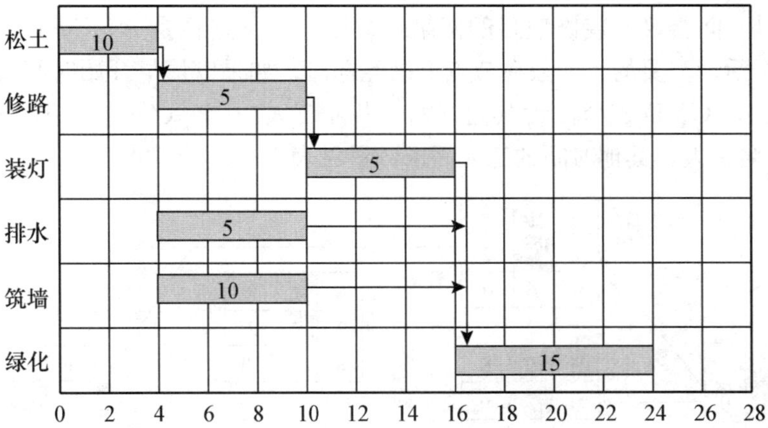

图 6-7　市政广场改造工程进度——资源负荷图

从图 6-7 可以看出，排水和筑墙两项活动有时差，最迟在 16 天完成就可以了。按照资源平衡的步骤，把筑墙活动延迟至 10 日开始，16 日结束，可使第 4～10 天的工人需求下降为 10 人（修路 5 人+排水 5 人），第 10～16 日的工人增加为 15 人（装灯 5 人+筑墙 10 人），见图 6-8。整个工期内前 10 天每天需要 10 人，第 10 天后增加为 15 人，直到项目结束不再变化。

经过资源平衡后，项目所需工人的峰值降低了，资源需求的波动变小了，提高了资源利用率，有利于控制人工成本。如果把工人换成其他资源如关键设备，资源平衡的方法和步骤是一样的。当然，资源平衡后也有不足之处，主要是整个项目的时差减少了，降低了进度控制的灵活性，项目延期的可能性增加。

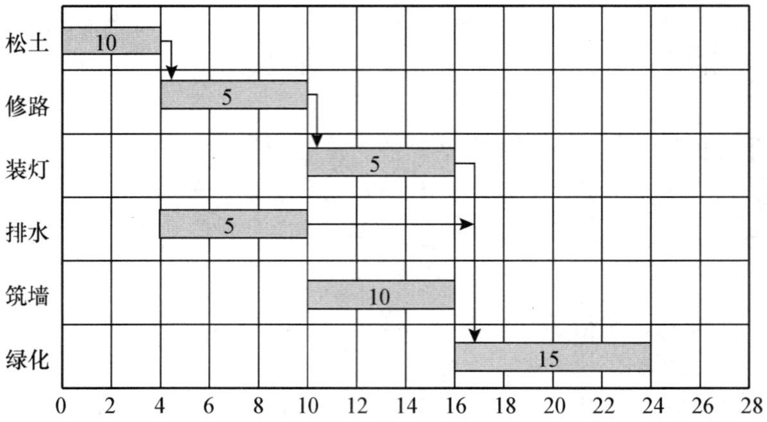

图 6－8　优化后的市政广场改造工程进度——资源负荷图

2. 资源限制型项目

有些项目组织的资源紧张，进度计划安排的各项活动对资源的需求无法满足，有些任务得不到资源而无法开展，项目经理应合理调整活动开展时间，使最大资源需求量不超出组织的资源总量。平衡资源的主要方法是利用时差调整非关键活动，使资源的使用时间错开。

图 6－9 是一间会议室装修项目的网络计划图，关键路径是 A—C—F—G，全部工期为 12 天，每个活动需要的工人数在节点上已经标出。如果以最早开始时间安排施工的话，第 3 天起将有 B、C、D 三个活动共同开始，共需工人 10 名（4＋4＋2），第 5、6、7、8 天分别需要 8 名工人，其他时间的工人需求数量见表 6－2。

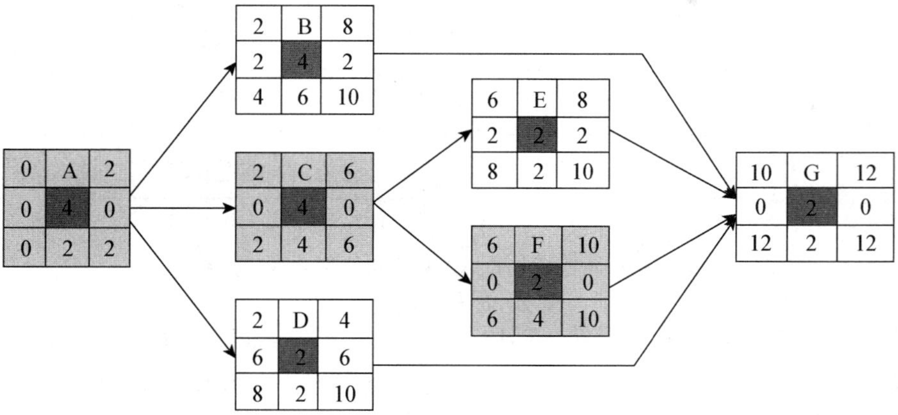

图 6－9　会议室装修项目的网络计划图

项目团队只有满足以上工人需要才能顺利开展各项活动。但是，装修公司签订了很多合同，大量的工人已经派到其他项目，只有 6 人可以安排在本项目工作，工人资源无法改变，项目经理只有重新安排实施计划才能保证每个活动都有工人（见表 6－3）。

资源受限型项目进行资源平衡的原则如下：

（1）在同时开始的活动中先确定时差最小的活动，保证这些活动的资源需求。时差小

表6-2　会议室装修项目的工人计划需求负荷表

单位：人

序号	工人	历时	ES	LF	时差	1	2	3	4	5	6	7	8	9	10	11	12
A	4	2	0	2	0	4	4										
B	4	6	2	10	2			4	4	4	4	4	4				
C	4	4	2	6	0			4	4	4	4						
D	2	2	2	10	6			2	2								
E	2	2	6	10	2							2	2				
F	2	4	6	10	0							2	2	2	2		
G	2	2	10	12	0											2	2
计划总资源负荷						4	4	10	10	8	8	8	8	2	2	2	2
实际资源限制						6											

表 6-3　会议室装修项目进度计划优化后的资源负荷

单位:人

序号	工人	历时	ES	LF	时差	1	2	3	4	5	6	7	8	9	10	11	12	13	14
A	4	2	0	2	0	4	4												
B	4	6	2	10	2			×	×	×	×	4	4	4	4	4	4		
C	4	4	2	6	0			4	4	4	4								
D	2	2	2	10	6			2	2	S	S								
E	2	2	6	10	2							×	×	×	×	2	2		
F	2	4	6	10	0							2	2	2	2				
G	2	2	10	12	0											×	×	2	2
总资源负荷						4	4	6	6	4	4	6	6	6	6	6	6	2	2
资源限制						6													

注:S表示时差。

意味着该活动时间弹性差，延误的风险可能性高，要优先保证关键活动的资源需求。

（2）如果具有相同的时差，先确定工期最短的活动的资源需求。

（3）如果具有相同时差和工期，则先保证最先开始的活动的资源需求。

根据上述原则修改后的进度计划和工人需求数量见表6-3。从调整后的结果看，每一天工人的需求量均未超过6人，这是可以得到资源支持的可行计划。资源平衡后的不利之处是各个活动的时差减少了，关键活动增加，工期从12日延长为14日。工期增加是项目资源不足造成的，而非项目经理主观不努力。现实中困难的是，没有充足的资源保障而要求实现既定的工期目标，项目经理就只能通过延长工作时间来解决了。

6.4.4 进度压缩

按照进度计划实施项目，项目经理可以从容调配各种资源，有利于实现项目进度、质量和成本的平衡，减少质量事故和安全事故等。如果发现实际进度与目标进度计划偏差过大，并且调整之后的进度计划不能满足目标工期要求，就必须采用缩短工期的技术手段。同时，很多项目存在抢工期的冲动，对进度计划产生巨大影响，项目经理被迫安排赶工，对成本带来较大的冲击，项目质量也受到严峻挑战。

缩短工期的常见原因有以下几个。

（1）强制收尾。在自然灾害、灾难、疫情流行等危急时期实施的救助项目，加快进度是普遍现象。如2020年1月23日，武汉市宣布建设火神山医院，规划建筑面积2.5万平方米，可容纳1 000张床位。经过中建三局、武汉建工、武汉航发和汉阳市政等7 000多名职工共同奋战，2月2日，火神山医院交付使用。一些献礼工程、庆典工程等也会导致强制收尾。

（2）市场竞争促使项目提前结束。如多家企业研制5G终端设备，早日进入市场有利于树立品牌，获得更多市场份额，企业和项目团队承受着巨大的竞争压力。如果发现竞争对手的产品能够提前上市，企业必然调整开发计划争取早日上市，以保持均衡的竞争态势。有时在新产品研发过程中，营销部门会提前开始市场宣传，消费者对产品功能和上市时间有了殷切期望，企业就必须不惜代价兑现上市承诺，延迟将声誉扫地。

（3）激励性契约促使早日交付。客户为了早日完工在项目合同中确定了激励性条款，根据提前完工情况对承包商予以奖励，承包商产生了提前交付的内在动力。如某工业鼓风机制造商承担了一家钢铁公司的高炉技术改造项目，工期为1年。钢铁公司希望早日投产，合同规定提前完工将从投产后产生的利润中拿出30%作为奖励。项目团队精心安排计划，合理分配资源，工期提前了20天，实现了双赢。

（4）前期工作延误导致后期赶工。项目早期阶段浪费了大量时间，实施阶段所剩时间不足，施工单位只能安排高强度的进度计划。这种现象在工程项目中表现得较为突出，因为前期项目设计、规划、审批、征地、拆迁、融资等事项涉及部门众多，时间无法控制，一个环节被卡住就拖延很久，待各种手续办理完毕，拿到开工证时离交付日期已经不远了。例如，某石油公司投资建设一座培训中心大楼，原计划2年时间完成，尽管规划、征地、审批等手续较顺利，但在挖掘基坑时发现了价值连城的唐代皇家珍宝，考古部门立即介入，经过半年多的文物挖掘后才恢复施工。此外，很多公路或市政道路建设工程，征地拆迁工作量大，耽误大量时间，为了在合同完工日期前通车，项目组赶工是相当普遍的。

（5）关键设备和人力调离。由于项目组的关键设备和人员被抽调到其他项目，剩余资源正常作业的话，无法按时完成工作量，项目组只能安排赶工。

（6）管理费用非常高。即使项目在时间安排上比较充裕，但是每天的管理费用高昂，为了节约成本项目团队有赶工的积极性。

在采取技术手段压缩工期时，必须有充足的备用资源以保证压缩后的工期目标能够实现，不影响质量和施工安全，且增加的费用最少。压缩工期需要技术手段、组织措施、经济措施和信息管理措施配套使用，力求优化后的工期目标可以实现，使项目的综合效益最大化。

案例 6－2

京东研发制造中心项目的赶工

2017 年 4 月，京东研发制造中心项目开工，中建公司负责承建。项目部先后多次组织召开赶工动员大会，传达赶工决心，项目部与分公司签订工期节点责任状，设置奖罚措施。施工过程中克服了政府审批复杂、冬季低温、雾霾、大风等影响，地下室结构封顶提前 17 天，主体封顶提前 34 天。

施工过程中，京东提出调整交付标准，由公共区域精装调整为全部精装，现场增加了分包装修单位 4 家，独立分包单位 7 家，分包单位增加到 21 家，总包管理难度增大。项目部设专人负责总包管理工作，每日召开进度协调会，每周召开进度总结会，制定赶工调整措施，每日跟踪落实。经过 2 000 余人的艰苦奋战，2018 年 12 月 30 日完成装饰装修施工，2019 年 1 月 31 日竣工验收，比合同工期提前 125 天，精装提前插入节省 180 天工期，累计为业主提前入驻节省工期 305 天。

资料来源：京东研发制造中心项目近日验收．（2019－01－24）．https://www.sohu.com/a/291196720_114731.

项目管理制度注重工期、成本和质量的平衡。FIDIC 编制的《土木工程施工合同条件》第 45 条对工作时间做出了严格规定："除合同中有相应的规定及下文规定的情况外，无工程师的同意，任何工程均不得在夜间或当地公认休息日时间内进行施工，但不包括抢救生命财产或为工程安全而不可避免地、或绝对需要在上述时间内施工的情况。"第 46 条关于施工进度条款规定："在承包人无任何理由要求延长工期的情况下，如工程师认为，本工程或其任何部分在任何时候进度太慢，而不能按预定的工程竣工期限竣工时，则工程师应将此情况通知承包人，而承包人应据此采取工程师同意的必要措施，以加快施工进度，使工程能在预定的工期内竣工。承包人无权要求对采取这些措施支付任何附加费用。如果为执行工程师按本条规定发出的指示，承包人有权要求工程师准许于夜间或当地公认的休息日进行任何作业。"

当遇到压缩工期要求时，项目经理应及时采取措施加快项目进度。一般可以选择如下办法：

（1）赶工。增加项目资源投入量，以最小的成本代价来压缩进度工期。赶工的例子包括加班、增加额外资源或支付加急费用等，来加快关键路径上的活动。为项目配置更多的劳动力、充足的材料和设备。很多项目受制于母公司资源不足或现场条件，无法调配更多资源或者项目中不能增加更多资源。如隧道挖掘工程，一个工作面只能安排一定数量的人员和设备，容纳不下更多人员。在新技术研发项目后期，补充人员无济于事，甚至会帮倒忙。加班是项目中常见的赶工方式，但加班的边际收益呈下降趋势，工作时间不是延长越多越好。

（2）改善工器具及设备，采取更好的技术方案，提高劳动生产率。采用产出效率更高的设备有助于任务更早结束，如人工操作设备换成自动化设备，零部件由自制改为外购。

（3）减小工作范围。在与客户协商一致的情况下，考虑减小部分工作范围以达到按期完工的目的。如在ERP实施项目中，部分业务功能的开发占用大量精力和时间，如能放弃一些不重要的功能可以节约很多时间。由于客户方有按期完工的动力，项目团队承诺验收后继续完成遗留任务，客户可能会做出妥协。

（4）将部分任务转移（如分包）。项目团队将不具有竞争优势的部分内容分包给其他专业机构，比自己完成更快一些。选择分包商应根据项目总体进度计划提前进行，而不能在项目时间所剩无几时再分包。如房地产的总承包商不擅长网络通信、电气化设备安装任务，应及时分包。

（5）将按顺序进行的活动改为并行实施。这种做法有较高的风险，尤其是当一项活动的失败会破坏其他活动的价值时。如产品研发还存在技术障碍时就进行促销工作，盲目提高顾客的期望可能造成不良后果。或者为了确保固定的竣工日期，在工程还没有完成原型设计时，制作商就开始采购原材料，如果这些材料与最终设计要求不符将很麻烦。

案例6-3

西安大唐电信有限公司新产品开发项目的改善

西安大唐电信有限公司在新产品开发项目中采取了串行管理方式，产生了很多问题。突出体现在测试人员参与较晚，在产品开发工作结束之后，测试人员才开始熟悉产品前期信息和技术方案，进行测试大纲和测试用例的规划与设计，按照用例开展测试实施和验证方面的活动。串行方式严重影响了项目工期，也给项目带来了更多的返工工作量。一方面，产品需求的可测试性没有提前分析，没有发现需求和方案存在的问题，许多问题在测试过程中暴露出来，增加了返工成本，影响了项目整体进度。另一方面，测试人员熟悉过程需要一定时间，必然影响测试阶段的策划和测试设计的质量，提供测试验证的结果将会拉长。发现问题越晚，返工的成本也就越高。为此，必须定义测试人员提前参与测试阶段之前的其他阶段的活动过程，避免上述问题影响项目的顺利进行。

为了改变串行开发存在的弊端，项目高层决定采取并行方法，按照不同专业在产品整体架构中的层级，并行开展各项产品开发工作，不再是下层平台开发完成后才进行上层应用业务功能的开发。安排高水平的系统设计工程师规划和设计各层级平台之间的耦合性和各自范围界面。由于每一层都集中了相同的技术专长，能够实现技术和资源的共享，从而产品开发周期整体上缩短。

进度变化与成本之间存在复杂的关系，进度加快或者放慢都可能引起成本增加。成本包括直接成本和间接成本。直接成本是用于项目任务的人工和材料等费用，这些费用可以分摊到某个具体的工作包，主要有人工成本、分包成本、设备费、材料费等。赶工引起直接人工成本增加和采购成本上升。间接成本是项目运营的必需费用，包括房屋租金、公用设施、办公费用、保险等，无法分摊到特定工作包甚至不容易分摊到特殊项目中。工期拖延将引起间接成本上升，并且材料涨价风险也增加。

图 6－10 中的项目总成本曲线呈 U 形，最低点对应的时间是项目最佳工期，即第 10 周完成项目的总成本最低。项目工期缩短或延长，总成本都将上升。

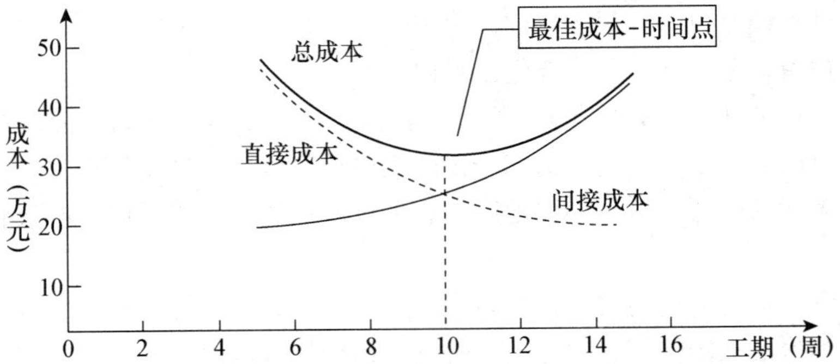

图 6－10 项目工期与成本关系

6.4.5 进度计划分级管理

项目进度计划应满足不同干系人对于进度管理的要求，项目决策层、项目经理、承建商、项目小组与团队成员对计划详细程度需求不同，实行进度计划分级管理极为重要。在项目工期确定后，应进一步编制一级总体进度计划、二级主进度计划、三级里程碑与控制节点计划、四级作业计划等，使每个干系人都有一份适合自己使用的进度计划。

1. 一级计划

一级计划是指项目总体进度计划，用来确定项目各阶段主要进度时点和主要活动，定义了设计、采购和施工的里程碑，是进一步编制各级进度计划的依据。一级计划首先确定项目起止时间，根据合同规定的工期确定项目开始与完工日期。对于企业内部进行的项目，下达工期目标后再确定起止时间。在工期内，根据项目中重大事件确定若干里程碑，每一个里程碑代表一个关键事件必须完成的时间节点，这也是最简单的进度计划和控制工具。里程碑活动是针对项目重要程度而言的，它可能在关键路径上也可能不在关键路径上。高层管理者和客户关注里程碑，不需要了解项目的详细过程。如果每一个里程碑如期完成，项目的工期目标就得到了保证。

在设定里程碑时，需要注意几个因素：一是客户为了更好地管理项目或实现项目价值，提出里程碑设置要求。二是结合项目特点和项目生命周期的要求，识别出有重大意义的事件而不是武断地确定若干事件为里程碑。三是有助于满足激发士气的需要。对于工期较长的项目，设置一些里程碑能使项目成员更好地了解进展情况，便于组织绩效考核和保持团队成员的工作热情。四是里程碑提供了一种时间安排和协调机制，确定了资源需求与供应的关键日期，有利于供应商安排资源供应。五是与项目过程评价相结合。项目进行过程中一般要进行多次评估，一般安排在一系列关键步骤完成的时点。

一级计划编制的原则是：

- 参考以往同等规模或同类型项目的进度计划。
- 紧密结合现有项目特性和总体方案。
- 根据投资方的总体目标要求来制定行动计划。
- 计划草案制定出来，通过高层与专家的沟通后作为一级总体进度计划。

例如，三峡工程时间跨度为 16 年，为了管理好工程进度，三峡总公司采取了分层级编制与管理进度计划的办法。三峡总公司按控制性总进度编制实施进度总计划，在此基础上，分项目编制年度、季度、月度计划。制定统一的工程进度编制办法，规范进度计划的编制工作，建立严格的进度会商和审批制度。承包单位编制施工周、日计划，得到监理认可后方可组织施工，以保证施工进度满足总进度要求。

2. 二级计划

二级计划即项目主进度计划，它是在一级计划基础上编制出的统筹网络计划，对设计、采购和施工等所有工作包进行统筹安排，进行流水施工和交叉施工的计划安排，侧重点在于项目全部任务的起止日期及资源安排方面的合理性。一般以月度形式提供给业主和业主代表、监理、设计和相关承包方及其基层管理人员，具体控制每一个分项工程在各个流水段的工序工期。

二级计划由业主控制的工程师编制，经项目经理审批后作为整个项目的控制基准。在工程项目中，二级计划是在项目经理组织下，由设计、采购、施工经理及计划、费用、材料工程师共同参与编制。

二级计划编制的原则是：

- 根据项目一级计划的目标分解来获取二级计划的目标。
- 通过与项目相关单位沟通与协商，确定项目各个阶段的时间。
- 要考虑一级计划的约束，如果二级计划与一级计划有冲突，需要向上反馈，与项目主管部门协商确定是否修改一级计划。二级计划又要考虑三级计划的支持，根据三级计划反馈情况局部修正二级计划的目标。
- 通过项目高层与专家的评审后，才能确定项目二级计划的目标。

3. 三级计划

三级计划是里程碑与控制节点计划，侧重于对人工、机具、材料等资源使用情况进行合理性分析和评价，是对项目基准费用曲线的具体验证。把工作包进行分解，定义活动关系，计算出活动起止日期，把活动所需人工、机具、材料等资源的预算通过项目管理软件进行加载，再进行资源的调配来确定具体的时间进度安排。三级计划是指导设计、采购和施工分包商制定具体实施计划的基本文件。

三级计划编制的原则是：

● 项目经理根据二级计划确定三级里程碑与控制节点计划的目标。

● 计划工程师通过与项目各个部门相关成员讨论来制定详细的实施计划。

● 三级计划是项目计划与资源计划的结合，如果与二级计划有冲突，需要向上反馈，项目经理和资源经理协商，确定是否需要申请修改二级计划。

● 三级计划通常是由承包商来制定的，并作为甲乙双方的合同计划目标，应特别慎重。

业主项目计划工程师编制业主范围内的三、四级计划。承包商编制合同范围内的三、四级计划，在规定时间内上报业主/监理审核，由其负责三级计划的更新及变更申请。

4. 四级计划

四级计划是详细进度计划，即项目具体的作业计划。项目进度计划被分解到全体成员身上，实现计划与人的结合，落实到操作层面，项目工作才能有条不紊地进行。作业计划以日计划或周计划的形式加以明确，决定了每个员工的详细工作安排，通常由计划管理人员随项目例会下发，并进行检查和分析。

四级计划编制的原则是：

● 四级计划应严格根据三级计划中的任务来分解，一般依据活动的过程顺序编制，也可以根据任务成果的分解来编制。

● 作业活动一般以分解到施工过程不可再分为原则，活动的持续时间可直接估计出来，活动所涉及的资源可清晰判断。

● 一般由承包商编制，通常是以滚动计划方式（3 个月或 6 个月）来实现计划的调整与下达。

● 滚动计划中，近期任务计划要求尽量详细，远期的可以稍微粗放一些，随着进度的推进不断滚动，更具有可操作性。

计划的详细程度决定了所需信息的丰富程度与编制的难度，在项目启动时编制一、二级计划比较容易，但三级计划需要花费较多的精力，四级计划的编制是一个滚动展开的过程，对于工期较长的项目，在项目启动时很难把详细的四级计划编制出来。可操作的办法是按照月度或周滚动展开，把当前周或月度的四级计划编制出来安排执行。进入下个月度或周后，根据项目实际情况将原来粗略的计划加以细化，升级为可操作的计划（见表 6－4）。

表 6－4　项目第×周工作计划

项目名称：紫金山集团 ERP 项目　　　　项目经理：李彬

第 8 周工作计划					
序号	计划任务	负责人	计划开始时间	计划结束时间	备注
1					
2					
3					
……					

客户代表：＿＿＿＿　日期：＿＿＿＿　项目经理：＿＿＿＿　日期：＿＿＿＿

项目进度计划是否合理，从以下几个方面进行检查：

- 计划进度是否符合项目总体计划需求。
- 编制计划所依据的相关技术及解决方案是否可靠。
- 资源需求计划是否合理、是否可以保证。
- 项目各阶段任务的时间安排是否合理。
- 关键设备的到货日期是否影响项目进度计划。
- 各项计划活动的安排是否符合流程。
- 每个计划活动之间的衔接是否合理。
- 是否设置了关键路径和里程碑。

6.5　进度控制

进度计划发布后，不能指望它像闹钟那样自动运转。由于计划可能存在缺陷、资源不足或者执行时出现了特殊情况，进度计划往往被打乱。如2020年初爆发的新冠肺炎疫情导致各地采取封城、停航、隔离等措施，经济活动骤然刹车，打乱了很多项目的进度计划。控制进度就是监督项目状态，以更新项目进度和管理进度基准变更，在整个项目期间保持对进度基准的维护，且需要在整个项目期间开展。

6.5.1　进度延误因素

项目在按照进度计划执行时，由于不确定性和多种因素的干扰，实际进度可能偏离预期轨道。即使项目计划很精心，执行过程中也可能出现大量难以控制的事件而使得工期落后。如贺兰山风电项目施工用电无法接入，只好从50公里外的变电站临时搭建一条10kV线路。每年10月至次年4月，当地气候寒冷，临时供电线路容量有限，不能满足供暖所需，给项目施工和生活造成极大的困难。项目所在地政府的配合程度也影响着项目进展，当地政府收到土地补偿金后未及时发放，农民阻拦施工，既耽误了项目工期，也对施工人员的安全造成了威胁。

案例6-4

普洛斯的项目进度延误因素

普洛斯公司（GLP）某年度实施的111个项目中有59个延期。在引起项目延误的主要原因中，27个项目是土地及配套手续问题，14个项目是报建手续问题，9个是客户原因，6个是气候因素，3个属于管理不善。具体原因如下：

项目土地及配套手续因素约占46%。道路、供水、供电、排水、排污等因素均可能影响项目按期开工建设和建成之后的投入使用。很多地方政府在完成土地拍卖且收到土地出让金之后，才开始征地拆迁工作。随着农民维权意识的提高，征地和拆迁的进度往往不能按计划进行，政府延期交地导致项目开发计划严重延期。土地上的附着物，如高压电线、停用的铁路线、荒废的泄洪渠等，涉及铁路、电力、水利等部门，企业很难掌握清理时间。GLP 在广东顺德的一个项目，地块上有一条 110kV 高压线，其他建筑物已竣工两年多，高压线仍未拆除，受影响的建筑物仍然无法开工。

项目报建手续因素约占 24%，指政府审批和验收流程的原因。参与项目审批和验收的政府部门有工商、税务、发改委、环保、国土、规划、建设、消防、城管、气象、人防、房产、防汛、文物等十几个。工作程序非常烦琐，存在部门多头管理、手续烦琐、程序互为前置、时间冗长、收费多等问题。这种繁杂的流程不仅影响效率，也容易滋生腐败或者寻租行为。

客户因素约占 15%，如客户要求的工期过于紧张、客户变更不确定、客户修改设计、客户改造等。尽管 GLP 专业工程团队在合同谈判阶段明确指出，客户要求的工期目标被极度压缩了，不能按期完成的概率相当大。但是，市场竞争非常残酷，潜在客户可能同时与几家不同的开发商谈判，如果满足不了其工期要求，就无法取得该项目合作机会。GLP 不得不以其专业力量反复研究工期目标，采取一切措施来满足客户的工期要求。如 GLP 临江物流园，客户要求在 12 个月内交付面积约 22 000 平方米的仓库，包含了客户谈判、设计、报建、建设、验收、移交全过程。

气候等自然因素约占 10%，指暴雨、冰雪、高温等。如哈尔滨每年 10 月到次年 4 月，工程基本处于停工状态，尤其是基础施工在五六月份都不合适。

项目管理因素约占 5%。项目管理者（包括建设单位、监理单位、施工单位等）的管理水平参差不齐，包括桩基审图变更、设计规划调整导致原 EPC 承包商终止合同，不得不重新招标。

工期控制的目的是使项目工作按照计划推进，将延误的可能性降到最小。管理者必须对进度执行情况持续监控，或者根据项目跟踪者提供的信息，对比计划找出偏差，分析偏差产生的原因及其对项目目标的影响，决定是否采取纠偏措施及采取何种纠偏措施，并对这些措施的效果加以追踪。

有些拖延工期的原因容易控制，如下面几类：

（1）多任务。一个项目任务开始实施后，最好按照计划持续做完。由于受到关键人员稀缺或资源不足的限制，实际项目中经常把任务分段实施。如设计师承担了两个项目的设计任务，在两个项目间轮流工作，无法集中精力把第一个项目的设计完成，就要去处理第二个项目的设计问题，再回头继续第一个项目的设计工作，必须花费一些时间梳理原来的思绪并做好准备，才能开展下一部分的设计任务，增加了时间消耗。项目经理要处理好多任务冲突问题，将项目或任务进行优先级划分，持续地完成每一项任务，避免中断。

（2）学生综合征。假设月初教授为学生布置一份作业，要求每人撰写一篇关于项目进度管理的论文，给大家一个月时间。如果你是其中一名学生，你会下课后就开始研究这个题目吗？通常不是的，你会把这个任务放在一边，先做比较急迫的其他事情，快到月底时想起这个任务，查阅资料匆匆把论文完成。平时不烧香，临时抱佛脚，就是学生综合征。表现在项目中，如果一个活动有时差，很多人会选择较迟的时间，把时差白白浪费了，使得项目延期的可能性增加。鉴于这种情况，项目管理者可以不公布时差，按照最早开始与结束日期实施以提高按时完成的可能性。

（3）帕金森定律。帕金森定律是指人们由于普遍具有自我保护意识而对时间造成浪费，当活动被给予宽松的时间，人们不会加紧工作提前完成任务，而是要把所有时间用完以免被安排新的任务，或避免下一次分配任务的时间被缩短。假如项目经理安排你花 2 天时间写一篇工作总结，你如抓紧工作 1 天就可以完成，你是选择当天下班前把总结交给经理还是次日呢？如果当天提交，项目经理下一次布置类似任务时可能只给你 1 天时间，那时完不成任务的风险增加。帕金森定律使得某些项目活动原本可以节约的时间被浪费，不能被其他活动共享，资源无法调往其他任务。项目团队中应建立激励制度，设置提前完成奖励。

6.5.2　进度控制流程

在进度计划制定完毕并进入实施阶段后，项目经理的主要精力应转移到监控进度计划的执行效果，通过现场观察、阅读报告、会议研讨等多种渠道了解实际执行情况。值得注意的是，当发现某些活动延误时未必要采取纠偏行动，而要综合分析它对工期的影响。首先判断延误活动是否在关键路径上，如属于关键活动则必然对工期产生影响，应采取加快进度的措施。如果在非关键路径上，且延误时间小于时差则不需要采取纠偏措施，只有当延误时间超过时差时才需赶工。

项目进度控制的流程见图 6－11。

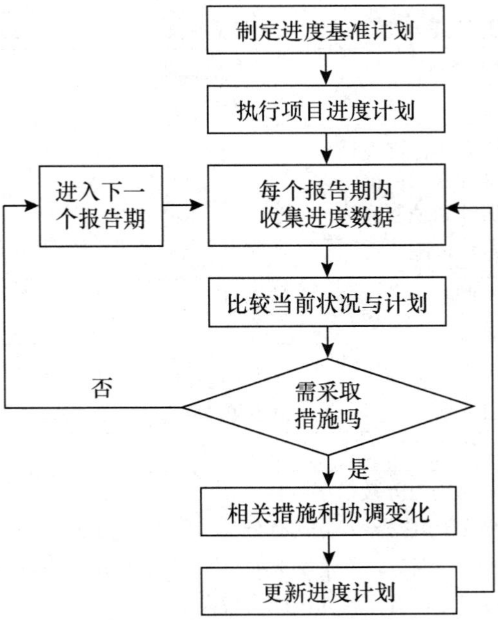

图 6－11　项目进度控制流程

项目经理要做出正确的分析和判断，必须依赖以下几方面的信息：

- 项目进度计划。项目经理和团队制定的各级进度计划是进度控制的基础，如果缺乏详细的进度计划则谈不上进度控制。

● 项目实施报告。项目实施报告提供了有关项目进度的基本情况，如哪些活动按计划完成了、哪些是部分完成或者没有完成、影响进度的主要因素有哪些。

● 项目变更请求。项目变更对进度产生极大的影响，应建立项目变更的评估与审批手续，明确变更对进度的影响。

● 项目评估中发现的进度问题。项目过程评估中发现的进度偏差或者高层管理者在项目检查中发现的进度问题都需要项目团队解决。

● 项目进度管理制度。项目组织确定的关于如何制定计划、执行计划、调整原计划以及奖惩管理制度的相关安排。

● 项目风险因素。如供应商不能及时提供材料或设备、关键人力资源不能到位或离职、技术障碍不能突破、银行后续贷款不能按时到位等，这些风险都会对进度产生极大影响。

项目经理收集项目进度信息的渠道有多种，可以借助项目状况报告、调度会等工具。表 6－5 是项目团队定期进行项目状态报告的工具，包含进度计划、交付成果、存在的问题和下阶段工作计划等内容。汇报周期可以是周、旬或月度，根据项目复杂性、工期和管理需要等因素确定。报告的呈阅对象是项目经理、客户和其他主要干系人，阅读者可以迅速全面地掌握项目进度状态。

表 6－5　紫金山集团 ERP 实施项目进度报告

客户名称	紫金山集团公司			
项目名称	紫金山集团 ERP 项目	计划工期	2019 年 1 月至 2020 年 6 月	
项目经理	张彬	填报日期	2019 年 9 月 28 日	
1	目前工作进度			
1）	资金管理模块完成详细设计			
2）	静态数据准备方案讨论确定			
3）	关键用户培训计划编制完毕			
2	已交付成果和里程碑			
	交付成果	计划日期	实际日期	客户审核（Y/N）
1）	详细设计方案	2019.9.22	2019.9.20	Y
2）	数据准备方案	2019.9.25	2019.9.27	Y
3）	关键用户培训计划	2019.9.28	2019.9.28	Y
3	存在的问题与分歧			
	问题与分歧描述		目前状态	
1）	客户与实施方关于数据导入方式有分歧		开发专门的数据导入工具	
2）	项目所需 3 名编程人员，只落实 2 人		公司人力资源部正调配人员	
3）	关键用户学历较低，接受新知识能力较差			
4	下阶段的主要活动			
1）	定制开发模块的编码			
2）	静态数据收集与检查完毕			
3）	关键客户培训完成			

项目进度计划的最终承担者是团队成员，确保每个成员的工作按时完成，整个项目的进度也就保证了。在工期紧张和风险大的项目中，项目经理应监督每日完工情况。表6－6是项目成员提交的工作日志，将每天完成的工作和未竟任务填报后提交给项目经理。

表6－6　紫金山集团ERP项目成员的工作日志

编号	XJ002	项目名称	紫金山集团ERP项目
日期	2019年9月19日	顾问	赵洪
工作内容		时间段	
与客户沟通确定关键客户名单，确定培训对象		9：00—10：30	
了解关键客户学历、专业信息，掌握受训者的知识储备情况		10：30—12：00	
拟定培训课程及培训师		13：00—17：00	
电话联系培训师，确认其时间		17：00—18：00	
本工作日统计			
正常工作时间	8小时	加班工作时间	0
客户确认			
备注			

进度控制的方法包括项目控制文件和控制会议，根据项目特点、团队能力、时间或资源状况加以组合使用。随着项目活动和环境的复杂性不断增加，要不断开发新的技术、组织和管理方法以提升进度控制的水平。

项目控制文件主要有合同、工作范围说明、职责分工、项目程序、技术范围文件、计划文件等。合同是项目实施中各项工作遵守的标准，它规定了双方的权、责、利，是项目实施、跟踪与控制的首要依据，具有法律约束力。工作范围说明确定了项目实施中每一任务的具体内容、工作变动的基准。确定各部门和岗位负责的工作，包括工艺、过程设计、采购供应和施工等各个方面。项目程序规定了项目组、用户、供应商之间关于设计、采购、施工、作业前准备、质量保证和信息沟通等方面协调活动的程序。技术范围文件列出了设备清单、标准、规范、编码及手续、步骤等。

项目中会议很多。周期性例会的主要目的是进行项目控制，有些控制会议与里程碑计划时间对应，里程碑结束时组织评审。非定期召开的有项目启动会、过程评审会、方案论证会、阶段验收会，也有临时性召开的如设备招标会、分包会、意外事故处理会等。

控制会议一般研究以下内容：分析上个阶段的任务完成情况；分析未完成工作对项目的影响是什么，何时才能完成，是否需要采取纠偏措施，需要什么资源和支持，何时才能回到计划轨道；确定下一段工作目标、重点和难点。工期紧张和计划复杂的项目应保持适当的会议召开频率，如果很多天才开一次会，大量的进度问题得不到及时处理，积压下来造成的进度延误将更多。例如深圳市地铁一期工程，项目出现的问题反馈到业主后要党政联席会议才能解决，此类会议并非可以随时召开，决策缓慢对进度控制造成不良的影响。再如，某大厦建设项目的经理采取了每日例会制度，每天下班前半个小时，项目经理召集技术经理、施工经理、工程师和工长等核心成员，对当日计划完成情况进行总结，查找进度、质量、成本和安全等各方面的问题，总结经验和教训，并对次日工作进行部署。

思考题

一、单项选择题

1. 王经理带领项目团队为客户实施 ERP 系统，客户需求分析与制定详细实施方案是两个重要的活动，二者之间的关系是（　　）。

A. 强制性依赖关系　　B. 选择性依赖关系

C. 内部依赖关系　　D. 外部依赖关系

2. 张经理率领项目团队实施地铁西门枢纽工程，为了加快进度拟安排夜间作业，这需要得到环保部门的批准，那么，环保部门审批与夜间施工的关系是（　　）。

A. 强制性依赖关系　　B. 选择性依赖关系

C. 内部依赖关系　　D. 外部依赖关系

3. 在紧前关系绘图法中，项目活动之间存在四种逻辑关系，其中最常见的是完成-开始关系，最少见的是（　　）。

A. 完成-完成关系　　B. 完成-开始关系

C. 开始-完成关系　　D. 开始-开始关系

4. 某大学新建一个学生活动中心，舞台灯光施工一周后，即可开始音响施工，则舞台灯光与音响施工的关系是（　　）。

A. 完成-完成关系　　B. 完成-开始关系

C. 开始-完成关系　　D. 开始-开始关系

5. 关键路径法在（　　）中最先得到使用。

A. 北极星导弹项目　　B. 原子弹曼哈顿项目

C. 杜邦公司化学项目　　D. 美国海军航母研制项目

二、多项选择题

1. 定义活动过程的主要输出是（　　）。

A. 活动清单　　B. 里程碑清单

C. 变更请求　　D. 活动属性

2. 影响活动时间估算的因素有以下哪些？（　　）

A. 投入资源量　　B. 技术水平

C. 激励因素　　D. 项目工期

3. 三点时间估算法有以下哪些假设？（　　）

A. 活动历时的标准差等于历时范围的 1/6

B. 观测值在均值左右各 3 个标准差的范围内

C. 活动所需时间的概率分布符合正态分布

D. 活动所需时间的概率分布符合 β 分布。

4. 项目评审技术（PERT）适合以下哪些项目？（　　）

A. 复杂的大型项目　　B. 全新的项目

C. 不确定性因素众多的项目　　D. 过程清晰的小型项目

三、判断题

1. 定义活动应在项目早期开展，不需要在整个项目期间开展。（　　）

2. 里程碑是项目中的重要时点或事件，通常占用很长时间，并影响着项目总工期。（　　）

3. 在整个项目期间需要不断修订和维护项目进度模型，确保进度计划一直具有可行性。（　　）

4. 项目经理可以利用提前量来提前开始紧后活动，利用滞后量来推迟紧后活动。因此，使用提前量和滞后量改变了活动的逻辑关系。（　　）

5. 应尽量避免使用自由时差，因为这会引起后续活动的最早开始时间变化。（　　）

6. 关键路径上的每个活动都没有时差，即关键路径的总时差等于 0。如果一条非关键路径上的时差被用完，它就变成关键路径了。（　　）

7. 如果市场竞争压力或外来力量的干预使项目必须提前完工，则要选择关键路径上的某些可压缩时间的活动，争取在成本增加幅度最小的情况下缩短项目工期。（　　）

8. 如果市场竞争压力或外来力量的干预要求项目提前 X 天完工，则只要在关键路径上压缩出 X 天即可。（　　）

9. 正常情况下，关键路径上的总时差为零，但是某些情况下其总时差可能大于零或小于零。（　　）

四、简答题

1. 项目计划评审技术与项目关键路径法有什么区别？
2. 减少关键路径的长度是否能够减少同等数量的项目工期？
3. 在项目中可以采取哪些方法来提高有效工作时间？
4. 项目时差有哪些作用？
5. 为什么要对项目进度计划实行分级管理？
6. 负荷不平衡的项目和资源受限型项目在优化进度计划时的操作步骤有什么异同？
7. 通常有哪些积极因素或消极因素导致项目工期被压缩？
8. 压缩项目工期对项目成本管理可能产生什么影响？
9. 应采取什么措施防止项目进度拖延？

07
Chapter

第7章
项目成本管理

本章主要内容

- 项目成本构成
- 成本估算方法
- 成本预算计划编制方法和工具
- 挣值法
- 项目成本分析

引入案例　马斯克猎鹰9号的成本控制

2020年5月30日，埃隆·马斯克（Elon Musk）控股的太空探索技术公司（SpaceX）研发的猎鹰9号重型运载火箭在肯尼迪航天中心，将“龙飞船”和2位航天员送入太空。SpaceX成为第一家使用私人交通工具将人送入太空的公司。

马斯克为SpaceX立下的目标就是研究如何降低火箭发射成本，将发射费用降到商业航天发射市场的1/10，并计划在未来研制世界上最大的火箭用于星际移民！他希望将发射成本控制在每千克1 100美元以下。猎鹰9号总造价约5 000万美元，其推进剂的成本只有20万美元。2011年，猎鹰9号的发射费用为5 400万美元，中国长征三号乙运载火箭的发射费用也在6 000万美元左右。如果能回收并重复使用一级火箭，可节省资金70%；如果二级火箭也能回收使用，发射成本将降至目前的2%。

2011年，SpaceX宣布启动可回收火箭计划。当地时间2015年12月21日，SpaceX发射的猎鹰9号一级火箭回收成功，创造了人类太空史的奇迹。在后续回收实验中，科学家应用更多新技术，积累了丰富的经验。2017年3月30日，SpaceX首次利用回收的“二手”火箭发射卫星。2018年2月7日，SpaceX成功完成两枚一级助推火箭的完整回收。截至2020年5月，SpaceX完成了53次一级火箭软着陆，发射了36次二手火箭。回收的火箭翻新并再次发射，最短时间是63天，而且翻新工作还在持续简化。SpaceX希望拥有20枚火箭库存，只要经过简单的检测就能在24小时内迅速投入第二次飞行，让火箭变得像普通飞机一样。

马斯克采用最高端的人才和科学的研发管理，使综合成本更低、项目进程更快。全球最大的汽车安全系统供应商TRW的核心设计师之一汤姆·穆勒（Tom Mueller）、波音公司的蒂姆·布扎（Tim Buzza）、麦道飞机公司“大力神”火箭的结构设计师克里斯·汤普森（Chris Thompson）等纷纷加入。科学家采用了大量成熟稳定的技术和设备，如火箭的主发动机不是最新设计而是20世纪60年代的老款式，只有一个燃料喷射器，它历史久远但很可靠。主发动机的喷射器借鉴了阿波罗计划登月舱下降段发动机。猎鹰火箭没有多少专利，但科学家并不在乎，只要火箭能飞就行。

SpaceX鼓励采取任何有效的省钱办法。猎鹰9号是世界上第一种全面采用高强度的2195铝锂合金的火箭，结构质量很低，2195铝锂合金已在航天飞机外置燃料箱上使用，不用单独研发；搅拌摩擦焊更是大路货，直接购买相关设备即可；从eBay购买一个跟踪火箭轨道的二手仪器，节省了2.5万美元；雇一个专业的火箭打捞公司要25万美元，而他们花6万美元找了一家能处理敏感设备的商业打捞公司；工程师看到送奶卡车后突发奇想，能否用这些盛牛奶的大罐子盛火箭燃料呢？这些批量生产的罐子既便宜又不易出故障。

猎鹰9号从绘图板到首次发射仅用时4年半，研发费用3亿多美元，不到美国EELV火箭35亿美元研发费用的零头；猎鹰9号地球低轨道的运输能力为45吨，如果增加推进剂交叉输送技术，运载能力可达53吨，是美国航天飞机的2倍。

SpaceX公司的愿景是开发人类移民火星所需要的技术和资源，将人类送上月球和火星是其首要任务，它正在得克萨斯州的Boca Chica研发星际飞船，类似于商用飞机，每次可搭载多达100人。马斯克要求加快研发，在2021年开启首次商业飞行，预计2025年开始登陆火星。马斯克表示：“我想死在火星上，但是别撞上去。”他预测，最迟2035年，数千枚火箭将运输100万人至火星。

资料来源：https://baike.sogou.com/v53210270.htm?fromTitle=spacex.

7.1 项目成本构成

俗话说“兵马未动，粮草先行”，任何一个项目的投资机会分析、可行性研究、规划设计、招投标、实施、竣工验收等各个环节都需要投入资源、设备和人力等，其货币体现就是项目成本。项目生命周期各阶段的成本差异很大，项目定义阶段主要是市场调查费、可行性研究费等，项目规划阶段主要是设计费和招投标费，这两个阶段的成本较小。执行阶段投入的资源及劳动力最为集中，发生大量的采购费、研制费、开发费、分包费、人工费等，这个阶段是成本管理的重点。既要关注项目活动所需资源的成本，也要考虑项目决策对使用成本、维护成本和支持成本的影响，如减少测试工作虽然降低了项目开发成本，但可能增加运营成本。

1. 项目成本构成

除了大自然免费赐给人类的阳光、空气，项目中各种资源都是需要付费的，如人工费、材料费、设备费、分包费、差旅费、水电费、融资费、税金等。人工费是为项目工作的各类人员如设计师、程序员、工程师、工人等的报酬，包括工资、津贴和奖金。材料费是为实施项目购买各种原料、材料的成本。设备费包括设备购置、修理和租赁费等。分包费是部分项目工作分包出去时发生的成本，当承包商或项目团队缺少某项专门技术或缺乏完成项目任务的资源时，可以委托分包商完成这些任务，如防水工程、打桩基等专业工程，分包时应支付对方一定的费用。差旅费是项目期间成员出差发生的交通费和住宿费等。以上费用在不同行业的项目中所占比例差异很大。例如，软件开发项目投入的主要资源是人力资源，人工费可以达到总成本的75%；而工程项目中设备及材料费可能超过70%。

从财务的角度来看，项目成本分为直接成本和间接成本，直接成本是消耗在项目活动中对项目产出物有直接贡献的有关成本，包括直接生产工人的工资、材料费、设备费等，这些成本可以计入某个具体的工作包，如购买的钢筋、水泥消耗在工程中，它们的采购成本属于直接成本。例如，某公路建设工程控制成本的重点是设备费、材料费和管理经费，对全部自有设备进行单机核算，对外租设备实行台班油耗考核。

间接成本对项目产出物没有直接贡献，无法分摊到特定的工作包，但又是项目组织运转不可缺少的成本，包括管理人员工资、劳动保护费、房屋租金、公用设施、保险费、融资成本（手续费、承诺费、利息）、排污费等。间接成本包括公司分摊的一般管理费用、税金、销售推广费等，这些成本不与特定的项目或工作包挂钩，在全体项目或特定项目中进行分摊，如公司级的间接费用在全部项目中分摊，部门的间接成本分摊给该部门实际参与项目的部分。间接成本以时间为基础进行分摊，项目管理费用一般按月或年进行预算，直到项目结束。有些企业在直接成本的基础上按照一个固定的百分比计算间接成本，如比例范围是20%～50%。

间接成本应控制在尽量低的水平，这是因为间接成本只是增加了成本而没有给项目带来价值。大多数项目中间接成本是随着项目时间增长的，只要项目还没有完成或者交付，间接成本就会不断发生，甚至在没有任何工作的情况下，或者只有少数人员在进行扫尾工作的情况下，间接成本依然存在。间接成本支出大多在项目经理的职权之外，一般很难由项目经理进行控制。据抽样调查，我国一套房子，经过立项、建设、配套、销售等诸多环节，涉及房地产的税种有12项之多，收费多达50项，税费占到房地产价格的30%。开发商为了获得各种审批，不正常支出比较普遍，这些支出都属于间接成本。间接成本和土地成本是造成高房价的主要原因，建筑安装成本退居次要地位，一般住宅的建安成本每平方米约2 000元。

2. 项目成本管理原则

（1）生命周期成本最低原则。

项目成本管理是确保项目在批准的成本预算内完成，对成本进行规划、估算、预算、融资、筹资、管理和控制的各个过程。站在项目经理的角度看，他首先关心的是完成项目活动所需的成本，只要不超出预算就是完成成本计划了。但客户应该考虑项目交付后的使用成本。如果为了节约项目建设成本而降低设计标准，采用质次价廉的材料，则必然为项目产品的运营和维护留下隐患。

生命周期成本（life cycle cost）是项目获得、运营、维护和使用寿命结束时处置项目的成本在一段时间内贴现值的总和。生命周期成本分析（life cycle cost analysis）要求综合考虑贯穿整个项目建设期与产出物使用期的总成本。如新产品开发项目的生命周期成本包括前期调研、市场需求分析、研发、测试和维护所产生的全部成本，以及质量不佳导致的返工成本和损失。假设产品开发项目1年研发完成，产品可以使用5年，计算项目净现值时应包括6年的项目成本和收益。

一个项目可能有多个方案选择，且所有的方案都满足性能需求，但是它们在初始成本和运行成本方面是不同的。在这种情况下，就应该进行生命周期成本分析，找到一个可以最大限度地节省成本的方案。如铁路、机场、港口和工业基础设施项目既涉及建设成本，也有庞大的运营成本和维护成本。

案例7-1

贺兰山风电项目投资控制

宁夏能源集团投资的贺兰山百万千瓦级风电项目位于内蒙古阿拉善盟南部、宁夏贺兰山西侧，距阿拉善左旗约60公里，距银川约90公里。项目基地范围东起贺兰山，西至腾格里沙漠边界，北起中长铁路，南至栾井滩经济开发区，总面积为1 655.6平方公里。

项目部强调树立全面成本管理意识，重视前期准备成本及交付后的维护成本，对项目设计、施工和采购等各阶段的投资严格监管，对错误和偏差及时调整，确保完成项目投资目标。

(1) 设计投资控制。引进设计竞争机制，以技术先进、安全适用、经济合理、节约投资为招标评价标准，确定设计单位和优秀的设计人员，确保获得技术和经济最优的设计方案。本着“统一规划、合理布局、因地制宜、综合开发、配套建设”的原则，开发安全、经济、适用、合理的整体设计方案；严格控制设计变更，提高设计质量，严格审核设计方案和设计纲要，使之符合国家有关项目的法律、法规及政策。

(2) 施工投资控制。项目管理中最为复杂、造价最高的环节就是施工投资控制。项目施工前，甲方要根据进度计划合理分配项目投资，认真审查施工方案、施工组织设计和施工图纸，准确地进行技术经济分析。在施工过程中，根据项目进度提供工程款，采取动态经济结算的方式对工程变更进行监控；严格按照合同进行制约和把关。

施工阶段主要以工程预算或合同价格为控制目标。总控制点是合同价格，可以根据分项和专业把项目划分成几个单元进行统一管理。投资控制点也采用不同分项占投资总额的比值，定期完成投资分项。动态控制要有预见性和远瞻性，结合被动和主动控制，过程和计划控制，最终目标、阶段和分项控制的手段，确保项目的顺利实施。

(3) 采购投资控制。严格执行项目采购流程，遵循设备采购的质量控制原则，包括：关键设备（如风机、塔筒、变电设备、电力线路设备等）的设计文档中应明确包括规范标准、技术说明、设备要求。此外，还包括经济指标、技术参数、交货地点、交货方式、交货时间等数据和信息。

（2）全面成本管理原则。

项目成本受项目范围、质量、工期、价格和管理水平等因素影响，必须从多方位进行管理。项目范围界定了项目的工作内容，决定了要消耗的资源数量，从根本上决定了成本发生的数额。项目设计质量标准决定了材料的质量、工艺水平及设备水平，进一步影响了成本。如为了提高房屋的抗震等级，把砖混结构改为剪力墙结构和框架结构，这使得钢材、水泥等投入增加，成本必然上升。项目质量标准不能随意降低，如果不能满足正常使用，由此带来的返工维修、浪费和损失反而造成总成本上升。项目工期越长，不可预见的因素越多，资源涨价的风险越大，越可能导致项目成本增加。

在工程建设项目中，施工成本发生于从施工准备到竣工交付直至保修期满的全过程，经历施工准备、工程施工、竣工验收、回访保修等几个阶段，每一个阶段都伴随着人力、物力的消耗及费用的支出。项目经理可以通过对资源和成本的精细化管理，合理安排采购和库存，提高设备利用率，减少设备闲置，杜绝质量和安全事故，减少成本消耗。有些项目管理者缺乏全面成本管理意识，忽略前期准备成本、保修成本，还可能为了降低某个分部、分项工程的成本，忽略施工总成本。

项目成本还受供应链、合作干系人行为的影响，如供应商报价、送货及时性、材料合格率等；设计部门提供的方案是否具有合理性和经济性；项目团队是否训练有素，技能是否胜任工作需要。因此，必须坚持全面成本管理原则。

工期延长的项目通常会超出预算，但也并不完全这样，凯姆伽（Kamrul，2010）发现亚洲开发银行资助的 100 个项目工期延长但预算没有花完。成本节约的主要原因见表 7－1。

表 7－1　亚洲开发银行资助的项目成本节约的原因

原因	数量（个）
当地资产与货币贬值	40
估计的货物、服务采购和合同价格较高，而实际价格较低	32
国际公开招标	25
较少的应急费用	14
项目范围削减	13
项目设计变更	13
当地税收和利率政策发生变化	12

（3）成本责任制原则。

项目总成本目标确定后，应分解落实到团队和个人，作为考核指标，有利于其重视控制成本。企业应把项目成本作为项目经理的考核指标，项目内部将成本目标逐级分解，落实到每个人。例如，某市三环路 2 号立交桥建设项目，工程造价为 1.8 亿元，项目经理部技术与管理人员共 28 人，施工高峰期现场工人约 380 人。公司与项目经理部签订了内部合同，实行项目经理制，项目决策权授予项目经理，项目目标成本为 1.7 亿元。如果成本节约则节余部分 40％上交公司，60％由项目经理部内部分配。项目经理将成本目标在内部层层分解，每个人交纳风险抵押金，对节约和超支的个人进行奖惩。良好的激励和约束机制使项目成本计划顺利执行。如果成本责任不落实到个人，成员不能发自内心地积极控制和节约成本，即使项目经理事必躬亲地监督，成本目标也很难实现。

（4）事前控制优先原则。

如果整个项目结束时发生成本超支，从项目效率角度来说该项目是失败的。应尽可能提前预测成本趋势，在发现成本微小偏差后及时采取措施，以免造成偏差扩大产生不可收拾的后果。当项目过程中成本超支时，从其他活动预算中拆东墙补西墙，会影响这些任务的进度和质量。如项目经理发现近期材料价格持续上涨，为了减少物价上涨对后期采购的影响，应提前备货增加库存量。

7.2　项目资源计划

项目中的资源分为实物资源和团队资源。实物资源包括设备、材料和设施。实物资源管理着眼于以有效和高效的方式分配和使用。关键设备或基础设施不能按时到位，可能会推迟最终产品的交付；材料质量低劣可能损害项目产品质量，导致返工或召回；库存太多会提高运营成本，库存太低可能无法满足客户需求。上述因素都可能使组织盈利下降。团队资源指项目中的人力资源，由承担特定角色和职责的个人组成。团队资源可能是全职或兼职的，团队成员的技术水平和工作能力存在差异，团队资源数量将随项目进展而增加或减少。项目经理要在招募、培训和激励团队资源方面持续努力，既要保持团队的满意度和积极性，也要控制人工成本。因此，有效管理和控制资源是项目成功的必要条件之一。

项目资源也分为可重复使用的资源和一次性使用的资源。人力资源、机械设备等在一个项目中使用完毕后，可以转移到新项目重复使用，它们的成本主要取决于使用时间，这类资源的管理重点是合理组织、统筹安排、充分发挥其工作效率。一次性使用的资源对项目成本的影响由其自身的价值决定，这类资源的管理重点是合理采购，最大限度减少浪费。

每个项目都受到资源的限制，资源缺位有时会将项目推到绝境。例如，某项目需要一台大型的设备，供应商没有办理超限货物运输手续就安排送货，在高速公路被治理超限超载的检查站拦下，送货人员与检查人员发生争执，货物被扣留多日，项目现场被迫停工。有时项目所需某些资源也可能为其他项目所需，项目经理没有提前向公司资源管理部门申请并做出安排，当申请调用该资源时才发现已被调往其他项目。所以，制定项目资源计划极其重要。

从项目成本管理角度来看，资源种类、数量及价格决定了项目直接成本，确定详细的资源需求，成本估算才会更准确。编制资源计划就是确定完成项目所需的物质资源的种类（人、设备、原材料）及数量，即确定项目执行过程中，每一项工作需要什么资源、需要多少以及投放的时间，该过程与成本估算紧密相连。资源计划过程的主要输出结果是资源需求清单。

1. 编制资源计划的依据

（1）工作分解结构：工作分解结构确定了各项工作所需资源的基本情况，是编制资源计划的基本依据。

（2）历史信息：了解类似历史项目的资源使用情况，帮助估算当前项目的资源数量。如原来实施的一个 ERP 项目需要 12 名顾问，新项目工作量基本相同，预测仍然需要 12 名顾问。

（3）组织策略：企业关于资源获得、使用和管理的基本政策或制度，特别是人员招聘、设备租赁或采购策略影响项目资源计划。有些项目团队自行招聘人员，项目结束后解聘。有的企业统一由人力资源部门招聘后派往各个项目。不同方式招聘速度不同，资源计划中要做出合理的安排。有的企业倾向于租赁设备，因为速度快；有的企业倾向于购买设备，招标采购的时间很长，必须提前安排采购，密切衔接项目进度计划。

（4）进度计划：各项资源的投入时间是由进度计划安排的，不是所有的资源都要在项目启动时采购，而是根据资源使用时间安排采购，进度计划决定了采购成本计划。

（5）各类资源的标准定额：定额是在生产中人力、物力或资金消耗的标准额度，在工业企业和建筑行业等有劳动定额、材料消耗定额、机械台班定额等。定额具有时效性，代表某一时期的社会平均劳动水平。材料消耗定额是在合理使用的条件下，生产合格产品所必须消耗的一定品种规格的材料、燃料、半成品、配件、水、电等资源的数量标准。

2. 编制资源计划的步骤

（1）资源需求分析。确定工作包中每一项活动所需资源的种类和数量，根据定额或经验数据确定人力资源、材料、设备需求量及其使用时间。复杂项目所需资源种类成百上千，应确定其种类是否有遗漏或冗余。

表 7－2 有助于详细准确地分析项目所需资源。

表 7－2 项目活动资源需求表

项目名称：__________ 准备日期：__________

WBS 编号	工作包名称	资源类型	数量	说明

资源分解结构（resource breakdown structure，RBS）是实施项目所需资源的列表。RBS 按功能和类型对资源进行分解，包括为项目所花费的一切资源，如人员、项目管理工具、设备、材料，甚至是资金和许可证。图 7－1 是一个桥梁建设项目的资源分解结构示意图，人员包括设计师、工程师和施工队，设施（场地）包括桥址、施工场地、会议室和现场办公室等。创建 RBS 要估算项目各个任务所需的资源，因此，详细的项目任务清单不可或缺。使用 RBS 有助于更好地组织资源，并将这些资源与单位的总体目标和具体目标清晰地结合起来，RBS 还提供了关于资源分配和工作负载及个人资源和任务的可视化参考，可减少资源分析的工作量和差错率。

（2）项目资源分析。分析企业和项目组织现有资源储备情况和外部市场上相关资源的分布、价格和获取渠道。内部资源如开发部门拥有的工程师和设备数量、素质及其可用性，如果已经调往其他项目，则需分析新项目的资源可获得性。如项目经理发现内部人员不

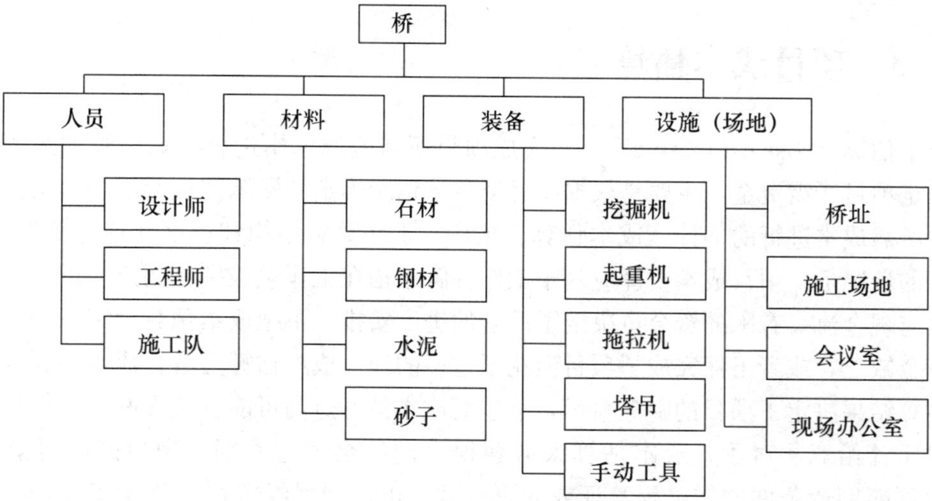

图 7-1　桥梁建设项目资源分解结构示意图

足，必须清楚从哪些渠道可以解决人员问题，如人才市场招募，与其他项目经理协商调剂，或者将这些工作分包出去。

（3）资源成本比较与资源组合。完成同样的工作可以使用不同的资源，资源价格是不同的，到底使用哪一种资源呢？一是比较资源使用成本高低，选择成本低的资源；二是看完工时间，完成该项任务的时间必须满足工期要求，在工期紧张的情况下，只能采用效率高的资源。

项目中的许多资源不是单独使用的，要与其他资源配合或集成才能使用。如钢筋和混凝土、水泥和沙子、挖土机与司机、搅拌机与原料等，资源之间保持合理的比例才能使每一种资源都得到有效使用。适当配置资源组合中的廉价资源，提高昂贵资源的使用率可以节约资源成本。例如，租赁大型设备价格较高，司机人工成本相对较低，为了充分利用设备应多配备操作工。

（4）资源计划编制。将项目所需的各种资源的数量、使用时间和获得方式等信息汇总起来就形成了资源计划，资源计划可以用表格的方式进行描述（见表 7-3）。

表 7-3　紫金山 ERP 项目资源计划表

<table>
<tr><td colspan="6">项目名称：紫金山 ERP</td><td colspan="7">执行组织：ERP 项目部</td></tr>
<tr><td colspan="6">WBS 编号：2.1.2.1</td><td colspan="7">任务名称：静态数据准备</td></tr>
<tr><td colspan="13">任务描述
1. 开发数据收集模板；2. 组织收集系统所需数据；3. 进行数据汇总与甄别</td></tr>
<tr><td colspan="13">时间（各阶段的工作小时）</td></tr>
<tr><td>年</td><td>1 月</td><td>2 月</td><td>3 月</td><td>4 月</td><td>5 月</td><td>6 月</td><td>7 月</td><td>8 月</td><td>9 月</td><td>10 月</td><td>11 月</td><td>12 月</td></tr>
<tr><td>2020</td><td></td><td></td><td></td><td>120</td><td>40</td><td>160</td><td>20</td><td></td><td></td><td></td><td></td><td></td></tr>
<tr><td colspan="3">资源描述</td><td colspan="10">电脑、打印机、扫描仪、存储设备、纸张等材料，顾问 2 人、文秘 5 人</td></tr>
<tr><td colspan="3">人员技能要求</td><td colspan="10"></td></tr>
<tr><td colspan="6">计划准备人：</td><td colspan="7">项目经理签字：</td></tr>
</table>

7.3　项目成本估算

成本估算（cost estimating）是对完成项目所需资源成本进行近似估算的过程，其作用是确定项目所需资金，主要是根据项目资源计划所确定的资源需求及市场价格信息对完成项目所需成本进行的估计。成本估算、预算、工作分解结构和进度计划是密切联系的，在理想的情况下，项目成本估算应基于工作分解结构在工作包级别上制定；进度计划决定了成本与现金流，有限的资金也决定了活动的进度安排，不把成本预算确定下来容易导致后续资金缺乏，或者虽然完成了项目但花了过多的钱。成本估算是进行成本预算编制的基础，估算结果决定了项目的财务命运，承包商成本估算过高可能丧失很好的中标机会，把合同拱手让给竞争对手；成本估算太低获得合同后会发生亏损，项目团队可能粗制滥造，也可能创造条件增加工程签证或变更设计。由于项目经常发生范围变更，项目生命周期内利率、通货膨胀、资源价格变化，项目团队学习曲线变化，做出精确的成本估算是富有挑战性的复杂工作，项目经理和核心项目成员都应参与成本估算和预算过程。

7.3.1　成本估算方法

成本估算的依据是项目范围说明书、工作分解结构、项目进度计划、人力资源计划、风险登记册和市场价格信息等。成本估算有粗略的经验型方法，也有较精确的定量方法，对于成本要求精度高的项目，成本估算人员必须采取适当的方法给出可靠的估算结果。常用的方法有以下几种。

1. 专家意见法

成本估算专家运用专业经验对项目的成本进行估计。此处专家是指具有专门知识或经过培训的团体或个人，如相关技术人员、采购人员和管理人员等。专家意见法是当信息不全面、无法进行详细的成本估算时采取的经验型的方法，一般用于项目定义阶段或定义不明确的项目。如某市要建一个绿化广场，政府要知道大体投资数量，可以由项目专家估算后提供一个粗略数量。在创新性强、没有经验可供借鉴时，也可以采取专家意见法。

2. 类比估算法

类比估算法是将以前类似项目的成本数据作为依据估算新项目的成本，根据新旧项目之间的差异对估算进行调整，该方法也可以用于工作包成本的估算。类比法实质上也是专家评定法，通常在项目初期或信息不足的时候采用。项目经理要尽量多地使用各个指标的值：项目类型、产品功能、设计特征、项目规模等。如果用于比较的项目是几年前完成的，应根据物价变化情况加以修正。

某公司计划在 A 市建设办公楼，面积 8 000 平方米，2 年前在 B 市花 4 800 万元建了一座办公楼，两楼除地面装修不同外，建筑面积、材料、结构都相同。现在 A 市土地价格每平方米增加了 600 元，人工价格增加了 30%，其他资源价格不变，人工价格在 A 市办公楼总价中占 20%。估算 A 市办公楼的总价就可以采用类比估算法。

如果两个项目规模差异较大，如面积、生产能力等增加了若干倍，但成本往往不是同比例地增加，如装修一个 300 平方米的会议室成本是 37 500 元，现在要新装修一个面积为 600 平方米的会议室要花费多少呢？可以采用规模-成本经验公式，常用的公式是 2/3 次方法或 3/4 次方法。按照下面公式计算出新会议室成本为 63 067 元。

$$C_p = C_e \cdot (S_P / S_e)^{0.75}$$

式中，C_p、C_e 分别为新项目估算成本、旧项目实际成本；S_P、S_e 分别为新项目规模、旧项目规模。

3. 参数估算法

参数估算（modular estimating）是利用历史项目的数据建立定量模型来估算新项目的成本。历史项目的关键指标可以是物理特征，如面积、体积、重量或容量；也可以是性能特征，如速度、产出率、强度等。利用统计软件建立成本与参数之间的多元回归模型，如果方程经过检验是成立的，就可以进行新项目成本的预测。

如专业的仓库承建商华凯公司，已经为客户建设了上百个仓库，均采用大体相同的建筑风格、质量标准和材料，根据这些数据建立了一个一般仓库成本估算模型，即项目建设成本（y）与建筑面积（x_1）、储存容量（x_2）的回归模型，经检验接受该模型。当新项目仓库的建筑面积和储存容量确定后，就可以运用该模型快速地估算出成本。

$$y = 22\,890 + 34\,839x_1 + 18\,620x_2$$

4. 基于工作包估算法

根据项目工作分解结构确定的工作包自下而上估算成本，是最准确的估算方法，与实际成本大概存在 5%的偏差，当然，投入估算的精力也很大。操作步骤如下：

首先，估算工作包各活动的成本，包括人工成本、材料和设备成本。估算活动的时间、材料数量和成本是由类似项目、标准手册、参考资料或个人经验共同确定的。项目中有定额标准时成本估算较容易，项目中非标准任务越多，经验性的估算内容就越多，误差也相对大一些。

其次，工作包成本估算结果提交活动负责人检查，然后提交给交付物负责人汇总与检查。

最后，项目经理汇总所有主要交付物的成本估算数据，加上管理费和储备金等得到整个项目总成本。

实际操作时，可以采取表 7 - 4 提供的工具，在 WBS 基础上对每一个工作包的人工、物资、设备、差旅费等直接成本进行估算，根据公司规定确定分摊的间接成本，考虑风险因素确定一个合理的管理储备数量，将这些结果加总得出该工作包的成本估算值，汇总所有工作包的成本估算即得到项目总成本估算。

基于工作包的估算方法是一种参与式管理方法，一线项目人员对资源的需求状况有着更为准确的了解，他们参与估算工作不仅使估算结果更可靠，也有助于成本预算被接受，有利于提高工作效率。一线人员估算成本的最大缺陷是出于自我保护倾向增加估算的水分，他们担心项目经理会削减他们的预算，不希望因实际成本超过预算成本而受惩罚，而是希望节约预算获得奖励。

表 7-4　基于工作包的成本估算工作表

项目名称：E 型通信产品研发项目　　准备日期：2020 年 12 月 18 日　　单位：元

任务名称	时间(天)	人工单价(元/天)	人工成本	物资	设备	差旅	间接成本	管理储备	成本估算
				市场价	市场价	根据报价	根据公司规定	近似值	合计
111 技术调研	15	400	6 000	2 000	5 000	20000	500	400	33 900
112 总体方案	25	300	7 500	2 800	5 000	3 000	650	400	19 350
113 初步设计	30	280	8 400	2 000	8 000	10 000	1 200	2 000	31 600
121 电路板设计	20	200	4 000	3 000	8 000	0	800	500	16 300
122 电路板制造	15	200	3 000	2 000	5 000	0	500	500	11 000
123 电路板调试	10	190	1 900	1 000	4 000	0	200	200	7 300
124 结构设计加工	5	200	1 000	10 000	5 000	0	2 000	2 000	20 000
125 软件设计	10	300	3 000	0	9 000	0	500	1 000	13 500
126 软件调试	10	250	2 500	0	5 000	0	500	1 000	9 000
131 系统联调	20	250	5 000	2 000	2 000	0	3 000	2 000	14 000
132 样机测试	5	200	1 000	1 000	1 500	0	1 500	2 000	7 000
133 设计文件制作	20	200	4 000	3 000	2 000	3 000	3 000	3 000	18 000
140 项目管理	50	200	10 000	5 000	5 000	10 000	5 000	5 000	40 000
合计			57 300	33 800	64 500	46 000	19 350	20 000	240 950

5. 工程量清单法

工程量清单（bill of quantities，B. Q.）是 FIDIC 合同的重要组成部分，在合同中 B. Q. 通常独立成册，它是投标报价时计算标价的主要基础，也是承包商通过咨询工程师与业主核算工程款的重要依据，还是评估工程变更和工程结算的依据。其思路是根据详细施工图确定工程量，获取每个资源的单价后计算总的价格。B. Q. 通常分为若干子项，以房建项目为例，一般按工序划分子项，包括清理现场、土方开挖、混凝土、砌砖、防水、屋面、木工、勾缝、钢结构、给排水管道、抹灰、水电、油漆、外装修、内装修和围墙等工序。我国自 2003 年推行工程量清单法，淘汰了定额估算价格的做法。

开发商使用工程量清单法招标时，为投标商提供的表格中单价部分是空白的，由承包商根据市场情况，结合自身特点，考虑现场费用、技术措施费用及所承担的风险，最终确定综合单价，在投标时逐项填写。表 7 - 5 最右面一列是用工程量或资源数量乘以单价得到的小计价格，将各项小计结果累计即可得出承包商报价总额。

表 7 - 5　某写字楼基础工程的 B. Q. 示例

序号	名称	计量单位	工程量	单价（元）	合计（元）
1	人工	工日	2 400	45	108 000
2	土石	立方	1 220	60	73 200
3	混凝土	立方	200	320	64 000
4	砂浆	立方	10	210	2 100
5	机砖	千块	10	200	2 000
6	黄土	立方	2 000	15	30 000
7	打夯机	台班	100	30	3 000
8	挖土机	台班	15	230	3 450
9	推土机	台班	3	300	900
合计					286 650

7.3.2　储备分析

在整个估算过程中都应该在估算结果中加入不可预见费，用于填补估算错误、遗漏和不确定性发生的需要。安排意外费用的原因包括项目活动衔接的成本在估算时被忽略、“正常情况”在现实中往往不存在、项目出现失误或意外事件、项目范围和计划出现变更，这些因素会使成本增加。如果在估算基础上增加必要的意外费用，将减少实际成本超支的可能性。一般来说，情况越不明确或复杂，意外费用就越多，其规模和数量取决于项目的新颖度、时间和成本估算精度、技术复杂性、范围变动大小以及未预见问题等。不可预见费可以加入各个活动或工作包，或者加入整个项目。

储备分为预算储备和管理储备。预算储备也称应急储备，是为未规划但可能发生的变更提供的补贴，这些变更由风险登记册中所列的已知风险引起。经验表明某些风险很可能发生并引起成本增加，如设计变更、天气原因引起延误、人员流失等。如人员流动率平均为10%，这是一个已知的风险事件，应安排相应的招聘与培训活动成本计划，在成本估算结果上加上这部分内容。加上预算储备的成本估算值称为基础估算。管理储备是针对未规划的未知风险事件做出的准备，这些风险不能确定是否发生也无法查明或估计，如供应商破产、市场或竞争环境变化等。管理储备不是成本基准的一部分，但包含在项目总预算中，项目经理使用管理储备需要获得批准，管理储备不参与挣值计算。

除了预算储备与管理储备，企业还可能留出额外的超支准备金以补偿可能发生的超额损失，把这部分加入到最可能成本中，得到的估算结果应使成本超支的概率下降到10%以下。超支准备金由公司控制，未经公司批准，项目经理不得随意使用。项目成本估算与不可预见费见表7-6。

表7-6　项目成本估算与不可预见费　　单位：元

项目活动	成本估算值	预算储备	基础估算	管理储备	最可能成本	超支准备金
设计	5 000	500	5 500	1 000	6 500	500
编写代码	9 000	800	9 800	2 000	11 800	8 000
测试	2 000	200	2 200	600	2 800	300
小计	16 000	1 500	17 500	3 600	21 100	8 800

项目成本估算不是一门精确性的学问，应在尊重事实的基础上，灵活看待和应用估算结果。成本估算精度受以下多种因素影响。

- 通货膨胀率和汇率。如果项目执行期间物价水平波动较大，项目成本估算的难度加大，准确性即会下降。对于持续多年且涉及多种货币的大项目，汇率变化也要纳入成本估算的过程。
- 估算人员的知识水平和经验。如人工费的估计依赖估算者的主观经验来判断工作量，确定有效工作时间比率。乐观人员对工作低估的情况要多于高估，悲观人员对工作成本的估计会高于实际成本，应在他们的估算基础上进行必要的修正。
- 学习曲线影响。由于人们具有学习能力，做事的熟练程度与工作结果的质量将随重复次数而提高，完成任务的速度加快。理想状态下，在生产了一定量的产品之后，接下来生产相同数量的产品所需的时间会以一个固定的比率减少。产量增加一倍时，单位产量需要的时间与上一次时间的比例称为学习率。如一个木工制作第一扇窗子需要4小时，第二扇窗子需要3小时，则其学习率为0.75；如果第二扇窗子还需4小时，则其学习率为1.0，实际上是没有学习。学习曲线使得历时估算发生变化，人工成本和设备租赁成本等按时间计算的成本随之变化。

学习曲线适用于劳动力数量较多、工期长的项目，短期项目中学习曲线可能产生不了作用。学习曲线适用于重复性任务，因为重复劳动可以提高效率。需要注意的是，员工达到熟练操作水平时，时间就基本稳定下来，很少能再缩短，学习率就变为1.0，因此，学习率不能无限推广。准确预测一个项目团队的学习率是一件很难的事情，通常需要根据历史数据进行经验估算。

项目经理应选择哪种成本估算方法呢？应根据项目所属行业、预算管理的要求、项目管理历史经验、过去完成的类似项目、项目成本管理人员的能力、对待成本的容错程度、要求给出估算结果的期限等来确定。创新性研发项目中不确定因素很多，准确估算成本的难度很大，可以采用粗略的方法，把过多的时间和资金花费在成本估算工作上是一种浪费。过程清楚的工程项目采用物料清单法容易估算出准确的成本。有的企业认为成本差不多就行，详细估算成本太浪费时间；政府主导的工程项目进度优先，时间就是一切，成本估算的精度居于次要地位；有的项目是企业内部进行的或者规模很小，一般不用为估算精度花费太大的精力。

7.4　项目成本预算

制定预算是汇总所有单个活动或工作包的估算成本，建立一个经批准的成本基准的过程，即将批准的项目总成本估算分配到各项具体活动与工作中，作为测量项目实际执行的成本基准。项目预算决定了用于项目的资金，根据批准的预算来考核项目成本绩效。

编制项目成本预算的依据是：活动成本估算、工作分解结构、项目进度计划、资源日历、项目风险管理计划、合同等。活动成本估算是确定各项活动与工作预算的主要依据，工作分解结构帮助确定预算的分配，项目进度计划是预算按时间分解的依据，资源日历确定了各阶段的资源成本。

7.4.1　确定目标成本

在项目成本管理过程中采用目标成本管理的方法设置目标成本，并以此作为成本预算，确定目标成本是成本计划的核心，是成本管理所要达到的目的。确定目标成本常用目标利润法、技术进步法、按实计算法等。

1. 目标利润法

目标利润法是根据项目产品的销售价格扣减目标利润后得到目标成本的方法。承包商获得了承包合同后，公司从中标价中减去预期利润、税金、应上交的管理费等，剩下的就是在施工过程中所能够支出的最大限额，即基本的总目标成本。承包商在投标前进行成本估算，确定投标报价的基础，并结合竞争情况、自身优势与项目难度等因素确定最后的报价数字。如某烟草公司 ERP 系统招标时，南天软件公司成本估算为 800 万元，考虑到烟草公司支付能力强，实施环境良好，竞争非常激烈，南天软件公司采取了低价策略，投标价格为 780 万元并且中标。南天软件公司扣除了合同价格总额 10%后，其余 702 万元成为项目目标成本，即项目经理可以支配的预算总额。项目团队节约成本则公司可以获得更多的利润，成本超支则会侵蚀公司的利润甚至导致项目亏损。

2. 技术进步法

技术进步法是指以项目计划采取的技术措施和节约措施所能取得的经济效果作为项目成本降低额，计算项目的目标成本的方法。

项目目标成本＝项目成本估算值－技术节约措施的节约额

例如，会议室装修项目，按照施工计划的实际工程量，以物料清单法估算成本为 11 万元，采取新技术、新工艺后可以节约 1 万元，则项目的目标成本为 10 万元。采取技术进步法能够为企业节约成本或创造更多的项目利润，为了鼓励项目团队采取新技术的积极性，可以提取部分节余量作为奖励。

3. 按实计算法

按实计算法是以项目的实际资源消耗为基础，根据资源的价格详细计算各项活动的目标成本。人工费的目标成本、材料费的目标成本、机械使用费的目标成本分别由劳资人员、材料人员、机管人员计算，其他直接费用的目标成本可由生产和材料人员共同计算。间接费用的目标成本由财务人员根据项目部职工平均人数，按历史成本的间接费用、压缩费用的措施和人均支出数进行测算。确定目标成本的步骤如下：

（1）根据已有的投标、预算资料，确定中标合同价与施工计划的总价格差。

（2）根据技术节约措施预测项目节约额。

（3）对施工计划未包括的有关活动和管理费用，参照定额加以估算。

（4）对实际成本可能明显超出或低于定额的主要子项，按实际支出水平估算出与定额水平之差。

（5）考虑不可预见因素、工期制约、风险、价格波动等因素的影响，得出综合影响系数。

（6）计算项目目标成本。目标成本确定以后要分解落实到各职能组或个人。

7.4.2 编制成本预算

项目成本预算总额确定后，通常可以按成本构成要素、项目组成、项目进度计划或上述标准的组合进行分解。基本分解方法是自上而下、由粗到细，将项目成本依次分解、归类，形成相互联系的分解结构。自上而下分解是假设高级管理层具有丰富的项目经验，能正确地估算项目风险。他们估算出项目总体成本和主要工作包的成本，按照层级分解到下一级职能组，这些小组能够收集到更具体的信息，继续分解到每个工作包或任务，使项目成员清楚每个任务的具体成本。

按成本构成要素分解是指将总预算分解为直接费用、间接费用，进一步分解为人工费、材料费、机械费、管理费等项内容。按项目组成分解是指将总预算分解到子项目、主要交付物、最低级交付物、工作包或工作单元上。按项目进度计划分解是指将项目预算分解到年、季、月、周或日，便于将资金的应用和筹集配合起来，减少资金占用和利息支出。这三种预算分解方式可以独立使用也可以综合使用。

例如装修一间会议室，根据装修质量、功能、设备等要求，公司确定了 10 万元的目标成本。项目交付物为方案设计、采购、施工、验收四部分，项目经理根据工作量和资源消耗，分别安排了 12 000 元、65 000 元、20 000 元、3 000 元，这一层分解是按照项目组成进行的。四个主要交付物的组长进一步分解预算，如采购组长安排材料采购 35 000 元，家具、电器采购 30 000 元。如图 7－2 所示。

总成本按照工作分解结构逐级向下分配时，可能出现下层人员认为成本不足难以完成相应任务的情况，如果不能与管理人员进行有效的沟通会拖延项目进度；也可能会在组织内部产生摩擦，使高层经理与基层管理者或者部门之间为了争夺预算产生不满和冲突。

项目成本预算应覆盖整个项目周期，在总成本分解到交付物、活动或任务后，必须根据进度计划继续分解，做出每个时间的预算计划。假设会议室装修要求 15 天完成，方案设计 3 天，采购 3 天，施工 11 天，验收 1 天。按照进度计划各项预算分解到每一天，如表 7－7 所示。

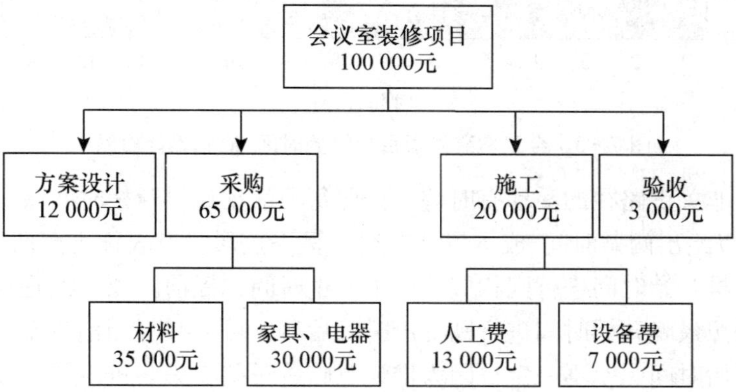

图 7－2　自上而下的成本预算分解

表 7－7　会议室装修项目预算表　　单位：千元

活动	预算	日期														
		1	2	3	4	5	6	7	8	9	10	11	12	13	14	15
方案设计	12	3	5	4												
采购	65				10	10	20				25					
施工	20				2	2	2	2	2	2	2	2	2	1	1	
验收	3															3
合计		3	5	4	12	12	22	2	2	2	27	2	2	1	1	3
累计		3	8	12	24	36	58	60	62	64	91	93	95	96	97	100

注：合计是当日各项活动预算之和，累计是从第 1 日起进行预算的累加，到第 15 日项目结束时，累计总额就是项目的总预算。按照时间分解后，界定了每个交付物的成本预算及每天成本预算，便于资金筹集与使用控制。

项目预算表是一种简单的成本预算表现形式，将人员成本、分包商和顾问成本、专用设备和工具成本、原材料成本等信息在一张表中综合展示出来，明确每个资源使用的起止时间、数量及预算，便于管理者进行资源和成本的分配以及跟踪控制。

将按进度计划编制的项目成本预算绘制成直方图或者时间-成本累计曲线，可以直观地将成本预算展示出来。时间-成本累计曲线绘制步骤是：首先建立直角坐标系，横轴表示项目时间，纵轴表示项目成本。然后，按照一定的时间间隔累加各时间段内的支出，在坐标中确定各时间点对应的累计资金支出量，用一条平滑的曲线依次连接各点即得到时间-成本累计曲线。利用项目管理软件可以轻松完成这个工作。根据表 7－7 的数据绘制出的时间-成本累计曲线见图 7－3。

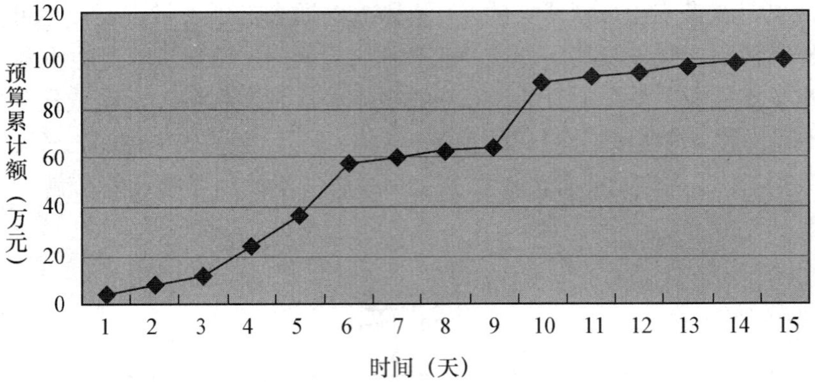

图 7-3　会议室装修项目预算的时间-成本累计曲线

项目网络中非关键路径的活动有时差，按照每项活动最早开始时间（ES）和最晚开始时间（LS），可以绘出两条时间-成本累计曲线，呈香蕉形状，故称香蕉曲线，见图 7-4。如果活动按照最早开始时间进行则相应的成本发生时间也提前，项目经理应安排资金提前到位；反之，按照最晚开始时间进行则支出时间后移，可以减轻当前资金压力。是否将活动拖延到最晚开始时间呢？不一定！因为推迟意味着时差丧失，进度压力会增大。风险小的非关键活动可以晚开始，对于不确定性高的活动，有意减少时差可能导致进度计划不保，应以最早时间开始来抵消有可能出现的延误。是否拖延活动还取决于客户支付费用的方式，如果客户按照完工阶段支付费用，则对完工有重要影响的活动就不能拖延。

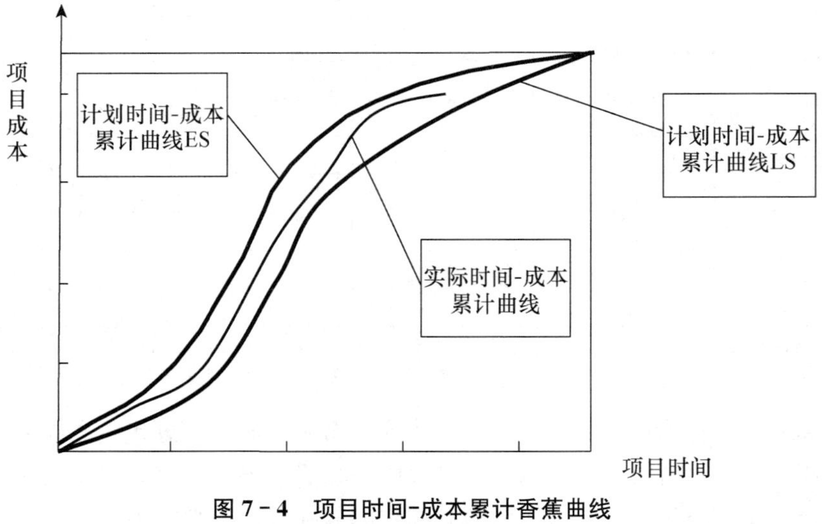

图 7-4　项目时间-成本累计香蕉曲线

项目经理需要保持一个正向的现金流，在项目收入与支出现金之间的差异应当较小，保持来自客户的收入与人工、分包商、材料供应商和设备费等之间的平衡。成本预算计划是项目经理预测现金需求的重要依据。预算计划中所示的成本反映的是材料需要时的成本而不是实际支付时的成本，实际费用发生的时间一般不对应于预算中的时间，这取决于采购方式和货款支付条件。比如可能在材料到达现场就即时支付货款，也可能在下订单时支付定金，尾款在交货后一段时间内支付。

案例7－2

古城音乐厅项目的预算分解

根据音乐厅建设项目总投资额及各工作内容的成本估算确定每个活动的预算计划，并根据进度计划将成本预算分解到每个月度，制定月度成本预算计划。具体结果见表7－8。

表7－8　音乐厅建设项目月度费用预算表（部分）　　单位：万元

任务名称	成本	2018年				2019年												2020年	
		9	10	11	12	1	2	3	4	5	6	7	8	9	10	11	12	1	2
土建设计招标	15	3	5	5	2														
土建设计方案	25				2	3	2	3	2	3	3	2	3	2					
土建初步设计	40														8	7	7	8	7
施工图设计	60																		
钢结构屋面设计	40																		
声学设计招标	15															5	5	5	
声学设计报告	80																		12
土建设计变更	5																		
机械方案设计	10																		
机械详细设计	20																		
灯光方案设计	5																		
灯光详细设计	10																		
音响方案设计	10																		
音响详细设计	20																		
装修设计招标	20																		
装修方案设计	30																		
装修初步设计	45																		
施工图设计	55																		
合计		3	5	5	4	3	2	3	2	3	3	2	3	2	8	12	12	13	19
累计		3	8	13	17	20	22	25	27	30	33	35	38	40	48	60	72	85	104

编制按时间进度的成本预算通常可利用项目网络图进一步扩充而得，即在建立网络图时，确定完成各项活动所需的时间及完成这些活动的预算。将项目分解为能够方便地表示时间与成本支出预算的活动是不容易的，当项目分解程度便于时间控制时，可能对成本预算分配得过细。编制网络计划时应平衡进度控制和成本预算的要求。

项目成本预算计划编制完成后，为了保证预算准确可靠，应对不准确之处进行核查，如价格信息失真或资源数量有水分，应在取得新数据后进行调整。如果项目环境发生了较大的变化，影响了整个成本预算的准确性，如材料大幅涨价或国家税法调整，应对预算做出综合调整，这更多依赖高层人员对外部环境的敏感性，凭直觉与经验。财务、技术人员编制出预算方案，提交审议时可能受到质疑和反对，应根据具体情况再次调整，直到获得项目经理、客户和其他主要干系人的肯定。实践中常常使用项目成本预算调整表（见表 7－9）。

表 7－9　项目成本预算调整表

项目名称				日期			制表人	
任务	负责人	时间		预算成本数额				
		开始	结束	设备	材料	人工	小计	实际数
一、预算								
1 2 3 ⋮								
总和								
二、初步调整 1 2 3 ⋮								
三、综合调整	调整一定的百分比							
备注								

7.5　项目成本分析

7.5.1　综合成本核算

为了及时进行项目成本控制，必须持续掌握成本发生的实际情况，及时进行成本核算。成本核算过程（以工程项目为例）大体分为四个步骤：

（1）记录资源使用数量。包括各分项工程中消耗的人工、材料、机械台班及费用的数量，这是成本控制的基础工作，有时还要对已领用但未用完的材料进行估算。

（2）度量本期内工程完成状况。已完成工程的度量比较简单，对跨期的分项工程进行度量较为困难。量度的准确性直接关系到成本核算、成本分析和预测剩余成本的准确性，应尽量减少人为因素的影响，避免项目成本的大起大落。

（3）项目管理费及公司管理费的汇总、核算和分摊。

（4）各分项工程及总工程的各个科目核算及盈亏核算，编制成本核算报表。

在上面的各项核算中，许多开支是分摊进入分项工程或工程总成本的，分摊是选择一定的经济指标按比例核算。例如，企业管理费是按企业同期所有工程总成本（或人工费）分摊进入各个工程；工地管理费按各分项工程的直接成本分摊，有时周转材料和设备费也必须采用分摊的方法核算。

7.5.2 综合成本分析方法

项目成本分析就是将本期成本数据与预算成本数据进行比较，对成本预算执行情况做出评价，分析成本差异或成本变动的原因。通过成本分析考核与奖惩制度挂钩的做法，提高员工节约成本的积极性。也可以与其他项目的成本数据比较，判断本项目成本管理的水平。

成本分析的重点是影响项目成本变动的主要因素。一是项目规模和技术装备水平、项目专业化和协作的水平等，这些因素短期内难以改变，也超出了项目经理的控制范围。二是项目管理因素，如员工技术水平和操作熟练程度、直接材料的消耗水平、能源和设备利用率、质量水平高低、劳动生产率、人工费用水平等因素。

项目成本分析常用综合成本分析方法。综合成本是指涉及多种生产要素并受多种因素影响的成本费用，如分部、分项工程成本，月度成本，竣工成本等，这些成本是随着项目进展而逐步形成的。

1. 分部、分项工程成本分析

比较预算成本、目标成本和实际成本，分析偏差产生的原因，寻求成本节约途径。工程项目的预算成本来自施工图预算，计划成本来自施工预算，实际成本来自施工任务单的实际工程量、实耗人工和限额领料单的实耗材料。主要分部、分项工程必须从开工到竣工进行系统的成本分析。

2. 月度成本分析

这是项目定期的经常性的成本分析，可以及时发现问题，以便按照成本目标进行监督和控制。对于时间跨度大的工程项目，还要依据月成本报表进行年度成本分析、每月进度状态和成本状态分析，成本费用的分类要与成本预算一致。表 7－10 是紫金山 ERP 项目 2020 年 6 月的成本分析表，当月计划完成 297 800 元预算，实际完成 287 300 元，少支出 10 500 元。结合实际进度信息和完成的工作量分析支出减少的原因，一是购置电脑设备和材料时得到了较低的价格，节约了采购费；二是计划的招待活动调整到下个月进行。

表 7－10　紫金山 ERP 项目 2020 年 6 月的成本分析表

2020 年 7 月 1 日　　　　单位：元

项目名称	紫金山集团 ERP 项目			
本月计划	297 800	实际完成量	287 300	
项目成本	月计划成本		实际成本	成本偏差
人工费	120 000	10 名工程师、2 名顾问、1 项目经理	120 000	0
设备费	150 000	12 台商用电脑＋1 台服务器	142 000	8 000
材料费	5 000	搭建局域网耗材	3 800	1 200
网络费	3 000	互联网服务费	3 500	－500
招待费	7 800	合作方招待费	6 000	1 800
住宿费	12 000	房租	12 000	0
本月合计	297 800		287 300	10 500

针对重要项目和进度快的项目，以及大型复杂项目，为了加强成本控制，往往每周或每日填写成本报表，以便及时掌握项目成本情况并及时发现问题。成本日报表、周报表一般记录人工费、机械费和产品数量等信息。

时间-成本累计曲线法也广泛应用于成本分析，计划时间-成本累计曲线作为比较基准，收集实际支出数据，在同一坐标中绘出实际时间-成本累计曲线，在理想状态下两条曲线应重合，如果存在偏差说明成本计划执行有异常，应分析产生偏差的原因，判定是否正常，然后决定是否采取处理措施。香蕉曲线也是控制方法之一，有时差的项目活动可能根据实际情况选择最早开始、最晚开始或者在时差中某个时间开始，成本发生的时间相应变化，实际时间-成本累计曲线应该在两条计划曲线之间。如果超出了两条计划曲线的范围则是出现了异常，管理者应加以警觉，分析可能的原因并采取改进措施。

时间-成本累计曲线或香蕉曲线的局限性很明显。一是从累计成本角度判断是否超支，没有考虑进度信息。如果完成任务的速度提前，相应的成本也提前发生，此时并非超支。如果进度延误，实际成本会低于计划成本，此时并非节约。二是实际成本包含了关键路径与非关键路径活动消耗的成本，因此，仅从实际成本数据不能判断进度状态。

在月度分析报表基础上编制项目成本分析报告，以工程项目为例，成本分析报告主要包括以下方面：

（1）主要消耗材料的用量分析、月度技术措施对成本的影响分析。依据工程部提交的材料需求计划，追踪其实际执行状况。

（2）分析本月进度计划完成情况，就未完成情况分析原因，提出应采取的措施。

（3）施工产值完成情况和工程分包统计分析，目的是核定项目收入。

（4）辅助材料、租赁周转材料、自有周转材料、现场和库存材料状况及租赁机械用量等分析。

（5）人工及劳务分包数据分析。

（6）现场经费分析、临时设施费摊销分析和项目总盈亏分析等。

（7）成本超支原因分析。

经过对比分析，如发现某一清单细目或作业已经出现成本超支，或预计最终将出现成本超支，应进行重点分析。例如某公路建设项目成本超支的原因是以下几方面：一是原成本计划数据不准确，估价错误，预算太低，分包商报价超出预期。二是国家相关政策的变化、上级和业主干扰、通货膨胀带来的物价上涨、阴雨气候和自然灾害等。三是实施管理中的问题：不适当的控制程序造成预算外开支过大；成本责任人缺乏相关知识和管理经验，激励措施不到位；劳动效率低，工人频繁地调动，施工组织管理混乱；采购了劣质材料，材料消耗增加，浪费严重，发生事故，返工，周转资金占用量大；合同不能有效履行而产生赔偿。四是工程范围增加，设计变更，功能和建设标准提高，工作量较计划大幅增加等。

3. 竣工成本分析

如果施工项目只有一个成本核算对象，就以其竣工成本资料作为成本分析的依据。有多个单位工程而且是单独进行成本核算的项目，应以各单位工程竣工成本资料为基础，再加上项目经理部的经营效益（如资金调度、对外分包等产生的效益）进行综合分析。单位工程竣工成本分析应包括竣工成本分析、主要资源节约或超支对比分析、主要技术节约措施及经济效果分析。

7.5.3 目标成本差异分析

目标成本差异是指实际成本与计划成本的差额，成本差异分析的目的是确定成本偏差的严重程度，找出偏差产生的原因。成本差异分析一般从项目成本构成要素入手。

1. 人工费分析

人工费包括直接人工费和间接人工费，直接人工费是指在项目中承担了具体工作包任务的人员产生的费用，间接人工费是指不对项目产出物有直接贡献的人员产生的费用。人工费主要由人员数量和加班费决定，项目中应分析是否存在冗员，避免人浮于事而产生的人工成本。合理控制加班现象，降低加班引起的支出。在实行劳务外包的项目中，项目经理部与施工队签订劳务承包合同，明确工程量、承包金额和双方的权利、义务，这些人员不存在加班费，但项目经理应控制项目范围变更，防止工作量的调整引起人工费增加。如某公路翻修项目，劳务公司派来的工人每天工作9小时，每周工作7天。项目进行中业主要求提前完工，工人每天工作时间延长为10小时，由于合同价格是按照工程量计算的，项目部不必为工人加班而支付加班费，工人也愿意加班早日完成工程。

2. 材料费分析

材料费分析是对主要材料、结构件和周转材料使用费以及材料储备的分析。材料和结构件费用受价格和消耗数量影响，材料价格受采购价格、运输费用、途中损耗等因素影响；材料消耗数量受操作损耗、管理损耗和返工损失等影响，可在价格变动较大和数量异常时再做深入分析。对于项目中租赁的设备，周转利用率和损耗率决定了费用，周转慢意味着租赁费支出增加，损耗超过规定的比例要赔偿。周转利用率和损耗率的计算公式如下：

周转利用率＝实际使用数×租用期内的周转次数/(进场数×租用期)×100％

损耗率＝退场数/进场数×100％

材料采购保管费属于材料的采购成本，包括采购保管人员的工资、办公费、差旅费以及采购保管过程中发生的固定资产使用费、工具使用费、检验试验费、材料整理及零星运费和材料物资的盘亏及毁损等。采购保管费一般应与材料采购数量同步，即材料采购多，采购保管费也会相应增加。应根据每月实际采购的材料数量和实际发生的材料采购保管费，计算材料采购保管费支用率，以供前后期采购保管费的对比分析使用。

材料储备资金分析。材料储备资金是根据日平均用量、材料单价和储备天数（即从采购到进场所需要的时间）计算。通常，要选择运距短的供应单位，尽可能减少材料采购的中转环节，缩短储备天数。

3. 设备使用费分析

设备的使用有两种情况；一是按产量承包并计算费用，如土方工程，项目经理部只要按实际挖掘的土方工程量结算费用，而不必过问挖土机械的完好程度和利用程度。另一种是按使用时间结算，设备完好率差或调度不当会影响利用率，从而延长使用时间，导致费用增加。由于项目工序搭接上会出现某些施工间隙，某些设备可能临时闲置；加快施工进度时，设备日夜不停地运转。应加强设备的平衡调度，提高设备完好率，保证设备正常运转。

此外，还有其他成本费用分析，如二次搬运费、水电费、临时设施摊销费、生产工具使用费、检验实验费、场地清理费等。

7.6 项目成本控制

成本预算是项目组织必须严格执行的计划文件，预算执行情况也是项目评价的重要指标，项目经理必须采取加强成本管理与控制的措施。项目成本控制是控制项目预算的变更并及时调整以达到控制目的的过程，是采用一定方法对项目全过程消耗的各种费用的使用情况进行管理的过程。成本控制的直接依据是费用预算计划、执行情况报告、变更申请和费用管理计划。

有时，项目成本超支并非成本管理与控制措施不力，而是外部因素引起的。如某矿业公司新建一座年产 500 万吨的矿井，计划投资 5 亿元，项目坐落于沿海地区，先后投资 17 亿元，超预算 240%。主要原因是施工地点在沿海沙地，矿井巷道维护成本太高。巷道支护的通常做法是混凝土浇筑后采用液压支柱支撑，但施工方没想到沙地无法用混凝土固定，不得已采取了其他专用支护方法，实际成本是普通巷道成本的 10 倍。

7.6.1 挣值系统

某公司正在进行一个新产品研发项目，计划 10 个月，投资 2 000 万元，平均每月 200 万元。5 个月后，公司高层希望评估一下项目状态。看到成本方面的数据是：前 5 个月预算成本是 1 000 万元，实际成本是 1 300 万元，能得出项目超支 300 万元的结论吗？假如前 5 个月实际成本是 800 万元，能得出项目节余 200 万元的结论吗？回答这个问题不太容易，有几种可能。一是物价涨了，采购成本增加了，后期采购开支会继续增加，项目经理必须削减后期其他开支或者寻找替代性廉价资源，否则项目实际成本将突破预算。二是物价稳定或呈下降趋势，由于研发进度提前，6 月的部分任务提前到 5 月执行，这种情况不用采取削减开支的措施。这个案例缺乏实际完成工作量信息，花费 1 300 万元很可能是因为完成了更多的项目活动，当然消耗的成本也多。花费少可能是工作量没有完成而非节约了资金。

挣值法是对项目成本和进度进行绩效分析的有效工具，它克服了时间-成本累计曲线法的缺陷，挣值是已完成工作的预算成本。通过对计划工作的预算成本和已完成工作的预算成本进行比较，确定项目进度；对已完成工作的预算成本和该工作的实际成本进行比较，判断项目成本执行情况。挣值法引入了下面三个参数：

● 计划成本（planned value，PV），也称预算、计划工作的预算成本（budgeted cost of work scheduled，BCWS），即在给定时间内完成全部工作计划需要的总成本。该值在项目实施过程中保持不变，它是衡量项目进度和项目费用的基准。我国习惯称作计划投资额。

● 实际成本（actual cost，AC），或称完成工作的实际成本（actual cost of work performed，ACWP），是指在一定时期内完成一项活动所产生的直接成本和间接成本的总和。我国习惯称作消耗投资额。

● 挣值（earned value，EV），指实际完成工作的价值，或已完成工作的预算成本（budgeted cost of work performed，BCWP）。挣值反映了满足质量标准的项目实际进度，通常业主根据承包商阶段性完成的挣值付款，因此，挣值也就是承包商挣得的收入。我国习惯称作实现投资额。

利用上面三个参数，提出四个判断项目成本状态或进度状态的指标。

（1）成本偏差（cost variance，CV）。

$$CV=EV-AC$$

当 $CV<0$ 时，表示超支，实际成本超过预算；当 $CV>0$ 时，表示节支，项目执行效果良好。

（2）进度偏差（schedule variance，SV）。

$$SV=EV-PV$$

当 $SV<0$ 时，表示进度延误；当 $SV>0$ 时，表示进度提前。

（3）成本绩效指数（cost performance index，CPI）。

$$CPI=EV/AC$$

当 $CPI>1$ 时，表示成本节支；当 $CPI<1$ 时，表示超支。

（4）进度绩效指数（schedule performed index，SPI）。

$$SPI=EV/PV$$

当 $SPI>1$ 时，表示进度提前，当 $SPI<1$ 时，表示进度延误。

理想状态下，EV、PV、AC 三个数据是一致的，但项目实践中三者往往不一致，图 7-5 中三条曲线之间存在偏离，如果三条曲线偏离过大，表示项目成本与进度管理存在严重问题，应对项目状态进行评估并制定改善方案。T_0 时刻的项目计划执行状态是预算为 300 万元，实际挣值是 260 万元，实际成本 200 万，意味着成本节约了 60 万元，尚有预算为 40 万元的工作量没有完成。

通过一个简单的例子说明挣值法的使用过程。假设装修一间学术报告厅，设计安装 100 套桌椅，木工组负责制作与安装。计划每天制作 10 套，10 天安装完毕，每套预算为 500 元，总成本预算为 50 000 元。前 8 天应完成 80 套桌椅，计划成本 PV 为 40 000 元（80×500）。如实际完成 75 套桌椅，则挣值 EV 为 37 500 元，表明还剩下 2 500 元的工作量没有完成，实际进度落后于计划进度，而非成本节约。假设做完 75 套桌椅实际花费 37 000 元，表明节约了 500 元（37 500－37 000）；如果实际花费了 38 000 元，则表示超支了 500 元（37 500－38 000）。

挣值法中三条曲线有四种组合关系，如图 7-6 所示，代表四种项目成本-进度状态。

图 7－6（A）代表项目成本超支、进度落后，这是最坏的结果。图 7－6（B）代表项目成本超支，进度提前，这种情况在我国基础工程建设项目中较为普遍，业主追求进度而忽视成本控制。图 7－6（C）代表项目成本节约且进度提前完成，这是最理想的状态。图 7－6（D）代表项目成本节约但进度落后。

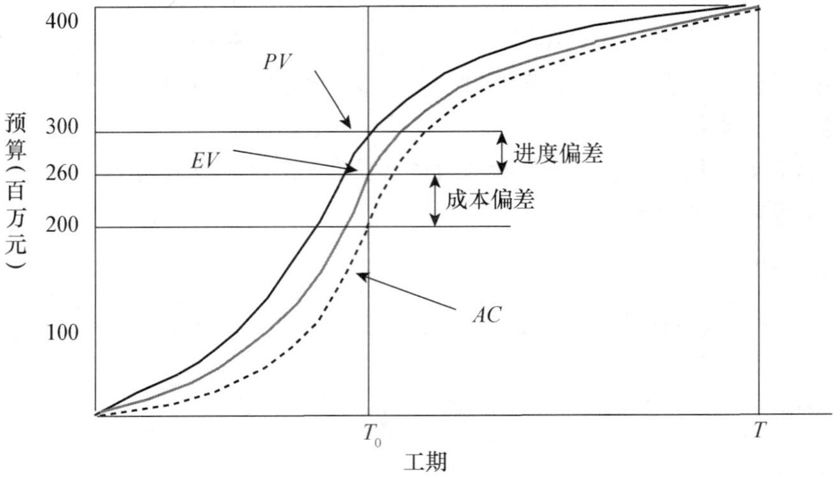

图 7－5　挣值分析示意图

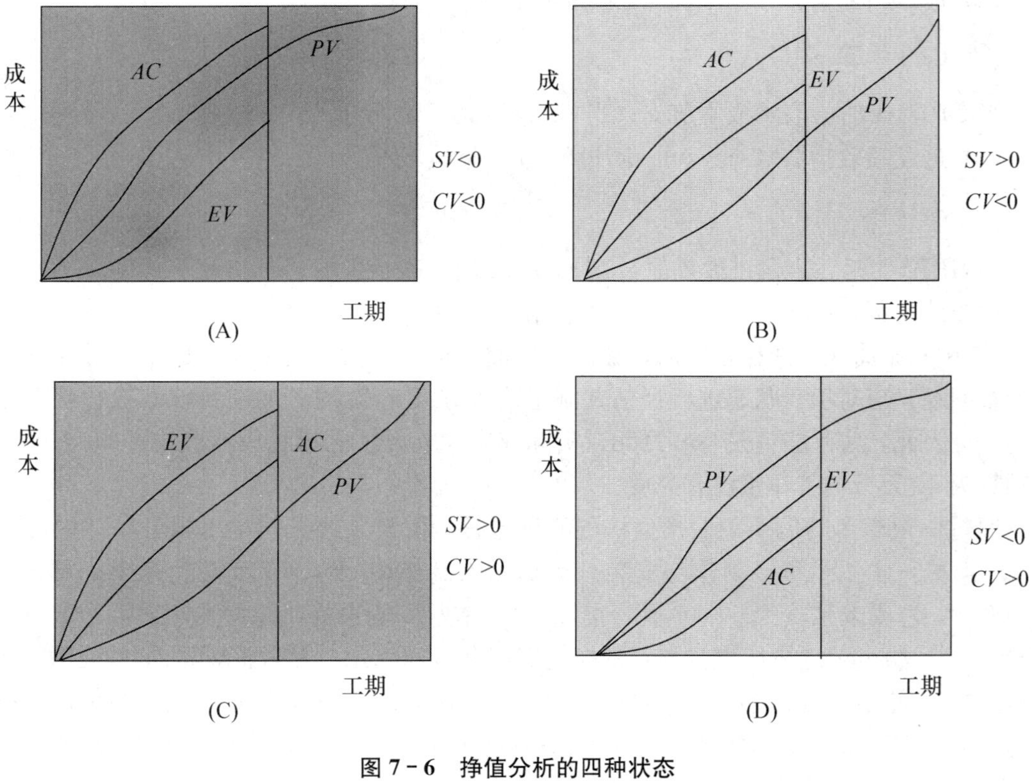

图 7－6　挣值分析的四种状态

当偏差超过了允许的限度，就要分析成本偏差产生的原因，提交成本分析报告。说明是什么问题导致成本偏差或进度偏差，什么原因影响了项目时间、成本和绩效，这些偏差对其他工作有什么影响，应该采取什么纠正措施，纠正措施的预期结果是什么。挣值状态可以采用表 7－11 的形式来描述。

表 7－11　项目挣值状态报告

项目名称：________________　准备日期：________________

	当前报告阶段	当前阶段累计	过去阶段累计
计划成本（PV）			
挣值（EV）			
实际成本（AC）			
进度偏差（SV）			
成本偏差（CV）			
进度绩效指数（SPI）			
成本绩效指数（CPI）			
产生进度偏差的原因：			
对可交付成果、里程碑或关键路径的影响：			
产生成本偏差的原因：			
对预算计划、应急资金或预算储备的影响：			
完工估算（EAC）：			
按照当前 CPI 的完工估算 $EAC=AC+(BAC-EV)/CPI$			

由于引起成本变化的许多因素超出了项目经理的控制能力，实际成本与计划成本之间总会出现或多或少的差异，或者说，实际成本偏离计划成本是大概率事件。在项目进展的某个时间点，如果发现成本处于超支状态，项目经理必须判断这种态势是否仍将持续，剩余工作还要花多少钱，完成整个项目的总成本将会是多少。

预测总成本要考虑以下三种情况。

1. 假设项目剩余工作按照已完工部分的效率进行

在项目成本超支时，成本绩效指数小于 1.0，即实际成本大于完工部分的预算成本。假设后期成本绩效指数不变，则预测完工总成本可用以下公式计算：

$$预测完工总成本=总预算成本/成本绩效指数$$

例如，A 产品研发项目成本预算为 900 万元，研发工期为 3 个月。第 1 个月预算为 280 万元，月末全部计划工作完成，完工成本为 330 万元，则成本绩效指数为 0.85（280/330）。根据上面的公式，预测项目完工总成本为 1 058 万元（900÷0.85）。

研究表明，成本绩效指数在项目完成 20%时达到稳定，稳定的意思是最终的成本绩效指数不会变化 0.1 以上（Walt Lipke，2009）。成本绩效指数总是向坏的方向变化，考虑到成本绩效指数的变化，预测完工总成本公式可调整为：

预测完工总成本＝总预算成本/(成本绩效指数±0.1)

2. 假设项目剩余工作按照预算计划执行

由于前期成本管理措施不到位或者员工能力不足出现了失误，造成了成本浪费或返工，导致前期成本超支，通过管理改进和员工培训，消除了这些引起成本变化的主要因素，假设剩余项目工作可以在预算计划内完成，不超支或节约，则预测完工总成本为：

预测完工总成本＝累计实际成本＋(总预算－挣值)

公式中的（总预算－挣值）为剩余工作量，这些工作全部在预算内完成。上面的研发项目第 1 个月末实际成本为 330 万元，挣值为 280 万元。假设剩余部分按照预算计划执行，则预测完工总成本为＝330＋(900－280)＝950(万元)。

3. 重估项目剩余工作的成本

有的项目在估算阶段采取的方法不合适，成本估算准确性较差，在此基础上编制的预算不可行，执行中的偏差很大，成本绩效指数很低。此时，应组织评价预算计划的合理性，如果确认预算脱离实际，不能继续作为执行的依据，应重新估算剩余工作量的成本，更新并执行新的预算计划。计算总成本的公式为：

预测完工总成本＝累计实际成本＋剩余工作的重估成本

预算是一个约束条件，修改成本预算计划是一件严肃的事情，应该在项目计划阶段采取多种方法估算成本，提高成本预算计划的合理性，防止后期修改对项目实施产生不利的影响。只有在实际成本与预算计划严重背离或发生重大变化时，方可采用重估剩余工作成本的方法。

7.6.2 成本控制措施

1. 采取成本节约的实施方案

采取节约成本的实施方案有利于保证成本预算不超支，增加项目利润。针对不同项目的特点，项目经理可灵活采取适当的方法。如对设计方案进行成本比较，选择成本低的方案；充分利用低成本的资源；优化采购招标流程和扩大供应商选择范围，节约采购成本；新产品开发项目中消化吸收先进技术、实施开放式创新合作。

2. 完善工程造价

工程建设项目招标普遍使用工程量清单法，业主提供工程量清单，承包商根据清单报价，工程量清单的错漏风险由业主承担。如果出现几个投标人恶意围标的情况，中标价与业主预期价格将会出现较大差距，为后续工作带来隐患。采用最低价中标的评标方法时，有些投标人低价投标并中标，签订施工合同后履行不了承诺，影响工程质量和工期目标。

工程量清单计价招标中允许承包商不平衡报价，即承包商在保持总价不变的情况下，调低某些分项的单价而提高另外一些分项的单价，以达到尽早收回工程款的目的。不平衡报价策略可能使施工中的变更对造价的影响形成异常波动，例如，工程项目中由于地质情况的不确定性，土方开挖往往是调增项，承包商采取高报价策略。

业主应在招标过程中做好以下几方面的工作，防止工程造价失控。

（1）完善招标文件。不完善的招标文件会给施工管理与造价控制带来麻烦，甚至引起索赔。如设计变更增减工程如何结算？如果招标文件没有提到，在施工合同中也没有明确约定，竣工结算时就会发生争议，成为承包商追加工程款的理由。招标文件中工程造价及相关费用应尽量包死，减少暂定金额分项。施工中可能增加较多的单项工程量，对此可以约定当工程量增加超过一定比例后该项单价下调。对于市场价格差异较大的设备和材料，要对功能、型号、技术要求、外观色彩等进行详细描述，约定一个上限价格，要求承包商在施工前必须提供样品，待业主确认后才能施工。如所提供样品的市场价达不到上限价格，业主相应调低价格。

（2）工程量清单的编制与调整。工程量清单编制一定要符合招标文件的要求，每一项工作内容与工作要求应表述准确完整，做到分项不错不漏、不留缺口。建立纠错机制确保不因工程量清单的错漏引起造价失控。首先，建立工程量清单报价澄清制度，让投标单位在评标时澄清投标方案的科学性、施工工艺的先进性、项目报价的合理性。业主对得分最高的一两家中标候选人进行质询，对投标函中的不明确处、遗漏项、错项和其他对招标文件有关要求的规避行为进行剖析及质询，以确保各方的利益都不受损害。其次，建立中标后工程量清单的复查机制。

从投标方来看，投标报价是在项目预算的基础上做出的，投标阶段的预算要确保投标方在该项目不亏损。中标之后要确定项目管理目标，进一步完善项目预算计划，称为标后预算。标后预算要确保投标方在项目上有盈利，是施工企业为项目确定的管理目标，一般与项目团队的经济利益挂钩，完成标后预算给予奖励。因此，项目经理要组织成本测算，对各分部、各分项、各工序进行分析，有针对性地制定成本计划。

（3）造价风险分担。由于市场价格不断变化，业主和承包商面临的造价控制难度都很大，双方应合理分担造价风险，包括工程量清单错漏风险、设计图纸失误风险、承包商报价错误风险、资源价格风险、政策风险、自然条件风险等。出现以上风险后，按照 FIDIC 合同条款来执行。建立工程担保制度，涉及投标保函、履约保函、预付款保函、工程保留金保函、工程款支付保函等。

3. 控制采购成本

根据采购数量、价值、采购周期和供应商等因素选择合适的采购策略。小额采购要确认价格的合理性；大额采购要结合项目进度计划采用招标方式；持续性的采购可以与供应商建立长期合作关系，共同寻求降低交易成本的途径；国外采购要注意汇率波动和报关流程。联合采购流程通常对项目绩效（成本、时间、质量、环境影响、工作环境和创新）有积极的影响，联合采购流程包括联合说明书（joint specification）、选择性投标（selected tendering）、投标估算的软性参数、联合分包商选择、激励性支付（incentive-based payment）、合作工具和承包人自我控制。这种积极影响受项目合作气氛（如成员间的信任和承诺）干扰，也受整个项目的复杂性、不确定性、投资规模和时间压力等因素的影响（Erik Erikson，2011）。

如某公路建设项目的成本构成中，材料费占全部成本的70%以上，材料采购是项目成本控制的重点环节之一。施工消耗材料主要有：水泥、钢筋、沥青、砂砾、碎石、沙子、石灰以及填筑材料等，可以通过减少采购中间环节、严格进行采购验收、就地取材降低消耗等途径来降低成本。应根据项目施工计划实施采购，既满足施工部门使用需求也降低材料储存费用。

4. 主动发现成本执行偏差并采取纠偏措施

事前控制是积极主动的方法，出现成本偏差再采取行动就是事后补救了。如果出现了较大的成本偏差，特别是在项目后期纠偏的难度极大，在固定价格的项目中只能拆东墙补西墙，从其他项目活动预算中分一些过来，容易对后者的工期和质量造成影响。项目经理应及时掌握成本执行情况，防止出现较大成本偏差。做好事前控制的要求是：一要分解落实成本目标，把落实费用指标作为控制对象，不仅落实分项工程及项目单元的成本目标，而且要落实资源的消耗和工作效率指标，如下达用工定额、用料定额和费用指标；二是严格控制款项支付，实行开支审查和批准，对于超支或超量使用行为必须特别审批；三是签订各种外包合同（如劳务、工程分包、材料供应、设备租赁等）时，严格控制合同价格、付款方式和付款期限、价格补偿条件和范围等。

很多项目没有足够的历史数据和经验借鉴，成本预测和管理很难。当某个时间点的成本超支时，项目经理必须采取适当的方法减少后期活动的成本。首先，从容易减少成本的活动或行为入手，如减少在管理监督、过程控制、质量保证或测试等方面的投入；其次，从比较难节约成本的方面进行压缩，如减少直接工时、原材料、设备、厂房或其他资源。如果成本还没有达到管理层的要求，就要考虑项目是否应终止了。

5. 动态跟踪成本变化

项目计划和设计经常发生修改，造成项目计划成本的变化。即使固定价格的合同中也有一些价格调整的条款，例如 FIDIC 合同条款中规定：

- 实际完成的工程量与计划工作量不同时，按实际工程量和合同单价付款；
- 增加合同工程量表中未包括的分项，即附加新的工程项目；
- 图样错误、变更造成工程量变化及工程停工、返工、发生业主风险范围内的事件造成了承建方的损失；
- 业主指令工程实施顺序变化引起成本的变化；
- 由于业主或其他方面干扰造成停工、低效率损失等。

上述变化使得成本预算必须及时做出调整，甚至某些项目的成本预算一直是变动的，项目经理只有将实际成本与变动后的预算比较才有实际意义，所以，成本控制必须一直跟踪最新的成本计划。项目经理应尽量控制工程签证带来的成本变化。表 7-12 是工程签证单示例。

表 7-12　X宾馆大堂装饰工程签证单

报送日期：2020年6月25日

申报单位名称	苏中集团有限公司	编号	016
工程名称	X宾馆大堂装饰工程		
签证依据	设计部下发的工程任务联络单（2020—009）		

<table>
<tr><td>签证内容</td><td colspan="2">1. 大堂天花板原筒灯更换成与其相同规格的射灯
2. 原会议室墙面全部调换为与马来漆相近颜色的乳胶漆
3. 大堂家具饰品摆设及挂画
4. 17FA 户型平层拆除墙体（包括清运）$2m^2$
5. 17FA 户型平层单层轻钢龙骨隔墙双面石膏板内填隔音棉 $1m^2$</td></tr>
<tr><td>计算依据及金额</td><td colspan="2"></td></tr>
<tr><td colspan="3">签证单位授权人签字盖章：</td></tr>
<tr><td>监理单位意见</td><td>现场监理工程师：</td><td>监理总监：</td></tr>
<tr><td rowspan="4">建设单位意见</td><td>现场工程师：</td><td>工程部经理：</td></tr>
<tr><td>造价工程师：</td><td>成本管理部经理：</td></tr>
<tr><td>工程总监（设计总监）：</td><td></td></tr>
<tr><td colspan="2">（签证额在 5 万～10 万元）总经理审批意见：</td></tr>
<tr><td>备注</td><td colspan="2">附件说明：</td></tr>
</table>

注：工程签证单的依据是工程任务联络单、设计变更单和技术联络单。本签证单一式四份，建设单位加盖“签证编号专用章”后方有效。

6. 制定成本管理制度

企业应确定项目团队、职能部门在成本管理方面的责任和权力。在矩阵式项目组织中，双重指挥系统使成本管理更加复杂，必须建立相应的制度、规范和流程等。成本管理的基本内容是：

- 审批各种估算，与各部门商讨估算和工作说明书。
- 制定预算分配方案，按照各部门在项目中的作用把资金分解到每一层。
- 明确每一项工作的需求与工作计划表。
- 发布工作范围，不能对超出合同范围的工作进行授权。
- 批准资源清单、材料采购表、计划明细表和工作计划表。
- 批准采购报告书、计划表、谈判价格以及主要采购合同。
- 监督职能部门承担的项目工作进展和预算执行情况。
- 采取适当行动来影响客户调整工作的需求以削减成本。

案例 7-3

啤酒生产线项目设计阶段的成本控制

TB 啤酒集团决定新建一条年生产能力 10 万千升的生产线，项目周期 14 个月，总投资约 1.5 亿元。项目以国内先进的生产设备为主，部分关键生产设备、配件和自控装置从国外引进，实现整个生产过程的自动化和机械化。生产区主要包括原料处理车间、糖化车间、发酵车间和包装车间，以及相应配套的辅助生产工程和公用工程。工艺方面，原料麦芽、大米采用湿粉碎；糖化工艺采用一次煮出法；麦汁冷却采用一段冷却法。采用浮选法分离冷凝固物，并利用 CO_2 低压回收等生产技术；啤酒过滤采用硅藻土过滤。此外，增设两条 24 000 瓶/小时的包装线。

项目设计阶段的成本控制是项目成本管理的重点，需采取以下措施：

（1）发挥 TB 啤酒集团工艺先进和项目丰富的优势，为保持啤酒质量及风味一致，将工艺及设备配置标准化，有利于减少投资及工期。通过标准配置—集中采购/分供方—标准成本—目标成本—动态控制—反馈的流程，增强项目成本管理的可操作性与可控性。

（2）合理选择建设场地和规划总平面布置。在满足工艺布置、防火、卫生、通风、采光等要求下，为节约能源及土地，应尽量压缩厂房间距，优先考虑联合厂房。生产区布置在厂区中心地段，包括糖化车间、发酵车间、包装车间等，包装车间前面留够装卸场地。辅助车间布置在所服务的主车间附近，缩短管线以降低能耗：一般配电车间与制冷车间、制冷车间与板式换热器及发酵车间、锅炉房与糖化及包装车间、瓶堆场与包装车间、清酒罐与包装车间、包装车间与成品库靠近。另外，污水处理、锅炉房、制冷车间不靠近马路及居民区，瓶箱堆存靠近包装车间。

（3）重视设计图纸的审核。设计出图前要分专业审核，出图后对建筑结构、水、电、暖、设备布置、工艺管线等再次审核并进行详尽的技术交底。在不影响质量和安全的前提下，合理优化设计方案，减少不必要的设备和材料消耗。

（4）从集团层面与设计单位签订多个设计合同。结合本行业的特点，选择某轻工业设计院签订了设计合同，设计委托、交底、设计周期、设计质量等均得到较大优化。采取固定设计单位的做法，便于设计单位及时准确地理解建设单位的意图。

（5）要求设计院限额设计。严格控制设计项目的规模、技术标准、设备及材料等级、生产线的均衡等，以确保不超出投资预算。同时，根据同类项目的技术指标进行科学分析、比较，优化设计，降低项目成本。

（6）加强设计变更管理。在施工图设计阶段和项目施工过程中，出现少量的变更是正常现象，调整已经确认的概算价格是必要的，但必须经过审批。如果施工图设计的调整和变更，涉及项目规模、产品方案、产品工艺流程或其他设计方案的重大变更，必须重新报 TB 啤酒集团审批。对于非发生不可的设计变更尽量提前进行，在正式施工前完成，以减少项目损失。对影响项目成本的重大设计变更，要采取先核算后签证的办法，以控制项目成本变动。

7.7 成本决算

项目成本决算是指在项目收尾阶段对所有支出进行核算，计算从项目启动到项目结束为止的全部费用，确定实际成本是否超出预算成本，为项目验收提供依据。以建设项目为例，成本决算编制主体分别是承包商和业主。

承包商是以单位工程为对象，以工程竣工后的工程结算为依据，通过实际工程成本分析，为核算一个单位工程的预算成本、实际成本和成本降低额而编制的单位工程竣工成本决算。通过成本决算进行实际成本分析，评价经营效果，以总结经验，不断提高经营管理水平。

业主编制的成本决算也称竣工决算，是在建设项目全部完工后，以业主自身开支和自营工程决算及承包商在每项单位工程完工后向业主办理工程结算的资料为依据进行编制，反映整个建设项目从筹建到验收投产的全部支出。竣工决算以实物量和货币为单位，综合反映项目实际投入和投资效益，核定交付使用财产和固定资产价值。竣工决算是竣工验收报告的重要组成部分，是核定新增固定资产和流动资产价值、办理交付使用的依据。

具备以下基本条件时可进行项目竣工结算：符合合同中有关结算条款的约定；具备有效的质量验收证明和符合规范要求的竣工验收资料；项目的设计变更、现场签证及其他有关结算的原始资料整理完成；项目遗留问题处理完毕或完成遗留问题甩项审批；对于未按图纸要求完成的工作量和未按规定执行的施工签证一律核减费用；合同条款明确包含的费用、风险包含的费用、未按合同条款履行的违约等也予以核减费用。

项目成本决算的结果形成项目决算书，经各参与方签字后成为项目验收的核心文件。决算书由决算说明书和决算报表构成。决算说明书主要包括工程概况、设计概算、实施计划和执行情况、技术经济指标的完成情况、项目成本和投资效益分析、项目实施过程中的主要经验及存在的问题、解决问题的建议等。大中型项目的决算报表包括项目竣工概况表、财务决算表、交付使用财产总表、交付使用财产明细表。

项目竣工决算的依据是：经批准的可行性研究报告及其投资估算书，经批准的初步设计或扩大初步设计及其概算或修正概算书，经批准的施工图设计及其施工图预算书，设计交底或图纸会审会议纪要，招投标的标底、承包合同、工程结算资料，施工记录、签证单及其他施工发生的费用记录、索赔报告与记录、停（交）工报告，竣工图及各种竣工验收资料，设备、材料调价文件和调价记录，财务核算制度、办法和其他有关资料文件等。

项目竣工决算时应严格执行合同约定的决算方法，按合同要求完成并验收合格才能列入竣工结算，要审查隐蔽工程施工记录、设计变更和签证等，工程量与竣工图必须一致；以建设单位掌握的设计变更和现场签证为准，施工单位提供的设计变更和现场签证一般作为参考。各项费用计取、收费标准按合同约定及有关规定执行。审算部门核对工程量、限定价格和取费标准，按图核实项目数量，计算项目决算值。审算部门对设计概算、施工图预算和竣工决算进行对比，找出引起项目成本超支或下降的因素，并提出改进措施和意见。审算部门提供结算资料后，财务部门结合付款情况，对照合同详细审核并编制项目财务决算书。

项目竣工决算的编制步骤如下：

（1）分析原始资料。包括建设项目档案资料，如设计文件、施工记录、上级批文和预算文件，财务处理、财产物资的盘点核实及债权债务的清偿。

（2）工程对照、核实工程变动情况，重新核实各单位工程、单项工程造价。将竣工资料与原设计图纸进行查对、核实，确认实际变更情况；根据经审定的施工单位竣工结算等原始资料，按照有关规定对原预算进行增减调整，重新核定工程造价。

（3）投资支出严格按要求列支。经审定的待摊投资、其他投资、待核销基建支出和非经营项目的转出投资，分别计入相应的基建支出（占用）栏目内。

（4）编制竣工财务决算说明书。

（5）填报竣工财务决算报表。

（6）做好工程造价对比分析。

（7）清理并装订好竣工图。

思考题

一、单项选择题

1. 项目成本控制的一个重要原则是（　　）。

A. 事前控制　　B. 事中控制　　C. 事后控制　　D. 全过程控制

2. 在项目过程清晰的项目中建立（　　）可以帮助项目资源管理人员确定资源种类。

A. 项目工作分解结构　　B. 项目过程分解结构

C. 项目范围分解结构　　D. 项目资源分解结构

3. 下面哪一种成本包括了公司分摊过来的一般管理费用、税金、销售推广费等，这些成本不与特定的项目或工作包挂钩而在全体项目或特定项目中进行分摊？（　　）

A. 直接成本　　B. 间接成本　　C. 决算成本　　D. 估算成本

4. （　　）是指投资者为获得项目产品需付出的代价，是成本、税金及利润的总和，在数量上等于固定资产投资，该值越低意味着投资者所需付出的代价越小。

A. 项目投资　　B. 项目成本　　C. 项目费用　　D. 工程造价

5. 在采取以下哪种成本估算方法时，出于自我保护心理及担心项目经理削减预算数量，估算人员将会提高成本估算结果？（　　）

A. 参数估算法　　B. 工程量清单法

C. 类比估算法　　D. 基于工作包估算

6. 项目成本分析就是将本期成本数据与（　　）进行比较，对成本预算执行情况做出评价，分析成本差异或成本变动的原因。

A. 实际成本　　B. 预算成本　　C. 估算成本　　D. 超支成本

7. 挣值是指（　　）。

A. 完成工作的实际成本　　B. 已完成工作的预算成本

C. 计划工作的预算成本　　D. 计划工作的实际成本

8. 挣值法中三条曲线共有（　　）种组合关系。

A. 3　　B. 4　　C. 5　　D. 6

9. （　　）编制的成本决算也称竣工决算。

A. 承包商　　B. 业主　　C. 监理公司　　D. 管理承包商

二、多项选择题

1. 项目成本管理应遵循以下哪些原则？（　　）

A. 事中控制　　B. 事后控制

C. 全面成本管理　　D. 事前控制优先原则

2. （　　）是将以前类似项目的成本数据作为依据估算新项目的成本，根据新旧项目之间的差异对估算进行调整，该方法也可以用于工作包成本的估算。

A. 参数估算法　　B. 专家判断法
C. 类比估算法　　D. 德尔菲法

3. 成本估算精度受下面哪些因素影响？（　　）

A. 资料丰富程度　　B. 估算人员的知识水平和经验
C. 项目组织结构　　D. 物价水平波动状况

4. 设定目标成本的方法常用（　　）。

A. 历史资料法　　B. 按实计算法
C. 技术进步法　　D. 目标利润法

5. 项目成本预算总额确定后，通常可以按以下哪些维度进行分解？（　　）

A. 项目组成　　B. 项目采购计划
C. 项目进度计划　　D. 成本构成要素

6. 时间-成本累计曲线法或香蕉曲线法的不足是（　　）。

A. 没有区分关键路径与非关键路径　　B. 计划曲线与实际曲线往往分离
C. 受外部市场因素影响大　　D. 没有考虑进度信息

7. 项目成本预算计划执行过程中，预测项目完工时的总成本，通常基于以下哪些假设？（　　）

A. 假设项目剩余工作按照已完工部分的效率进行
B. 假设项目剩余工作按照高于已完成部分的效率进行
C. 假设项目剩余工作按照预算计划执行
D. 重估项目剩余工作的成本

8. 挣值法是对哪些目标进行绩效分析的有效工具？（　　）

A. 进度　　B. 质量　　C. 范围　　D. 成本

三、判断题

1. 项目生命周期成本是项目获得、运营、维护和使用寿命结束时处置项目的成本在一段时间内贴现值的总和。（　　）

2. 直接成本是消耗在项目活动中对项目产出物有直接贡献的有关成本，包括工人工资、材料费、设备费等，这些成本可以计入某个具体的工作包。（　　）

3. 计划成本是完成项目全部工作需要的成本，应随着项目实施过程中内外部环境变化而及时调整。（　　）

4. 实际成本或称完成工作的实际成本，是指在一定时期内完成一项活动所产生的直接成本和间接成本的总和。（　　）

5. 工程量清单是 FIDIC 合同的重要组成部分，其思路是根据详细施工图确定单价，获取每个资源的工程量后计算总的价格。（　　）

6. 预算储备也称应急储备，是为已经规划且可能发生的变更提供的补贴，这些变更由风险登记册中所列的已知风险引起。（　　）

7. 管理储备是针对未规划的已知风险事件做出的准备，这些风险不能确定是否会发

生，如供应商破产、市场或竞争环境变化等。（　）

8. 月度成本分析是项目定期的经常性的成本分析，可以及时发现问题，以便按照成本目标进行监督和控制。（　）

9. 项目成本决算是指在项目收尾阶段对所有支出进行核算，计算从项目启动到项目结束为止的全部费用，确定实际成本是否超出预算成本，为项目验收提供依据。（　）

四、简答题

1. 项目成本估算的准确性和精度受哪些因素影响？

2. 如何改善项目成本估算结果？

3. 举例说明通常可以采取哪些措施控制项目成本。

五、应用分析题

假设你新购一套面积约 120 平方米的住房，计划花 2 个月进行中档程度的装修。请你先对这个项目创建工作分解结构，然后估算项目人工成本、材料成本及其他形式的成本，并结合进度安排，编制一份成本预算计划。

08

Chapter

第 8 章

项目质量管理

本章主要内容

- 项目质量管理的特点
- 项目质量管理的原则与趋势
- 质量成本的构成与消长关系
- 管理质量的工具和技术
- 质量控制的方法和技术

引入案例　地铁施工质量的自我举报

青岛地铁 1 号线外电源配套工程自城阳区旺屯变电站至地铁 1 号线东郭庄站，长约 7.7 公里。2019 年 3 月 5 日开工建设，合同工期 9 个月。施工单位为葛洲坝集团电力有限公司，监理单位为青岛嘉诚电工咨询有限公司，设计单位为山东电力工程咨询院。城阳区春阳路至东郭庄开闭所外电源线路施工及安装工程分包单位是永利捷电力工程有限公司（简称永利捷公司）和顺源达劳务有限公司（简称顺源达公司），实际施工方是层层转包后的私营企业青岛远望建筑安装工程有限公司（简称远望公司）。

远望公司施工两个多月后，法人代表刘飞云举报自己的施工存在严重质量问题，要求与上级劳务发包人解除合同，退出施工，一时舆论哗然。举报书称，上一级承包方喝令他们不按照图纸和规范施工。图纸设计要求管廊沟槽回填土最大颗粒直径不超过 5 厘米，实际使用的是原状土和大石头，最大的石块上百斤重；设计电缆管廊垫层和包封厚度是 20 厘米混凝土，实际只有 5 厘米，有些地段没有浇筑垫层；钢筋规格和间距严重不足，图纸规定钢筋间距为 20 厘米，实际为 23 厘米或 25 厘米；绑扎接头倍数不足，两侧板墙筋端部 90 度锚固长度不足；电缆保护管的管壁厚度严重不足等。

2019 年 3 月 16 日签订的《电力土建工程施工劳务分包合同》显示，远望公司与顺源达公司约定分包工作对象和范围包括支模、排管浇筑、垫层和钢筋制作等内容，每月发放50%的工人工资。2019年3—5月，顺源达公司仅在4月6日支付过一次工资，拖欠行为造成远望公司的资金压力。5月19日，远望公司向顺源达公司发出停工通知，要求三日内解决资金问题，并解决垫付的50万元以及零星用工结算等。顺源达公司没有理会该通知，但上级发包方永利捷公司承诺，让远望公司继续施工至5月底并支付费用。

2019年6月16日，远望、顺源达和永利捷三方确认了远望公司的垫付资金，并由永利捷支付给远望公司。顺源达公司与远望公司解除劳务分包合同，要求远望公司收到款项后不再主张任何费用，保证不上访、不投诉、不举报工程质量问题和违法分包等问题。

但是，促成远望公司和顺源达公司合作的介绍人索要中介费，成了刘飞云公开举报的导火索。他表示："当时结账的时候说中介费不用我支付，现在双方解约了，中间人来找我要费用，我觉得这是顺源达公司指使的，他们说话不算数，也是我举报的原因之一。"刘飞云觉得被坑，又鉴于工程存在质量问题且终身负责制，为了自我保护，决定举报自己。

媒体曝光质量问题后，青岛地铁公司高度重视，迅速组成调查组，经第三方检测机构及专家现场查证，对相关承包单位进行了严肃处理，消除了该地铁项目的质量隐患。

资料来源：青岛地铁施工方举报自己 自曝黑料背后有何隐情. http://www.chinanews.com/sh/2019/06-29/8878296.shtml.

项目质量是一个永恒的话题，现实中有两种不良倾向，一是为了节约成本忽视项目质量，项目功能满足不了使用需求，"豆腐渣工程"随处可见。例如，房屋、基础设施普遍质量等级低下或质量低劣。二是少数项目片面追求质量标准超前，提高标准造成巨大的浪费。项目质量不仅涉及专业技术，还掺杂了太多因素，提升项目质量管理水平需要多方面的努力。

8.1 项目质量管理概述

8.1.1 项目质量

1. 质量

质量是项目使用价值的集中体现，只有符合质量要求的项目才能交付使用，在工期、质量和成本三大目标中，质量目标是项目的根本利益所在。国际标准化组织（ISO）关于质量的定义是："质量是反映实体（产品、过程或活动等）满足明确的或隐含的需要的能力特性之总和。"美国质量管理学家朱兰（Juran）认为："质量就是产品的适用性，即产品在使用时能够满足用户需要的程度。"日本质量管理学家石川馨认为："质量是评价产品或服务能否满足顾客使用要求的一种尺度。"质量特性是满足顾客的要求，而国家标准或技术指标只是质量的代用特性。这些定义描述的产品质量都涉及以下内容：功能、特征、可靠性、一致性、耐久性、美感、感知质量、售后服务等。对于服务质量，客户的期望一般包括时间、及时性、完整性、礼貌、殷勤、周到、公平性、可得性与便利性、准确性等。

质量水平与质量等级是容易混淆的概念，质量水平是一系列内在特性满足要求的程度，而等级是对用途相同但技术特性不同的产品或服务的级别分类。质量水平未达到要求是严重问题，而低等级不一定是问题。比如，每辆汽车必须满足质量要求（无行驶功能障碍），豪华型汽车和经济型汽车的质量等级差别很大，有缺陷的豪华汽车是不合格的，无缺陷的经济型汽车是合格的。项目经理与项目团队必须努力使项目产品达到所要求的质量水平与等级。20 世纪 80 年代中期以后，不仅产品质量大为提高，人们对质量的认识也发生了巨大变化，新的质量观念深入人心，表 8-1 比较了这些变化。

表 8-1 质量管理观念变迁

过去的观念	现在的观念
保证质量是蓝领工人和直接劳动员工的责任	保证质量是所有人的责任，包括白领
质量缺陷应对用户保密	缺陷应凸显出来以便采取行动
质量问题导致相互指责和推诿	质量问题可以合作解决
用最少的文档总结质量改进问题	文档有助于防止犯同样的错误
提高质量将增加项目成本	提高质量将节约金钱并增加商业机会
质量只有内部重视	用户重视质量
除非严格监督，人们不会高质量生产产品	人们愿意生产高质量产品
质量是在项目执行期间产生的	质量产生于项目初始阶段，必须在整个项目生命周期内规划

2. 项目质量

项目质量是项目所固有的特性满足客户要求的程度。项目交付物是一种产品、服务或成果，从这个角度看，项目质量与一般产品或服务质量无本质区别，但由于项目具有一次性特点，项目质量取决于所有子项目、各工作单元的质量和所有工作的质量。从这个角度讲，项目质量包括交付物的质量及项目工作的质量，因此，要保证项目质量必须先保证工作质量。

项目质量与产品质量有几个明显的差异：一是产品质量是可以提前预知的。根据原材料、生产设备、工艺、工人技术水平等因素和生产经验可以预知产品的质量等级与合格率。项目质量在全过程结束后才能形成，即使前期全部的可交付物质量合格，但在项目完工前仍不能做出项目整体质量合格的结论。二是产品质量可以在重复的生产过程中改善，出现不合格产品后查找原因并改进生产过程，下一批产品的质量就会得到提高。但项目是一次性的活动，质量问题不能指望在重复实施过程中改善，只能在实施过程中加强控制，持续进行过程水平改善，促使项目产品或服务满足客户需求。三是项目质量还包括项目工作的质量。马库斯（Marcus，2010）研究软件开发项目的质量问题后发现，软件开发质量提高可以正向促进开发效率和产品质量，因此开发过程中在质量方面付出努力极其重要，这与制造业中的全面质量管理原则是一致的。

以工程项目为例，项目过程的质量包括立项过程质量、设计过程质量、施工过程质量和竣工验收过程质量。见表 8-2。

表 8-2　项目过程的质量

形成阶段	过程质量内涵	满足要求的主要规定	质量工作
立项过程	项目建议书和可行性研究报告 项目投资决策	国家发展规划 业主要求	确定质量目标
设计过程	功能、使用价值的满足程度 项目设计的安全性、可靠性 自然及社会环境适应性 概算、预算的合理性 设计进度的合理性	勘察、设计合同 法规、强制性标准	设计质量控制 实施方案质量控制
施工过程	功能、使用价值的满足程度 项目的安全性、可靠性 自然及社会环境适应性 工程造价的控制状况 施工进度	项目施工合同 法规、强制性标准	材料设备质量控制 施工工艺质量控制 工序质量控制 各部分工程验收
竣工验收过程	分项、分部工程满足要求的程度 保持和恢复使用价值的能力	项目施工合同 法规、强制性标准	质量档案

影响项目质量的因素包括人、机器设备、材料、实施方案和环境五大类。以工程项目为例，影响质量形成的关键因素有：人的质量意识和质量能力（包括建设单位，勘察、设计、施工、监理及咨询服务单位，政府主管及工程质量监督检测单位，策划者，设计者，作业者，管理者），项目的决策，项目总体规划和设计，建筑材料、构配件及相关工程用品的质量，施工方案和施工环境。统计表明（王长峰，2008），引起工程项目质量问题的原因中，设计原因占 40.1%，施工责任占 29.3%，材料问题占 14.5%，使用责任占 9%，其他因素占 7.1%。

设计环节是项目实施的基础环节，设计差错、量差、漏项和设计工作深度不够等问题会造成误工或返工，影响项目进度和项目质量。有些项目的材料员和质量负责人对进场材料检查不到位或检查手段有限，使用了不合格材料或不按规范要求使用。也有施工企业在招标环节成本付出较高，为了保证在项目中获得利润，中标后不按技术规范采购相关材料，在材料的进场、保管、储存、发放过程中管理不到位。还有的项目中，施工组织设计及施工方案缺乏针对性，技术交底形式化，施工过程中经常出现违规操作，不熟悉图纸或图纸不会审就仓促开工，给项目留下质量隐患。

如果把信息系统项目的质量分为可靠性、可维护性、易用性、有用性和关联性五个维度，影响它们质量的因素是不同的。例如，可靠性与信息系统部门的响应有关，易用性受用户能力和管理者态度影响，有用性受信息系统部门的能力和响应影响，组织因素比技术因素对软件质量的影响更大（Narasimhaiah，2010）。

3. 质量管理的三个阶段

最早的项目质量管理方法出现在古巴比伦，《汉谟拉比法典》规定，如果一幢建筑物倒塌了，设计师和施工人员都要被处以死刑。中国古代一些法律规定，如果河流堤防工程决口，负责修造的官员要降级、撤职、流放甚至杀头。现代质量管理理念更注重防止质量问题的产生，而不是出现问题后进行惩罚。质量管理的方法经过了质量检验阶段、统计质量管理阶段和全面质量管理阶段。

- 质量检验阶段。20 世纪 30 年代之前，人们采用各种检测设备和仪器，对产品进行全部检测以剔除不合格品，这是事后被动检验的做法，成本很高。
- 统计质量管理阶段。1924 年，美国贝尔实验室的休哈特提出统计过程控制理论，并首创过程控制的工具——控制图，为质量控制理论奠定了基础。他的同事道齐提出抽样检验理论，构成了质量检验理论的重要内容。控制图和抽样检验将质量控制从事后的检验提前到制造阶段，向主动控制迈出了一步，直到 50 年代，这个阶段的主要特点是应用统计理论和工具，称为统计质量管理阶段。
- 全面质量管理阶段。1961 年，通用电气公司的阿曼德·费根堡姆（Armand Vallin Feigenbaum）在《全面质量控制》一书中提出，全面质量管理（TQM）是为了能够在最经济的水平上考虑充分满足用户要求的条件下，进行市场研究、设计、生产和服务，把企业各部门的研制质量、维持质量和提高质量的活动构成一个有效体系。TQM 的核心是全员参与、全过程和全方位的管理。80 年代末，全面质量管理在全世界盛行，渐渐取代了通过检验发现质量问题的方法（Timoxi，2009）。

"软的" TQM 比"硬的" TQM 对项目管理提升的影响更大（Joo，2006）。员工关系因素和领导因素是软的 TQM，员工关系包括员工授权或参与、开放与透明的沟通、组织范围内的培训与开发；领导因素包括高层管理者对质量的承诺，有清晰的使命和战略、浓厚的组织质量文化、明确的质量绩效目标。产品/流程管理和客户/供应商关系管理是硬的 TQM。在以上四个因素中，员工关系对项目管理提升或成功的影响最大。

8.1.2 项目质量管理

项目质量管理是把组织的质量政策应用于规划、管理、控制项目和产品的质量要求，以满足相关方目标的各个过程。项目质量管理具有以下特点：一是复杂性，项目经历的环节多，涉及主体多，影响因素多，质量管理很复杂。二是动态性，项目生命周期各个阶段影响质量的因素不同，质量管理方法和重点要随项目进展而不同。三是系统性，项目质量管理受其他管理活动的影响，如进度决策、成本控制等可能会影响质量结果，质量目标必须与其他目标共同实现才能让客户满意。四是不可逆性，项目的一次性特点使项目质量不能在重复生产过程中改进，这就对项目质量管理提出了更高的要求。

项目质量管理过程包括质量规划、管理质量和质量控制三个环节，每个环节在项目中至少要进行一次，可以在项目的一个或多个阶段进行，各个环节不仅相互交叠、相互作用，还与进度管理和成本管理等其他管理过程相互作用。蒂莫西（Timoxi，2004）提出五环节理论，增加了质量启动和质量终止，并提出了项目经理、项目团队和客户在每个阶段中承担的责任，见表 8-3。

项目质量管理应遵循以下原则，这些原则也是项目质量管理的趋势和实践：

1. 客户满意

企业的发展依赖于客户，项目管理组织要全面了解、评估、定义和管理客户期望，对

表 8-3　项目质量过程中主要干系人的责任

干系人	质量启动	质量规划	管理质量	质量控制	质量终止
项目经理	选择核心团队成员，识别风险，授权	识别客户满意标准，制定质量与沟通计划	外部客户沟通，确认过程检测，质量审计	衡量客户满意度，管理过程改善	评价参与者并给予报酬，进行项目评价
项目团队	决定团队运行原则、项目流程，识别教训	制定实施计划，识别供应商、质量过程，分析收集的数据，致力于实施计划	使用过程检测收集数据，找到根本原因，实施质量审计，计划未来工作	衡量客户满意度，检验产品，纠正有缺陷的产品，确认可交付产品	客户支持与培训，评价项目
客户	识别期望并排序	确定满意标准，致力于实施计划	实施持续沟通	确保持续的满意水平，接受可交付产品	核实培训效果，客户评价项目

客户需求做出迅速反应，以满足客户的要求。把“符合要求”（确保项目产出预定的成果）和“适合使用”（产品或服务必须满足实际需求）结合起来。项目客户是项目购买者、最终用户、产品和服务提供的对象，满足客户的期望是项目的根本目标。在项目实施过程中，前后工序的项目人员之间构成内部客户关系，在质量管理中，也要让更多的利益相关者和内部客户对质量满意，避免项目进程受到负面影响。

客户对产品特性满意的程度分为不满意、满意、喜欢三个等级。不满意是指客户对产品或服务已阐明的、理所当然的期望没有被满足；满意是指客户对产品或服务明确的期望被满足；喜欢是指客户对产品或服务不明确的、意料以外的期望被满足，客户认为产品或服务是高质量的，他们会购买或再次购买。经过一段时间，当客户逐渐习惯之后，喜欢会变为满意，而满意最终会变为不满意。在项目过程中应注意以下几点：

- 不断识别顾客的需求和期望。
- 确保组织的各项目标能体现客户的需求和期望。
- 确保项目团队成员了解客户需求的内容和变化，采取措施去满足。
- 随时对客户满意度进行评估并对结果进行必要的改进。
- 与客户良好沟通，管理客户的期望。

2. 过程控制与改进

过程是为完成既定产品、成果或服务实施的一系列相互关联的活动，为了进行有效的过程管理，需要进行过程改进。影响项目质量的因素和客户需求是不断变化的，项目组织必须在质量工作中进行持续不断的改进，直到项目结束。经验丰富的项目经理都知道，在过程中控制质量优于检测时发现问题，质量不达标引起的返工将造成严重的成本浪费并加剧工期压力，而且最优秀的质检员也无法测出全部问题，质量低劣的产品流入客户手中将造成严重后果。

过程控制的目标是保证输出成果能被正确预测，如果输出结果无法预测或者预测结果令人不满意，就应着手进行过程改进。项目经理要使质量改进成为一种制度，对员工进行持续改进相关知识的培训，为质量改进确定目标和实施指南。过程改进是一个闭环管理活动，包括“计划—实施—检查—行动”（PDCA）四个环节，由休哈特提出并被戴明完善，称为戴明环。另外，全面质量管理、六西格玛也可以提高项目管理的质量及最终产品、服务或成果的质量。

计划（Plan）：识别问题和机会，提出方案。制定质量管理目标及解决方案和措施。包括：需要解决的问题是什么？现在有什么资源？必须具有哪些资源？你的方案是什么？分析问题及实施计划的时间是多久？

实施（Do）：实施上述方案和措施。记录下实施过程中发生了什么，何时应用了计划。从启动阶段开始，使用检查表、流程图等收集数据。

检查（Check）：检查计划实施的绩效，确定计划是否达到了目标，识别出要在未来解决的问题，找到问题的根本原因。本阶段需要回答几个问题：系统是有效的吗？继续使用本系统还是变更？是否列出了意外结果、失败、成功和产出的清单？

行动（Action）：如果目标实现就把成功经验总结出来形成标准，如果存在问题则开始下一个循环。企业可以选择适应、采纳或放弃三个决策，适应是指为下一次测试而更改和修正 PDCA 循环，采纳是将该系统扩展到组织的所有部门，放弃意味着改变 PDCA 循环。图 8－2 是 PDCA 循环模型。

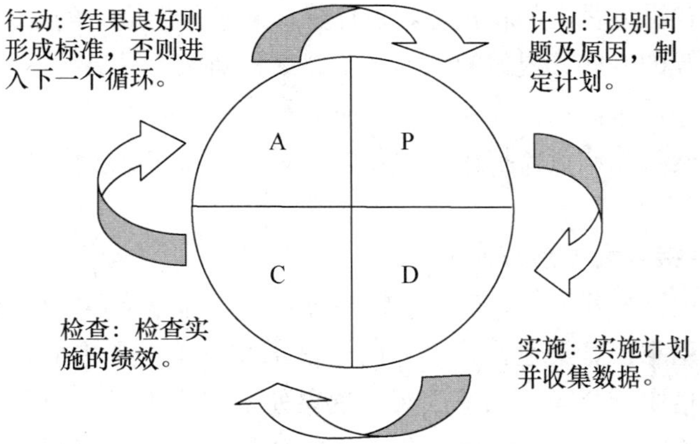

图 8－1　PDCA 循环

3. 基于事实的管理

质量管理中的各项决策要基于事实而不是凭权力和直觉。基于事实的管理经常难以做到，原因通常包括受个人主观因素影响、难以判断信息收集范围及做出决策的时间紧迫。基于事实的管理包括四个基本观点：对偏差的理解、确定测度范围、准确使用数据及适当运用已知的信息。

项目管理者要明白两种常见的统计偏差。随机偏差是任何过程都固有的，很多小事件都会导致随机偏差，要减少随机偏差就要改善整个系统。特殊偏差是过程中出现异常情况时（如材料不合格，工人健康原因或设备损坏）发生的偏差。应尽快识别并控制这些特殊情况。如果把由普通原因引起的故障视作由特殊原因引起的，会滥用管理而控制过度，导致增加偏差。把特殊原因引起的故障、意外视作由普通原因引起的，认为偏差原因是不可控制的，将会错过减少偏差的机会。

确定测度的范围时要避免两个极端，一是由于时间紧迫不能对所有方面测度，二是对确定性事件也进行测度。项目经理应弄清有多少有用数据可供收集，如果没有这些数据该什么时候采取行动。项目经理与发起人应就测度范围、测度时间及测度的外部环境达成一致，达成的协定越具体，收集的数据就越有价值。决策数据的准确性直接影响了决策的质量，因此，项目团队要实事求是地收集、检测、分析相关资料和数据。明确规定收集信息人员的职责，确定收集信息的种类和渠道，对信息进行鉴别以保证准确性，建立质量管理信息系统以确保信息渠道畅通。制定数据收集模板有利于保证数据的一致性。

4. 管理层的责任

全面质量管理要求项目全体成员的参与，调动全体员工的积极性，履行各自的质量责任，管理层必须为项目提供所需资源，指导编制可行的项目质量计划，设定富有挑战性的质量目标，激励员工为质量管理做出贡献，并打造适合项目特点的质量文化，以保证最终交付客户满意的产品。

5. 全员参与

项目成员的素质和努力程度对项目产品或服务的质量有极大影响，必须对全体员工进行质量管理的培训，激发员工的积极性和责任感，赋予他们应有的质量管理权限，为员工创造提升能力和经验的机会，提倡知识和经验共享，确保项目最终达到质量要求。委托承包商完成的项目中，承包商和供应商是实行质量技术绩效的主体，他们应建立质量保证体系。同时，监理机构根据质量监控体系的要求，对承包商和供应商进行工作和产出物质量的监控。

6. 与供应商保持互利关系

项目组织与供应商相互依赖，应通过招标过程认真选择重要的供应商，本着双赢理念建立良好的合作关系和信息渠道，共享专门的信息和资源。有些企业强调低价中标原则，在货款支付时不严格履行合同，一锤子买卖现象使供应商难以与采购方建立起信任关系，供应商也不会参与到采购方的决策，从长远来看不利于企业降低采购成本与提高采购质量。

7. 授权的绩效

在项目成员任务和职责范围内，给予持续改善日常工作绩效的授权。自主决策会提高员工的信心，使其更加关注自己承担任务的价值。授权可以促进学习行为，扩大员工在工作中的影响力。授权是一种内在的激励，每个人无论职位高低都应不断地被授权，才会增强组织的有效性。

8. 预防胜于检查

质量是规划、设计和建造出来的，最好将质量设计到可交付成果中，而不是在检查时发现质量问题，这是现代质量管理的基本信条之一。通常预防错误的成本远小于检查中发现问题并纠正的成本。项目质量是通过工作和管理而形成的结果，在质量保证方面的事前管理非常重要。

案例 8-1

普洛斯的质量管理责任分工

项目经理作为工程质量的主要责任人，其与团队成员应全程对项目设计和施工质量进行有效控制。项目经理除了要动态地记录施工进度，还应根据现场实际状况每月调整工程进度计划。项目经理以每周报告、每月报告的形式向地区总经理、总部工程部、财务部门、客户部门汇报工程质量和进度状况。项目经理负责主持每周的工程例会，项目部成员、施工监理、承包商的相关负责人参加例会，汇报、分析和协商有关工程进度、质量、安全、变更等相关事宜，协调各承包商之间的合作；检查上次工程例会相关事项的完成情况，形成会议纪要，与会各单位签字认可后存档。对于施工过程中签约的客户，项目经理应参加前期的租赁谈判，了解客户的技术和整改要求，并就客户改变要求所引起的有关压缩工期、工程变更和成本分摊等问题向地区总经理提出专业意见。

总部工程部的质量保证部门根据工程进度状况，不定期进行质量中期检查，提出整改要求和建议。此外，质量保证部门的专家将在施工现场进行技术交底说明和专业培训，内容包含工程质量的控制要求，各专业重点注意事项等内容。中期检查的质量状况及整改情况、内部验收及报告，是项目完工后的质量评定依据。总部工程部的预算员对项目过程中的付款和变更进行审核。

8.2 质量规划

项目质量管理中应树立质量是策划出来的而不是检查出来的观念，把质量规划视为质量管理成功的重要步骤。国际标准化组织认为，质量规划是致力于制定质量目标并规定必要的运行过程和相关资源以实现质量目标。《项目管理知识体系指南》对项目质量规划的定义是：识别项目及其可交付成果的质量要求和标准，并书面描述项目将如何证明符合质量要求和标准的过程。本过程的作用是为整个项目期间如何管理和核实质量提供指南和方向。

项目质量规划的内容包括质量目标，质量管理工作流程、职责、权限和资源分配，实施书面程序和指导书，实验、检查、检验和评审大纲，达到质量目标的测量方法，修改和完善质量计划的程序及其他措施等。项目质量规划过程输出的主要成果是质量管理计划、质量测量指标等。

8.2.1 质量规划工具与技术

项目质量规划不仅要依据项目范围说明书、工作分解结构、干系人登记册、成本绩效基准、进度基准、风险登记册、环境因素、历史数据和经验等资料，还要采用合理的方法和技术，常用的有成本效益分析、质量成本分析、标杆法、实验设计等方法。这些工具不能单独直接支持项目质量规划的全过程，只能支持质量规划的某个阶段，因此，要对这些工具加以综合使用。

1. 成本效益分析

成本效益分析是用来估算备选方案优势和劣势的财务分析工具，以确定可以创造最佳效益的备选方案。对项目每个质量活动进行成本效益分析，比较其可能的成本与预期效益，确定最适宜的质量水平，即用合适的成本追求合适的质量，既要防止出现质量事故，又要防止质量过剩。成本效益分析可以帮助项目经理确定规划的质量活动是否具有成本有效性。质量管理要获得质量与成本的平衡。达到质量要求的主要效益包括减少返工、提高生产率、降低成本、提升干系人满意度及项目盈利能力。

2. 质量成本分析

在整个项目生命周期内，与质量相关的所有努力都需要耗费一定成本，包括预防成本、评估成本、故障成本。项目决策可能影响未来的产品退货、保修和召回，从而影响运营阶段的质量成本。项目质量与成本既相互矛盾又相互统一，必须进行质量成本分析，使项目的质量与成本达到最佳组合。

预防成本是预防项目的产品或服务质量低劣所带来的相关成本。预防成本包括质量计划、设计评审、供给调查、信息系统、教育和培训、设备仪器采购、转包的成本等。预防成本用来保证产品或服务在交付过程的任何一个阶段都不出现失误，交付过程包括设计、开发、生产和运输。

评估成本是评估产品或服务满足所有客户需求的相关费用，包括评估、测量、测试、仪器维修、过程测量、破坏性测试导致的损失与检查等。

故障成本包括内部故障成本和外部故障成本。内部故障成本是产品或服务在脱离组织控制前出现故障发生的成本，包括损耗、返工、维修、停工、瑕疵评估、废品等。外部故障成本是客户因产品或服务不满足需求造成的成本，包括客户退货、保修、调查质量投诉、运输和纠正措施等。

预防成本通常比评估成本和故障成本少，尤其是当质量不满意导致业务流失时故障成本就更高。最优的质量成本能够在预防成本和评估成本之间找到恰当的投资平衡点，以规避故障成本。一般情况下，增加预防和评估成本会使次品下降而减少故障成本，但完全消除故障只是一个理想的目标。从财务角度看，如果成本超过了经济回报，质量改进建议就不会被采纳。朱兰认为只要每单位预防和评估成本低于故障成本，资源就会分配到预防和评估中去，当预防和评估成本增加每单位的质量成本时，企业将会维持质量不变。由于总质量成本不会最小，零缺陷不是实际有效的解决办法。

希沙姆（Hisham，2009）评估了某住宅项目的质量成本，发现实际项目质量成本占项目土建工程总成本的 1.3%，估计最佳质量成本应占土建工程总成本的 1.34%，其中故障成本估计为 0.7%。

下面是五种质量成本不同的项目质量管理方式，其有效性呈递增排列：

● 让客户发现缺陷。该方法是代价最大的，可能导致担保问题、召回、商誉受损和返工成本等。

- 控制质量过程。先检测和纠正缺陷再交付给客户，该过程的成本主要是评估成本和内部故障成本。
- 通过质量评估检查并纠正过程本身，而不仅仅是特殊缺陷。
- 将质量融入项目和产品的规划与设计中。
- 在整个组织内创建关注并致力于实现过程和产品质量的文化。

3. 标杆法

将新项目的质量标准与可比项目的实践或标准进行比较，以便识别最佳实践，形成改进意见，并为绩效考核提供依据。标杆项目可以是组织内部或外部的，也可以是行业外的。通常以标杆项目的质量方针、质量标准与规范、质量管理计划、质量核检清单、质量工作说明文件、质量改进记录和原始质量凭证等为参照，结合新项目的特点制定出质量计划文件。

4. 实验设计

实验设计（design of experiment，DOE）是一种统计方法，用来识别哪些因素会对正在开发的流程或正在生产的产品的特定变量产生影响。使用 DOE 来确定测试的类别、数量以及这些测试对质量成本的影响。DOE 有助于产品或过程的优化，通过对实验数据的分析，可以了解产品或流程的最优状态，找到显著影响产品或流程状态的因素，揭示因素之间的相互影响和协调作用。如汽车工程师通过实验设计，确定悬架与轮胎如何搭配才能获得最理想的行驶性能和合理成本。

8.2.2　质量规划输出

1. 项目质量管理计划

质量管理计划描述项目管理团队将如何执行其质量政策、程序和指南以实现质量目标，以及为实现一系列项目质量目标所需的活动和资源。项目质量管理计划可以是正式或非正式的，在内容描述上可以非常详细也可以高度概括。质量管理计划通常包含以下内容：

- 项目采用的质量标准。
- 项目的质量目标及其分解。
- 质量管理机构设置、角色和职责。
- 需要质量审查的项目可交付成果和过程。
- 质量控制和质量管理活动。
- 项目使用的质量工具。
- 与项目有关的主要程序：如处理不符合要求的情况、纠正措施程序、改进程序等。

质量管理计划制定后应进行评审，以确保决策是基于准确信息的，减少因返工造成的成本超支和进度延误。

2. 质量测量指标

质量测量指标用来详细描述项目或产品属性（如准时性、预算控制、缺陷频率、故障率、每天发现的缺陷数量、每个代码行的错误、客户满意度和测试覆盖度等），以及质量控制过程如何验证质量是否符合这些指标。项目中通常允许每个指标有一个变动范围，称为公差，比较测量得到的实际数值与标准值就可以知道是否超出公差。质量检测是为了确保质量保证过程中所使用的过程满足要求，可交付成果或过程要在质量控制过程中被测量并比较，以确定是否可接受、是否需要采取纠正措施甚至返工。

案例 8-2

某项目的设计质量管理

按照公司质量管理体系编制某项目设计质量标准、预防与纠正措施，抓好容易发生设计质量问题的环节。设计输入的重点在于设计依据的准确性和完整性；设计评审的重点是专业方案和工程方案；设计条件往返的重点是设计条件的内容和深度、签署与变更；设计验证的重点在于审核人及审定人；设计会签的重点是抓好会签和综合会签。

合同生效后，项目团队应详细研究和熟悉合同条款，准备项目级设计输入文件，提出设计原则，确定工作范围，配备适合本项目的设计、校对和审核三级人员，明确其工作职责和范围。对重大和特殊设计方案进行公司项目级或专业级评审；明确项目执行的标准规范、设计图纸和文件控制要求；编制项目设计计划并发布。

严格执行各专业设计管理流程、会签和审批要求。会签供货商资料时，采用串联模式，避免并联以减少专业间意见相互冲突。采购和施工与设计深度沟通，将问题提前暴露并解决。设计结束后全面启动设计复查，特别是设计的重点难点，确保图纸质量，减少现场返工。

3. 过程改进计划

持续的过程改进促成三种质量改善。一是降低边际成本，比如减少过程中的冗余步骤，成本下降但质量不降低。二是在绩效方面明显地追赶竞争对手，使其绩效与对手相匹敌，保持相对竞争优势。三是突破优势，以创新性的流程重组实现质量跨越式发展，为客户带来巨大的商业价值。项目组织如果不能认识和利用过程改进，就会把现有运作模式当作理想状态。

过程水平由低至高分为四个层次，各层次的主要特征如下。

(1) 自发性的水平：很少或没有应用过程标准。

- 缺少文件；
- 技术与知识不一致；
- 可追溯性不强；
- 很少应用系统或技术工具；
- 过程的成功依赖于经理与团队的经验和技巧。

(2) 初始水平：普遍但非专业的过程。

- 广泛运用非标准的方法，每个人的实施情况存在偏差；
- 有一些文字性的流程（只写明需要做什么而没写明如何做）；

- 有一些数据的收集并形成书面文档；
- 应用技术工具但并非经常正确地运用；
- 所有过程都试图遵循一些基本的实用性。

（3）正常的水平：标准化、制度化的基本过程。

- 对所有基本过程标准化并形成文件；
- 实施应用标准过程；
- 持续收集数据并在组织范围内汇报；
- 在整个组织范围内学习并共享经验教训；
- 足够的培训以保证现行系统的有效运作。

（4）最优化的水平：系统测量过程、持续改进过程、职能交叉的集成过程与业务运作。

- 持续收集与保存数据，对所有过程进行绩效评价；
- 数据库与信息系统集成以保证持续改进；
- 建立有助于连续过程改进的机制；
- 关注创新思想并用于改进过程，形成书面文档；
- 超越过程的成功，强调成员及组织系统的成功。

8.3　管理质量

管理质量是把组织的质量政策用于项目，并将质量计划转化为可执行的质量活动的过程。本过程的主要作用是提高实现质量目标的可能性，识别无效过程和导致质量低劣的原因。管理质量使用质量规划过程中的数据和结果，向相关方展示项目的总体质量状态。本过程需要在整个项目期间开展。

管理质量也称质量保证，但管理质量的内涵比质量保证更广。质量保证着眼于项目使用的过程，旨在高效地执行项目过程，包括遵守和满足标准，向相关方保证最终产品可以满足他们的需求、期望和要求。管理质量不仅包括所有质量保证活动，还与产品设计和过程改进有关。

质量保证工作的内容，一是制定科学可行的质量标准，可以采用国家标准、行业标准，制定质量标准的目的是在项目实施过程中达到或超越质量标准；二是建立和完善项目质量管理体系，包括质量管理体系的机构和职责分配、配备必要的资源、持续开展有计划的质量改进活动。如某项目甲方、施工方和监理方分别建立质量保证机构，形成层层管理、层层把关、责任到人的质量管理体系。甲方由公司副总经理担任项目质量领导小组组长，下设专职质量安全员；施工方分别以总工程师、技术质量部长、各专业技术质量负责人为各层次主要负责人；监理方成立以总监为首的质量领导小组。

质量保证是确保采用合理的质量标准和操作性定义的过程，是所有计划和系统工作实施达到质量计划要求的基础，应贯穿项目全过程。质量保证通常提供给项目管理及实施组织（内部保证），或者提供给客户或项目涉及的其他活动（外部保证）。

管理质量的主要工具和技术有数据收集、质量审计、过程改进、面向 X 的设计等。

数据收集通常使用结构化的核对单，用来核实所要求的一系列步骤是否已经得到执行，或检查需求列表是否已得到满足。质量核对单可简可繁，应该涵盖范围基准中定义的验收标准。很多组织都有标准化的核对单，某些应用领域的行业协会或商业性服务机构可以提供。

质量审计是一种独立的结构化审查，用于确定项目活动是否遵循了组织和项目的政策、过程与程序。评价审核对象与规定要求的符合程度，确定是否需要采取改进或纠正措施，以保证项目质量符合要求，保证设计、实施与组织过程符合规定要求，保证质量体系有效运行并不断完善。质量审计分为质量体系审计、项目质量审计、过程（工序）质量审计、监督审核。质量审计可以事先安排或随机进行，通常由项目外部的团队开展，如组织的审计部门、项目管理办公室、组织外部审计师等。

质量审计的目标通常包括：

- 识别正在实施的良好及最佳实践；
- 识别所有违规做法、差距及不足；
- 分享所在组织或行业中类似项目的良好实践；
- 积极协助改进过程，帮助团队提高生产效率；
- 强调每次审计都应该对组织经验教训知识库的积累做出贡献。

过程改进是指按照过程改进计划中确定的步骤来识别所需的改进，也要检查在过程改进计划运行中遇到的问题、制约因素及非增值活动。过程改进包括原因分析，识别问题的根本原因，并制定预防措施。

面向 X 的设计是产品设计期间采用的一系列技术指南，旨在优化设计的特定方面，可以控制或提高产品的最终特性。X 指产品开发的不同方面，如可靠性、装配、制造、成本、服务、安全性和质量等。使用面向 X 的设计可以降低成本、改进质量、提高绩效和客户满意度。

质量数据可以通过因果图、流程图、直方图和散点图等呈现。

（1）因果图。又称石川图或鱼骨图，其形状像鱼骨，可以直观显示问题产生的各种原因。沿着某条线不停地问“为什么”，就可以发现某个可能的根本原因。因果图也可以用于风险分析。见图 8－2。

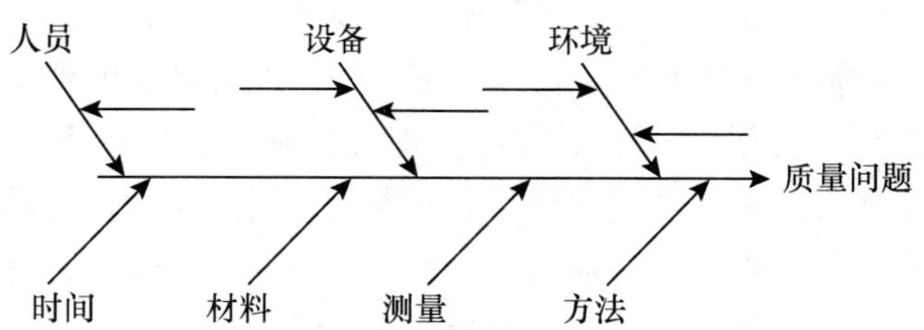

图 8－2　质量问题分析因果图

（2）流程图。流程图是对一个过程的图形化表示，用来显示该过程中各步骤之间的相互关系，每个流程图都会显示活动、决策点和处理顺序。对项目过程中各个步骤之间的关系进行研究，可以找出可能产出故障的潜在原因，预测可能发生的质量问题，发现某些失效的步骤和潜在的过程改进机会，进一步建立测试程序或处理方法，以避免质量缺陷或事故发生。流程图也可用于风险分析。

（3）直方图。直方图展示每个可交付成果的缺陷数量、缺陷成因的排序、各个过程的不合格次数。每个柱形代表某个问题的一种属性或特征，柱形高度表示非正常值出现的频次或观察到的次数，比较相对高度可以直观地发现引起问题的最普遍原因。一般认为，抽样数不小于 50 个，直方图才有效。

（4）散点图。散点图的一个轴表示过程、环境或活动中任意要素，另一个轴表示质量缺陷，用于分析两个变量是否存在相关关系及其密切程度。当 x 值增大时，y 值有相应增大或减小的趋势，则认为两个变量之间存在相关关系，否则不相关。见图 8－3。

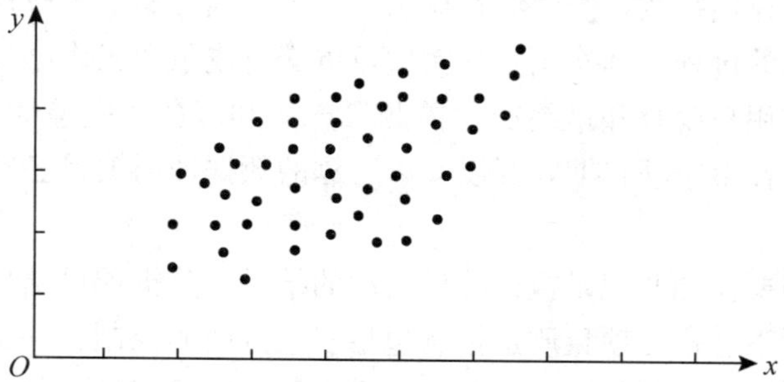

图 8－3　散点图

管理质量的输出是质量报告、测试与评估文件等。质量报告可以是图表、数据或定性文件，质量报告的信息包含团队上报的全部质量问题，针对过程、项目和产品的改进建议，纠正措施（包括返工、缺陷补救、100%检查等），及在质量控制中发现的情况等。这些信息有助于其他过程和部门采取纠正措施，以实现项目质量目标。测试与评估文件可基于行业需求和组织模板来创建，包括专门的核对单和详尽的需求跟踪矩阵，这些文件是质量控制的输入，用于评估质量目标的实现情况。

案例 8－3

某光缆建设项目的质量保证制度

根据某公司《质量手册》和年度质量目标，结合光缆建设项目工程的实际情况，为实现质量目标（工序合格率 100%，优良率不低于 95%），特实施以下若干项目质量保证制度，以保证质量成本最小化。

（1）严格按 ISO 9000 质量体系组织施工，对施工人员进行技术交底，发放技术标准和操作要点材料，并对施工难点、重点进行讲解，保证整个工程标准一致，工艺美观统一。

（2）坚持“三检”制度不放松，质检人员分段把关，责任分解到人，确保质量。

（3）严格检验材料，无证材料不得使用。

（4）各个工序按要求填写施工记录，以备查核。

（5）工程质量要体现在管理质量上，以现场管理为重点。

（6）定期召开例会，总结进度、质量、安全和协调情况及相关经验。

（7）按要求制作竣工资料，内容要准确、完整、真实，形式上美观、统一。

（8）严格预验施工工艺和电气，按《施工及验收技术规范》和《施工图设计要求》预验合格后向业主申请交工验收，保证交付优良的工程。

8.4 质量控制

质量控制是为了评估绩效，确保项目输出完整、正确且满足客户期望，监督和记录质量管理活动执行结果的过程。其作用是核实项目可交付成果和工作已经达到主要相关方的质量要求。目的是在用户验收和最终交付前测量产品和服务的完整性、合规性和适用性。控制质量的过程需要在整个项目期间开展，以可靠的数据证明项目已经达到了发起人和客户的验收标准。

项目质量控制中要监测并记录执行质量活动的结果，分析项目结果是否符合相关质量标准并确定如何消除不合格。项目质量控制包括三个方面的控制：一是工作质量控制，工作质量是指参与项目建设过程的人员表现的工作水平和完善程度，包括管理工作、技术工作和后勤工作等。二是工序质量控制，项目是通过一道道工序来完成的，每道工序的质量必须满足下道工序要求的质量标准，工序质量决定了产品质量。三是产品质量控制。质量控制工作应贯穿项目的始终。

影响项目质量的因素是动态复杂的，各个项目阶段的质量控制内容和特点不同，项目一般不能进行解体、拆卸检查，并且项目质量受成本和工期制约，容易对质量状况做出错误判断，所以，项目质量控制有很高难度。通过质量控制要获得的结果是可交付成果达到质量要求，满足客户使用需要，以便通过正式验收。项目管理团队应具有质量控制方面的统计知识，尤其是抽样与概率知识，以便评估质量控制的结果。

项目质量控制通常使用以下方法和技术。

1. 数据收集

采用质量检查表、统计抽样、问卷调查等方式收集质量方面的数据。

质量检查表是一种对项目执行情况进行分析的结构化工具，用于检查所要求的一系列步骤是否已经执行及质量控制的实际结果。质量检查表可简单也可复杂，描述方式通常是命令式和询问式，常见的形式是开列出一系列需要检查核对的工作与对象清单。许多组织已经形成了标准的模板，见表 8－4。统计抽样是从目标总体中选取部分样本用于检查，抽样频率和规模应在质量管理规划中确定。问卷调查常用于收集客户满意度的数据。

表 8－4　房屋在建工程的质量检查表（部分）

序号	检查内容	相关条文	检查情况	处理依据	处理意见
1	基础结构验收记录	GB50202—2002 第 8.0.3		质量条例	
2	水泥质保单、复试报告	GB50203—2002 第 4.0.1 条		质量条例	
3	砼试块强度	GB50204—2002 第 7.1.1 条		质量条例	
4	现浇楼板厚度试验	GB50204—2002 第 8.3.1 条		质量条例	
5	砖合格证或复试	GB50203—2002 第 3.0.1 条		质量条例	
6	砂浆试块强度	GB50203—2002 第 5.2.1 条		质量条例	

检查组长：　　　　　　成员：　　　　　　　　时间：　　　年　　月　　日

2. 检查

检查工作产品是否符合书面标准，检查结果通常包括相关的测量数据。检查可以在任何层次上进行，如检查单项活动的成果或项目最终产品，也要对所有批准的变更请求进行审查，核实是否已按批准的方式得到实施。如在项目中建立质量例会制度，半个月召开一次质量例会，质量主管与设计单位代表参加会议，分析施工过程中的质量问题和质量隐患，找出解决办法。每月对各施工单位进行质量评比，奖优罚劣。

案例 8－4

青岛地铁工程的质量检查

媒体曝光青岛地铁 1 号线项目施工质量问题后，地铁公司迅速组织专家组进行调查。经第三方检测机构及专家现场查证，破除地段顶板钢筋、侧墙受力主筋规格及用量符合设计要求；侧墙部分水平钢筋间距偏大。局部地段存在钢筋布设不均、混凝土垫层厚度不均、包封混凝土厚度不足等问题。对施工单位、监理单位及其责任人做出处罚：总承包单位葛洲坝集团电力有限公司对刚施工的 1.5 公里电力排管工程拆除重建。依照合同约定，本次事件的经济损失由总承包单位葛洲坝集团电力有限公司承担，并扣罚违约金 100 万元。将监理单位青岛嘉诚电工咨询有限公司列入青岛地铁工程建设黑名单，并依照合同约定扣罚违约金 20 万元。对问题责任单位相关人员依法依规从严处理。责令青岛地铁 1 号线公司总经理停职检查，责令总承包单位和监理单位撤换项目负责人。

地铁公司确定下一阶段质量控制的工作重点是：

（1）聘请第三方专家团队和质量检测机构组成 4 个专项检查组，对在建和已运营的地铁工程进行为期 1 个月的拉网式质量大排查。邀请有关政府部门、媒体及市民代表监督。

（2）加强对电力配套和其他附属设施工程的监管力度。增加监管人员，完善监管事项责任清单和检查制度。严格钢筋、模板等工序验收管理，推行实物样板引路制度，对优良样板工程及时观摩推广，切实提升施工质量。

（3）从严审查分包资格资质，建立严格的备案审查制度。加快劳务管理电子平台建设，对分包队伍和劳务人员进行实名制管理，切实解决现场违法分包、劳务管理和农民工工资管理难题。

（4）对参建单位履约履职情况进行全面梳理和彻底整改。充分发挥现有第三方检测等单位的作用，严格按要求对工程各阶段原材料及施工质量进行抽检。引入第三方质量监察单位对参建主体不间断监督检查。

资料来源：青岛地铁集团通报被举报事件调查结果：1 号线公司总经理停职检查.（2019－07－01）. https://shareapp.cyol.com/cmsfile/news/201907/01/toutiao238172.html.

3. 测试与产品评估

测试是有组织的、结构化的调查，旨在根据项目需求提供有关被测产品或服务质量的客观信息。测试的目的是找出产品存在的错误、缺陷、漏洞等。测试可以贯穿整个项目，早期测试有助于识别不合规问题，帮助减少故障成本，也可以在项目结束时对最终可交付成果进行测试。

不同领域的测试内容不同，如软件开发项目中有单元测试、集成测试、黑盒测试、白盒测试、接口测试等。硬件开发项目有应力筛选、老化测试、系统测试等。建筑项目中有水泥强度测试、混凝土结构的无损测试、土壤试验等。

质量控制的数据可以通过控制图、因果图、直方图、散点图等呈现。

控制图用来确定一个过程是否稳定或者是否具有可预测的绩效。根据要求制定规格上限和下限，这是允许的最大值和最小值，超出界限可能受到客户的处罚或拒绝接受。项目经理和相关干系人根据标准的统计原则，通过标准的统计计算，设定控制上限和下限，代表一个稳定的自然波动范围。对于重复性过程，控制界限通常设在 3 个标准差（-3σ，$+3\sigma$）位置，这是无须采取纠正质量措施的最大可接受位置。项目经理基于控制界限识别须采取纠正措施的检查点，以预防不在控制界限内的绩效。

实施过程中要收集和分析控制图中的相关数据，数据点可以直观地显示过程的随机波动、跳跃或者偏差逐渐扩大的趋势，持续监测一个过程的输出，有助于评价过程是否达到了预期的效果。当一个过程处于可接受的界限内时，它是可控的，无须调整。当某个数据点超出控制界限，或者连续 7 个点落在均值上方或下方，就认为过程已经失控，要进行调整。带规格界限的连续测量控制图如图 8－4 所示。

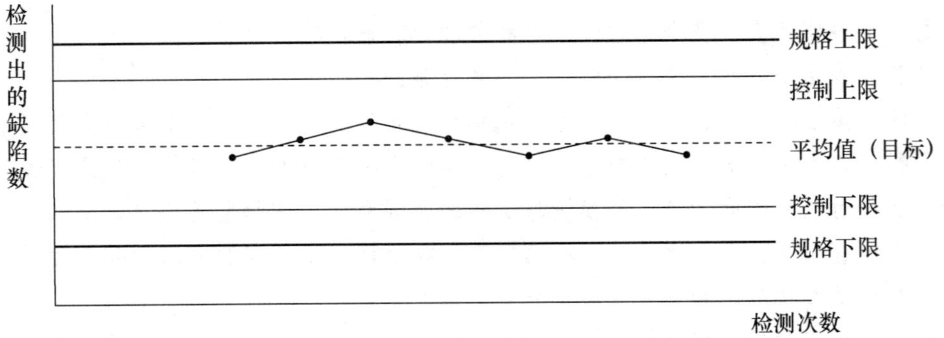

图 8－4 带规格界限的连续测量控制图

质量控制的输出结果是：

- 质量控制测量结果。它是对质量控制活动结果的书面记录，按照质量管理计划确定的格式撰写。

● 经过核实的可交付成果。质量控制过程的结果是经过核实的可交付成果，可交付成果也是确认项目范围的输入，以便正式验收。每一项目都有被接受或拒绝的可能，要对项目组成部分或最终产品进行评估，确保它们符合设计要求，被拒绝的工作要重新进行直到被接受为止。

● 工作绩效信息。包含项目需求实现情况的信息、拒绝的原因、要求的返工、缺陷补救、纠正措施和建议、经过核实的可交付成果列表、质量测量指标的状态及过程调整需求等。

思考题

一、单项选择题

1. 下面哪一种项目质量管理方式将使质量成本最高？（　　）

A. 让客户发现缺陷

B. 控制质量过程

C. 通过质量保证检查并纠正过程本身

D. 将质量融入项目和产品的规划与设计

2. 客户退货引发的成本是（　　）。

A. 预防成本　　B. 内部故障成本

C. 外部故障成本　　D. 评估成本

3. 设计评审发生的成本属于（　　）。

A. 预防成本　　B. 内部故障成本

C. 外部故障成本　　D. 评估成本

4. 应在以下哪个过程中分享所在组织、行业中类似项目的良好实践？（　　）

A. 质量审计　　B. 质量规划　　C. 质量保证　　D. 质量控制

5. PDCA 循环的创立者是（　　）。

A. 石川馨　　B. 费根堡姆　　C. 戴明　　D. 朱兰　　E. 休哈特

二、多项选择题

1. 下面哪些说法符合现代质量管理观念？（　　）

A. 保证质量是所有人的责任　　B. 质量问题应该对用户保密

C. 应严格文档管理　　D. 提高质量将增加项目成本

2. 项目过程质量包括以下哪些内容？（　　）

A. 施工过程质量　　B. 立项过程质量

C. 竣工验收过程质量　　D. 设计过程质量

3. 下列哪些因素影响项目质量？（　　）

A. 人　　B. 材料　　C. 项目环境　　D. 机器设备　　E. 实施方案

4. 质量管理的方法经过了以下哪些阶段？（　　）

A. 经验式管理阶段　　B. 全面质量管理阶段

C. 统计质量管理阶段　　D. 质量检验阶段

5. 质量管理 PDCA 循环由下面哪些活动构成？（　　）

A. 计划　　B. 实施　　C. 检查　　D. 纠偏　　E. 行动

6. 质量成本包括以下哪些成本？（　　）

A. 预防成本　　B. 评估成本　　C. 故障成本　　D. 生产成本

7. 用于质量数据分析的因果图，又称（　　）。

A. 石川图　　B. 散点图　　C. 帕累托图　　D. 鱼骨图

8. 以下哪些人员或部门可以承担项目质量审计？（　　）

A. 项目质量主管　　B. 项目管理办公室

C. 组织外部审计师　　D. 组织的审计部门

9. 面向 X 的设计是产品设计期间采用的一系列技术指南，旨在优化设计的特定方面，可以控制或提高产品的最终特性。X 指产品开发的哪些方面？（　　）

A. 可靠性　　B. 制造　　C. 安全性　　D. 成本

10. 以下哪些过程需要在整个项目期间开展？（　　）

A. 控制质量　　B. 管理质量　　C. 规划质量　　D. 质量保证

三、判断题

1. 产品质量等级低下是一个严重的问题，项目团队必须努力提高质量等级。（　　）

2. 现代项目质量管理理念认为，质量形成于项目初始阶段，且必须在整个项目内规划。（　　）

3. 项目质量包括交付成果质量及项目工作质量，因此，要保证项目质量必须保证工作质量。（　　）

4. 项目质量管理具有不可逆性，项目的一次性使项目质量不能在重复生产过程中改进，这对项目质量管理提出了更高的要求。（　　）

5. 过程控制的目标是保证输出结果能被正确预测，如果输出结果无法预测或者预测结果不令人满意，就应着手进行过程改进。（　　）

6. 质量是规划、设计和建造出来的，也是检查出来的。（　　）

四、简答题

1. 项目质量管理与产品质量管理的区别是什么？

2. 项目质量管理应遵循哪些基本原则？

3. 一些人认为项目质量设计时要有超前意识，防止落伍，你怎样看待这种想法？

4. 在项目质量管理过程中，不同项目干系人分别承担着什么责任？

5. 管理质量与质量控制的区别是什么？常用的控制质量方法和技术有哪些？

五、案例分析

位于西安市新城广场西南角的秦王府建于明代洪武年间，距今 600 多年，2003 年被列为陕西省第四批文物保护单位。2020 年 8 月 8 日，秦王府部分墙体发生坍塌。经过初步勘察判断，坍塌部分为原城墙遗址新筑保护性土体和东北侧外包砖砌体，未伤及原明代城墙夯土。坍塌原因为连续降雨，雨水下渗将墙内黄土泡软后产生侧压力，将墙体挤向外侧引发坍塌。

2007—2011年，当地均对秦王府残存墙体实施包砖和夯土填充加固。近年来，墙体也曾多次修缮。在西安众多与之年代相近的露天遗迹中，此次唯独它倒在了雨中。

国家文物局专家表示，古建筑修缮工程有其特殊性、针对性和不确定性。近年来，为进一步加强修缮工程管理、提升修缮工程质量，主管部门在《文物保护工程管理办法》基础上出台了多部规范性文件，在防洪、排水等方面做出要求。

经多年反复修缮的城墙保护性土体、砖体为何先于遗址本体严重损坏？该城墙修缮工程在设计结构规范方面是否存在不足？工程质量是否过关？针对汛期中城墙已出现的裂痕，主管部门是否依规编制并落实了应急预案？记者就此联系了西安市文物局，但该局并未做出回应。

资料来源：四问西安明秦王府城墙坍塌事件.（2020-08-09）. http://www.xinhuanet.com/2020-08/09/c_1126345986.htm.

思考：

1. 从质量管理视角，你怎么看待保护性墙体早于明代遗址本体坍塌事件？
2. 对于即将展开的修缮工程，你认为应在质量管理方面注意哪些事项？

09
Chapter

第9章
项目风险管理

本章主要内容

- 项目风险的类型及特点
- 风险管理计划的主要内容
- 风险识别的常用方法
- 定性风险分析与定量风险分析的方法
- 风险应对策略
- 项目风险与项目机会的关系

引入案例　政局突变，十年付出东流水

罗马尼亚切尔纳沃德核电项目位于多瑙河畔的康斯坦察县，规划有5台机组，采用加拿大坎杜能源公司（Candu Energy）的核电技术。1、2号机组分别于1996年及2007年投产，占罗马尼亚全国供电量的17%；3、4号机组已完成部分土建工程，单台机组装机容量不低于720兆瓦，单台机组预计建设工期88个月，项目总投资约72亿欧元。

核电项目原有6个合作伙伴，2010年9月，捷克电力公司CEZ宣布退出。4个月后，德国莱茵集团（RWE）、西班牙伊维尔德罗拉（Iberdrola）和法国燃气苏伊士集团（GDF-SUEZ）三家公司也宣布退出，它们表示经济和市场的不确定性是退出的原因。剩下的意大利国家电力公司（Enel）及安赛洛米塔尔公司（ArcelorMittal）处于合作中，共同持有项目15%以上的股份。于是，罗马尼亚开始寻求亚洲公司合作，这为中国广东核电集团（以下简称中广核）提供了一个重大机遇。自2010年9月开始，中广核开始了3、4号机组的市场开发。

2013年11月25日，中国国家能源局与罗马尼亚经济部能源署签订《合作谅解备忘录》，中广核和罗马尼亚国家核电公司（简称罗核公司）签订《关于合作开发罗核项目的意向书》。同时，中广核工程有限公司与坎杜能源公司签订《关于合作建设罗核项目备忘

协议》。2014年5月30日，中广核与罗马尼亚财政部、能源署，以及罗核公司签订了《项目主要风险防范机制原则》，约定了核项目的电力销售、电价保障、融资担保和财政优惠政策等基本原则和意向。

罗马尼亚当地时间2015年11月9日，中广核和罗核公司签署了《切尔纳沃德核电3、4号机组项目开发、建设、运营及退役谅解备忘录》，包含投资、融资、建设、运营及退役的寿命期框架协议。2019年5月8日，两家公司签署《关于切尔纳沃德核电厂3、4号机组成立合资公司的初步投资者协议》，标志着双方就项目合作迈出实质性的一步。签字仪式在罗马尼亚能源部举行，罗马尼亚副总理、能源部部长，中国驻罗大使等官员出席，罗核公司董事长、中广核中东欧投资（罗马尼亚）有限公司总经理签字。该项目可提供1.9万个工作岗位。这是中国对外推广核电建设业务的重大进展，也是中罗友好关系的重要象征。

2019年8月21日，罗马尼亚总统克劳斯·约翰尼斯（Klaus Iohannis）和美国总统特朗普在华盛顿签署联合声明，提出双方要在核能领域更紧密地合作。同年9月，罗马尼亚总理维奥丽卡·登奇勒（Viorica Dancila）与美国能源部长里克·佩里（Rick Perry）签署了一份备忘录。之后，罗核公司与中广核的合作变得不确定。此前，美国政府曾指控中广核涉嫌偷窃美方核技术用于军事目的，将中广核列入黑名单，禁止美国企业向中广核及其合作企业出口设备。

2019年11月4日，罗马尼亚总理奥尔班（Orban）宣誓就职。2020年1月28日，奥尔班接受采访时宣布，中广核将退出3号和4号反应堆的交易，政府已开始寻找新的合作伙伴，并为该项目筹集资金。2020年5月底，罗马尼亚经济部长波佩斯表示："罗美两国有战略合作伙伴关系，我们尊重合作伙伴。"他要求罗核公司在北约组织内部及欧盟成员国中寻找新的合作伙伴。6月12日，罗核公司正式做出决定，撤销中罗核电协议，重新对外招标。

资料来源：中广核罗核项目获罗马尼亚政府出具的支持函.（2016-01-22）. http://www.sasac.gov.cn/n2588025/n2588124/c3814795/content.html；美国又在背后"搅局"，罗马尼亚宣布撤销与中国核电企业的协议.（2020-06-13）. https://3g.163.com/dy/article/FF13317H0515BHTS.html.

在工作和日常生活中风险无处不在，当人们设定了个人目标、项目目标或公司目标后，在实现目标的过程中风险会随之而来。风险是某些不确定性及其可能引起的偏离预定目标的不良后果的综合，风险也是将来可能发生的一个事件而导致产生不良后果的一种状况。《项目管理知识体系指南》认为项目风险是一种不确定的事件或条件，一旦发生会对一个或多个项目目标产生正面或负面的影响，如范围、进度、成本或质量。由于每个项目都具有特殊性，它们不是在理想状态下进行的，实施过程中的不确定性因素使项目充满风险，风险管理很大程度上决定着项目的成败。

项目风险具有存在客观性、发生偶然性和表现多样性特点。对于一个具体的风险，可以从风险事件、风险原因、风险后果和风险概率等方面来考察，以便找到管理风险的最佳切入点。有些风险容易对发生的原因进行管理，如设计方案被客户拒绝的风险；有些风险容易对发生的概率进行管理，如项目现场发生火灾；有些风险容易对产生的后果进行管理，如恶劣天气造成进度延误，因为天气是不可控的。

项目的风险和机会是有内在联系的，风险正是由于追寻机会而引起的。项目的历程就是追寻机会的过程，如解决一个问题或实现一个需求，项目过程中充满了创造性和不确定性，每个机会都会带来一系列风险，应该对这些风险进行判断并适当管理，确保每个机会都能实现预定目标。如波音 777 研发过程中，工程师计划采用铝锂合金来降低飞机的重量，以增加可装载量，减少燃料消耗（机会）。然而，这种材料容易出现外表划痕，虽然对飞机质量没有影响，但可能损害市场声誉（风险）。波音高层专门开会讨论节约燃料与市场声誉的选择，最终放弃了这个新的想法。

项目风险管理是指项目承担单位对项目生命周期内可能遇到的风险进行预测、识别、分析、评估，在此基础上采取减少风险损失的措施。项目组织应在整个期间积极、持续地开展风险管理，否则，实际发生的风险就可能给项目造成严重影响，甚至导致项目失败。项目风险管理包括风险管理规划、风险识别、风险分析、风险应对和风险监控五个过程，风险管理的目标是提高项目机会发生的概率和影响，降低消极事件发生的概率和影响。

9.1 项目风险管理规划

风险管理规划是定义如何实施项目风险管理活动的过程，其作用是确保风险管理的水平、方法和可见度与项目风险程度、项目对组织和干系人的重要程度相匹配。目的是强化风险管理的思路和途径，以预防、减轻、遏制或消除不良事件的发生及影响。风险管理规划在项目构思阶段开始，在项目早期完成。在项目后期如果发生重大变化、项目范围显著变更，应重新开展风险管理规划过程。

风险管理规划的主要依据是项目章程、项目管理计划、项目文件、事业环境因素及组织过程资产。项目团队通常采取规划会议的方式制定或审议风险管理计划，参会人应包括项目经理、相关团队成员、关键相关方和风险管理岗位的人员等，如有需要也可邀请客户、卖方和监管机构代表。会议上制定实施风险管理活动的总体计划，确定风险管理的成本，将其纳入项目成本预算和进度计划。根据项目需要确定风险类别和等级，确定每个岗位承担的风险管理职责，最后编制出项目风险管理计划文件。

风险管理计划是项目管理计划的组成部分，描述如何安排与实施风险管理活动。风险管理计划对促进项目干系人沟通、获得他们的支持，从而保证风险管理过程在整个项目生命周期中的有效实施至关重要。其重要性还体现在为风险管理安排充足的资源和时间，为风险评估奠定共同认可的基础。风险管理计划必须与经批准的进度计划、成本计划等互相协调。

风险管理计划一般包括以下内容：

（1）风险管理战略。描述本项目管理风险的一般方法。

（2）方法论。说明开展本项目风险管理的具体方法、工具及数据来源。

（3）角色与职责。确定风险管理活动的领导者、支持者以及团队成员，明确每个人的职责。

（4）确定风险管理预算。确定开展项目风险管理活动所需资金，纳入成本绩效基准，制定应急储备和管理储备的使用方案。

（5）时间安排。确定实施风险管理过程的时间和频率，确定风险管理活动并将其纳入进度计划。

（6）风险分类。确定对单个项目风险进行分类的方式。风险分解结构（risk breakdown structure，RBS）是常采用的简单有效的工具，按照风险类别和子类别来排列已识别的风险并建立一个层级结构，直观地显示潜在风险的所属领域和产生原因。已完成项目的风险分解结构可以被同一类新项目在识别风险时作为参考。风险的大致类型如图9-1所示。

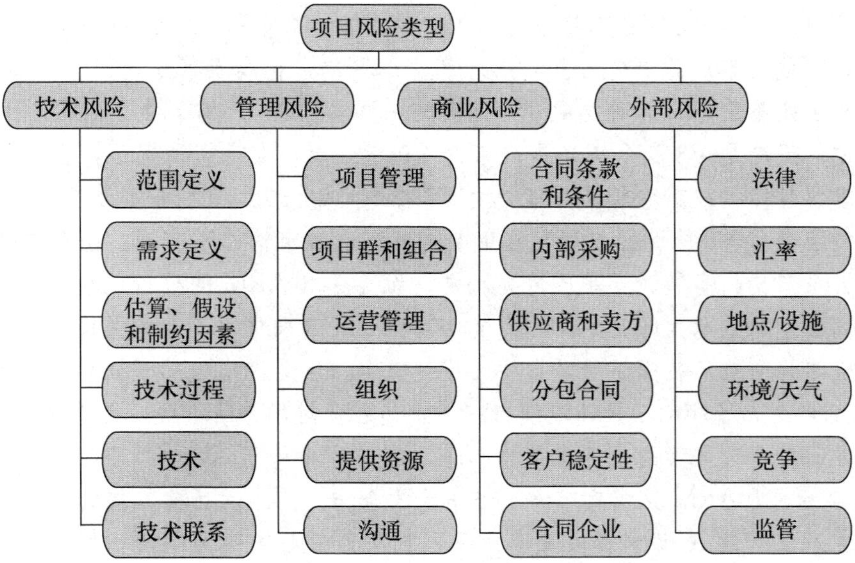

图9-1　项目风险类型

资料来源：Project Management Institute. 项目管理知识体系指南：第6版. 北京：电子工业出版社，2010.

风险分解结构第一层的分类标准很多，如采取PESTLE分析，即政治（political）、经济（economic）、社会（social）、技术（technological）、法律（legal）、环境（environmental），或简化版的PEST分析。为了更好地反映项目开发与实施的商业和组织方面特征，可以使用POCET（political，organizational，commercial，economic，technological，POCET）分类。第二层的分类标准就更多了。项目风险管理计划中应明确采取什么分类标准。

（7）风险汇报格式。确定将如何记录、分析和沟通项目风险管理过程的结果，规定风险管理中应汇报或沟通的内容、范围、渠道和方式。描述风险登记册、风险报告的格式和内容，这些文档有助于总结经验教训。

（8）跟踪审计方法。规定如何记录风险活动，确定是否需要对风险管理过程进行审计及如何审计。

在具体规划过程中，还要考虑风险管理策略是否正确可行，判断实施管理策略的措施和手段是否符合项目总目标，分析其他客观条件对风险管理有什么影响。

案例9-1

华为与ARM的合作风险

ARM是一家位于英国剑桥的跨国企业，专注于芯片架构研发。全球超过95%的智能手机和平板电脑均使用ARM架构，三星、高通、苹果和华为的芯片都离不开它。ARM于2016年被日本软银公司收购。

华为的麒麟芯片依赖于ARM的A77架构V8，拥有该架构的永久授权，但麒麟1020采用的A78架构没有永久授权。只要ARM宣布断供，麒麟芯片可能会在短时间内消失。2019年5月16日，美国商务部将华为列入管制“实体名单”，禁止其从美国公司购买零部件和技术，其他国家产品中美国技术占比超过25%的，也属于禁令范围。ARM在美国得州奥斯汀和加州圣何塞设有研发中心，开发的一些处理器IP属于禁令范围。IP产品事业群总裁强调，无论是V8指令集还是未来的V9指令集，在合规情况下，会向包括华为在内的中国客户继续授权。看起来，华为由V8指令集过渡到V9指令集没有障碍。

华为能否通过V8永久授权研发自主架构呢？这个事情并不容易。全球芯片企业中仅苹果采用自主架构，高通、三星已放弃研发，而是获取ARM的核心架构后进行修改。原因在于研发难度越来越大，且ARM的核心架构升级越来越快，基本保持每年升级一次的速度，手机芯片企业已丧失了研发自主架构的机会。但是，华为高管表示华为有自主研发CPU架构的实力，不担心ARM取消授权。正如谷歌对华为断供后，有备用方案鸿蒙，在芯片设计方面的备选方案是达芬奇架构NPU。

2020年6月，ARM正式宣布终止与华为的合作。以华为目前掌握的技术及获得的支持，5nm制程工艺的IC设计是其最高水平，如果无法解决晶圆制造问题，芯片技术可能退到28nm工艺水平（上海微电子将推出28nm国产光刻机）。

华为还有一个障碍是台积电和中芯国际可能无法为芯片代工，这意味着即使自主架构研发成功，也将面临难以生产的尴尬。华为也意识到这个问题，加强了与紫光展锐和联发科的合作，从这些企业采购芯片。当然，华为还有一个机会，就是美国的限制令不能长期推行下去。

资料来源：控制麒麟芯片存亡的ARM发布新架构，但ARM已经宣布停止与华为合作.（2020-06-02）. https://www.sohu.com/a/399216343_387251.

9.2 项目风险识别

风险识别是识别单个风险和整体项目风险的来源并记录其特征的过程，包括确定风险来源、风险产生的条件及风险特征等，主要成果是形成初步的风险登记册。进行风险识别首先要搞清楚项目的组成、各种不确定性因素及其相互关系、项目与环境之间的关系等，在此基础上使用结构化的方法和步骤，识别对项目可能产生风险的各种事件。风险识别是一个持续、反复进行的过程，随着项目进展，某些风险得以消除而新的风险产生，识别活动反复的频率及每一轮参与者应根据项目情况而异。如产品开发项目中，需求分析工作结束后，需求调研风险不会再发生，设计风险可能出现。风险识别过程中应采取统一的风险描述文档格式，便于比较一个风险事件与其他事件。

风险识别活动的关键参与者是项目经理、项目团队成员、风险管理人员、客户、最终用户、其他项目经理、干系人和风险管理专家等。除此之外，应鼓励尽可能多的人员参与风险识别工作。在不确定性因素繁多的项目中，项目成员广泛参与有利于识别出各类潜在的风险，员工参与可以提高对风险及其应对措施的掌握程度及责任感。

风险识别的依据是项目管理计划、成本管理计划、进度管理计划、质量管理计划、风险管理计划、范围基准、进度基准、成本基准、项目文件、采购文档、协议、事业环境因素和组织过程资产等。风险识别的过程首先是收集上述资料和历史上同类项目的风险管理资料；其次经过比较分析将所有风险识别出来，按照规范格式编写初步的风险登记册，在后续风险管理过程中加以细化。

9.2.1　风险类型

每个项目都存在两个层面的风险，一是单个项目风险，即对一个或多个项目目标产生正面或负面影响的不确定事件或条件。二是整体项目风险，即不确定性对项目整体的影响。

风险的起因包括可能引起消极或积极结果的需求、假设条件、制约因素或其他因素。如闹市区建筑项目夜间施工必须办理许可证，与此对应的风险事件之一是环保部门可能不签发或推迟签发许可证，这将对项目造成消极的影响。项目配备的测试人员不足，通过增加工作强度仍然有完成测试任务的机会。依据风险的性质、结果及彼此间的关系进行分类，有助于风险管理人员理解风险、全面识别风险，提高风险识别过程的效率和质量。

（1）技术风险。项目采取的技术不成熟、技术复杂性及项目成员技术水平不足等因素，导致项目技术方案、开发过程和运行等方面的风险。如信息化项目中的区块链技术可能存在端点漏洞，新技术也存在未经全面测试的风险；由于开发工具、维护方式、接口标准和协议格式不同，如何兼容新旧系统及更好地进行后期维护，都具有非常大的挑战。再如西湾石化项目中，轻油裂解联合装置中的裂解技术、乙烯分离技术、裂解汽油加氢技术国内成熟可靠；而拟采用的 DMTO 技术国内尚无工业化装置，只有第一家采用该技术的神华集团包头项目投产运行后才能知道其风险；乙丙橡胶装置采用意大利技术，但吉林化工 5 万吨/年装置投产一年未能正常生产，应引起重视。

（2）商业风险。市场预测失误、价格变动、汇率变化、通货膨胀等导致项目成本超支或投资损失。如研发新款无人机，由于无法准确预测消费者对产品的接受程度，实施该项目就必须承担这种不确定性带来的商业风险。如西湾煤炭资源综合利用项目，通过敏感性分析发现，当银行利率增加 10%时，税后内部收益率变动很小；当原材料价格上涨 5%时，内部收益率将下降 0.43 个百分点；当产品销售价格降低 5%时，内部收益率将下降

1.35 个百分点。因此，材料价格、销售价格风险不可忽视。

（3）执行风险。在项目执行过程中，一些与项目计划执行相关的细节是未知的，如地理或物理条件对项目执行产生的负面影响。如在青藏高原修建公路，空气稀薄使人员和设备产出率下降，对项目进度造成威胁。再如某山区通信施工项目规划有 180 个站点，由于业主从发标到截标时间短，承包商无法进行现场勘查，只能根据招标人提供的信息和有限的勘查信息对项目施工的环境情况进行估计。中标企业项目施工队伍到达现场后，发现实际施工条件与预期差别很大，部分站点位于峭壁或铁路隧道口，受客观因素限制比较多，工程延期和成本上升的风险很大。又如在某些国际项目中盗窃现象严重，物资非正常消耗过大，机电设备及配件丢失过多，尤其是项目关键设备及其配件，有些甚至需要从国内空运，延误施工进度，不仅增加施工成本，而且严重影响项目正常运转。

（4）合约风险。客户与承包商签订合同后，严格的约束条款和条件会导致巨大的项目风险，如果一方不能按照要求完成约定的任务将受到对方索赔。项目合同规定了竣工日期，如果工期延误，承包商将会被业主索赔。如某项目合同规定，甲方负责支付所需建设用地的合理征地费用，这个条款就比较模糊，没有明确什么是合理费用，潜在的风险较大，合同条款模糊往往不利于承包方。如中方企业承建肯尼亚公路项目，合同内未明确因意外事件造成工期延误或经济损失的处理办法。项目财务人员从银行提取工人工资，在回营地途中被歹徒持枪抢劫，无法界定该事件属于业主责任还是承包商负责。合同条款还缺少对监理工程师效率低下及发出错误指令的制约等。

（5）管理风险。项目涉及主体众多，各方利益要求不同，给项目组织协调带来一定的难度，特别是承包商和供应商的选择等，一定要尽最大努力做好组织协调工作，以免给项目带来负面影响。项目管理人员的计划与组织能力、项目成员素质、制度建设等因素，影响着管理风险。

（6）社会风险。即由于政局不稳或反常的团体行为所造成的项目风险，如政权异常更迭、罢工、战争、恐怖行为、国际关系及国家政策变化等。如在中东国家实施通信工程，斋月期间不能正常施工，对工期造成很大影响。

案例 9－2

核废料处理项目的社会风险

2016 年 7 月 28 日，中国核网发表了《总投资超 1 000 亿的乏燃料后处理大厂或落户连云港》。相关信息在连云港人的朋友圈流传，出于对核事故的恐惧，抵制情绪迅速蔓延。8 月 6—8 日，数以千计的市民在广场和政府外聚集，反对上马乏燃料后处理项目。

反应堆使用过的燃料卸出来以后称为乏燃料，在核燃料闭式循环里，乏燃料处理是一个重要的环节，需要建立处理厂。处理厂把乏燃料里的钚和铀提取出来重新利用。随着我国核电规模化发展，核废料处置处理设施严重不足。以一座百万千瓦压水堆核电站为例，每年产生的乏燃料为 25～30 吨。截至 2019 年 6 月，我国共有 47 台运行核电机组、19 座在役民用研究堆和临界装置、18 座核燃料循环设施、2 座中低放废物处置厂。中核集团预测，到 2030 年，压水堆核电站乏燃料累计约 23 500 吨，离堆贮存将达到 15 000 吨。乏燃料的长期安全管理是一大难题。

核废料的放射性元素毒性大、半衰期长，在地质处置过程中衰变到天然铀矿需10万年以上。经过后处理环节，降到天然铀辐射水平的时间可减至千年以下。中低放射性废物固化后装入密闭金属桶，在核电站内部暂存库放置5年，期满后转运到处置场，按照300年安全期的要求，埋入100～300米深的地下。高放射性废物按照安全期1万年的标准深埋。暂存库满对于核电站是致命打击，发电机组只能停运。经过多年累积，各个废物暂存库已超期服役和库满为患。

加快形成商业规模的后处理能力迫在眉睫，国家原计划在西南、西北等五个地区建设乏燃料处置场。现实问题是核电站集中分布在沿海，如乏燃料后处理项目选址在其他地方，当地政府和民众会认为被当作“核垃圾处理厂”，只有风险而无利益。不接受外省核废物，已经成了一些地方建设废物处置场的前提条件。

从2007年开始，中法合作核循环项目启动了谈判，在燃料循环后端领域开展了科技交流并成立了实验室。经历长达8年的拉锯战，两国政府先后签署了四份合作协议。中核集团宣布项目将于2020年开工，2030年左右建成，项目占地3平方千米，厂址将在山东、江苏、浙江、福建、广东和甘肃选择，国家专项基金投资千亿元，法国阿海珐集团承担总体技术责任。2016年7月26日，中核集团领导赴连云港对相关合作项目进行交流，这意味着乏燃料后处理大厂或许落户连云港。因此，连云港市民才走上街头，坚决反对接盘此项目。项目如何选址才能兼顾各方利益，着实考验着投资方的智慧。

资料来源：总投资超1 000亿的乏燃料后处理大厂或落户连云港.（2016-07-28）. http://www.nuclear.net.cn/portal.php?mod=view&aid=10570；余娜. 乏燃料后处理面临哪些困局?. https://news.bjx.com.cn/html/20161027/784166.shtml.

9.2.2 风险识别方法

风险识别的常用方法和工具有头脑风暴会议、不确定性识别研讨会、风险核对表、假设条件与制约因素分析，以及风险提示清单等。

1. 头脑风暴会议

项目团队、高层经理、客户以及外部专家参与，通过自由或结构化的形式开展头脑风暴，指引与会者产生各种创意，形成一份全面的风险来源清单。为了使会议更有效，可以使用风险分解结构作为识别风险的框架，鼓励畅所欲言，对他人的观点不做评价。

2. 不确定性识别研讨会

召开以识别不确定性为目的的研讨会，采用德尔菲调查技术。瑞达金（Raydugin，2013）认为，在项目开发早期，这种会议每周可以进行3次以上，选择从事风险管理或相关业务的工作人员参加，人数以不超过12人为宜，会议时间控制在2小时以内。典型的不确定性识别研讨会议程如下：

（1）介绍参会人（5分钟）；

（2）介绍研讨会目的（5分钟）；

（3）确定研讨会的范围（15 分钟）；
（4）讨论风险识别方法（10 分钟）；
（5）每人提出 3～7 条不确定性（15 分钟）；
（6）逐一回顾每人的清单（60 分钟）；
（7）总结。

3. 风险核对表

风险核对表是基于以前类似项目的信息及其他渠道积累的信息与知识编制的，也可以用风险分解结构的底层作为风险核对表，表中风险一般按照来源排列，见表 9-1。利用核对表识别项目风险的方法简单快捷，但应注意项目的可比性。核对表方法的缺点是，人们无法编制出一个穷尽所有可能因素的核对表。一个项目收尾时，应根据经验和教训改进核对表，增加新信息，删除过时信息，以供未来的项目使用。

表 9-1　某项目风险核对表

风险类别	风险事件	可能引起的后果
安全风险	行为风险	工具或工程产品遭破坏
	个人安全意识	不按规定操作，易受人身伤害
	现场安全管理	员工安全意识不强
	特殊工种	易造成质量或安全事故
	起重伤害	造成人员伤亡
	触电	造成人员伤亡
	高空坠落	造成人员伤亡
	食物中毒	造成人员伤亡
	物体打击	造成人员伤亡
经济风险	要素市场价格变动	影响进度及成本
	汇率、利率波动	影响工程成本
	招标文件不详细	影响工程成本或易遭索赔
	资金、材料、设备供应不及时	对进度及造价产生影响
	政策调整频繁	对造价或进度产生影响
技术风险	地质地基条件差	对技术或成本产生影响
	水文气象条件差	对技术或成本产生影响
	施工准备不足	对成本产生影响
	设计变更或图纸供应不及时	对技术或成本产生影响
	技术规范与实际要求偏离	对技术或成本产生影响
	施工技术协调困难	对进度或成本产生影响
合同风险	发包方的合同条款不公平	造成索赔或减少工程利润
	发包人资信差	造成窝工，增加工程成本
	分包合同不完善	索赔及增加成本
	履约方面不全面	索赔及增加成本

续表

风险类别	风险事件	可能引起的后果
管理风险	技术人员流动	对进度及质量产生影响
	劳动力的流动	对进度、成本及质量产生影响
	关键人员缺乏责任心	对进度、造价、质量产生影响
	管理流程缺乏	增加管理成本或达不到高效管理
	项目文件不完备	对竣工结算产生影响
	进度计划脱离实际	提高工程造价，易遭索赔

4. 假设条件与制约因素分析

每个项目和项目管理计划都是基于一套特定的假设条件，并受一系列制约因素限制，这些条件和因素往往纳入范围基准和项目估算。当这些假设不成立时，项目活动将难以按照项目计划顺利推进，项目目标会受到影响。假设分析就是通过检验各种假设条件和制约因素的有效性，从假设条件的不准确、不稳定、不一致或不完整中识别威胁或机会。

5. 风险提示清单

风险提示清单是关于可能引起项目风险来源的风险类别的预设清单。风险提示清单是根据历史相似项目的不确定性或风险编制的问题清单，可以使用风险分解结构底层的风险类别作为提示清单，见表9-2。

表9-2　项目风险提示清单

● 人员方面： 项目成员到位了吗？ 项目成员的经验或技术胜任项目要求吗？ 项目团队分工明确吗？ 关键人员变动或离开怎么办？ 员工能够跨职能部门合作吗？ ● 技术方面： 项目技术稳定吗？使用过吗？可靠吗？ 哪里能获得该技术？ 设计是基于不现实的或乐观的假设吗？ 测试设备能够有效工作吗？ 开发过程拥有流程、方法和工具的支持吗？ ● 管理方面： 有明确的授权吗？ 得到管理层和其他各方支持了吗？ 项目计划充分吗？	利益相关者清楚吗？ 激励机制健全吗？ ● 资金方面： 资金能到位吗？万一不到位怎么办？ 成本估算可靠吗？ 有健全的成本控制措施吗？ ● 质量方面： 质量在设计阶段充分考虑了吗？出现质量事故有补救措施吗？ ● 物资供应： 项目所需物资都具备吗？ ● 合同方面： 合同合法吗？权利与义务表述清楚吗？ ● 环境方面： 天气对项目有何影响？地理因素对项目有何影响？

资料来源：格雷，拉森. 项目管理教程. 北京：人民邮电出版社，2005.

风险识别过程中也常采取鱼骨图法、SWOT分析法、专家判断法及环境分析法等。鱼骨图法用于识别风险的起因，采用过程流程图分析各要素之间的相互联系。SWOT分析法是从项目组织或更大范围识别组织的优势和劣势，发现组织优势创造的各种机会及劣势带来的威胁，识别出产生于内部的所有风险。专家判断法是邀请有类似项目经验的专家，请他们根据以往经验和专业知识指出可能的风险。环境分析法是通过分析内外部环境（包括顾客、供应商、竞争者、政府四个部分）的相互关系及其稳定程度来分析潜在的风险。

项目风险识别的主要输出是建立风险登记册，列出已识别出来的各个风险、潜在风险责任人或应对措施清单。随着风险管理过程的推进，风险登记册的内容会逐步丰富，关于风险发生概率、损失大小和应对措施等信息也会更加详细。项目团队掌握的有关风险信息增加后，应对风险登记册进行补充和修正。登记册应对已识别的风险尽可能详细地描述，可以采用结构化的方式来描述，例如这样的格式——如果出现某些原因，某事件就可能发生，从而造成什么影响。如某项目中客户需求分析工作正在进行，需求分析师与公司签订的劳动合同期满了，准备离开公司，需求分析工作无人可以接替，将被迫停止一段时间，对项目进度产生很大影响，见表 9－3。

表 9－3　紫金山集团 ERP 开发项目的初步风险登记册

序号	风险名称	风险描述	风险后果
1	客户项目决策风险	客户决策缓慢，实施中遇到问题无人决策，无人承担责任	工期拖延
2	网络环境风险	网络环境不稳定导致工作不能正常开展	进度拖延
3	网络平台风险	网络平台设计和配置有缺陷，系统运行出现故障	质量不稳定
4	硬件基础准备不足	软硬件购置不及时或配置不能满足系统运行要求	不能正常运行
5	职能部门不配合	职能部门和业务部门没有充分参与	决策周期长
6	组织风险	组织架构调整，对业务流程造成极大影响	功能不适应需求
7	人员不足风险	客户项目人员调走，软件商更换顾问频繁	延期
8	沟通不足	客户与项目组沟通不充分、需求理解不一致，实施方案有分歧	延期或失败
9	数据准备不到位	客户提供的数据不完整，系统初始化不成功或运行结果出错	项目延期
10	资金预算	客户预算不足，配套设备采购资金、培训费等不到位	项目停滞

风险识别的另一个输出是风险报告，它提供关于整体项目风险的信息和已识别的单个项目风险的概述信息。风险报告的编制是一项渐进的工作，随着定性分析、定量分析、规划风险应对、实施风险应对和监督风险过程的完成，这些过程的结果也需要记录在风险登记册中。

风险识别过程要注意几个要点：

（1）关注风险产生的原因而不要局限于风险产生的后果。项目成员知道工期延误是一个重要风险，客户会依据合同索赔，项目成员应尽快找出进度延误的原因，是恶劣天气、运输延迟还是估算进度错误？只有找出原因才能有效控制风险。

（2）风险识别工作首先关注对整个项目有影响的风险，主要风险确定后再去识别对某个特定部分有影响的小风险。

（3）项目组织对待风险的态度是决定风险识别成功的重要因素，必须营造风险管理的浓厚氛围，鼓励大家努力找出潜在风险事件，可以设置奖励来激励主动识别风险的人员。

（4）咨询风险管理以外的部门或专家。

（5）风险识别应持续进行并及时更新项目风险登记册。

（6）关注风险管理的效率与效益，争取以最少的风险管理投入获得最大的回报。

9.3 项目风险分析

风险管理需要消耗一定资源，但项目资源是有限的，项目组织不可能监控和应对每一个风险，而是要选择对项目目标影响大的少数风险作为重点管理对象。这就需要在风险登记册基础上，综合分析各个风险发生的概率和影响，对风险进行优先级排序，去掉那些无关紧要或多余的风险，找出值得关注的风险。一般来看，在过程已知的常规项目中，其风险往往容易理解和评估；在创新性强或复杂项目中，不确定性大得多，对风险发生的概率及影响的评估也困难得多。

风险分析可以在任何一个阶段进行，如果在项目定义阶段或规划过程中发现风险，应首先查明风险来源于何处、属于何种类型、分析能否承受这些风险，而不应匆忙做出项目上马的决策。在决策之前应认真考虑以下问题：项目到底有什么风险？造成损失的概率有多大？若发生损失，需要付出多大代价？如出现最不利情况，最大损失有多少？如何才能减少或消除可能的损失？如果改用其他方案，是否会带来新风险？

人们对待风险的态度是不同的，风险偏好、风险厌恶和风险中性的三种人，对同一个风险做出的评价以及采取的措施是不同的。为了保证风险分析结果的有效性，应了解关键参与者的风险态度，对他们的分析结果进行必要的修正。最好选择熟悉该类风险的人员，通过访谈或召开会议，评估每个风险的概率及其对每个目标的影响。

定性风险分析是通过评估单个项目风险发生的概率和影响以及其他特征，对风险进行优先级排序，为后续分析或行动提供基础。定性分析的作用是重点关注高优先级的风险，为每个风险识别出责任人，以便他们负责规划风险应对措施，并确保一定措施的实施。定性风险分析应在项目期间定期开展，在敏捷开发环境中，应在每次迭代开始前进行定性风险分析。

定性风险分析从以下几个方面评估每个风险：事件发生后所有的输出，事件发生的机会/可能性，事件影响的程度或严重性，事件会在项目中什么时间发生，与其他项目或本项目的其他活动有何交互影响。这种评估基于项目团队和相关方对风险的感知程度，具有主观性，评估人员对风险的态度可能导致偏见，影响评估结果的正确性。

定性风险分析常采取专家判断、结构化访谈、风险研讨会、风险概率和影响定义等方法。采取风险概率和影响定义量表、概率影响矩阵等工具。

项目团队召开风险研讨会是简单易行的方法，用于讨论已识别的单个项目风险。会议目标是审查已识别的风险，评估概率和影响，对风险进行分类和优先级排序，此过程中也可能识别出其他风险。会议上要为每个项目风险指派责任人，由责任人制定风险应对措施并报告工作进展。

风险概率和影响定义量表可以在规划风险过程中设定。根据项目环境、组织和干系人的风险偏好，项目团队制定关于概率和影响级别的具体内容，或者采用组织提供的通用定义。表 9－4 示范性地定义了风险对项目三个目标的影响，在风险规划过程中，根据项目具体情况及组织的风险临界值，可以对这些数值进行调整。项目团队可以利用这个工具对单一项目风险进行判断。

表 9－4　风险概率和影响定义

综合评价	概率	对项目目标的影响		
		进度	成本（万元）	质量
很高	＞70％	＞6 个月	＞500	对整体功能影响非常大
高	50％～70％	3～6 个月	100～500	对整体功能影响重大
中	30％～50％	1～3 个月	50～100	对整体功能有部分影响
低	10％～30％	1～4 周	10～50	对整体功能影响微小
很低	1％～10％	1 周	＜10	对辅助功能影响微小
零	＜1％	不变	不变	功能不变

根据风险对项目目标可能产生的影响，对风险进行优先级排序，典型的工具是概率影响矩阵。根据风险发生概率和可能产生影响的组合，把风险分为高、中、低三个级别。图 9－2 中深灰色区域代表高风险、中灰色区域为中风险、浅灰色区域为低风险。概率影响矩阵是由组织来设定的，不同组织设定的风险临界值可能存在差异。项目组织可以根据该矩阵对每个目标（成本、进度或质量）评定风险等级，也可以为每个风险确定一个总体等级。概率影响矩阵有助于指导风险应对，高风险区域是重点管理对象，应采取优先措施和积极的应对策略；低风险区域只需列入观察清单，或为之增加应急储备，而不需要采取积极的管理措施。

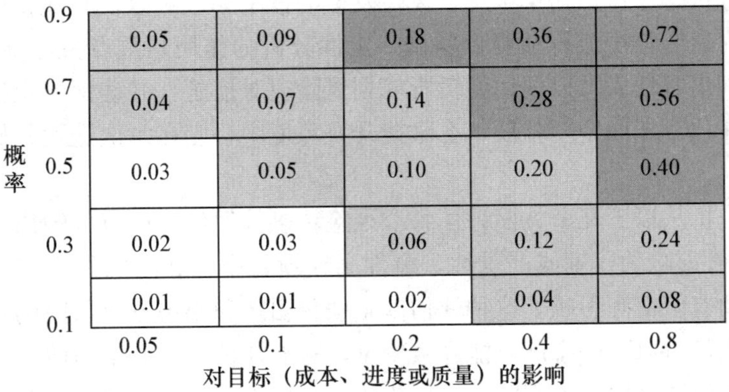

图 9－2　概率影响矩阵

定量风险分析是就已经识别的风险和不确定性对项目整体目标的影响进行综合分析，其作用是产生定量的风险信息来支持项目决策，降低项目的不确定性。定量风险分析通常在定性风险分析之后进行，有时因为缺乏足够的数据建立模型，可能无法实施定量风险分析。

不是每个项目都需要定量风险分析，定量风险分析适用于大型或复杂的项目、具有战略重要性的项目、合同或主要相关方要求定量风险分析的项目，通常需要专门的风险分析软件。项目经理应召集专家讨论本项目采用定量风险分析的必要性和有效性。根据定量风险分析结果为整体项目风险和关键单个项目风险制定应对措施。

定量风险分析需要大量数据，如范围基准、进度基准、成本基准、假设日志、估算依据、成本估算、成本预测、历时估算、里程碑清单、进度预测、资源需求、风险登记册、风险报告等。进行定量风险分析的方法有以下几个：

1. 蒙特卡洛分析

对成本风险模拟分析时，使用项目成本估算作为模拟的输入；对进度模拟时，使用进度网络图和历时估算作为输入；对进度-成本风险分析时，同时使用这两种输入数据，其输出就是定量风险分析模型。计算机软件数千次迭代运行该模型后，输出的就是项目可能的结果区间（如结束日期、完成成本等）。典型的输出是：模拟得到特定结果的次数的直方图，或者获得等于或小于特定数值（如成本风险）的累积概率分布 S 曲线，见图 9-3。

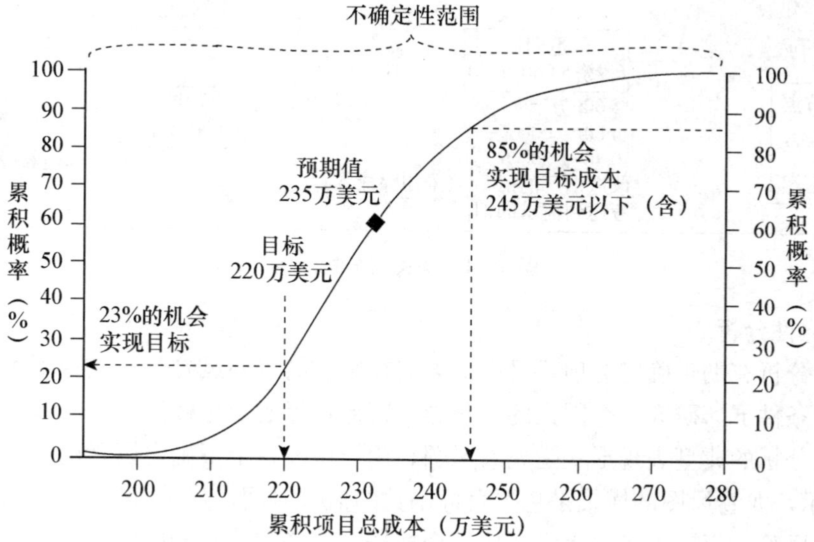

图 9-3　定量风险分析 S 曲线

2. 决策树分析

决策树分析就是利用决策树在若干备选方案中选择一个最佳方案。在决策树中，用不同的分支代表不同的决策或事件，即项目的备选路径。每个路径都有相关的成本和单个项目风险。通过计算每条分支的预期货币价值，选出最优的路径。决策树分析示例见图 9-4。

以投资 1.2 亿元建设新厂和投资 5 000 万元改造旧厂两个方案的决策为例，两个方案都必须考虑市场需求的不确定性。假设需求旺盛的可能性为 60%，需求疲软的可能性为 40%。针对新建方案，市场需求旺盛的期望货币价值为 2 亿元，收益减去成本的路径净值为 8 000 万元；需求疲软时的期望货币价值为 9 000 万元，路径净值为−3 000 万元；则新建方案的整体价值是 3 600 万元（8 000×60%−3 000×40%）。针对改造方案，预期市场需求旺盛时的货币价值为 1.2 亿元，路径净值为 7 000 万元；需求疲软时的期望货币价值为 6 000 万元，路径净值为 1 000 万元；改造方案的整体价值是 4 600 万元（7 000×60%＋1 000×40%）。因此，应选择旧厂改造方案。

决策制定	决策节点	机会节点	路径净值
待制定的决策	输入：各项决策成本 输出：已制定的决策	输入：场景概率，场景发生的回报 输出：期望货币价值（EMV）	计算值： 收益减去成本 （沿路径）

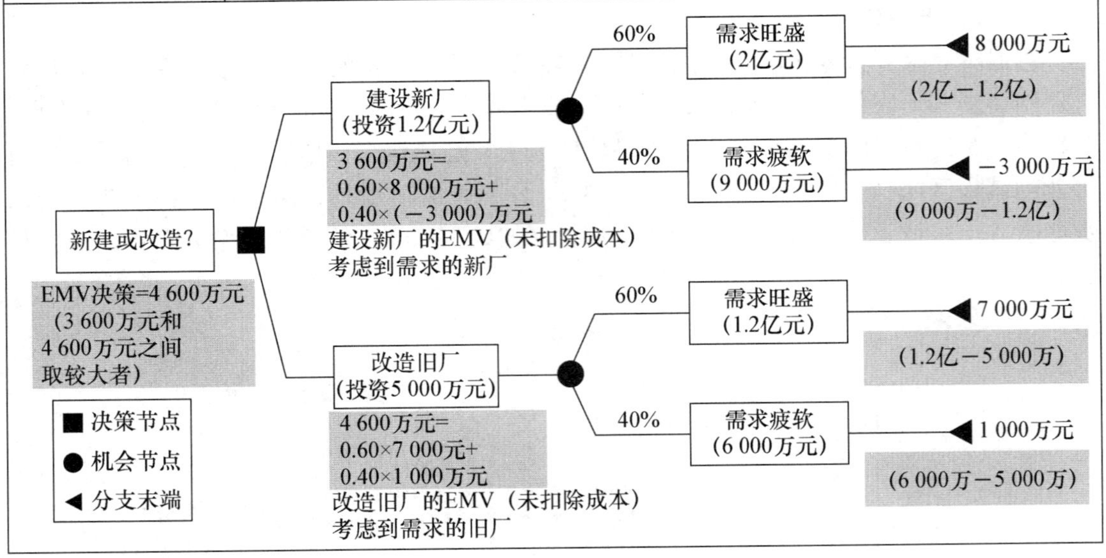

图 9-4　决策树分析示例

3. 敏感性分析

敏感性分析有助于确定对项目具有最大潜在影响的主要风险。在其他不确定因素保持在基准值的条件下，研究一个因素的变化影响特定目标的变化程度。

敏感性分析的典型表现形式是龙卷风图，用于比较各个不确定因素的相对重要性。如图 9-5 所示，龙卷风图的横轴是主要目标函数的值（时间、成本等）；纵轴是各个不确定因素或潜在风险，每个不确定因素对应一个横条，从基准值开始向两边延伸，表示该不确定因素对目标值的影响。这些横条按长度降序排列，整体上形状看起来像龙卷风。显然，管理者应关注横条长的因素的潜在风险。管理者也可以使用不同的颜色区分重要的不确定因素。

9.4　项目风险应对

风险应对是针对项目目标制定提高机会、降低威胁的方案和措施，根据风险的优先级制定切实可行的应对措施，减少风险事件发生的概率并降低损失程度。应对措施应指定责任人，并把风险管理所需的资源和活动纳入项目成本预算、进度计划和项目管理计划。风险应对措施必须与风险的重要性匹配，既有效应对挑战又切实可行，并得到主要干系人的认可。在条件允许的情况下，制定多个备选方案，以便及时选择最佳的应对措施。在项目开始之前投入风险应对的努力越多，越有利于把项目意外减到最少。

制定项目风险应对措施的依据是项目风险管理计划、项目风险优先级、项目组织抵御

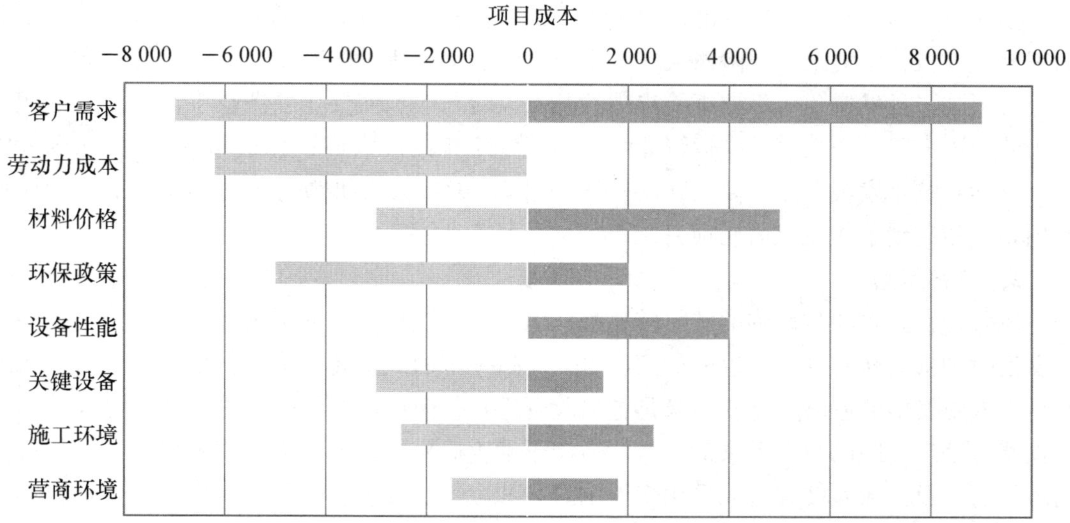

图 9－5　风险因素不确定的龙卷风图

风险的能力、可供选择的项目风险应对方案及项目风险的责任归属（risk owner）等。操作过程包括以下主要环节：

- 确认风险识别和风险评估结果；
- 分析项目所处的内外部各种条件；
- 分析可用于处理各种风险的资源和能力；
- 设定风险处理后应达到的目标；
- 针对不同风险拟定多种应对策略和备选方案；
- 比较各种方案的代价与效果并做出选择；
- 执行风险应对方案。

9.4.1　风险应对策略

为了应对项目风险，可从消除风险因素、降低风险发生概率和减轻风险后果三个方面采取措施。可供选择的风险应对策略有回避、转移、减轻、接受和上报，针对每个风险应选择最有效的策略或策略组合，以最大限度减轻风险事件发生时的压力。

1. 回避策略

风险回避是指项目团队采取行动消除威胁，或保护项目免受威胁的影响。适用于发生概率高且有严重负面影响的高优先级威胁。通常改变项目管理计划或受负面影响的目标，以完全消除威胁，将它发生的概率降为零，如延长进度、改变策略或缩小范围，极端的回避策略是取消整个项目。在项目早期出现的某些风险，可以通过澄清需求、获取信息、改善沟通或取得专有技能加以回避。这个策略是从根本上放弃使用有风险的项目资源、项目技术、设计方案等。采取这种策略可能需要做出一些必要的牺牲，但比风险发生时造成的损失要小得多。特别在重大项目中，一旦发生风险将造成巨大的人员伤亡和财产损失，项目组织无力承担后果，就必须采取回避策略。

彻底放弃项目在回避风险的同时也丧失了获得发展的机会。例如，大飞机是航空工业的王冠，项目技术复杂，风险巨大。20 世纪 80 年代中期，耗资 5.377 亿元的“运十”飞机项目下马，虽然避免了后期可能出现的开发风险，但也使仅比欧洲空中客车公司晚两年起步的中国大飞机失去了航空运输业飞速发展期带来的巨大商机。2006 年 2 月，《国家中长期科学和技术发展规划纲要（2006—2020 年）》确定大飞机为力争取得突破的重大科技专项，重新启动了大飞机研制项目。

2. 转移策略

风险转移是将项目面临的威胁转移给其他人或组织来承担的行为，通过合约将风险事故发生时的损失转移到项目以外的第三方，支付一定的风险转移费用，由第三方管理风险并承担威胁发生的影响。转移风险是把风险管理责任简单地推给另一方而非消除风险，转移策略对处理风险的财务后果最有效，适用于发生概率小但损失大，或者项目组织很难控制风险的项目。风险转移可以采用多种工具，如出售、发包、合同免责条款、责任转移条款、保险与担保等。

（1）出售。通过买卖契约将风险转移给其他组织，在出售项目所有权的同时也把风险转移给了对方。如开发商把烂尾楼卖给其他投资机构，则项目后期所有风险都转移给了对方。

（2）发包。通过从项目执行组织外部获取货物、工程或服务的过程而转移风险。如建筑公司承包某写字楼建设项目，玻璃幕墙安装施工任务量很大，建筑公司缺乏高空作业的安装技术工人，为了避免产生安全和质量等风险，建筑公司把这个任务交给了一家专业的玻璃幕墙安装公司，这样就把风险转移出去了。

（3）免责条款。当无法转移蕴含项目风险的活动或者转移代价太高时，通过免责条款排除己方的责任。如防洪季节承接加固河堤工程，一旦发生洪水就会使项目损失很大，项目实施方可以要求在合同中规定，这些不以意志控制的事故发生后，项目实施方不承担责任。

（4）责任转移条款。在工期较长的项目中，承包商面临原材料价格上涨导致亏损的风险，可以在承包合同中规定价格上涨超过一定幅度后，额外的采购成本由客户承担或合同价格相应上调。很多情况下，成本补偿合同可把成本风险转移给买方（客户），总价合同把风险转移给卖方（承包商），如麦加轻轨项目是 EPC＋O&M 总价合同，承建商承担的风险更多。

（5）保险是指投保人根据合同约定向保险人支付保费，保险人对于合同约定的可能发生的事故（风险）所造成的财产损失承担保险责任；或者被保险人死亡、伤残、疾病或者达到合同约定的年龄、期限时承担给付保险金责任的商业保险行为。为项目购买保险是国际工程中的惯例，向保险公司支付小额的保费，将风险转移给保险公司，如购买人身意外险、财产盗抢险、项目质量险等，当风险事故发生时获得保险金赔付。

（6）担保。我国《担保法》规定了五种担保方式，在工程施工阶段比较适合采取保证和抵押两种方式。保证是指保证人和债权人约定，当债务人不履行债务时，保证人按照约定履行债务或者承担责任的行为。可以推行银行保证或企业保证，国际通行做法是在工程招投标和合同履约过程中实行银行保函制，由承发包双方开户银行根据被保证人（即承包人或发包人）在银行的存款情况和资信开具保函，承担代偿责任。也可以由实力雄厚的大型企业作为承包人或发包人的保证人，由其出具保函承担代偿责任。抵押是指债务人或者第三人不转移抵押财产的占有，将该财产作为债权的担保。债务人不履行债务时，债权人依法将该财产折价或者拍卖或变卖。采用该办法要在签订项目合同时，由承发包双方或其任何一方与第三方抵押人订立抵押合同并进行抵押物登记。

3. 减轻策略

风险减轻是指采取措施来降低威胁发生的概率和影响。减轻策略包括提前采取减轻措施与威胁出现后进行弥补两种方式，好的风险减轻策略既要考虑风险预防功能，也要有损失控制功能。在风险发生前积极采取措施，把风险事件的概率和影响降到可以接受的临界值范围内，这是一种积极主动的策略选择，比风险发生后设法补救有效得多。例如，ERP系统正式上线前多次进行测试，安排一个时期的试运行，以发现并修改出现的错误，防止正式上线运行后出现问题对业务造成影响。在项目前期与用户建立伙伴关系可以减轻用户风险（James，2002）。

损失控制是在风险已经不可避免地发生后，采取措施减轻损失程度，遏制损失继续恶化。如承包商在业主付款超过合同规定期限时停工或撤出队伍，并提出索赔要求甚至提起诉讼；安全事故发生后对伤员采取紧急救护措施等。

4. 接受策略

风险接受是指当风险不能避免或有可能获利时由自己承担风险的做法。它可分为有意识接受和无意识接受两种情况，无意识接受是不知风险的存在而未加处理，有意识接受是知道风险事件可能发生但不主动采取措施，由自己承担风险。主动接受风险是因为项目风险是客观存在的，小概率风险可能在项目中大量出现，由于它们发生概率小（如地震、洪水）或者影响非常小，在有限的项目资源约束下，不能消除全部威胁也无法转移风险，或者控制成本很高而得不偿失时，项目组就接受这些风险。对于这种风险，项目团队不必变更项目管理计划。采取主动接受风险策略时，项目团队通常建立应急计划，安排一定的资源来应对风险；如采取被动接受风险策略，则不需要采取任何行动。

风险接受策略有几个判断标准：

- 接受费用低于保险公司收取的费用；
- 企业认为期望损失低于保险公司的估计；
- 项目组织认为项目最大期望损失较小；
- 项目组织有承受最大期望损失的能力；
- 损失和费用支付分布于很长的时间里，存在很大的机会成本；
- 项目投资机会非常好。

5. 上报策略

如果某些威胁不在项目范围内，或应对措施超出了项目经理的权限，就应该采取上报策略，把风险上报给其目标受到威胁的那个层级，由项目群、项目组合或其他相关部门加以管理。风险上报后，项目团队就不必再监控这个风险了。

9.4.2 机会应对策略

应对机会可选择开拓策略、分担策略、提高策略、接受策略以及上报策略，为具体的风险选择适当的策略，以充分抓住风险带来的机会，获取最大的商业回报。

1. 开拓策略

如果组织想抓住高优先级的机会应选择开拓策略，消除与某个特定机会相关的不确定性，确保机会出现，从而获得相关的收益。如把组织中最有能力的人员和最好的资源分配给项目，来缩短完成时间，或采取全新技术来节约成本并缩短项目持续时间。

2. 分担策略

实施某个项目具有巨大商机或项目中必须进行某些活动，而又必须承担相应风险时，可通过增加合作方来共同分担风险，减轻每一个投资者的压力。分担策略是把应对计划的部分或全部责任分配给最能为项目利益抓住该机会的第三方，包括建立伙伴关系、合作团队，以及为特殊目的成立合资公司或联营体，其目的是充分利用机会，使各方都从中受益。实际上，这是一个组织面对项目机会时将风险加以分散的做法，如汽车制造公司看到混合动力汽车是未来发展的方向，由于研发投资巨大、技术障碍不易突破、研发人员稀缺、国家强制标准和政策不清晰、产品制造成本与商业利润充满不确定性，一家汽车公司投资要冒较高的风险，可以引入项目投资者或者多家公司合作，成立项目公司，分享机会与收益。

除了合伙性质的风险分担，也可以通过合同实现风险分担。例如在煤炭资源富集地区采用 BOT 模式建设发电厂，决定项目收益的主要因素是煤炭供应价格和电力销售价格。如果投资者与煤炭供应商签订长期的供货协议，稳定材料供应成本，与电网公司签订购电协议，保证合理的销售价格，就能够保证项目投资的收益。

3. 提高策略

提高策略旨在提高机会出现的概率和积极影响，识别哪些关键因素会影响机会发生，并使这些因素最大化，以提高机会发生的概率。提高机会的重要措施是增加资源投入，如某工程项目潜在利润巨大但合同期紧张，为确保如期竣工获得项目利益，承包商派出大批支援力量到现场，终于按期完工并向客户顺利交付。

4. 接受策略

接受策略是承认机会的存在但不主动采取措施，适用于低优先级机会，或无法以经济有效的方式应对的机会。主动接受策略是建立应急储备，包括预留时间、资金或资源，以便机会出现时加以利用；被动接受策略则不会主动出击，只是定期对机会进行审查，确保未发生重大改变。

5. 上报策略

如果项目团队或发起人认为机会不在项目范围，或提议的措施超出了项目经理的权限，就采取上报策略。一旦上报，项目团队就不用再监控该机会了。

9.4.3 应急计划

应急计划是当已识别的风险事件发生时应采取的行动策略及步骤，以降低项目风险的负面效应。针对某些特定事件专门设计一些应对措施，当预定条件发生时才能实施这些应急计划。如果确信风险的发生会有预警信号就必须制定应急策略，对触发应急策略的事件进行定义和跟踪，如未实现阶段性里程碑、关键人员离职等。

应急计划要确定风险事件、应对策略、预防措施、应急措施及责任人等内容，可以采取结构化的方式建立应急计划。应急计划不仅确定了每个风险发生后应对的责任人，使他们知道该如何行动，更重要的是给项目成员和干系人心理上的积极承诺。

9.5 项目风险监控

风险监控就是在整个项目期间，跟踪已识别的风险、监督残余风险、识别和分析新风险、监督风险应对计划的实施、评估风险管理有效性的过程。监控风险的目的是在整个项目期间提高应对风险的效率，不断优化风险应对措施。风险监控过程中要根据实际情况灵活采取替代策略、实施应急计划、采取纠正措施以及修订项目管理计划。风险应对的责任人应定期向项目经理汇报，讨论风险应对计划的有效性、提出计划实施的后果和未预料到的其他问题，并为合理应对风险提出纠正措施建议。

风险监控过程中使用项目执行期间生成的绩效信息，以评估实施的风险应对方案是否有效，整体风险级别是否发生改变，单个项目风险的状态是否改变，是否出现了新风险，风险管理方法是否依然适用，项目假设条件是否依然成立，风险管理政策和程序是否已经得到遵守，是否需要调整成本或进度应急储备，项目策略是否有效等。

思考题

一、单项选择题

1. 风险管理规划应在项目生命周期的哪个阶段完成？（　　）

A. 项目定义　　B. 项目执行　　C. 项目验收　　D. 项目规划

2. 项目风险识别应该在（　　）期间进行。

A. 项目启动阶段　　B. 项目计划阶段

C. 项目执行阶段　　D. 整个项目生命周期

3. （　　）策略指项目团队采取行动消除威胁，或保护项目免受威胁的影响，该策略适用于发生概率高且有严重负面影响的风险。

A. 回避　　B. 转移　　C. 减轻　　D. 分担　　E. 上报

4. 项目经理发现风险不在其项目范围，应该采取的措施超出了自己的权限，此时，项目经理应该采取（　　）策略。

A. 回避　　B. 转移　　C. 上报　　D. 分担　　E. 减轻

5. （　　）策略是把应对计划的部分或全部责任分配给最能为项目利益抓住该机会的第三方，包括建立伙伴关系、合作团队，以及成立合资公司或联营体，其目的是充分利用机会，使各方都从中受益。

A. 提高　　B. 分享　　C. 开拓　　D. 接受

6. 担保和抵押是哪一种风险应对策略的措施？（　　）

A. 回避　B. 转移　C. 上报　D. 分担　E. 减轻

二、多项选择题

1. 项目风险管理包括以下哪些过程？（　　）

A. 风险监控　B. 风险识别　C. 风险分析　D. 风险应对

2. 以下哪些活动需要在整个项目期间实施？（　　）

A. 风险监控　B. 风险识别　C. 风险评估　D. 风险转移

3. 风险识别过程中常采取以下哪些方法？（　　）

A. SWOT 分析法　B. 专家判断法

C. 成本效益分析　D. 鱼骨图法

4. 当具备以下哪些条件时，可以采取风险接受策略？（　　）

A. 项目组织有承受最大期望损失的能力

B. 接受费用低于保险公司收取的费用

C. 项目投资机会不明朗

D. 企业认为期望损失低于保险公司的估计

三、判断题

1. 项目风险具有客观性、发生偶然性等特点，进行风险管理的目的就是将风险消灭。（　　）

2. 风险识别过程要注意关注风险产生的后果而不是局限于风险产生的原因。（　　）

3. 风险识别要从对项目影响较小的风险入手，确定小风险后再去识别对整个项目影响重大的风险。（　　）

4. 因为风险存在客观性，项目组织对待风险的态度不影响风险识别。（　　）

四、简答题

1. 项目风险管理计划通常包括哪些内容？

2. 常见的项目风险有哪些类型，其特点是什么？

3. 常用哪些方法来识别和评价项目风险？

4. 针对项目风险，有哪些可供选择的应对策略？

5. 分析一下你熟悉的一个项目，说明其主要风险有哪些。

6. 你怎么看待项目风险与项目机会的关系？

10
Chapter

第 10 章

项目采购管理

本章主要内容

- 项目采购规划的基本内容
- 工程采购模式
- 智力服务与非智力服务采购特点
- 招投标的基本过程
- 投标报价的基本策略
- 项目合同的基本类型
- 合同索赔管理

引入案例　　约旦的核电工程采购

约旦是唯一不产石油的阿拉伯国家，进口能源耗费国民收入的1/4，但有储量达14万吨的铀矿。在美国支持下，约旦2007年制定了和平开发核能计划。2008年，约旦决定建造首个国家核电站，并向全球20多个国家的公司发出了招标计划书。几个月后，约旦国家核电站组建委员会收到了30多份投标计划书，经过仔细的审查、比较与分析，最后5家公司入围，分别是美国、中国、比利时的公司和2家日本公司。5家公司工程设计大同小异，报价都在35亿美元左右。

为了增加胜算，各公司纷纷使出招数。美国公司强调自己在技术方面的领先地位，由诺贝尔物理学奖得主担任公司技术顾问。中国公司向约旦派出一个大型公关团，团长和副团长与约旦原子能委员会主席是留学美国时的老同学。2家日本公司握手言和，共同修订了一份新的计划书。只有比利时公司不动声色，它与约旦原子能委员会进行了几次例行谈判，将报价提高了5 000万美元。中、美、日公司听后觉得不可思议，甚至认为是谣传。

两个月后，中国公司首先被淘汰出局，约旦原子能委员会主席对中国老同学说：“非常感谢你们能参与投标，但很遗憾。”接着被淘汰的是美国公司，约旦方称核电站建设已经不是尖端技术，诺贝尔物理学奖获得者起不了多大作用，约旦不需要华而不实的东西。日本公司觉得胜券在握，准备开庆功会了。然而，最终胜出的是比利时公司，2009年9月12日，约旦原子能委员会主席在安曼与比利时特拉克特贝尔工程公司总裁签署了协议。

为什么比利时提高报价反而中标了呢？比利时公司解释说：核电站建在约旦红海亚喀巴南25公里靠近沙特边界的沙漠中，以尽量减少对环境和健康的影响。多出的5 000万美元主要用于周围的绿化建设，包括移植高大的金松与红杉，建一条通往亚喀巴的绿色长廊，栽植一批耐干旱的名贵花草等。另外，从比利时免费运来10船湖底淤泥到约旦，用做植物生长的有机肥。按照这个计划，建成后的核电站将是鸟语花香的花园。

约旦国土3/4是沙漠，它对绿化有着异常强烈的需求，比利时的成功源于对人性的熟悉。约旦人说，比利时公司考虑得这么周详，有理由相信它能做得更好。可见，国际项目竞争中比拼的不只是技术与管理，对人性的了解同样很重要。

资料来源：朱国勇. 洞悉. 中国青年，2010（4）.

项目采购是指从项目组织外部采购或获得所需产品、服务或成果的过程。因应用领域不同，买方可称为客户、总承包商、承包商、采购组织、服务需求者，卖方可称为承包商、分包商、服务提供商或供应商。在合同生命周期中，卖方首先是投标人，然后是中标人，最后是签约供货商或供应商。如果采购的不是现货物资、商品或普通产品，卖方通常把采购作为一个项目来管理。不同类型的项目采购的复杂性不同，如管理咨询项目，通过招标或其他方式选择一家管理咨询公司，采购任务就完成了。管理信息化如实施ERP项目，采购过程要复杂些，一般首先选择一家咨询公司对客户管理需求进行梳理；接下来招标一家软件商负责软件实施；还要采购服务器、数据库和电脑等软硬件设备。

物资采购是指业主为获得货物通过招标的形式选择合格的供货商，它包含了货物的获得及其获取方式和过程。物资是实现项目基本功能不可或缺的设备和材料等，材料是构成项目的永久组成部分，设备不是一次性消耗品，项目结束后可以在其他项目上继续使用。例如，某机场扩建工程包括供电设备、电梯、登机桥、助航灯光、行李系统、安检系统、照明系统、广播系统、消防报警系统、综合布线、航班信息系统等专业设备和系统。所采购的物资应具有良好的品质、合理的价格并且能在合同规定的时间内交货。工程项目需要大量的原材料和设备，而新产品研发项目或管理信息化项目的物资采购成本占项目总成本的比重较小。合理安排物资采购，既要保证项目对物资的使用需求，又要控制库存，减少对资金的占用。例如，中国一家工程承包企业在柬埔寨中标了一个电站建设项目，该国工业品市场不发达，电站建设所需的材料采购困难，尤其是设备零部件缺乏供应，与国内工业产品普遍供大于求的状况反差很大，项目部为了保证满足工程对材料的需要，建立了400万美元的材料库存，流动资金一下子紧张起来。

在项目实施过程中，设备以及材料的采购模式主要有集中采购、分散采购和零星采购三种方式。集中采购模式需要业务熟练的采购人员和完善的采购部门，制定合理的采购计划和采购进度，采购部门要与设计人员、施工人员沟通，通过设备选型、优化设计，达到节约投资的目的。在设计和采购阶段系统考虑施工中容易出现的问题，可以合理减少出现问题的机会。集中采购可以产生规模效益，降低项目的成本投入。采购人员长期关注市场行情，容易与供应商之间形成战略合作关系。分散采购是采购任务分散在两个部门以上，这种模式的产生在于专业差别，采购原则是专业的人做专业的事，其优点是专业人员对物资设备的技术参数、性能等熟悉，采购的质量能够得到保障。缺点是部门众多，沟通不及时，总负责人的沟通协调困难，带来采购成本增加。零星采购是为了应对紧急情况出现的采购或者小宗的采购任务，由现场负责人根据需要进行临时采购。如果项目计划没有做好，对采购任务预测不到位，则会较多地出现这种采购情形。

服务采购是指聘请咨询公司或专家提供勘察、设计、监理、项目管理、可行性研究、科学研究等服务，也包括劳务公司提供的劳务服务。如房地产开发商聘请勘察单位完成施工场地的地质勘察，选择设计单位完成详细施工图纸，选择监理公司监督项目施工过程，聘请项目管理公司或专家提供咨询服务。

工程采购是指业主通过招投标或其他方式选择一家或数家合格的承包商来完成工程的全过程。它是项目采购中的一个重要方面，实施过程也最为复杂。如开发商投资建设一栋写字楼，招标选择一家施工总承包单位，开发商与各中标方签订承包或供应合同，总承包商可能选择若干分包单位等。

项目采购规模一般很大，大型工程总包合同总价可能数十亿元，铁路、机场、水电等项目甚至可达数百亿元。其中的设备和材料采购涉及的资金也是庞大的，供应商为了获得订单会运用多种策略，项目组织不仅需要有业务技能熟练的采购人员，更要建立采购管理体系和操作程序。有些企业片面强调最低价格原则，要求采购人员把价格砍下来，事实上，采购管理的主要内容不是控制价格，而是在价格适当的情况下关注供应商提供的产品质量、质量保证能力、售后服务、解决方案和综合实力等。有些产品购买价格便宜但要经常维修，不能正常工作，生命周期总成本就并不低，如果买的是假冒伪劣商品，导致项目质量不合格，则损失更大。有些项目的详细设计书中指定使用某种材料和设备，直接标注设备型号、品牌等，这是不好的做法，会使采购失去灵活性，采购部门与供应商的价格谈判将极为困难。

10.1 采购规划

采购规划是确定采购决策、明确采购方法和识别潜在卖方的过程，确定哪些项目需求通过外部采购来实现，哪些项目需求可由项目团队完成。如果决定外购，应确定是租赁还是购买，采购规划应确定采购什么、如何采购、采购多少及何时采购、对供应商资质有什么要求等。采购计划与进度计划密切相关，应把采购管理计划编制与进度计划制定、估算活动资源、自制还是外购决策等整合起来。采购规划中还要确定为减少外购风险而使用的合同类型。

1. 自制–外购决策分析

自制–外购决策是决定在组织内部制作某些产品或服务，还是从外部购买的一种管理技术。采取自制还是外购策略应综合分析成本、进度计划和资源限制等因素。分析成本时应考虑全部直接和间接成本，如外购时既要考虑购买产品的实际支出，也要考虑采购过程和维护该产品所发生的间接成本。如某大企业有实力雄厚的信息中心，是独立自主地开发所需管理信息系统还是外购呢？公司可以估算使用内部资源开发这一系统的成本，包括软件开发、硬件购买、运营维护、技术升级等。如果从软件商处购买价格低于自制成本，应选择外部采购或外包开发。

进度计划决定了对产品、服务或成果的使用时间，这限定了采购完成的时间，必须比较自制与外购所需的时间是否满足进度计划，不能因为节约成本而牺牲进度。项目组织可能具备独立完成项目的能力，但由于相关资源正在从事其他项目，为了满足进度要求或者自制不经济时，也要选择外部采购。

当满足下列条件时可选择自制策略：自制成本更低，综合操作更容易，能够运用闲置的生产能力，保证对项目的直接控制。自制适用于需要保守设计与生产秘密、缺乏可靠的供应商、自己有稳定劳动力的情况。

满足下列条件时可选择外购策略：外购成本更低，可利用供应商的优势，内部生产能力有限，具有多种供应商来源（合格的卖主清单），买方对项目间接控制。

2. 合同类型

合同通常可分为总价合同和成本补偿合同两类，每一类又有多种形式可供选择。人们一般比较喜欢固定总价合同，很多组织鼓励使用固定总价合同，但有些情况下成本补偿类合同对项目更合适。实践中合并使用两种以上类型合同的情况也不罕见。一旦确定了合同类型及具体条款，就决定了买卖双方承担的风险水平。

（1）总价合同。此类合同为既定产品或服务的采购设定一个总价。总价合同要求买方准确定义要采购的产品或服务，如果买方调整范围将导致合同价格变化。总价合同包括固定总价合同、总价加经济价格调整合同和总价加激励费用合同三种类型。

固定总价合同中采购价格不允许改变，这种合同为项目最终成本提供了最大限度的保护，合同履行不好导致的成本增加由卖方承担。如 GLP 工程合同均为固定总价合同，除非在施工过程中因业主/客户原因引起变更。固定价格合同的适用条件是购买的产品能够严格定义或有详细设计；设计图纸和规范在招标时详细而全面，投标者能准确计算工作量；项目风险小，承包商承担的风险不大。承包商必须仔细估算目标成本，如果估算的目标成本低，利润就会减少甚至亏损。如果估算过高就失去了价格竞争优势，很难获得合同。

采用固定价格合同的优点是，买方只需监督卖方的工作过程而不用监督项目的成本，买方很少对合同进行变更，卖方受到的干涉少。缺点是客户需要对项目工作进行详细描述，工作量大且招标时间长，由于承包商对项目条件缺乏了解，可能会遇到应急费用超支的问题，也可能使用价格低廉的材料或根据自己的利益延长工期。除非在要求非常明确的情况下，买方不应考虑这种合同。

可调整的固定价格合同是总价加经济价格调整合同，在执行时间较长的项目中，受通货膨胀影响，材料、劳动力价格可能大幅上升，如果不调整价格将难以执行下去，或估计成本时的不明确因素变为已知时，应按事先确定的方式对价格做出调整。

总价加激励费用合同指买方对卖方实现既定目标后给予财务奖励，奖励数量与卖方的成本、进度和技术绩效有关，绩效目标一开始就制定好，最终的合同价格要待全部工作结束后根据卖方绩效来确定。这种合同中要设定价格上限，卖方必须完成工作并承担超出上限的成本。这种合同对卖方具有激励性与约束性。

(2) 成本补偿合同。买方向卖方支付为完成工作而发生的全部合法实际成本，外加一笔费用作为卖方利润。合同也可为卖方超过或低于预定目标（如成本、进度或技术绩效目标）而规定财务奖励条款。如果项目范围在开始时难以准确定义，需要在以后进行调整，或者在项目存在较高风险的情况下，可以选择成本补偿合同，使项目具有较大的灵活性，采购方可以容易地重新安排卖方的工作。成本补偿合同有三种形式：成本加固定费用合同、成本加激励费用合同和成本加奖励费用合同。

- 成本加固定费用合同。买方为卖方报销履行合同所发生的全部合理的实际成本，并向卖方支付一笔固定费用，该费用通常经过谈判以初始成本估计的某个百分比计算。费用只针对已完成的工作来支付，如果项目范围没有变化，即使成本可能变化，这个费用金额也不变。如某会议室装修项目估算成本为 10 万元，双方协商按估算成本 10%支付一笔固定费用，项目结束时实际成本为 12 万元，则买方为卖方报销实际成本 12 万元，另支付 1 万元费用。

- 成本加激励费用合同。为卖方报销履行合同所发生的全部合理的实际成本，在卖方达到合同规定的绩效目标时，向其支付预定的激励费用。通常使用成本分摊比例工具来分享节余部分或分担超支部分。在上面的会议室装修项目中，设定目标成本为 10 万元，买卖双方成本分摊比例为 40/60，如果实际成本为 12 万元，则超出目标成本 2 万元，假设买卖双方分别承担 0.8 万元、1.2 万元。如果实际成本为 9 万元，节约了 1 万元，则奖励卖方 0.6 万元。

- 成本加奖励费用合同。为卖方承担履行合同所发生的全部合理的实际成本，在满足了合同中规定的某些绩效标准时，买方才根据自己的主观判断决定给予卖方奖励费用。

成本补偿合同的特点是承包商的利润可以保证，客户可以经常修改项目的范围，项目估算成为模糊的目标，成本风险更多由买方承担。承包商要么没有节约成本的动力，要么为了获得激励可能采用价格低廉的材料来降低成本。

3. 采购管理计划

采购规划活动的输出结果主要是采购管理计划，采购管理计划描述如何管理从编写采购文件到合同收尾的各个采购过程，它是项目管理计划的一个组成部分。采购管理计划内容包括拟采用的合同类型、风险管理事项、是否要编制独立预算及其是否作为评价标准、标准化的采购文件、如何管理多个供应商、如何协调采购工作与其他项目工作、可能影响采购工作的制约因素和假设条件、如何进行自制或外购决策、如何规定合同可交付成果的进度日期、如何确定是否采取履约担保或保险等。采购管理计划的编写应充分考虑需求文件、范围基准、风险登记册、活动资源需求、项目进度、活动成本估算、成本绩效基准等信息，采购管理计划可以是正式的或非正式的，可以是非常详细或简略的。见表 10 - 1。

表 10 - 1 项目采购管理计划

项目名称：__________ 准备日期：__________

1. 采购职权 描述项目经理的决策权和限制，包括预算、签字权限、合同变更、谈判等
2. 角色和责任 (1) 项目经理和团队的责任 (2) 采购部门的责任
3. 标准采购文件 列出所有标准采购表格、文件、政策或与采购相关的程序
4. 合同类型 确定采用何种类型的合同及版本
5. 约定与保证的需求 明确投标方必须满足的保证条件
6. 选择标准 明确选择供应商或承包商的标准与权重
7. 采购约束与假设 确定有哪些约束和假设并形成文档

4. 采购工作说明书

采购工作说明书详细描述采购的产品、服务或成果，包括规格、数量、质量、性能参数、履约期限、工作地点等内容，以便潜在的卖方判断它们是否有供货能力。每次采购均要编写采购说明书，可以把多个产品或服务组合成一个采购包，由一个采购说明书来覆盖。在采购过程中，根据需要对采购说明书进行修改，直到签订合同，采购说明书成为合同的一部分。

5. 采购文件

采购文件用于征求卖方建议书，不同类型的采购文件有不同的常用名称，可能包括投标邀请书、建议邀请书、报价邀请书、投标通知、谈判邀请书及卖方初始应答邀请书等，具体名称因行业或地点而异。如果主要依据价格来选择卖方，通常使用标书、投标或报价等术语；主要依据技术能力或技术方法等来选择卖方的话，通常使用诸如建议书等术语。

采购文件应便于卖方做出准确完整的回答，还要便于对应答进行评价。采购文件中必须包括应答格式要求、采购工作说明书及所需的合同条款。采购文件的复杂性和详细程度应与采购价值和风险大小相适应，既要保证卖方做出一致的应答，又要有足够的灵活性，允许卖方提出更好的建议。

10.2 工程采购

项目采购方式（project procurement route，PPR）是指业主购买产品、服务或成果所采用的路径。PPR 确定了项目建设的基本路径和总体框架，在很大程度上解决了建设速度、成本、工程质量与合同管理模式。PPR 是成功进行项目管理的基石（Michel，1994）。工程建设项目采购更复杂，包括工程、物资和服务的采购，采购金额大、持续时间长。项目参与主体不同，采购方式也不同。

1. 设计—招标—施工模式

设计—招标—施工（design-bid-build，DBB）模式形成于 19 世纪初。业主首先招标选择设计单位，当设计文件经过评审验收后，再招标选择施工总承包商。DBB 模式在国际上最为通用，世界银行、亚洲开发银行和国际咨询工程师联合会（FIDIC）的施工合同采取该模式。我国在鲁布革水电站引水系统工程首次采取了该模式。在 DBB 模式中，业主委托咨询单位进行可行性研究等前期工作，项目评估立项后进行设计、编制招投标文件，设计工作完成后招标选择承包商。业主与承包商签订施工合同和设备供应合同，承包商可以与分包商和供应商订立劳务分包合同和材料供应合同并组织实施。业主一般指派代表与咨询方和承包商联系，负责项目管理工作。因投资控制的重要性，业主一般指定造价工程师为业主代表监督设计和施工，在施工阶段的质量控制和安全控制工作则授权监理工程师负责。

DBB 模式的优点是：（1）广泛应用于世界各地，管理方法成熟，有关各方均熟悉相关程序；（2）业主可以选择合适的咨询设计单位和人员，可以控制设计要求，易于提出设计变更；（3）可自由选择监理人员监督项目实施过程；可采取各方熟悉的标准合同文件，双方明确各自应承担的风险。DBB 模式的劣势在于：（1）管理协调工作复杂，业主不仅要对每一个对象进行监督，而且需要协调他们之间的利益，才能保证项目的顺利进行；（2）施工单位没有参与设计环节，容易造成承包商按图施工困难，常导致工程变更和索赔，总造价不易控制，出现质量问题后设计方和承包商常推诿责任；（3）监理工程师不易控制工期，导致项目建设周期较长。

2. 建设管理模式

建设管理（construction management，CM）模式又称快速路径法（fast track method），也称阶段施工法（phased construction method），20 世纪 60 年代发源于美国，80 年代广泛流行。这种模式的特点是“边设计、边发包、边施工”。从开始阶段就雇用具有施工经验的 CM 单位或 CM 经理参与到项目实施过程中来，负责组织和管理项目的规划、设计和施工。

通常业主委托的 CM 经理和设计单位、咨询工程师组成一个联合小组，共同负责组织和管理项目的规划、设计和施工，CM 经理对设计负有协调作用。在主体设计方案确定后，完成一部分项目设计后即对该部分进行招标，发包给一个承包商，由业主就每个分部工程与承包商签订承包合同。

CM 单位负责工程的监督、协调及管理工作。施工阶段定期与承包商沟通，对成本、质量和进度进行监督。该模式的最大优点是：（1）缩短了从规划、设计到竣工的周期，提前投产节约建设投资，减少投资风险，较早地取得收益。（2）CM 经理较早介入设计管理，设计者可听取 CM 经理的建议，预先考虑施工因素，以改善设计的可行性，还可运用价值工程改进设计，以节约投资；（3）设计一部分即招标一部分并及时施工，设计变更较少。劣势在于：分项招标可能导致承包商费用较高，因而要做好比较分析，研究项目分项的多少，选择一个最优的结合点，并充分发挥专业分包商的专长；业主在项目完成前不知总造价。

CM 模式适用于建设周期较长且工期紧张，不能等到设计全部完成后再招标的项目，或者是投资和规模都很大、技术复杂，组成和参与单位众多，缺少类似经验的项目。

3. 项目管理承包模式

项目管理承包（project management contract，PMC）模式是业主在项目初期聘请技术力量强、项目管理经验丰富的企业作为项目管理承包商，委托其对项目设计、采购、施工和试运行等阶段进行全面的管理。业主保留很小部分的项目管理力量，仅对一些关键问题进行决策。表 10－2 是某项目管理承包商的主要职责。项目管理承包合同多采取成本加酬金的形式，一般有奖励和处罚条款，在保证质量和安全的前提下，如果有重大投资节约或提前完成，在投产考核合格后给予相应的奖励，反之予以罚款。这种合同设计有益于项目管理承包商与业主形成双赢关系。大型复杂项目可以选用多家工程公司或管理公司组成的联合体作为项目管理承包商，以最大限度发挥它们在各自领域的优势。

表 10－2　某项目管理承包商的主要职责

项目管理承包商的主要职责	定义阶段	协助业主完成政府部门对项目各个环节的审批工作
		审查专利商提供的工艺设计文件
		提出公用工程、界外工程、辅助设施的设计方案
		提出设备、材料供货厂商的短名单，提出进口设备、材料清单
		提出项目统一遵循的标准、规范
		完成项目总体设计、装置基础设计、项目初步设计
		提出项目实施方案，完成项目投资估算
		编制 EPC（或 EP）招标文件，对投标商进行资格预审，完成招标、评标
		提供融资方案，并协助业主完成融资工作
	执行阶段	编制并发布工程统一规定
		全面负责对 EPC 承包商的管理和协助
		设计管理、协调技术条件，负责项目某些部分的详细设计
		采购管理并为业主的国内采购提供采购服务
		在 EPC+C 方案条件下，负责施工招标、评标并直接管理施工，同业主配合进行生产准备，组织试车、装置考核和验收
		向业主移交全部项目资料

项目管理承包的主要优势：

（1）利用项目管理承包商的丰富项目管理经验，统一协调项目的设计与施工，减少矛盾，确保项目成功建成。

（2）帮助业主节约项目投资。项目管理承包商一般从设计开始到试车为止全面介入项目管理，从设计开始就进行成本控制，从而降低项目采购、施工及以后阶段的投资。

（3）有利于业主取得融资。很多项目管理承包商与金融、投资机构有着良好的合作，有助于项目取得融资，增强投资方的信心。融资机构为确保投资项目成功及收益，也愿意由项目管理承包商来管理项目。

项目管理承包适用于投资规模巨大且工艺复杂的项目，业主对工艺不熟悉，缺乏项目管理经验。利用银行或国外金融机构、财团贷款或出口信贷而建设的项目，贷款方一般会要求用项目管理承包模式，以确保项目的成功并降低其贷款风险。

案例 10-1

中海壳牌石油化工项目 EPC

中海壳牌石油化工项目为中国海洋石油集团有限公司、荷兰皇家壳牌集团和广东广业投资集团有限公司投资建设，中外方股份各占 50%。该项目位于惠州市大亚湾石化区，2002 年 11 月开工建设，2006 年 1 月投产，总投资额达 43 亿美元，是当时国内投资额最大的中外合资石化企业之一。项目在建设过程中经历了严峻的挑战，在各方的共同努力下，克服了重重困难，按照预期计划和预算完工，整体达到了国际一流标准。

项目建设阶段采用了国际管理承包商的模式。通过招标选择在石油化工和发电行业具有丰富经验的美国柏克德公司（Bechtel），对乙烯技术十分擅长的英国福斯特惠勒（Foster Wheeler）和对中国石化工业熟悉、具有设计管理经验的中国石化工程公司，共同组成了联合体对项目实施管理。完全打破了成套设备引进、建立指挥部的传统做法。这样的组合是国内外优势的有机结合，很符合石化项目技术先进、规模大、界面关系复杂的特点。

项目在建设期间同步实施了 ERP 系统，选择世界先进的石化设计模板，形成了一套较为全面、操作性较高、规范性很强的业务管理流程，极大提高了项目的信息化水平。项目还建立了现场总线控制系统，把企业管理与生产自动化有机结合起来，综合运用微处理器技术、网络技术、通信技术和自动控制技术，实现了自动控制的全数字化，促进了现场仪表的智能化、控制功能分散化、控制系统开放化。项目建立了完善的质量保证和质量控制体系，确保工程质量达到国际同行业一流水平，实现了健康安全环保的控制目标。损失工时率为百万分之 0.11（控制目标为 0.5），可报告事故率为百万分之 0.76（控制目标为 2.5）。

项目建设过程中，虽然经历了“非典”危机和台风影响，遭遇了供水供电不足、专业工人紧缺等挑战，但是出色实现了进度、费用、质量、安全的四大控制，按照预定计划于 2005 年 12 月 30 日完成了建设施工。2006 年 1 月 29 日生产出第一批合格产品，3 月底全部装置投入正常运营。

4. 总承包管理

（1）设计—建造（design-build，DB）。20 世纪 60 年代末，设计—建造模式出现在英国。业主先委托一家咨询公司研究拟建项目的基本要求，明确工作范围。在项目原则和总体需求确定后，业主选择一家设计和建造的承包商，承包商完成项目的规划、设计、施工、安装全过程的承包。双方签订可调价格的总价合同，承包方对项目成本负责，它可以选择分包商，或利用本企业的设计和施工力量来完成一部分工程。业主代表负责按照合同检查工程质量、成本和工期等。美国建筑师协会称，采用这种模式的比例 1995 年为 25%，2000 年为 30%。FIDIC 合同系列中的“设计－建造交钥匙工程合同条件”适用于 DB 模式。

DB 模式的优点是业主只与一个承包商签订合同，沟通效率提高，也减少了协调工作，避免了设计与施工矛盾，可减少设计错误引起的变更与索赔，可适当压缩项目成本和工期。固定总价合同早期造价可得到保证。此模式的局限性是业主招标时一般只有概要设计，由承包商进行详细设计，业主对设计细节控制不力，如果概要设计存在较多不确定因素则承包商风险较大；固定总价合同可能影响设计、施工质量，业主在编制招标文件、程序和评标方法时都要格外谨慎；当项目组织非常复杂时，多数承包商不具备相应的协调管理能力。

（2）设计—管理（design-management，DM）。设计—管理模式是指由同一实体提供设计并进行施工管理服务。业主只签订一份包含设计和管理服务的合同，设计公司和管理机构为同一实体（或设计机构与施工管理企业的联合体）。常有两种运作形式：业主与设计管理公司、施工承包商分别签订合同，由设计管理公司负责设计并对施工进行管理；业主只与设计管理公司签订合同，后者与施工企业和供应商签订施工合同。DM 被视为 DB 和 CM 模式相结合的产物。

（3）设计—采购—建造（engineering-procurement-construction，EPC）。设计—采购—建造模式在我国称为交钥匙总承包。业主负责说明投资意图和要求，承包商负责项目建设内容的总体策划，进行市场调查、提出方案，待业主评估决策后，承包商进行设计、采购、施工、安装和调试，直至工程竣工移交，承包单位对质量、安全、工期和造价全面负责，业主最后仅需“转动钥匙”即可运行。1999 年，FIDIC 发布了《设计采购施工(EPC)/交钥匙工程合同条件》。EPC 模式适用于工期长、专业技术复杂、投资较大、标段众多的项目。例如化工和能源项目，在 EPC 模式下组织结构相对简明，各参与方之间的关系比较简单，管理职责更加明确，方便业主对项目进行监控，一旦出现问题容易分清责任归属。EPC 总承包商必须具有雄厚的技术水平和丰富的项目管理经验。

EPC 模式的优点是：项目责任单一，简化了业主的合同组织关系，业主承担的风险小；EPC 项目是总价包干（不可调价），业主的投资成本在早期就可得到保证；可以采取阶段发包方式以缩短工期；能较好地将工艺的设计、设备采购、安装紧密结合起来，有利于项目综合效益的提升；承包商能发挥设计的主导作用，有利于整体方案优化；EPC 承包商具有丰富的项目管理能力、行业经验和专用技术，有利于提高项目质量；有利于降低交易成本，业主招标、合同谈判、管理协调工作量大为减少。EPC 承包商一开始就参与设计，可以充分发挥设计的主导作用；缩短了采购周期，在设计环节就可以进行采购准备工作。

该模式的局限性是：能够胜任 EPC 的承包商较少，业主选择承包商的范围小；承包商承担的风险较大，项目的造价可能较高，项目效益和质量取决于承包商的经验与水平；业主参与程度较低，对设计和细节的控制薄弱，对承包商监管手段和力度不足。

把项目生命周期划分为设计管理（DM）、设计准备（DR）、设计（D）、施工准备（CR）、施工管理（CM）、运营前准备（OR）、运营管理（OM）或物业管理（PM）七个阶段。在 DBB 模式中，设计承包商负责 D 阶段，施工承包商负责 CR 和 CM 阶段；DB 模式中，承包商负责 D、CR、CM 三个阶段；EPC 模式中，承包商负责 DR、D、CR、CM、

OR 五个阶段；BOT 模式中，总承包商负责从 DR 一直到 OM 的全过程。图 10－1 是不同的工程采购模式业务范围示意图。

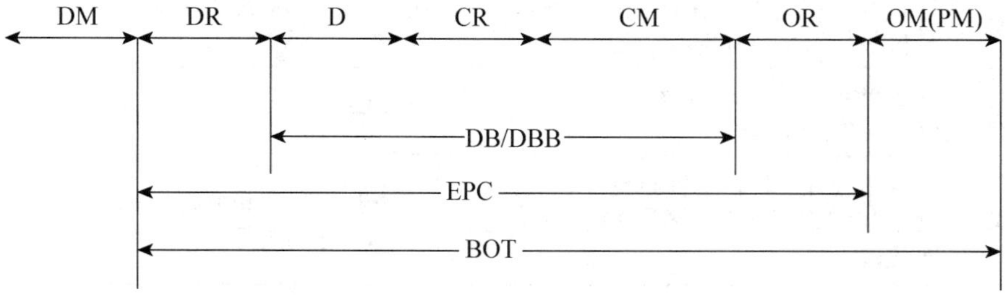

图 10－1 不同工程采购模式业务范围示意

10.3 服务采购

服务采购中的服务是指不以实物形式而以提供活劳动的形式满足他人的某种特殊需要，包括智力服务，如工程项目中的设计服务、勘察服务、管理咨询服务等；也包括非智力服务，如劳务公司派遣一批技术工人，负责完成工程主体的建设任务，按照实际完成工程量计算劳务价格，这是购买了劳务。

10.3.1 智力服务

智力服务是指付出智力劳动获取回报的有偿服务，通常以咨询服务的方式出现。卖方运用专家的知识、技能和经验，为业主提供咨询建议、人员培训或进行其他创造性的智力劳动。咨询服务大体可以分为四种类型：

（1）投资前调查。如某一具体项目决策前所做的调查，主要通过项目可行性研究和项目评估来实现。

（2）准备性服务。为了充分明确项目内容和准备实施项目所需的技术服务，包括对项目所需资金的详细估算，对承包合同的工程做出详细规定，准备采购招标文件，工程建设项目中的勘察、设计服务。

（3）项目实施性服务。包括项目执行期间所提供的工程监督和项目管理，如审查和处理承包人和供货商交收货物发票清单。

（4）技术援助。这是指范围广泛的咨询服务和支持业主的服务，如管理咨询、培训等。

比较咨询服务采购与工程项目采购，主要存在四个方面的区别，见表 10－3。

表 10－3 咨询服务采购与工程项目采购的差异

内容	咨询服务采购	工程项目采购
任务范围	邀请函中提出的任务范围不是确定的合同条款，仅是合同谈判的一项内容，咨询公司可以提出改进建议	以招标书规定的采购内容和技术要求为标准，投标者无权更改

续表

内容	咨询服务采购	工程项目采购
评价标准	以技术评审为主选择最佳的卖方，不以价格最低为主要标准	以技术达到标准为前提，选择报价最低的投标者
招标形式	业主可开列短名单，只向短名单上的咨询公司发邀请	公开招标
开标方式	可以不公开开标，不宣布投标者的报价，晚于规定期限送到的投标书也不一定宣布无效	公开招标，宣布所有投标者的报价，迟到的投标书作为废标

咨询服务采购与工程项目采购相比较，选择承包商的方法有许多不同，按照世界银行贷款项目中的咨询服务采购管理办法，选择服务商的方法有以下几种。

1. 基于质量和费用的选择

基于质量和费用的选择方法是在列入短名单公司中使用竞争程序，根据咨询建议书的质量和服务价格选择中标公司。由于具体咨询任务的复杂性不同，质量和价格标准所占权重也应不同。其操作流程是：

（1）确定咨询服务工作任务的目的、目标及范围，并提供背景情况，以便于卖方准备建议书。

（2）费用估算。费用分为两类：服务费或报酬、可报销费用。

（3）发布招标信息。让有资格的卖方获得招标信息，以便他们表达参与竞争的意愿。

（4）咨询人短名单。买方考虑那些有兴趣又有资格的卖方，建立一个包括 3～6 家公司的短名单。

（5）准备并发出建议书邀请函（RFP）。包括：邀请信、咨询人须知、任务大纲、合同草案。

（6）接受建议书。买方给卖方足够的时间来准备建议书，时间一般从 4 周到 3 个月不等。在此期间，咨询人可要求对建议书邀请函中提供的情况予以澄清，采购方应书面进行澄清，并抄送所有列入短名单的公司。

（7）评审建议书。首先进行建议书质量评审，然后进行费用评审。世界银行的咨询服务采购管理办法规定，进行了技术建议书的评标后，必须报送审查和批准，然后才能开启并评审财务建议书。评审必须按邀请函中规定的标准进行，不得随意改变。

（8）被选中的咨询人就咨询合同与采购方谈判。讨论咨询人提出的工作计划、任务大纲定稿，确定项目参加人员的资格要求，确定项目单位应投入的资料、设施和人员，编制项目工作进度计划，确定资金支付方式，确定采取何种合同类型。

2. 基于质量的选择

基于质量的选择适用于复杂的或专业性很强的任务，这类任务很难确定精确的任务大纲和投入，买方希望咨询人在建议书中提出创新。如制定世界园艺博览会的设计方案。

在以质量为选择标准时，买方可要求只提交技术建议书，或同时提交财务建议书，分装在不同的资料袋内。建议书邀请函不应提供费用预算，但可以提供估算的关键人员的工时数，并说明这只作为提示，咨询人应自行提出估算。技术建议书评审后，招标人要求技术分最高的咨询人提供一份详细的财务建议书，双方就财务建议书和合同进行谈判。

3. 预算固定情况下的选择

这种方法适用于预算已固定且任务简单清晰的项目，采购方的建议书邀请函应指明可获得的预算，要求咨询人分别提交按预算范围编制的最佳技术和财务建议书。首先对所有技术建议书进行评审，然后开启财务建议书，拒绝超过预算金额的建议书。采购方与技术建议书得分最高的咨询人进行合同谈判。

4. 基于咨询人资历的选择

这种方法可用于很小的任务，准备和评审有竞争性的建议书要求不高。采购人准备任务大纲，要求咨询人提供意向书及相关经验和能力的证明，制定短名单，并选择具有最佳资质和业绩的卖方。被选定的咨询服务人提交一份合并的技术-财务建议书，然后双方谈判确定合同。

5. 最低费用选择

这种方式适用于具有详细标准或常规性质的任务，如审计、简单工程的设计，这类任务一般有公认的管理标准，涉及的金额不大。买方首先在邀请函中规定咨询人应达到的技术合格分值，咨询人分别提供技术建议书和财务建议书。项目采购方首先开启技术建议书并进行评审，淘汰未达到最低要求的技术建议书。然后，开启技术合格咨询人的财务建议书，从中选出价格最低的咨询人进行谈判。

6. 单一来源选择

单一来源选择方式适用于咨询任务为该咨询人以前承担工作的自然连续，且该咨询人在前期的工作令人满意；必须迅速做出选择的紧急情况；很小的任务；只有一家咨询人是合格的或具有特殊经验。由于缺乏竞争性，项目采购人处于价格谈判的弱势地位。如某公司一年前实施了 SAP 软件公司的财务管理和分销管理系统，系统运行比较平稳，满足了业务要求，现在准备实施人力资源管理系统，为了保持企业内各个系统的兼容，继续采购 SAP 软件公司的人力资源管理系统就是唯一的选择。

7. 单个咨询专家的选择

如果项目咨询任务较小，不需要一组或几组咨询人员，也不需要公司总部的支持，专家的个人经验和资历最为重要，可以雇用单个咨询专家。

10.3.2 非智力服务

非智力服务是指不需要创造性脑力劳动的服务方式，按照提供服务能力的主体可分为三类，一是体力劳动服务，如劳务公司为工程项目提供工人服务；二是以物质设备为主提供的服务，如物流公司为项目提供的货物运输服务；三是利用物质设备和人力提供的综合性服务，如某市政府主办一个国际高峰论坛，选择一家宾馆承担全部会务工作。

非智力服务与智力服务的招标流程相似，区别体现在三个方面：一是非智力服务的内容明确，采购方可以确定各项服务内容的验收标准，投标人不能根据自己的理解改变采购人的标准。如劳务提供商只能按照设计图完成工作，达不到设计质量标准，项目组不予验收和付款。二是非智力服务的工作量可以细化与计量，为了达到服务标准，承包商应投入的人力、物质设备都可以估算出来，不会因为方案不同而出现较大偏差。如完成一个立交桥的建设任务，根据图纸可以计算出工程量，挖掘、绑筋、浇砼等所需工时可以估算，进一步计算出人工数量和成本。因此，非智力服务易于组织招标。三是非智力服务种类复杂，设置合理的资质审查标准及评价指标较为困难。设计、勘察等智力服务行业实行了资质管理，不同等级资质反映了不同的企业规模和服务能力，便于采购方识别企业之间的差异。而非智力服务差异性很大，投标人所在行业不一定实行资质管理，或者虽有资质但未分等级，不利于采购方评价与选择。

10.4　项目招标

10.4.1　招标方式

招标采购是通过在一定范围内公开购买信息，说明拟采购物品或项目的交易条件，邀请供应商或承包商在规定的期限内提出报价，经过比较分析后，按既定标准选择条件最优惠的投标人并与其签订采购合同的一种采购方式。通过招标程序可以最大限度地吸引和扩大投标方之间的竞争，使招标方有可能以合理的价格采购到所需要的物资或服务。

国务院颁布的《必须招标的工程项目规定》对招标项目范围做了界定，并设定了招标项目的规模：施工单项合同估算价在 400 万元人民币以上；重要设备、材料等货物的采购，单项合同估算价在 200 万元人民币以上；勘察、设计、监理等服务的采购，单项合同估算价在 100 万元人民币以上。

世界各国和国际组织有关采购的法律、规则规定了招标的基本方式，包括公开招标、邀请招标、谈判招标等方式，并规定了其使用条件和操作程序。

1. 公开招标

公开招标又称竞争性招标，由招标人在媒体上发布招标公告，吸引众多卖方参加投标竞争，招标人从中择优确定中标单位。按照招标面向的范围，分为国际竞争性招标和国内竞争性招标。

（1）国际竞争性招标。指在世界范围内进行招标，招标者制作完整的英文标书，在国际上通过各种宣传媒介刊登招标公告，国内外合格的企业均可以投标。如长江三峡总公司采购发电机组就是面向世界公开招标的。国际竞争性招标的特点是高效、经济、公平。世界银行规定，一般借款国 25 万美元以上的货物采购和大中型工程采购应采用国际竞争性招标。随着中国企业逐步融入全球价值链和创新网络，大飞机、移动通信产品等研发项目中有大量的国际供应商，国际竞争性招标越来越普遍。

国际竞争性招标的优点是：能以有利的价格采购到设备和工程；能引进先进的设备、技术及管理经验；为投标人提供公平的投标机会；减少作弊的可能性。缺点是所需文件比较多，并要翻译成国际通用文字，工作量很大，招标过程花费时间较长，可能持续半年甚至一年以上。

（2）国内竞争性招标。这类招标方式只用本国语言编写标书，在国内媒体上发布信息，公开出售标书。在国内采购货物或者工程可以大大节省时间，对项目的实施具有重要的意义。采取国内招标方式时，如有外国公司愿意参加，应允许它们按照国内竞争性招标参加投标。由于招标信息传播范围局限于国内，国外供应商很难得到招标信息，这与招标的公开性原则不符，有关国际组织对国内招标都加以限制。国内招标通常适用于合同金额较小、采购品种分散、分批交货时间较长、劳动密集型产品、商品成本较低而运费较高、当地价格明显低于国际市场等情况。

2. 邀请招标

邀请招标也称有限竞争性招标或选择性招标，即招标单位不公开发布采购信息，而是以投标邀请书的方式，邀请特定的法人或其他组织投标，我国法律要求必须向 3 家以上的企业发出投标邀请书。由于投标人的数量有限，业主可以节约招标费用，提高了每个投标者的中标机会。

在国际上，选择性招标采购与公开招标的不同之处在于，它允许采购方不通过广告而直接向有限数目的供应商或承包商发出投标邀请。我国在适用限制性程序时仍要求使用广告，招标过程分为两个阶段：第一阶段是投标申请。在通过资格预审接到竞争邀请后，申请人必须在规定时间内提出投标申请。经过审查排除不符合技术规格要求或不符合资格标准的申请人后，向候选人发出书面投标邀请和合同文本。第二阶段是正式投标，接到投标邀请的候选人必须在规定的截止日期前呈递标书。

由于邀请招标限制了充分的竞争，我国招标法规定了使用邀请招标的条件，有下列情形之一的，经财政部门同意，方可采取邀请招标方式：

- 涉及国家安全、国家秘密不适宜公开招标；
- 项目技术复杂、有特殊要求或者受自然地域环境限制，只有少数几家潜在投标人可供选择；
- 采用公开招标方式的费用占招标项目总价值的比例过大；
- 应急项目不适宜招标。

万科集团规定，除垄断性质的工程外，其他工程的施工或作业单位不得指定。主体施工单位的选择必须采取公开或邀请招标方式进行。投资超过 1 000 万元的工程项目，若采取邀请招标方式，应事后向集团总部提交有关招标、评标等工作的文字备忘录。零星工程应当在两个以上施工单位中，综合考察其技术力量、报价等进行选择。

3. 谈判招标

谈判招标也称为议标，指采购者与供应商或承包商谈判来确定中标者。采购方和供应商就报价进行一对一的谈判，一些小型建设项目采用议标方式比较灵活。对服务招标而言，由于服务价格难以公开确定，服务质量也需要通过谈判解决，采用议标方式是一种恰当的采购方式。

议标通常有三种操作方式：

（1）直接邀请议标方式。选择卖方不是通过公开或邀请招标，而是由招标人或其代理人直接邀请某一企业进行单独协商，达成协议后签订采购合同。如果与一家企业协商不成，再邀请另一家协商，直到协议达成为止。

（2）比价议标方式。比价议标是兼有邀请招标和协商特点的一种招标方式，一般用于规模不大、内容简单的工程或货物采购。招标人将采购的有关要求送交选定的供应商或承包商，要求他们在约定的时间提出报价，招标单位经过分析比较，选择报价合理的卖方，就工期、造价、质量和付款条件等进行协商，达成一致意见后签订合同。

（3）方案竞赛议标方式。这是选择规划设计服务的常用方式，由招标人提出规划设计的基本要求和投资控制数额，提供可行性研究报告或设计任务书、场地平面图、有关场地条件和环境情况的说明，以及规划设计管理部门的有关规定等资料。参加竞争的单位提出规划或设计的初步方案，阐述方案的优点，提出主要人员配置、完成任务的时间和进度安排、总投资估算和设计等。评选出优胜单位签订合同，对落选的单位给予一定补偿。

议标是通过谈判进行的，容易导致幕后操作和商业贿赂，绝大多数招投标方面的犯罪案件均与采用议标方式有关。我国招投标法未将议标作为一种法定方式，招标法规定必须招标的采购行为不得采用议标。《联合国贸易法委员会货物、工程和服务采购示范法》规定两种情况下可以采取议标方式，一是招标人急需获得货物、工程或服务，采用公开招标程序不切实际。这种情况还要求造成此种紧迫性的情况并非采购实体所能预见，也非采购实体自身所致。二是由于某一灾难性事件急需得到货物、工程或服务，采用其他方式因耗时太多而不可行。并且规定，招标人应与足够数目的供应商或承包商进行谈判以确保有效竞争，如果采用邀请报价方式至少应有 3 家供应商。

10.4.2 招标过程

招标的过程比较复杂，大型项目的招标过程漫长、涉及人员和机构众多，但无论项目规模大小，一个完整的招标采购过程大体分为六个阶段。

1. 策划

在实施招标活动前必须做好策划工作，主要内容是明确招标的内容和目标，对招标采购的必要性和可行性进行充分的研究和探讨，对招标的方案、操作步骤、时间进度等进行研究。例如，是采用公开招标还是邀请招标、是自主招标还是委托招标代理机构、分为哪些步骤、每一步怎么进行等。还要确定评标方案和招标评审小组。策划方案提交招标主管机构或企业领导批准后，进入实际操作阶段。如普洛斯公司在招标启动前，项目经理要编制详细的标段划分表和招标计划，预算员和工程团队无异议后方可启动招标工作。工程发包方式以施工图招标为主，主要分为总包招标、钢构招标、消防招标等标段。参加招标的投标商名单至少应有 3 家，与普洛斯签订框架协议的长期合作良好的承包商，在同等条件下享有优先权。招标文件中所附带的合同条款均为普洛斯统一要求，提供统一的工程量清单，以及主要建筑材料、机电设备的品牌要求。

2. 招标

招标阶段的主要工作是组织专人撰写招标文件，确定招标书的拦标价、标底，发售招标书。流行的做法是投标者购买标书，投标者交纳一定的保证金后才能得到标书。

3. 投标

投标人在收到招标书以后，如果决定进入投标程序，则要组织力量编写投标书，提出合理的解决方案和投标报价。投标文件要在规定的时间内准备好，一份正本、若干份副本分别封装签章，送抵或邮寄到招标单位，招标方收到标书后应妥善保管，不得事先开封。

4. 开标

开标应按招标通告中规定的时间和地点公开进行，邀请投标商或其委派的代表参加。开标会开始后，投标人到达会场，待投标人检查签封完好后当面开封，宣布供应商名称、有无撤标情况、提交投标保证金的方式是否符合要求、投标价格及其他有价值的内容。

有些情况下，可以暂缓或推迟开标时间，如招标文件发售后对原招标文件做了变更或补充、开标前发现有足以影响采购公正性的违法或不正当行为、采购单位接到质疑或诉讼、出现突发事故、变更或取消采购计划等。

5. 评标

开标以后，根据投标人事先抽签确定的陈述顺序，依次向评标委员会陈述投标书的主要内容，并接受评委的质询。陈述辩论环节结束后，投标者退出会场。评标委员会进行综合评比，按照招标文件确定的标准投票或打分，选出中标建议人选。

我国招标法规定，评标委员会由招标人的代表和有关技术、经济等方面的专家组成，成员人数为 5 人以上单数，其中技术、经济等方面的专家不得少于成员总数的 2/3，与投标人有利害关系的人不得进入评标委员会。为防止专家与投标人串通，现在普遍采取数据库随机抽取专家的方式，在评标会开始前 2～4 小时通知专家开标时间和地点，专家可以选择参加或不参加本次评标。这种做法虽然减少了专家与投标者串通的机会，但也使一些专家无暇准备而不能出席。如普洛斯要求项目经理、预算员和其他项目部成员都参加整个招投标过程，认真评审各承包商的技术标和商务标，公平、公正、公开地确定中标候选企业，专业、仔细地与中标方进行必要的合同谈判，以澄清投标文件中不明确或者是招标文件中有特殊要求的条款。最终，项目经理和预算员共同编制工程合同，由地区总经理、律师、财务、总部工程部等审核完成后签署。又如万科集团要求，由设计、工程、预算、财务四大专业人员联合组成招标工作小组，就招标范围、招标内容、招标条件等进行详细、具体的策划，拟定标书，开展招标活动；对投标单位就其资质、经济实力、技术力量、以往施工项目和施工管理水平等进行现场考察，提出书面考察意见；对投标情况进行评估，提出书面评估意见。

6. 定标

招标人根据评标委员会提出的书面评标报告和推荐的中标候选人确定中标人，招标人也可以授权评标委员会直接确定中标人，与中标方签订采购合同。通知未中标者并退还其投标保证金。

案例 10－2

TB 啤酒集团招标的成本控制

TB 啤酒集团通用设备如粉碎机、糖化设备、包装设备、菌种设备、空压机、制冷系统和动力设备等，按照项目的标准化配置，集中采购。集团建立分供方数据库，每年评审一次，在招标中占据强势谈判地位，有利于降低设备价格。

对于建筑、非标设备等采购活动，按项目以招标方式选择承包单位与材料供应商。在评标阶段，不仅要考虑建设方案，还要考虑未来的运营和维护方案；评价商务标的依据从建设成本最低转变为项目生命周期费用最低。标底编制要符合项目实际，灵活选择固定总价、固定单价、可调总价等合同形式。

在项目招标文件发出之前，必须仔细审阅图纸，消除或减少与中标单位签订合同以后发生的索赔或实施过程中的设计变更，降低成本和技术风险。在评标过程中要分别安排评审技术标和商务标，仔细分析投标文件，防止出现低价中标进场后调整、恶意设陷阱索赔以及串通中标等情况。对于技术力量强、经验丰富的投标单位提出的合理化建议、优化设计方案要予以鼓励。在集团范围内，利用不断有新项目建设的机会，逐步固定一些长期合作的供应商和优秀的施工企业，形成长期合作关系，可以得到更优惠的价格和更稳定的质量，在付款方面互相信任及互相支持。

在生产线扩建项目的土建和设备安装招标过程中，采用工程量清单的方式。便于比较投标单价与市场价，使项目的单价与市场价接轨，有利于项目实施中动态控制成本，也可以控制因设计变更引起的合同金额的异常变动。

10.4.3 招标准备

1. 资格预审

大型或复杂的土建工程或成套设备招标前，要对供应商的资格和能力进行预先审查，通过资格预审缩小供应商的范围，避免不合格的供应商参与带来无效劳动。资格预审从基本资格和专业资格两个方面进行。基本资格是指供应商的合法地位和信誉，专业资格是指供应商履行采购项目的能力，包括经验、业绩、信誉，为履行合同所配备的人员、机械、设备及施工方案等。

资格预审的过程可分为四个步骤。第一，编制资格预审文件，采购方组织人员编制资格预审文件或委托咨询机构协助编制，资格预审文件一般有统一规定的格式和内容。第二，邀请供应商参加资格预审，采购方在媒体上发布资格预审通告，公布采购项目名称、采购（工程）规模、主要工程量、计划采购开始时间、交货日期、发售资格预审文件的时间、地点和售价及提交资格预审文件的最迟日期。第三，发售资格预审文件，接受供应商提交的资格预审申请。第四，按照资格预审文件中规定的标准和方法，审查提交资格预审申请的供应商资格，经审查合格的供应商才可以参加投标。

2. 准备招标文件

招标文件是整个招标投标活动的核心文件，是招标方全部活动的依据，其内容分为三个部分：一是关于编写和提交投标文件的规定；二是投标文件的评审标准和方法；三是采购合同的主要条款。其中，技术要求、投标报价要求和主要合同条款等是招标文件的实质性要求。具体来讲，招标文件一般至少应包括以下内容：

（1）招标通告。招标通告是向潜在的投标者说明招标项目名称和简要内容，发出投标邀请，说明投标截止时间、投标地点、联系电话、电子邮件等。招标通告应当简短明确，让读者一目了然，并能获取基本信息。

（2）投标须知。投标须知是在招投标过程中共同遵守的规则和行为的依据，这些内容大多可以从招标法规中找到依据，包括：资金来源、投标商的资格要求、货物原产地要求、招标文件和投标文件的澄清程序、投标文件的内容要求、投标语言、投标价格和货币规定、修改和撤销投标的规定、标书格式和投标保证金的要求、评标的标准和程序、国内优惠的规定、投标程序、投标有效期、投标截止日期、开标的时间和地点等。

（3）合同条款。合同条款的基本内容就是任务明细组成、货币价格条款、支付方式、运输方式、运费、税费处理等商务内容的约定和说明。

（4）技术规格。技术规格是拟采购货物、设备的性能和标准，这是评标的关键依据之一。如果技术规格不明确或不全面就会增加风险，不仅影响采购质量也会增加评标难度，甚至导致废标。货物采购技术规格一般采用国际或国内公认的标准，除不能准确地说明拟招标项目的特点外，技术规格不得要求某一特定的商标、名称、专利、设计、原产地或生产厂家，不得针对或排斥某供应商的内容。

技术规格和功能需求文件是招标文件的核心内容，编制工作极为繁重，复杂项目的技术规格文件要组织多方面的人员和用户参与编写。如某机场扩建工程包括飞行区工程、航站楼工程及配套工程，涉及专业很多，扩建工程完成后要移交使用单位和运营单位，让它们提前介入采购环节，使其需求在招标文件中体现出来，有利于优化采购方案，节约投资成本。在重大采购活动中，使用单位和运营单位参与了招标方案、投标单位资格审查、招标文件及投标文件的评审全过程。

（5）投标书的编制要求。投标书是供应商对其投标内容的书面声明，包括投标文件构成、投标保证金、总投标价和投标书的有效期等。投标书的有效期是指投标商确认在此期限内受其投标书的约束，该期限应与投标须知中规定的期限一致。投标保证金是为了防止投标商在投标有效期内任意撤回其投标，或中标后不签订合同、拒绝交纳履约保证金，使采购者蒙受损失。投标保证金数量一般为投标价的1%～5%，也可以确定一个固定数额。按比例确定投标保证金的做法容易导致报价泄露，采用固定投标保证金的做法更合适。

（6）供货一览表、报价表。供货一览表应包括采购商品的品名、数量、交货时间和地点等。在境内提供的货物和在境外提供的货物在报价时要分开填写。在报价表中，境内提供的货物要填写商品品名、商品简介、原产地、数量、出厂单价、出厂价境内增值部分所占的比例、总价、中标后应缴纳的税费等。境外提供的货物还要填写离岸港及单价、到岸港及单价、到岸价总价等。

3. 发布招标邀请书

招标邀请书的内容因项目而异，一般应包括：

- 采购者的名称和地址。
- 资金来源。
- 采购内容简介。包括采购货物的名称、数量及交货地点，工程或服务的性质和提供地点等。

- 要求供应货物的时间、工程竣工或提供服务的时间。
- 获取招标文件的办法和地点。
- 提交投标书的地点和截止日期。
- 投标保证金的要求和支付方式。
- 开标日期、时间和地点。

如果有资格预审程序，招标文件可以直接发售给通过资格预审的供应商。如果没有资格预审程序，招标文件可发售给任何对招标通告做出反应的供应商。

10.4.4 投标与评标

1. 投标

（1）投标准备。在正式投标前，采购单位还需完成一些必要的工作：对大型工程或复杂设备采购召开标前会议进行现场考察；根据投标商的要求澄清招标文件中某些表述不清晰或不具体的细节。采购方要合理确定投标准备时间，以便投标方完成投标文件。

（2）投标文件。投标人可以是法人或个人，也可以是两个以上法人或者其他组织组成的联合体。投标人应当具备承担招标项目的能力和规定的资格条件。投标人应当按照招标文件的要求编制投标文件。投标文件应当对招标文件提出的实质性要求和条件做出响应。投标文件应当在规定的截止时间前送达指定地点。在截止时间前，投标人可以补充、修改或者撤回已提交的投标文件，并书面通知招标人。

投标文件的核心是投标方提供的详细技术方案，详细说明达到这些技术经济指标的技术方案、技术路线和保障措施，对完成方案所需要的成本费用以及需要购置的设备器材等列出详细的清单。如果项目由多个单位完成，还要对项目组织的人员、项目分工等进行说明。投标文件中要列出投标方的资格证明文件、制造商的代理协议和授权书、有关技术资料及客户反馈意见等。

2. 评标的方法

工程和货物采购评标的方法略有不同，货物采购的评标方法有四种，即以最低评标价为基础的评标方法、综合评标法、以全生命周期成本为基础的评标方法及打分法。

（1）以最低评标价为基础的评标方法。采购简单的商品、半成品、原材料等容易比较的货物时，价格可以作为评标考虑的唯一因素。以价格为尺度时不是指最低报价，而是指最低评标价，最低评标价是指在报价的基础上加合理利润的价格。报价有其特定的计算口径：如果货物是从国外进口的，报价应以成本、保险和运费构成的到岸价为基础；如果是国内生产的，报价应以出厂价为基础。如万科要求同等条件下，应尽量选择企业资质等级高而收费较低的单位。垄断性质的工程项目（如水、电、气等）应尽力进行公关协调，最大限度降低造价。

（2）综合评标法。指以价格另加其他因素为基础的评标方法，除考虑价格因素外，还应考虑运费和保险费、交货期、付款条件与售后服务情况、货物性能、技术培训与费用等。适用于生产线、大型设备、车辆等的采购。

（3）以全生命周期成本为基础的评标方法。在评标时不仅要考虑建设方案价格，还要考虑未来的运营和维护方案价格，这两者均优的方案才是最好的技术方案。厂房、生产线或设备等在运行期内的各项费用很高，可采用以生命周期成本为基础的评标方法。如某医院采购一台深度麻醉监护仪，三家供应商参加竞争，通过综合因素分析，很快淘汰了一个品牌，剩下一个国产品牌 12.5 万元、一个进口品牌 19 万元，如果仅从价格角度考虑应该选择国产品牌。但是，国产设备每使用一次就必须消耗一只价格 250 元的高档电极片，进口设备可以使用每只仅 3 元的普通电极片。按全生命周期成本最低原则，医院采购了进口设备。

（4）打分法。打分法是广为采纳的评标方法，根据产品或服务特点从多个因素进行评价，如质量、价格、交货期、付款条件、备件价格及售后服务、设备性能、技术培训等，将这些因素量化为具体的评价指标，设置权重和分值。

3. 编写评标报告

评标工作结束后，采购单位要编写评标报告，内容包括：招标通告刊登的时间、购买招标文件的单位名称、开标日期、投标商名单、投标报价以及调整后的价格（包括重大计算错误的修改）、价格评比基础、评标的原则、标准和方法以及授标建议。

4. 资格后审

如果在投标前没有组织资格预审，评标后应对最低评标价的投标商进行资格后审。审定结果认为具备资格且有能力承担合同任务则授予其合同，如果不符合要求，应对排名次之的投标商进行后审。

5. 授标与合同签订

合同签订方法有两种：一是在发中标通知书的同时将合同文本寄给中标单位，让其在规定的时间内签字返还。二是中标单位收到中标通知书后，在规定的时间内派人签订合同。采用第二种方法时，允许相互澄清一些非实质性的技术性或商务性问题，但不得要求投标商承担招标文件中没有规定的义务，也不得有标后压价的行为。中标方签字并提交了履约保证金后，合同正式生效，采购工作就进入了合同实施阶段。

10.4.5 投标报价策略

报价是投标书的核心内容之一，卖方报价高可能丧失竞争优势，报价低可能没有利润，确定合理的投标价格极为重要。投标价格由项目整体估算成本、风险费和利润三部分构成，精明的报价既要对招标单位有较大的吸引力，又要能得到足够多的利润。假设供应商估算项目实施成本大概为 500 万元，应如何报价呢？这个问题的实质是如何确定利润和风险费，这取决于供应商采取高价策略还是低价策略。投标人制定报价策略前，应考虑该项目的内外部条件，根据项目环境、项目造价的特殊因素和投标人的技术、生产、管理条件、收益期望值以及材料、成本的价格上涨等因素做出选择。

1. 低价策略

当投标人为了进入一个市场，急于拿到采购合同时，往往采取低价策略，虽然这种策略不能获得多少利润，但有利于打开市场局面，有利于扩大市场份额，从长期来看可以获得丰厚回报。适合低价策略的条件是：

- 招标竞争激烈，参与者众多，低价才能对业主有吸引力。
- 业主支付条件良好，无须大量垫资施工。
- 项目风险很小，不需发生大量的风险费。
- 项目施工条件稳定，工作条件良好。

低价投标策略要求投标人提高经营管理水平以降低成本，提高竞争能力。中标以后做好施工组织设计，合理确定施工方案，采取合理的施工工艺和机械，精心采购材料和设备、选择可靠的分包单位，安排紧凑而均衡的施工进度，节省管理费用等，从而有效地降低成本以保证获利。承包商也可能通过改进设计和缩短工期取胜，认真研究原设计图纸，提出能降低造价的设计修改建议。一些承包商采取“低标价、高索赔策略”，寻找设计图纸和说明书不够明确的漏洞，利用合同中的索赔条款索取补偿，制造工程签证获得额外利润。

2. 高价策略

高价可以使供应商获得高额利润，其前提是供应商具有突出的项目经验和品牌优势，已经得到行业的认可。招标人宁可增加项目投入也心甘情愿地选择知名品牌供应商或承包商。选择高价策略的条件是：

- 技术含量高、工程复杂、承包商风险大的项目，如港口码头、机场等建设工程。
- 工期或交货期短，质量要求高的项目。
- 相对其他投标人占绝对技术与品牌优势，如国外品牌 ERP 的价格远高于国内品牌。
- 项目实施条件差的项目，如沙漠公路、高原铁路建设。

在选择价格策略前，要充分了解竞争对手的信息，分析对手本次报价策略，分析本企业优势和劣势。根据竞争对手的投标策略或行动变化，及时调整自己的策略，根据影响报价较大的企业因素和市场信息变化，适时做出决策，灵活采取不同的投标策略。

3. 不平衡报价策略

在根据工程量清单报价的工程项目招标中，工程量清单强调“量价分离”原则，即工程量与单价分开，“量（指工程量）变价（指单价）不变”，将工程定价的权力充分交给市场。FIDIC 合同在投标须知中规定合同单价的地位高于一切，单价与总价发生矛盾时应以单价为准，填上的单价就成为支付的法律依据。

FIDIC 合同的签约总价只是为业主和咨询工程师在比较各家标价时提供一个参考值，可作为计算履约保函、预付款、工程保留金、延期赔偿费等的数字依据。工程量清单所提供的工程数量会随咨询工程师的设计和测算精度的不同而有所差异，与实际施工发生的情况存有差距。承包商实际获得的总收入是在履约过程中通过验工计价得出的。尽管项目总标价相近，但由于报价时工程量清单中各个条目的单价不同，承包商的获利有所差异，因而就给承包商提供了创利的机会。

不平衡报价就是利用报价时是“单价合同”，而在实施时是“复测合同”的特点，在总标价不变的前提下，将工程量清单中有些单价调整得略高于正常水平，另一些则略低于正常水平，争取做到“早收钱，多收钱”，以创造最佳经济效益。

早收钱是在报价时把工程量清单中先完成的工作内容的单价调高（如开办费、临时设施、土石方工程、基础和结构部分等），后完成的工作内容的单价调低（如道路面层、交通指示牌、屋顶装修、清理施工现场和零散附属工程等）。其核心就是力争内部资金负占用，这是国际上的通行做法，但单价的不平衡要适当，如果成倍地偏离了市场价格就可能被判为废标，甚至列入黑名单。

多收钱就是参照项目工程数量的函数变化，通过合理调整相关单价而实现的。标书工程量清单中所提供的经咨询工程师计算后得出的工程数量，与实际施工时的工程数量之间会存有差异，如果承包商在报价过程中判断出标书工程数量明显不合理，就会出现盈利机会。例如，承包商有绝对把握认为标书列明的工程量偏低，就可以把单价报高一些，这样在验工计价时就能赚取更多的利润。如果认为标书的工程数量比实际的工程数量要多，就把单价报得低一些。虽然这样投标时似乎有损失，但由于实际上并没完成那么多工作量，承包商会赔很少的一部分。

投标报价决策前要对项目充分调研，掌握丰富的资料、准确的信息，在此基础上做出分析论证，决策人要果断做出报价决策。合理的结果应该是：报价时高低互相抵消，总价持平。履约时对工程量少的内容，单价调低，损失降到最低；而对数量多的工程内容，单价调高。不平衡报价风险是承包商的判断和决策是否准确，即便判断正确，业主也可以发布变更，减少工程数量，甚至改变或取消原有设计，避免成本的大幅度上升。

10.4.6　招标过程控制

项目招投标的过程涉及很多干系人，持续时间长，存在较多的不确定性因素。由于市场竞争秩序不规范，招标过程受到行政干预，投标人串通等现象经常出现，有些招标是走形式，未能实现选择最佳供应商或承包商的初衷。以下是招标过程中常见的违规行为。

1. 围标

投标人之间秘密接触，并就投标价格达成协议，哄抬投标报价或者故意压低投标报价，以达到排挤其他投标人的行为。例如，一个招标工程有 10 家企业参与投标，商务标的评标办法为无标底制，投标报价的加权平均值为评标基准值，报价接近基准值得分就高，加上技术标分值得到总分，作为评比的依据。某施工单位联合多家企业共同填报一个相近的报价，评标基准值就会接近他的报价，得到的商务分就高些。现实中更有甚者，施工单位在无标底的前提下，同时提高报价，使中标者的标价远远超出实际工程造价，业主单位遭受巨大损失，中标单位将超额利润补贴给陪同围标的单位。控制围标现象可以从改革商务标的评标办法入手，取消按照基准值评分的做法，并设定标底，当报价超过有效幅度时宣布废标。

为有效防止恶意串标的风险，可以采用设置拦标价的方法，拦标价指采购方向投标人公示的项目总价格的最高限制标准，是招标人期望的价格，要求投标人的投标报价不能超过它，否则为废标。有的项目在编制拦标价时采用“双核制”，即招标代理公司和项目部聘用的造价咨询公司同时编制工程量清单和拦标价，在公布拦标价之前反复地沟通和核对，拦标价更加准确和合理，这样既有利于控制项目投资，也可以有效减少在工程实施过程中的索赔现象。

2. 低价中标

标底是指招标人设定的预期价格，是招标人的价格期望值，标底不是决定投标人能否中标的标准价，而是评标和比较时的参考价。编制标底时应综合考虑合同数量、履行前景、履行期限、供给状况、合同执行条件等因素。正常交易时以市场价格作为编制标底的基本依据，如多个品牌的产品价格不同，可选择居中的价格作为市场价格，无法确定市场价格时参考交易实例价格编制标底。新开发品或特殊规格产品等无市场价格和适当的交易实例价格时，可以成本加利润的方法确定标底。工程项目实施工作量清单法后，招标人不再编制标底，投标人根据招标文件规定自主报价。

有些投标人采取“中标靠低价，盈利靠索赔”的做法，将投标价压到低于成本价。设置标底能够防止投标人恶意压低价格，但标底的存在又有局限性，投标人会想方设法获取标底信息并把报价向标底靠拢。采购方可以设定投标报价有效幅度，报价低于或高于标底价一定比例，为不能接受的废标，当所有投标人的报价均在此范围之外时，将视为采购方前期工程造价控制失败，可以拒绝所有投标，重新组织招标。这样是可以防止恶意低标的。

如某市级医院招标采购一批进口设备。该医院在未实行政府采购前与一家医疗设备公司有长期的业务往来，希望这家公司此次中标。医院要求公司尽量压低投标报价，在签订合同时再将货款提高。在开标时，该公司的报价果然为最低价，经评委审议推荐该公司为中标候选人。在签订合同前，该医院允许将原来的投标报价提高 10%，作为追加售后服务内容与医疗设备公司签订了采购合同。提高后的合同价远远高于其他投标人的报价。

3. 陪标

陪标是指招标单位受到行政干预或商业贿赂，将项目内定给某投标人，通过走过场的招标活动使中标人获得合法化的合同，其他投标人只是陪衬。或者投标人之间进行串标，相互约定提高或压低投标报价，保证某一投标人获得中标资格。行为恶劣的企业股东注册多家公司，自己控制的几家公司同时去投标，互相掩护陪标。防止陪标的方法是根据项目采购特点不同，对技术标和商务标设置不同的权重，设定不同的评标办法。同时，对招标负责人实行工程质量终身负责制，如果工程质量出现问题就进行追溯惩罚，这样可以减少行政干预，从源头上杜绝招标腐败现象。

如某高校机房工程改造进行招标，B 公司与该校基建处负责人进行私下交易，决定将此工程给 B 公司。由 B 公司出面邀请了 5 家私交甚好的施工企业投标，暗示它们把投标文件做得马虎一些。正式开标后，这 5 家企业不是报价过高，就是服务太差，B 公司成为第一中标候选者。

4. 招标代理机构的不良行为

招标代理机构为了获取自身利益而迎合招标人意愿，使招标人倾向的投标人合法中标。尤其是使用政府性资金的项目采购，招标代理人受采购方的干预，往往按照业主的意愿，完成符合法规程序的招投标过程。

招标机构也可能与投标人串通，提高中标价。原因与招标管理费收取标准有关，招标代理服务收费实行政府指导价，以中标价格为基数，采用差额定率累进计费方式，实际执行时浮动幅度不超过规定比率的 20%，如 100 万元以下的工程招标管理费标准为 1.0%。因此，成交价格越高对代理机构越有利，招标代理机构可能与投标者串通起来损害采购方利益。采购方可以与招标代理事先确定计费基数，如果中标价格节约，为招标代理提取奖励，从制度上约束招标代理的行为。

5. 挂靠投标

在工程领域存在一种不具有投标资质的单位或包工头借用其他法人资质参加投标的现象。尤其是建筑施工行业实行资质管理，由于历史原因，高等级资质的企业以国有企业为主，对低资质企业或包工头而言，很难创办一家高等级资质的施工企业，挂靠高资质的国企是“最佳”选择。同时，一些国有企业缺乏市场竞争力，有的只剩下一个空壳而没有施工队伍和装备。为了生存，企业愿意出借自己的资质，为挂靠者开具证明资料，由此获得一笔收入，挂靠者中标后再向其交纳一笔管理费用，企业不用承担任何经营风险。这使得建筑市场中挂靠行为屡见不鲜，甚至出现专以投标牟利的个体，招投标活动中各方交易主体从某种意义上都受到挂靠者影响。

6. 转包

有的企业中标后直接转包或违法分包给其他单位，从中收取管理费，对工程质量和安全不做管理。转包使得一些资质不够、没有施工资质的企业进入施工现场，为质量安全问题埋下隐患。监理机构应发挥职能，认真分析中标人是否存在转包现象，或者将中标项目分解后分别转让给他人。如将招标项目的部分主体、关键性工作分包给他人，或者分包人再次分包，应宣布转让及分包行为无效，并对中标人进行经济处罚。

10.5　采购合同管理

招标人与中标人签订采购合同后，双方应严格按照合同规定履行义务，保证采购合同得到顺利实施。合同管理的内容包括合同签订、合同实施管理、采购质量控制、合同变更管理、合同索赔管理以及合同款支付管理等。

1. 合同签订

签订规范、细致和严密的合同文本是项目合同管理的基础。招标文件、合同文本要进行会审和会签，对承包商的制约条款周密，执行规范和标准清晰，合同范围界定清晰，责任明确，付款方式表述准确等。防止承包商进场后以工期紧、场地狭小、设计选型的品牌型号不明确、图纸不全或矛盾、交叉施工、季节性施工等为借口进行各种索赔，也防止承包商恶意申请工程量签证和设计变更，避免施工中责任不清引发争议。

2. 合同实施管理

发包方根据合同监督供应商和承包商履约情况，规范和约束合同当事人之间的行为，防止承包方片面追求自身效益、忽视项目质量及进度的不良状况，有利于发包方降低项目投资和项目风险。

合同管理涉及财务、预算和工程等多个部门，财务部门侧重合同资金的安排，尤其是合同款分批支付金额及间隔时间的安排，要与公司现有资金和未来资金计划相统一，避免合同管理与资金管理脱节。采购人员和工程师侧重于材料设备的质量标准、到场时间、项目进度及质量标准，避免合同管理与项目管理不协调。合同管理中要防止变更签证无序、款项超支、违约不处罚等现象。

在合同执行过程中要做好管理工作：完整保存合同、补充协议、备忘录、会议纪要、工作联系单、签证单、设计变更单、澄清函及其他往来函件等原始材料；建立合同台账，内容包括合同编号、合作单位、合同内容、合同范围、合同金额、付款方式、主要责任、违约解决方式等；与财务部门一起记录付款的金额、性质、付款时间、应付款金额等，力求合同处于有效的控制状态；按周申报合同清单及汇总统计表，对合同执行情况进行动态分析，并根据分析结果及时采取补救措施。

合同实施控制的主要工作是：合同管理人员为项目经理和各职能人员提供合同关系解释帮助，对来往函件、会谈纪要、指令等进行法律方面的审查；协助项目经理正确行使合同规定的各项权利，防止产生违约行为；对项目的各个合同执行进行协调，对照合同监督承包商履行合同；及时向各管理层提供合同实施情况报告，并对合同的实施提出建议、意见甚至警告；调解合同执行中出现的争执，处理索赔与反索赔事务。

3. 采购质量控制

对来自供应商或承包商的货物或劳务进行检查、验收和交付，是保证项目所获资源符合质量要求的重要手段。基本验收方式有到货现场检查验收、货物封存样品验收、根据卖主提供的样品验收以及凭权威部门的鉴定结论验收等。为了进一步监控供应商或承包商交付货物的质量，项目组织还可派专门负责质量的工程师进驻供应商的生产现场，进行指导和对所需资源的质量进行控制。如三峡总公司向提供大型机电设备的制造商派出驻厂建造人员。

4. 合同变更管理

在合同执行过程中，由于合同双方出现了需求变化或其他原因，可能要修改合同条款。合同变更对双方利益都会产生重大影响，合同双方应对变更事项达成一致意见，否则，可能导致合同的终止或者需要订立新的合同。项目范围变更的原因可能来自业主和承包商两个方面，承包商的内部变更一般不需要修改合同，但需得到业主或其代理人认可，事先办理工作变更手续。改变合同内容的项目范围变更通常来自业主，包括范围变更和工作量变更。

范围变更是指对原合同确定的范围有大幅度调整，如信息化项目原定范围是开发财务管理和生产管理两个模块，但在执行过程中，客户提出增加客户关系管理模块，这必然要求修改合同。在工程项目中，常见的范围变更主要包括：额外工程，附加工程，工程某个部分的删减，配套的公用设施改变等。工程量变更主要有：工程量增加，技术条件（工程设计、地质情况、基础数据、工程标高、基线、尺寸等）改变，质量要求（含技术标准、规范或施工技术规程）改变，施工顺序改变，设备和材料供货范围、地点、标准改变，服务（如开车、培训）范围和内容改变，进度加快或放缓。范围变更的实质是对合同范围的变更，因此，程序上需要合同双方的认定。

工作量变更是采购方依据合同所赋予的权力，对合同范围以内的工作进行调整，发出变更指令的人可以是项目主管或者独立工程师。承包商在低价中标、签证赚钱的模式下，会创造条件增加工作量，如因设计不完善导致施工时实际工作量大于设计工作量，承包商将要求监理和业主确认增加的工作量，按照实际完成情况计算价格。

5. 合同索赔管理

合同执行过程中总会出现意外情况，由于一方的原因或失误给另一方造成了损失，按照合同规定应做出赔偿。引发索赔的主要原因有：

（1）业主或其他最终用户没能正确地履行合同义务。例如：未及时交付场地、提供图纸，下达了错误的指令等，增加了项目组的花费并延误了进度，按合同应该给予补偿。

（2）一个项目参与方未完成合同规定的任务而造成连锁反应。例如，工程项目中由于设计单位未及时交付图纸，造成土建、安装工程中断或推迟，土建和安装承包商可向业主提出索赔。

（3）外部环境变化对合同一方造成重大损失。例如，主要材料的价格大幅度上涨，大大超出合同订立时的价格水平，业主应对承包商给予补偿。

（4）设计变更和施工变更造成施工困难，导致工期延长，相应产生额外费用。

合同各方应树立索赔意识，在合同实施过程中预测和发现索赔机会，及时提出索赔要求和妥善解决争执。索赔的提出和解决过程在合同中一般有严格规定，如果未按合同规定的程序提出，会导致索赔无效。按照国际惯例，索赔过程包括索赔意向通知、起草并提交索赔报告和解决索赔三个主要环节。引起索赔的事件发生后，承包单位应在保证损失不扩大的情况下，及时和业主交涉，FIDIC规定应在28天内向业主发出书面索赔意向通知，声明要对索赔事件提出索赔。索赔方要对索赔事件进行调查，评估损失量，收集因对方原因造成损失的证据，起草索赔报告并提交等。赔偿方应积极收集有利于己方的证据反索赔，反驳对方不合理的索赔要求，厘清自己对已发生的索赔事件的责任，不可不加分析地全盘接受对方的索赔要求等。

案例10－3

TB啤酒生产线项目的合同管理

TB啤酒生产线项目签订承包合同时，强调了以下问题：

在一个单体由不同专业或单位施工时，合同范围以建筑分部、子分部、分项工程划分（含室外工程），界面管理清晰易辨别，要求承包单位不得分包。

合同付款节点以工程节点而非以时间为依据结算，且明确付款金额，不得以百分比约定。变更及签证进入决算时支付，施工期间不进行结算。付款节点以验收完成且合格为准，出具试验报告及验收记录，不以施工完成为基准。如土建合同付款节点包括±0.000完成，框架结构及设备基础完成，砌筑完成，装饰工程完成，验收完成等。

按照合同工期，不具备付款条件时该笔付款取消，在竣工验收时支付。约定延期付款利息以减少纠纷，如延期一个月以上按月息单利0.2%计息。合同一般约定水电费计量表安装及管理，一般应加 5%的线路损耗，水电费计量及扣除时间在合同内明确约定。

合同总价采取包死总价。在所有合同中增加反商业贿赂承诺。合同价款中签证和变更相关费用的调整方式也在合同中约定，以控制乙方恶意签证或变更。项目约定 2 000 元以下的签证和变更不予确认，乙方因施工原因提出的变更不予确认。签证变更在结算时付款。

6. 合同款支付管理

项目业主应根据合同规定，按照供应商提交的发货单、工程款支付申请和工程款支付证书付款。一些业主不按合同规定支付工程款，影响了项目顺利进展甚至导致停工问题，以及引发严重的农民工欠薪问题。合同款支付管理既需要企业层面的沟通，也需要司法部门强力介入。

（1）承包商做好申请工程款支付工作。按照合同规定时间，核算实际完工量，办理申请支付工程款的手续。工程项目通常按照月度支付，软件项目一般按照进度计划里程碑时间点支付。工程款申请与支付分为三个步骤，首先，承包商向监理机构提交工程款支付申请表，准备齐全工程量清单资料（见表 10 - 4）。其次，监理机构审核承包商的申请材料，确认无误后开具工程款支付证书（见表 10 - 5），提交给业主。最后，业主确认所有资料完整准确后，财务部门转账拨付工程款。

表 10 - 4 工程款支付申请表

工程名称：　　　　　　　　　　　　编号：

致（监理单位）： 　　我方已完成了工作，按施工合同的规定，建设单位应在________年____月____日前支付该项工程款共（大写）__________（小写：__________），请予以审查并开具工程款支付证书。 附件： 1. 工程量清单； 2. 计算方法。 承包单位（签章）__________ 项目经理：__________ 日　　期：__________

（2）政府对工程款支付问题进行监管。一些地方政府规定，建设工期不足一年的工程项目，开工前到位资金不得少于工程合同价的 50%，工期超过一年的项目开工前到位资金不得少于合同价的 30%。建设单位应当提供银行出具的资金到位证明，有条件的实行银行付款保函或第三方担保。建设资金不落实的不得发放施工许可证。建设单位未按合同约定支付工程进度款超过 3 个月的，建设行政主管部门暂扣该工程的施工许可证，恢复拨款后发还许可证。房地产开发企业预售商品房，其投入开发建设的资金必须达到工程建设总投资的 25%以上。工程竣工后，建设单位必须按合同约定支付工程款，否则，建设行政主管部门不予办理竣工验收备案，房屋管理部门不予办理权属登记。

表 10-5　工程款支付证书

工程名称：　　　　　　　　　　　　　编号：

致（建设单位）： 　　根据施工合同的规定，经审核承包单位的付款申请和报表，并扣除有关款项，同意本期支付工程款共（大写）__________（小写：__________）。请按合同规定及时付款。 　　其中： 　　1. 承包单位申报款为： 　　2. 经审核承包单位应得款为： 　　3. 本期应扣款为： 　　4. 本期应付款为： 　附件： 　　1. 承包单位的工程款支付申请表及附件； 　　2. 项目监理机构审查记录。 项目监理机构__________ 总监理工程师__________ 日　　期__________

案例 10-4

TB 啤酒生产线项目进度款支付的控制措施

TB 公司严格控制啤酒生产线项目进度款的支付。各用款部门填写用款单时，按项目—分部工程—分项工程—单位工程写清楚，财务部门根据已有财务信息及预算进行核对，确认是否应该支付此款项，并将信息上报主管领导。付款后，财务部门将该款结转成本核算对象及其明细项目。须注意的是，要有正确的付款流程，先产生相关的信息流，再决定是否支付资金流的要求。这是因为任何不当的资金支付行为都会导致成本管理处于无序和失控状态。

原则上不得向施工单位支付备料款。确需支付者，不得超过项目造价的 15%，并在项目进度款支付到项目造价 50%时开始抵扣预付备料款。项目进度款的拨付按下列程序办理：按项目节点而非时间进度付款，如基础完成至±0.000、结构封顶等；工程、预算部门会同监理人员，对照施工合同及进度计划，审核项目进度内容和完工部位（主体结构及隐蔽工程部分须提供照片）、项目质量证明等资料；预算部门整理复核工程量；经财务部门审核后按有关批准程序付款并登记付款台账；尽量要求施工单位在项目所在地开户银行开具结算账户，以便为建设单位融洽银企关系和监督项目款项的使用提供便利；合同必须约定项目进度款支付达到项目造价 85%时停止付款，预留至少 10%项目尾款和 5%保修款，以便掌握最终结算的主动权。

思考题

一、单项选择题

1. 固定总价合同中采购价格不允许改变，这种合同为项目的最终成本提供了最大限度的保护，合同履行不好导致的成本增加由（　　）承担。

A. 卖方　　B. 买方　　C. 供应商　　D. 监理方

2. 执行时间较长的项目，如果受通货膨胀影响较大，应采取的合同类型是（　　）。

A. 固定价格合同　　B. 总价加经济价格调整合同

C. 成本加固定费用合同　　D. 成本加激励费用合同

3. 成本补偿合同的成本风险更多由（　　）承担。

A. 买方　　B. 卖方　　C. 供应商　　D. 监理方

4. 以下哪一种合同类型可以保证承包商的利润？（　　）

A. 固定价格合同　　B. 成本补偿合同

C. 单价合同　　D. 总价加激励费用合同

5. 在（　　）合同中，承包商要么没有节约成本的动力，要么为了获得激励可能采用价格低廉的材料降低成本。

A. 固定价格　　B. 总价加经济价格调整

C. 成本加固定费用　　D. 成本加激励费用

6. 我国法律要求，邀请招标必须向（　　）家以上的企业发出投标邀请书。

A. 2　　B. 3　　C. 4　　D. 5

7.（　　）允许采购方不通过广告而直接向有限数目的供应商或承包商发出投标邀请。

A. 公开招标　　B. 选择性招标　　C. 竞争性招标　　D. 谈判招标

二、多项选择题

1. 在项目实施过程中，设备以及材料的采购模式主要有（　　）。

A. 集中采购　　B. 分散采购　　C. 零星采购　　D. 重复采购

2. 项目采购是指从项目组织外部采购或获得（　　）的过程。

A. 产品　　B. 服务　　C. 成果　　D. 劳动力

3. 工程建设项目采购复杂，采购金额大、持续时间长，采购内容包括（　　）。

A. 工程　　B. 服务　　C. 工程物资　　D. 劳动力

4. 在 EPC 模式中，承包商负责为业主完成（　　）。

A. 设计　　B. 采购　　C. 建造　　D. 运营

5. 设计—招标—施工（DBB）模式的优点是（　　）。

A. 模式成熟，应用广泛　　B. 可以选择最佳设计单位

C. 便于监督项目的实施过程　　D. 协调工作简单

6. 设计—建造（DB）模式的优点是（　　）。

A. 业主只与一个承包商签订合同，沟通效率提高，也减少了协调工作

B. 避免了设计与施工矛盾

C. 减少设计错误引起的变更、索赔

D. 可适当减少项目成本和工期

7. 设计—建造（DB）模式的缺点是（　　）。

A. 业主对设计细节控制不力

B. 总价包干影响设计和施工质量
C. 当项目组织复杂时，承包商协调管理能力可能不足
D. 承包商激励不足导致项目竣工期拖延
8. 项目咨询服务大体可以分为（　　）类型。
A. 投资前调查，如项目可行性研究和项目评估
B. 准备性服务，如招标文件、工程勘察与设计服务
C. 项目实施性服务，如项目执行期间的工程监督和项目管理
D. 技术援助，如管理咨询服务、培训等
9. 成本补偿合同的特点是（　　）。
A. 承包商的利润可以保证
B. 客户可以经常修改项目的范围
C. 项目估算成为模糊的目标
D. 成本风险更多由买方承担
10. 议标指采购者与供应商或承包商谈判来确定中标者，其操作方式通常有（　　）。
A. 直接邀请议标　　B. 比价议标
C. 方案竞赛议标　　D. 综合评分法
11. 按照国际惯例，索赔过程的主要环节是（　　）。
A. 索赔意向通知　　B. 提交索赔报告
C. 索赔谈判　　D. 解决索赔
12. FIDIC 规定在引起索赔的事件发生后，承包单位应在保证损失不扩大的情况下及时和业主交涉，向业主发出书面索赔意向通知的时间不超过（　　）。
A. 1 周　　B. 2 周　　C. 4 周　　D. 28 天
13. 适合低价策略的条件是（　　）。
A. 招标竞争激烈　　B. 施工条件稳定
C. 项目风险很大　　D. 业主支付条件良好
14. 选择高价策略的条件是（　　）。
A. 技术含量高　　B. 工期短，质量要求高
C. 项目实施条件差　　D. 占绝对技术与品牌优势

三、判断题

1. 服务采购是指聘请咨询公司或专家提供勘察、设计、监理、项目管理、可行性研究、科学研究等服务，也包括劳务公司提供的劳务服务。（　　）
2. 工程采购是指业主通过招投标或其他方式选择一家或数家合格的承包商来完成工程的全过程。（　　）
3. 招标单位收到标书后应及时开封检查及审阅投标文件。（　　）
4. 设计—建造模式通常采取单价合同，早期造价可得到保证。（　　）
5. 采购文件的复杂和详细程度应与采购价值和风险大小相适应，既要保证卖方做出一致的应答，又要有足够的灵活性，允许卖方提出更好的建议。（　　）

6. FIDIC 合同在投标须知中规定，合同总价的地位高于一切，单价与总价发生矛盾时应以总价为准。 （ ）

7. 不平衡报价就是在总价不变的前提下，将工程量清单中有些单价调整得略高于正常水平，另一些则略低于正常水平。 （ ）

8. 早收钱是在报价时把工程量清单里先完成的工作内容的单价调高，后完成的工作内容的单价调低。这是一种违反国际规则的不良行为。 （ ）

9. 陪标是招标单位受到行政干预或商业贿赂，将项目内定给某投标人，通过走过场的招标活动使中标人获得合法化的合同，其他投标人只是陪衬。 （ ）

四、简答题

1. 公开招标和邀请招标的区别是什么，何种情况下可采取邀请招标？
2. 招标和投标的基本步骤有哪些？
3. 投标方可能采取哪些报价策略？其适用的条件是什么？
4. 招标中常发生哪些不规范的行为，采取哪些措施可以有效规范招标行为？
5. 智力服务采购与工程项目采购的主要区别是什么？
6. 项目合同管理有哪些难点？

参考文献

1. Project Management Institute. 项目管理知识体系指南：第6版. 北京：电子工业出版社，2018.

2. 维尔朱. 项目管理：模板、解决方案与最佳实践. 北京：电子工业出版社，2006.

3. 陈池波，崔元峰. 项目管理. 武汉：武汉大学出版社，2006.

4. 程敏. 项目管理. 北京：北京大学出版社，2013.

5. 孙新波. 项目管理. 北京：机械工业出版社，2016.

6. 格里姆赛，刘易斯. PPP革命：公共服务中的政府和社会资本合作. 北京：中国人民大学出版社，2016.

7. 克罗彭伯格. 现代项目管理. 北京：机械工业出版社，2010.

8. 哈里森，洛克. 高级项目管理：第4版. 北京：经济管理出版社，2006.

9. 郭勤贵. 股权众筹：创业融资模式颠覆与重构. 北京：机械工业出版社，2016.

10. 科兹纳. 项目管理：计划、进度和控制的系统方法：第10版. 北京：电子工业出版社，2006.

11. 徐杰，鞠颂东. 采购管理. 3版. 北京：机械工业出版社，2014.

12. 廖睿. PPP操作指南：政府和社会资本合作实务. 北京：中国人民大学出版社，2016.

13. Larson E W，Gray C F. 项目管理教程：第5版：双语教学版. 北京：人民邮电出版社，2012.

14. 克劳福特. 项目管理成熟度模型：原书第2版. 北京：机械工业出版社，2008.

15. 刘荔娟，王蔷. 现代项目管理. 4版. 上海：上海财经大学出版社，2016.

16. 鲁耀斌. 项目管理：原理与应用. 大连：东北财经大学出版社，2009.

17. 孙慧. 项目成本管理. 北京：机械工业出版社，2005.

18. 汪小金，雷晓凌. 项目管理实验教程. 北京：中国人民大学出版社，2010.

19. 吴大军，王立国. 项目评估. 大连：东北财经大学出版社，2002.

20. 徐莉. 项目融资. 武汉：武汉大学出版社，2006.

21. Blichfeldt B S，Eskerod P. Project portfolio management：There's more to it than what management enacts. International Journal of Project Management，2008（4）：357-365.

22. Burke R，Barron S. Project management leadership：Building creative teams. 2nd ed. Somerset：John Wiley & Sons，2014.

23. Chemuturi M. Mastering IT project management：Best practices，tools and techniques. Plantation：J. Ross Publishing，2013.

24. Greiman V A. Megaproject management: Lessons on risk and project management from the big dig. Somerset: John Wiley & Sons, 2013.

25. Abdelsalam H M E, Gad M M. Cost of quality in Dubai: An analytical case study of residential construction projects. International Journal of Project Management, 2009 (5): 501−511.

26. Ahsan K, Gunawan I. Analysis of cost and schedule performance of international development projects. International Journal of Project Management, 2010 (1): 68−78.

27. Kerzner H. Project management: A systems approach to planning, scheduling, and controlling. 6th ed. New York: Van Nostrand Reinhold, 1997.

28. Lindstrom D L. Procurement project management success: Achieving a higher level of effectiveness. Plantation: J. Ross Publishing, 2014.

29. Jiang J J, Klein G, Chen H G, et al. Reduce user-related risks during and prior to system development. International Journal of Project Management , 2002 (7): 507−515.

30. Jung J Y, Wang Y J. Relationship between total quality management (TQM) and continuous improvement of international project management (CIIPM). Technovation, 2006 (5−6): 716−722.

31. Rothenberger M A. Total quality in software development: An empirical study of quality drivers and benefits in Indian software projects. Information & Management, 2010 (7−8): 372−379.

32. Martinsuo M, Lehtonen P. Role of single-project management in achieving portfolio management efficiency. International Journal of Project Management, 2007 (1): 56−65.

33. Gorla N, Lin S C. Determinants of software quality: A survey of information systems project managers. Information and Software Technology, 2010 (6): 602−610.

34. Zwikael O, Unger-Aviram E. HRM in project groups: The effect of project duration on team development effectiveness. International Journal of Project Management, 2010 (5): 413−421.

35. Eskerod P, Jepsen A L. Project stakeholder management. Gower Publishing, 2013.

36. Eriksson P E, Westerberg M. Effects of cooperative procurement procedures on construction project performance: A conceptual framework. International Journal of Project Management, 2011 (2): 197−208.

37. Kodukula P S. Organizational project portfolio management: A practitioner's guide. J. Ross publishing, 2014.

38. Sunny, Baker K. The complete idiot's guide to project management. 2nd ed. ALPHA Books, 2000.

39. Lipke W, Zwikael O, Henderson K, et al. Prediction of project outcome: The

application of statistical methods to earned value management and earned schedule performance indexes. International Journal of Project Management，2009 (4)：400－407.

40. Raydugin Y. Project risk management：Essential methods for project teams and decision makers. Somerset：John Wiley & Sons，2013.

中国人民大学出版社　管理分社

教师教学服务说明

中国人民大学出版社管理分社以出版工商管理和公共管理类精品图书为宗旨。为更好地服务一线教师，我们着力建设了一批数字化、立体化的网络教学资源。教师可以通过以下方式获得免费下载教学资源的权限：

★ 在中国人民大学出版社网站 www.crup.com.cn 进行注册，注册后进入“会员中心”，在左侧点击“我的教师认证”，填写相关信息，提交后等待审核。我们将在一个工作日内为您开通相关资源的下载权限。

★ 如您急需教学资源或需要其他帮助，请加入教师 QQ 群或在工作时间与我们联络。

中国人民大学出版社　管理分社

教师 QQ 群： 648333426（工商管理）　114970332（财会）　648117133（公共管理）
教师群仅限教师加入，入群请备注（学校＋姓名）

联系电话： 010-62515735，62515987，62515782，82501048，62514760

电子邮箱： glcbfs@crup.com.cn

通讯地址： 北京市海淀区中关村大街甲 59 号文化大厦 1501 室（100872）

管理书社　　人大社财会　　公共管理与政治学悦读坊